Die Kündigung des Arbeitsverhältnisses
in Deutschland und Chile

Europäische Hochschulschriften

European University Studies

Publications Universitaires Européennes

Reihe II **Rechtswissenschaft**

Series II Law

Série II Droit

Band/ Volume **6014**

Maren Fleck

Die Kündigung des Arbeitsverhältnisses in Deutschland und Chile

Rechtsvergleichende und rechtspolitische Erwägungen

PETER LANG

Bibliografische Information der Deutschen Nationalbibliothek
Die Deutsche Nationalbibliothek verzeichnet diese Publikation in der Deutschen Nationalbibliografie; detaillierte bibliografische Daten sind im Internet über http://dnb.d-nb.de abrufbar.

Zugl.: Frankfurt (Main), Univ., Diss., 2017

D 30
ISSN 0531-7312
ISBN 978-3-631-74915-9 (Print)
E-ISBN 978-3-631-76021-5 (E-PDF)
E-ISBN 978-3-631-76022-2 (EPUB)
E-ISBN 978-3-631-76023-9 (MOBI)
DOI 10.3726/b14312

Peter Lang – Berlin · Bern · Bruxelles · New York · Oxford · Warszawa · Wien

Diese Publikation wurde begutachtet.

www.peterlang.com

Para la luz de mi vida
Michael
Tom
Emil

Vorwort

Die vorliegende Arbeit wurde vom Fachbereich Rechtswissenschaften der Johann Wolfgang Goethe-Universität Frankfurt am Main als Dissertation angenommen, die Disputation fand im September 2017 statt. Literatur und Rechtsprechung konnten bis Ende 2017 berücksichtigt werden.

Mein Dank gilt meinem Doktorvater Herrn Prof. Dr. Bernd Waas, der sich für das Thema interessiert und sich bereit erklärt hat, die Entstehung dieser Arbeit zu betreuen. Auch meinem Zweitgutachter Herrn Prof. Dr. Manfred Weiss danke ich herzlich für die sehr zügige Erstellung des Zweitgutachtens.

Herrn Prof. Dr. Emilio Morgado Valenzuela und Herrn Prof. Francisco Tapia Guerrero danke ich für die aufschlussreichen Gespräche, in denen sie mir meine Fragen zum chilenischen Kündigungsschutz geduldig erläuterten.

Recht herzlich danke ich Frau Vivian Saéz, Rechtsanwältin der Oficina de Defensa Laboral Valdivia, Frau Inge Müller, Richterin am Juzgado de Letras del Trabajo Valdivia und Herrn José Luis Maureira González, Richter am Juzgado de Letras y Garantía Pucón für die Möglichkeit der Hospitationen, durch welche ich einen interessanten Einblick in ihren juristischen Arbeitsalltag in Chile bekommen konnte.

Besonders bedanke ich mich bei meinen Freundinnen Sandra Aichele Hermann und Rocío Vásquez Fierro für ihre Unterstützung bei der Recherche chilenischer Literatur und der Vermittlung von Kontakten in Chile, bei Dr. Eva-Maria Reuter für ihre fachliche Expertise, bei meinem Bruder Johannes Hölzemann für seine Literaturrecherchen und nicht zuletzt bei Regula Kemper und Claudia van Oepen für ihren Einsatz und ihre Mühe, meine Arbeit lesbar zu machen.

Darmstadt, im Dezember 2017 — Maren Fleck

Gliederung

A. Einleitung

Diese Arbeit untersucht vor dem Hintergrund des deutschen Kündigungsrechts die Kündigung des Arbeitsverhältnisses in Chile.

I. Einführung in die Problematik

Arbeit verleiht dem menschlichen Dasein Bedeutung[1]. Durch die Arbeit werden nicht nur die wirtschaftlichen, sondern vielmehr die sozialen Bedürfnisse des Menschen befriedigt, zugleich wird seine Stellung innerhalb der Gesellschaft festgelegt[2]. Arbeit sollte nicht als „notwendiges Übel", das es zu umgehen gilt, verstanden werden, sondern als Vermittler von Erfüllung, Erfolgserlebnissen sowie wichtiger sozialer Kontakte[3]. Für den Einzelnen bedeutet Arbeit daher mehr als nur die Erlangung existenzsichernder Ressourcen – und im Gegensatz zu der Funktion des Rechts in anderen zivilrechtlich ausgestalteten Bereichen handelt es sich bei einem Arbeitsvertrag nicht lediglich um den Austausch von Leistung und Gegenleistung[4]. Vom Bestand des Arbeitsverhältnisses hängt für den Arbeitnehmer seine finanzielle, soziale und seine persönliche Existenz ab, weshalb es für ihn – und oftmals für seine von ihm abhängigen Angehörigen – beträchtliche Bedeutung hat[5]. Zudem sind in

1 Koslowski, Ende der Arbeitsgesellschaft, S. 223.

2 Boecken/Topf, Zurück zum Bestandsschutz, RdA 2004, S. 21; Rüthers, Sinn und Unsinn des geltenden Kündigungsschutzrechts, NJW 2002, S. 1601; Hromadka in Blank, Muss der Kündigungsschutz reformiert werden?, S. 14; Römermann, Kündigungen, S. 29 f.; Koslowski, Ende der Arbeitsgesellschaft, S. 223; Walker, Relaciones Laborales, S. 51 f. Werden Personenbezeichnungen in der männlichen oder weiblichen Form verwendet, schließt dies das jeweils andere Geschlecht mit ein.

3 Fetchenhauer/Haferkamp, Psychologie des Wohlfahrtsstaats, Wirtschaftspsychologie 2007, S. 8; Koslowski, Ende der Arbeitsgesellschaft, S. 223; v. Klitzing, Ordnungsökonomische Analyse, S. 25 und BMAS, Grünbuch Arbeiten 4.0, S. 12.

4 Sesselmeier/Funk/Waas, Arbeitsmarkttheorien, S. 140; Toews, Entwicklung des Kündigungsschutzes, S. 2; Krause, § 1, Rn. 2 f.; Wank, Reform des Kündigungsrechts, RdA 1992, S. 227.

5 V. Hoyningen-Huene/Linck, Einl., Rn. 4, § 1, Rn. 5; APS-Preis, Grundl. B, Rn. 14; Schaub, § 1, Rn. 4; Boecken/Topf, Zurück zum Bestandsschutz, RdA 2004, S. 21; Hohnerlein, Verlust des Arbeitsplatzes in Lateinamerika, ZiAS 1988, S. 139; Wank, Reform des Kündigungsrechts, RdA 1992, S. 227; Benavides, Despido, S. 5 f.; Gamonal, Fundamentos de Derecho Laboral, S. 3; BAG, Urt. v. 10.11.1955, NJW 1956, S. 359 f.; BVerfG, Urt. v. 11.06.1958, BVerfGE 7, S. 377, S. 397, Beschl. v. 16.03.1971, BVerfGE 30, S. 292, S. 334, Urt. v. 01.03.1979, BVerfGE 50, S. 290, S. 362, Beschl. v. 27.01.1998, BVerfGE 97, S. 169, S. 177.

Deutschland mehr als 70 % der Erwerbstätigen abhängig Beschäftigte[6]. Demzufolge ist auch die dem Bestand des Arbeitsverhältnisses innewohnende gesellschaftspolitische Komponente nicht zu unterschätzen, da die Allgemeinheit ein Interesse an stabilen Beschäftigungsverhältnissen hat[7].

Der Austausch von Leistung und Gegenleistung findet im gesellschaftlichen Miteinander statt. Um gewährleisten zu können, dass dieser interindividuelle Leistungsaustausch so konfliktfrei wie möglich verläuft, benötigt eine Gesellschaft feste Regeln und Normen. Da eine Gesellschaft jedoch kein statisches Gebilde ist, sondern ständigem Wandel unterliegt, kann es zuweilen erforderlich sein, dass auch die Normen, die diese Gesellschaft regeln, geändert werden müssen. Zu diesen sich ändernden Normen gehört das Arbeitsrecht, das sich stets fortentwickelt hat und auch zukünftig vor dem Hintergrund sozialpolitischer Herausforderungen weiterentwickelt werden wird[8]. Daher spiegelt das Arbeitsrecht wie kein anderes Rechtsgebiet die vorhandenen wirtschaftlichen und gesellschaftlichen Verhältnisse wider und wird in besonderem Maße durch die bestehenden politischen Verhältnisse beeinflusst[9].

Das Arbeitsrecht muss unter Berücksichtigung des Sozialstaatsprinzips und der Grundrechte der abhängig Beschäftigten den Arbeitnehmer vor dem ungerechtfertigten Verlust des Arbeitsplatzes schützen[10]. Vordringlichste Aufgabe ist dabei, für soziale Gerechtigkeit bei freiheitsrechtlicher Gestaltung der Arbeitsbedingungen zu sorgen[11]. Der Spagat eines gerechten Interessenausgleichs zwischen Arbeitnehmer und Arbeitgeber ist zu bewältigen: Der Arbeitgeber hat ein Dispositionsinteresse

---

6 Für 2014 siehe IAQ, Erwerbstätige und sozialversicherungspflichtig Beschäftigte 1992–2014, S. 1 ff.; Kittner/Däubler/Zwanziger-Deinert, Einl., Rn. 1; Preis, Arbeitsrecht, § 3, S. 21; Zöllner/Loritz/Hergenröder, § 2, Rn. 1 f. und Krause, § 1, Rn. 4.

7 APS-Preis, Grundl. B, Rn. 8 und MüArbR-Berkowsky, § 108, Rn. 35, welche wie Donges, Deregulierung, S. 19 von „sozialem Frieden“ sprechen. Siehe Sesselmeier/Funk/Waas, Arbeitsmarkttheorien, S. 33 f.; Waltermann, Rn. 43; Berkowsky, Betriebsbedingte Kündigung, § 1, Rn. 61; Sandmaier, Kündigungsschutzmodelle, S. 21; Darsow-Faller, Kündigungsschutz, S. 202 und Rühle, Sinn und Unsinn, DB 1991, S. 1378.

8 Waltermann, Rn. 42; Zöllner/Loritz/Hergenröder, § 7, Rn. 54; Dütz/Thüsing, Rn. 11; Donges, Deregulierung, S. 7 f.; Wirmer in Hromadka, Arbeitsrecht und Beschäftigungskrise, S. 141; Linnenkohl, Selbständigen-Kultur, BB 1999, S. 48 ff.; Gamonal, Fundamentos de Derecho Laboral, S. 15 f.; Bronstein, Comparative Labour Law, S. 1. Nach Löwisch/Caspers/Klumpp, Rn. 92 befindet sich das Arbeitsrecht wie kaum ein anderes Rechtsgebiet „im Fluss“.

9 Römermann, Kündigungen, S. 28 f. und S. 30; Brox/Rüthers/Henssler, Rn. 15.

10 APS-Preis, Grundl. G, Rn. 1; Urban, Kündigungsschutz, S. 28; Duvigneau, Auflösung des Arbeitsverhältnisses, S. 12; Vivanco, El despido laboral, S. 18 und Davies, Perspectives on Labour Law, S. 163 f.

11 Rebhahn, Kündigungsschutz des Arbeitnehmers, ZfA 2003, S. 189; Richardi, Arbeitsrecht als Teil freiheitlicher Ordnung, S. 262 und Duvigneau, Auflösung des Arbeitsverhältnisses, S. 3.

bzgl. der Auflösung und der Arbeitnehmer in der Regel ein Bestandsinteresse hinsichtlich der Fortsetzung des Arbeitsverhältnisses[12]. Auf der einen Seite steht demnach das Bedürfnis der Unternehmer nach Planungs- und Bestandssicherheiten, welche nach betriebswirtschaftlichen Kriterien disponieren und das Personal möglichst flexibel einsetzen möchten, auf der anderen Seite der Anspruch des Arbeitnehmers auf Bestandsschutz hinsichtlich seines Arbeitsverhältnisses[13]. Das Kündigungsschutzrecht gestaltet sich mithin als das „Nervenzentrum des Arbeitsvertragsrechts", da Rechte und Pflichten aus einem Arbeitsverhältnis in der Regel anlässlich einer Kündigung Gegenstand rechtlicher Auseinandersetzungen werden[14]. Insofern bedeutet Kündigungsschutz eine Gratwanderung zwischen der Unternehmerfreiheit auf der einen und des Arbeitsplatzschutzes des Arbeitnehmers auf der anderen Seite[15]. Dabei hat der Kündigungsschutz die Aufgabe, das Kündigungsrecht zu beschränken und willkürliche Kündigungen seitens des Arbeitgebers auszuschließen[16].

Demzufolge muss das Arbeitsrecht immer wieder kritisch betrachtet werden. Es gilt, den Ansprüchen und Anforderungen einer Gesellschaft zu entsprechen. Im 21. Jahrhundert sind die Herausforderungen der Globalisierung zu bewältigen. Der Wandel von Arbeit und Arbeitsabläufen durch den technischen Fortschritt und die damit verbundene Digitalisierung, Modernisierung, Rationalisierung und Automatisierung sind nicht zu unterschätzen[17]. Im Zuge dieser Entwicklung werden an den einzelnen Arbeitnehmer verstärkt Anforderungen wie Flexibilität, Mobilität, ständige Erreichbarkeit in Kombination mit der Bereitschaft, allzeit dem Arbeitgeber zur Verfügung zu stehen, gestellt. Arbeitsverhältnisse werden, ungeachtet

12 APS-Preis, Grundl. A, Rn. 22; MüArbR-Berkowsky, § 108, Rn. 34; ders., Betriebsbedingte Kündigung, § 1, Rn. 60; MüKo-Hergenröder, Einl. KSchG, Rn. 15; Brox/Rüthers/Henssler, Rn. 464; Krause, § 18, Rn. 19; Hergenröder, Kündigung und Kündigungsschutz, ZfA 2002, S. 372; Dorndorf, Abfindung statt Kündigungsschutz?, BB 2000, S. 1940; BAG, Urt. v. 06.09.2007, NZA 2008, S. 633.

13 Höland/Kahl/Zeibig, Kündigungspraxis und Kündigungsschutz, S. 25; Urban, Kündigungsschutz, S. 33; Darsow-Faller, Kündigungsschutz, S. 202.

14 Preis, Prinzipien des Kündigungsrechts, S. 1; ders., Arbeitsrecht, § 55, S. 678; ders., Reform des Bestandsschutzrechts, RdA 2003, S. 65; ders., Aktuelle Tendenzen im Kündigungsschutzrecht, NZA 1997, S. 1073; Berkowsky, Betriebsbedingte Kündigung, § 1, Rn. 1; vgl. Oetker, Arbeitsrechtlicher Bestandsschutz, RdA 1997, S. 9.

15 Hromadka in Blank, Muss der Kündigungsschutz reformiert werden?, S. 12; ders., Unternehmerische Freiheit, ZfA 2002, S. 388.

16 APS-Preis, Grundl. A, Rn. 29; Kittner/Däubler/Zwanziger-Deinert, Einl., Rn. 1; siehe Dorndorf, Abfindung statt Kündigungsschutz?, BB 2000, S. 1941 f.; Buchner, Deregulierung, NZA 2002, S. 534.

17 Waas, Fortentwicklung des deutschen Arbeitsrechts, RdA 2007, S. 77; zu Industrie 4.0 ders. in 100 Jahre Rechtswissenschaft in Frankfurt, S. 547 ff. Zudem Fischer, Das Arbeitsvertragsgesetz, NZA 2006, S. 1395; Linnenkohl, Selbständigen-Kultur, BB 1999, S. 48 ff.; Rieble-Klumpp, Transparenz und Reform, S. 20 und BMAS, Grünbuch Arbeiten 4.0, S. 14 ff.

der Motive hierfür, nicht mehr auf Lebenszeit eingegangen, sondern nur für bestimmte Zeiträume. Auch der Arbeitgeber muss mit neuen Herausforderungen umgehen, da seine wirtschaftliche Situation in der Regel nicht mehr nur von der nationalen Wirtschaft abhängt, sondern – zumindest mittelbar – von der weltweiten ökonomischen Lage.

Ausgehend hiervon stellt sich die Frage, ob das deutsche Kündigungsschutzrecht zeitgemäß oder die Umsetzung lange geforderter Reformen des Kündigungsschutzrechts angebracht ist[18]. Dabei ist die Einbindung von Lösungsansätzen anderer Rechtssysteme zielführend[19]. Denn unumstritten ist, dass die Rechtsvergleichung als Methode ein breiteres Spektrum an Lösungsvorschlägen zur Verfügung stellt als eine national introvertierte Rechtswissenschaft[20]. Eine Auseinandersetzung mit dem Recht anderer Staaten erleichtert es, das eigene nationale Recht kritisch zu hinterfragen und anstehende Entwicklungstendenzen zu beurteilen.

Die Globalisierung lässt geographisch entfernt gelegene Länder wie Chile näher an Deutschland heranrücken, sodass ein Vergleich der rechtlichen Ausgestaltung des Kündigungsrechts dieser beiden Länder angezeigt ist[21]. Darüber hinaus besteht eine Vergleichbarkeit aufgrund der in beiden Ländern vorherrschenden positiven Beschäftigungsdynamik, da nach Angaben der OECD allein Deutschland und Chile

---

18 V. Hoyningen-Huene/Linck, Einl., Rn. 82; APS-Preis, Grundl. B, Rn. 29 ff.; v. Bülow, Bestandsschutz, S. 48; Sachverständigenrat, Jahresgutachten 2002/2003, Punkt 349.

19 Waas, Fortentwicklung des deutschen Arbeitsrechts, RdA 2007, S. 81; vgl. ders. in 100 Jahre Rechtswissenschaft in Frankfurt, S. 562; Schiefer, Kündigungsschutz, NZA 2002, S. 777; v. Bülow, Bestandsschutz, S. 184 f.

20 Zweigert/Kötz, Einführung in die Rechtsvergleichung, S. 14; Zöllner/Loritz/Hergenröder, § 11, Rn. 43; Höland in Blank, Muss der Kündigungsschutz reformiert werden?, S. 29; Rebhahn, Weniger oder mehr Kündigungsschutz?, EuZA 2012, S. 440; ders., Arbeitsrechtsvergleichung in Europa, ZEuP 2002, S. 457 f.; Jahn, Wie wirkt der Kündigungsschutz?, ZAF 2005, S. 285; Bucher, Zu Europa gehört auch Lateinamerika!, ZEuP 2004, S. 547; vgl. Gamonal, Fundamentos de Derecho Laboral, S. 95.

21 Nelle, Entstehung und Ausstrahlungswirkung des chilenischen Zivilgesetzbuchs, S. 276 mahnte bereits 1988 an, das lateinamerikanische Recht häufiger zum Gegenstand rechtswissenschaftlicher Arbeiten zu machen. Gamonal, Fundamentos de Derecho Laboral, S. 89 weist daraufhin, dass das chilenische Rechtssystem weitgehend dem kontinentaleuropäischen entspricht. Bucher, Zu Europa gehört auch Lateinamerika!, ZEuP 2004, S. 547 führt aus: „Alle Weltgegenden, welche in kontinentaleuropäischer Tradition wurzeln, sollten in die Betrachtung einfließen. Die Regionen, in denen man Spanisch oder Portugiesisch spricht, würden den wichtigsten Beitrag liefern. Und deren in der Geschichte wurzelndes und von echtem Interesse für Lösungen des Auslands bestimmtes Vorgehen beim Aufbau ihrer eigenen Gesetze müsste dem alten Kontinent, wenn er je zu ernsthaften Gehversuchen in Vertragsrechtsvereinheitlichung ansetzen sollte, Vorbild sein.". Dagegen spricht sich Rebhahn, Arbeitsrechtsvergleichung in Europa, ZEuP 2002, S. 464 für Vergleiche innerhalb der EG-Staaten aus und betont, ein Ausgreifen erscheine in der Regel nur auf die USA sinnvoll.

niedrigere Arbeitslosenquoten aufweisen als vor der Wirtschafts- und Finanzkrise 2009[22]. Chile gilt nicht erst seit dem Abschluss des Assoziierungsabkommens mit der EU vom 01.02.2003[23] als „Musterland Südamerikas“[24], sondern führte bereits in den vergangenen Jahren das Wirtschaftswachstum Lateinamerikas an und stellt aufgrund seiner politischen Stabilität und liberalen Wirtschaftspolitik einen interessanten Investitionsmarkt für ausländische Investoren dar[25]. Die „Mustergültigkeit“ Chiles zeigt sich auch dadurch, dass es am 11.01.2010 als erstes Land Südamerikas Mitglied der OECD wurde[26]. Die liberale Wirtschaftspolitik Chiles ist unter anderem dadurch gekennzeichnet, dass die dortigen Arbeitnehmer einem für deutsche Verhältnisse restriktiv geregeltem Arbeitsrecht gegenüberstehen[27]. So ist der gesetzliche Kündigungsschutz nicht annähernd so weitgehend wie der in Deutschland, da der Arbeitnehmer in Chile bei einer Kündigung grundsätzlich einen Anspruch auf Zahlung einer Abfindung, nicht aber auf den Fortbestand des Arbeitsverhältnisses hat.

---

22 Sachverständigenrat, Jahresgutachten 2011/2012, Punkt 448.

23 Beschluss 2002/979/EG, ABl. EG Nr. L 352 v. 30.12.2002, geändert durch Beschluss 2005/106/EG, ABl. EG Nr. L 38 v. 10.02.2005.

24 bfai, Wirtschaftsführer Chile, S. 7; Imbusch/Messner/Nolte-dies., Chile heute, S. 11 ff.; Rinke, Geschichte Chiles, S. 196; Morgado, Chile: Labour Relations, S. 27.

25 OECD, Reviews of Labour Market: Chile, S. 15 und S. 34 f.; gtai, Recht kompakt: Chile, S. 5; bfai, Wirtschaftsführer Chile, S. 5; Country Report March 2011, S. 5; Morgado, Chile: Labour Relations, S. 27 und Rinke, Geschichte Chiles, S. 176. Zur internationalen Wettbewerbsfähigkeit und Risikoklassifizierung Chiles Imbusch/Messner/Nolte-Frohmann, Chile heute, S. 594; AGReport 1996, S. R 179 und GmbHR 1999, S. R 117 ff.

26 OECD, Reviews of Labour Market: Chile, S. 3; dies., Chile signs up as first OECD member in South America; Morgado, Labour Law in Chile, S. 20.

27 Laut Thayer/Novoa, Derecho del Trabajo, Tomo III, S. 29; Vivanco, El despido laboral, S. 7, S. 25 stehen mindestens 60 % des wirtschaftlich aktiven Bevölkerungsanteils Chiles in einem abhängigen Beschäftigungsverhältnis. Bezeichnend für die restriktiv geregelten Arbeitnehmerrechte in Chile ist die in Art. 22 Abschn. 1 CT normierte Wochenarbeitszeit von 45 Stunden, welche erst im Oktober 2001 durch das Gesetz Nr. 19.759 ab 2005 von 48 Wochenstunden reduziert wurde, und der in Art. 67 Abschn. 1 CT geregelte Erholungsurlaub, der ab einem Beschäftigungsjahr je Kalenderjahr 15 Tage beträgt und sich gem. Art. 68 CT (erst) ab einer Beschäftigungsdauer von 10 Jahren je drei weiteren Beschäftigungsjahren um jeweils einen Tag erhöht. Hierzu Morgado, Labour Law in Chile, S. 123 f., S. 128 f.; ders., Chile: Labour Relations, S. 29; Tapia in Derecho del Trabajo en América Latina, S. 252; Bronstein in ebda., S. 79; Moraga, Código del Trabajo, Tomo I, S. 80 ff., S. 220 ff.; Olate/Montecinos/Muñoz, Código del Trabajo, S. 60 ff.; Humeres, Derecho del Trabajo, S. 196 ff.; Walker, Relaciones Laborales, S. 321 ff.; bfai, Wirtschaftstrends Chile, S. 16; OECD, Reviews of Labour Market: Chile, S. 74 und Miranda/Aitken, Chile, S. 116. Vgl. GmbHR 1999, S. R 117, wonach Chile sich durch „eine vernünftige Arbeitsgesetzgebung und gemäßigte Gewerkschaften“ auszeichnet. Orth, Solidaridad Nr. 212/2001, S. 3 spricht von einem „Paradies für Unternehmer“.

II. Gang der Untersuchung

Zunächst wird in Grundzügen die historische Entwicklung des Arbeits- und Kündigungsrechts in Deutschland und Chile beschrieben (Kapitel B). Anschließend wird das Kündigungsrecht in Deutschland und Chile erörtert. Es werden die rechtsgeschäftlichen Grundlagen, die Arten der Kündigung, die Gestaltungsprinzipien des Kündigungsschutzrechts und der Kündigungsschutz, abschließend sonstige Beendigungsmöglichkeiten des Arbeitsverhältnisses aufgezeigt (Kapitel C). Das folgende Kapitel setzt sich mit dem Kündigungsschutzprozess in Deutschland und Chile auseinander (Kapitel D). Auf Grundlage einer vergleichenden Betrachtung des deutschen und des chilenischen Kündigungsrechts wird die Reformdiskussion über den Kündigungsschutz in Deutschland dargestellt (Kapitel E). Die in Deutschland geführte Debatte bezüglich einer Änderung des Kündigungsschutzes wird durch eine Pro/Contra-Betrachtung der rechts- und wirtschaftspolitischen Argumente im Hinblick auf den Bestandsschutz beschrieben. Anschließend werden einzelne Reformvorschläge aufgezeigt, wobei einer dieser Vorschläge dem Kündigungsschutzmodell Chiles entspricht. Allerdings lassen sich keine überzeugenden Argumente für eine Abkehr vom Bestandsschutzsystem finden, sodass auch der dem chilenischen Kündigungsschutzmodell entsprechende Reformvorschlag nicht überzeugt. In der Folge werden eigene, an das chilenische Kündigungsrecht angelehnte, einzelne Vorschläge aufgezeigt, die in Deutschland implementiert werden könnten, ohne jedoch das geltende Bestandsschutzsystem als solches infrage zu stellen. Im Rahmen der Schlussbetrachtung (Kapitel F) werden die Ergebnisse dieser Arbeit zusammengefasst.

B. Historische Entwicklung von Arbeitsrecht und Kündigungsrecht

Parallel zur Ausbreitung der abhängigen Arbeit bildete sich der Schutz der Arbeitnehmer heraus; seit mehr als hundert Jahren ist er Gegenstand rechtswissenschaftlicher und rechtspolitischer Auseinandersetzungen[28].

I. Deutschland

Im Folgenden wird in Grundzügen[29] die Entwicklung des Arbeitsrechts und des Kündigungsrechts dargestellt.

1. Entwicklung bis zum Ersten Weltkrieg

Mit der Industrialisierung im 19. Jahrhundert, das politisch durch den Liberalismus und der anschließenden Kaiserzeit geprägt war, wurde eine Regulierung der Arbeitsverhältnisse notwendig[30]. Kerngedanke war, dass sich beide Vertragspartner gleichberechtigt gegenüberstehen und keine besondere Schutzbedürftigkeit einer Partei gegeben war, der durch staatliche Reglementierung hätte Rechnung getragen werden müssen[31]. So vertraute der preußische Staat mit der Neuregelung des

28 Göller, Entwicklung des Kündigungsschutzrechts, S. 1; Fiedler, Kündigungsschutz, S. 281.

29 Insofern wird kein Anspruch auf Vollständigkeit erhoben. Ramm in FS Mallmann, S. 196 spricht von der Gefahr der subjektiven Würdigung.

30 Ramm in FS Mallmann, S. 211 spricht von einer Verrechtlichung des Arbeitslebens. Ausführlich Welslau, Kündigungsschutz, S. 72 ff.; vgl. Hueck, Deutsches Arbeitsrecht, S. 17 f.; Walker, Relaciones Laborales, S. 61 ff. Blickt man weiter zurück, existierte weder im römischen noch im germanischen Recht ein Arbeitsrecht. Niedere Arbeit wurde von Sklaven ausgeführt, die nicht Rechtssubjekt eines Arbeitsverhältnisses waren. Aufgrund eines umweltbedingten Mangels an qualifizierten Arbeitskräften waren Entlassungen jedoch kein Druckmittel der Arbeitgeber, welche vielmehr an einer besonderen Bindung des Arbeitnehmers interessiert waren. Hierzu Toews, Entwicklung des Kündigungsschutzes, S. 9 ff., S. 209; Bausback, Bestandsschutz, S. 121 ff.; Göller, Entwicklung des Kündigungsschutzrechts, S. 8 f., S. 15; Welslau, Kündigungsschutz, S. 5 ff.; Adomeit, Entwicklung zum Arbeitsrecht, NJW 1996, S. 1710; Ogris, Geschichte des Arbeitsrechts, RdA 1967, S. 288, S. 290, S. 294 und Ugarte, Derecho del Trabajo, S. 33 f.

31 Preis, Arbeitsrecht, § 4, S. 25 und Richardi, Arbeitsrecht als Teil freiheitlicher Ordnung, S. 24. Die Entwicklung des Arbeitsrechts knüpfte an die vormals vorhandenen Berufe des Gesindes, der Gesellen oder der Bergmänner an. So wurden die gesinderechtlichen Bestimmungen des ALR durch die Gesindeordnung vom 08.11.1810 modifiziert und dem liberalen Zeitgeist angepasst, indem den Parteien

preußischen Gewerbegesetzes von 1810/11[32] durch die allgemeine Gewerbeordnung vom 17.01.1845 auf eine im Wege offener Konkurrenz zustande kommende gerechte Vertragsgestaltung, da sich aus seiner Sicht kündigungsschutzrechtliche Vorschriften zugunsten eines vermeintlich Schwächeren als systemwidrig verboten[33]. Auch das am 24.06.1861 eingeführte Allgemeine Deutsche Handelsgesetzbuch[34] war dem Gedanken des freien Arbeitsvertrages verpflichtet[35]. Die durch die politische Einigung Deutschlands erforderlich gewordene neue Gewerbeordnung des Norddeutschen Bundes[36] vom 21.06.1869 erkannte die Gewerbefreiheit als Recht an[37]. Die sog. Arbeiterschutznovelle zur Reichsgewerbeordnung vom 01.06.1891[38] sah in § 124 b GewO 1891 für Arbeitnehmer und Arbeitgeber in Betrieben mit weniger als zwanzig Beschäftigten für die jeweils andere Partei eine Entschädigung bei grundloser fristloser Kündigung vor[39]. Gegen Bezahlung konnte jede Partei jederzeit das Arbeitsverhältnis beenden, die fristlose Kündigung aus wichtigem Grund ohne Entschädigung blieb bestehen[40]. Auch das Bürgerliche Gesetzbuch (BGB) war von der Vertrags- und Gestaltungsfreiheit geprägt – alle Menschen sollten als unabhängige Bürger ihre wirtschaftlichen und sozialen Beziehungen weitgehend uneingeschränkt regeln können. Daher wurden nur die Grundzüge des

---

eine weitreichende Vertragsabschluss- und Vertragsgestaltungsfreiheit eingeräumt wurde. Hierzu APS-Preis, Grundl. A, Rn. 1; v. Hoyningen-Huene/Linck, Einl., Rn. 1; Waltermann, Rn. 26; Göller, Entwicklung des Kündigungsschutzrechts, S. 12 ff.; Toews, Entwicklung des Kündigungsschutzes, S. 12 ff., S. 36; v. Bülow, Bestandsschutz, S. 35; Darsow-Faller, Kündigungsschutz, S. 28; Ogris, Geschichte des Arbeitsrechts, RdA 1967, S. 287 ff.

32 Welslau, Kündigungsschutz, S. 84 ff.

33 Hierdurch wurde die Vertrags- und Gestaltungsfreiheit auf die Gesellen ausgeweitet, Welslau, Kündigungsschutz, S. 89.

34 Gesetzessammlung für die Königlich-Preußischen Staaten 1861, S. 449.

35 Die Festlegung von Vertragsdauer und -beendigung unterlag den Parteien. Beiden Parteien war die vorzeitige Vertragsbeendigung bei Vorliegen eines wichtigen Grundes möglich, Welslau, Kündigungsschutz, S. 131 ff.; Bausback, Bestandsschutz, S. 139.

36 RGBl. 1869, S. 245.

37 Ramm in FS Mallmann, S. 202; Sünner, Entwicklung des Arbeitsrechts, S. 6; Toews, Entwicklung des Kündigungsschutzes, S. 28. Nach der Reichsgründung im Jahre 1871 wurde die Gewerbeordnung auf das gesamte Reichsgebiet (Baden, Bayern und Württemberg) ausgedehnt und fortan als Reichsgewerbeordnung bezeichnet, Welslau, Kündigungsschutz, S. 93; Fiedler, Kündigungsschutz, S. 6.

38 RGBl. 1891, S. 261. Vgl. Ramm in FS Mallmann, S. 206; Löwisch/Caspers/Klumpp, Rn. 75.

39 Toews, Entwicklung des Kündigungsschutzes, S. 58; Bausback, Bestandsschutz, S. 145: § 124b GewO 1891 sprach der jeweils anderen Partei bei einem sog. Kontraktbruch eine Entschädigung zu. Dem Arbeitnehmer wurde ein Kontraktbruch jedoch auch durch Auf- bzw. Teilnahme an Arbeitskampfmaßnahmen zugerechnet.

40 Göller, Entwicklung des Kündigungsschutzrechts, S. 30.

Arbeitsverhältnisses normiert[41]. Ein Kündigungsschutz – gar in Form eines Bestandsschutzes – ist dem BGB nicht zu entnehmen.

Erst die Änderung des Allgemeinen Preußischen Berggesetzes vom 28.07.1909[42] sah aufgrund des Erfordernisses eines sachlichen Kündigungsgrundes eine Art materiellen Kündigungsschutz vor, indem sie eine willkürliche Kündigung eines Sicherheitsmannes, welcher für die Grubensicherheit im Kohlebergbau mitverantwortlich war, verbot. Sicherheitsmänner konnten zu einem früheren Zeitpunkt als dem Ablauf ihrer Wahlperiode nur aufgrund abschließend normierter Gründe gekündigt werden[43].

Ende des 19. Jahrhunderts, Anfang des 20. Jahrhunderts enthielten die abgeschlossenen Tarifverträge erste materielle Kündigungsschranken wie die Zulässigkeit von Entlassungen wegen Arbeitsmangels erst nach Verkürzung der täglichen Arbeitszeit auf sieben Stunden bzw. der Auflage der vorrangigen Kündigung von Fremden vor Ortsansässigen, die Unzulässigkeit der Kündigung wegen einer Gewerkschaftszugehörigkeit oder der Teilnahme an Maifeiern[44].

Bis 1910 wurde die Entlassungsbefugnis des Arbeitgebers durch die Rechtssprechung weder aufgrund des Allgemeinen Zivilrechts noch durch übergeordnete Rechtsgedanken beschränkt[45]. Eine formell richtige Kündigung wurde unter dem Gesichtspunkt der Willkür seitens des Gerichts nicht überprüft, sondern als unbedenklich angesehen[46].

2. Erster Weltkrieg und Weimarer Republik

Mit Beginn des Ersten Weltkrieges wurde mittels des Gesetzes über den Vaterländischen Hilfsdienst vom 05.12.1916 in die bisher freien Arbeitsverhältnisse der industriellen Arbeiter eingegriffen. Hauptzweck war die Personalversorgung der

---

41 Fiedler, Kündigungsschutz, S. 5 und S. 23 ff.; Richardi, Arbeitsrecht als Teil freiheitlicher Ordnung, S. 30 ff.; Ramm in FS Mallmann, S. 208; Löwisch/Caspers/Klumpp, Rn. 77; Preis, Arbeitsrecht, § 4, S. 26.

42 Preußische Gesetzessammlung 1909, S. 677.

43 Mit Angabe der konkreten Kündigungsgründe Wüllenweber, Entwicklung des Kündigungsschutzrechts, S. 36. Ausführlich Welslau, Kündigungsschutz, S. 175 ff.; vgl. Preis, Prinzipien des Kündigungsrechts, S. 13; APS-Preis, Grundl. A, Rn. 6; Berkowsky, Betriebsbedingte Kündigung, § 1, Rn. 19; Sandmaier, Kündigungsschutzmodelle, S. 107 f.; Bausback, Bestandsschutz, S. 159 f.; Fiedler, Kündigungsschutz, S. 9; Flatow, Betriebsrätegesetz, S. 1 ff.

44 Bausback, Bestandsschutz, S. 153 ff.; Göller, Entwicklung des Kündigungsschutzrechts, S. 38 ff.; APS-Preis, Grundl. A, Rn. 6; Fiedler, Kündigungsschutz, S. 8. Vgl. Hueck, Deutsches Arbeitsrecht, S. 25 und S. 28 f.

45 Mit Rechtsprechungsnachweisen Fiedler, Kündigungsschutz, S. 11. Eine Arbeitsgerichtsbarkeit wurde erst 1926 gegründet, bis dahin waren die Gewerbe-, Kaufmanns- bzw. Berggerichte bzw. das Amtsgericht sachlich zuständig, hierzu Zöllner/Loritz/Hergenröder, § 3, R. 11; Fiedler, Kündigungsschutz, Fn. 56.

46 APS-Preis, Grundl. A, Rn. 5.

Kriegsindustrie. Es bestand eine Art Kontrahierungszwang, der das Recht zur freien Kündigung, die Mobilität und den sozialen Besitzstand des Arbeiters stark eingrenzte[47]. Soziales Schutzdenken kam nur insoweit zum Tragen, als gewissermaßen eine Sozialauswahl bei der Überweisung zur Beschäftigung vorgesehen war, wonach auf das Lebensalter, die bisherige Beschäftigung und die Lebens- und Unterhaltsverhältnisse nach Möglichkeit Rücksicht zu nehmen war[48].

Eines der wesentlichen Ziele nach Ende des Ersten Weltkrieges 1918 und der Gründung der Ersten deutschen Republik bestand in der Regulierung des Arbeitsmarktes[49]: Erste arbeitsrechtliche Bestimmungen und Garantien für Arbeitnehmer sind der Weimarer Reichsverfassung (WRV) vom 11.08.1919 zu entnehmen[50]. Das Arbeitsrecht wurde der ausschließlichen Gesetzgebung des Bundes zugeordnet und in Art. 157 Abs. 2 WRV verankert, dass die Arbeitskraft unter dem besonderen Schutz des Reiches steht, welches ein einheitliches Arbeitsrecht schafft[51]. Zum Kündigungsschutz ergingen zahlreiche Verordnungen wie die Einstellungsverordnungen, die den Kriegsteilnehmern einen Anspruch auf Wiedereinstellung gaben und willkürliche Kündigungen verboten, da im Falle einer ordentlichen Kündigung eine Weiterbeschäftigung unmöglich sein oder aber ein Grund für eine außerordentliche Kündigung vorliegen musste[52]. Die sog. Demobilmachungsverordnung vom 12.02.1920[53] verbot die Entlassung von Arbeitnehmern, solange die Beschäftigung aller Arbeitnehmer bei Reduzierung der Arbeitszeit auf die Hälfte (sog. Arbeitsstreckung) möglich war[54]. Sie enthielt erste Ansätze eines Verhältnismäßigkeitsprinzips

---

47 Welslau, Kündigungsschutz, S. 184 ff.; Flatow, Betriebsrätegesetz, S. 1.

48 Welslau, Kündigungsschutz, S. 189; Wachs, Verordnungswerk des Reichsdemobilmachungsamtes, S. 125.

49 Fiedler, Kündigungsschutz, S. 15.

50 V. Bülow, Bestandsschutz, S. 36.

51 Es sollte eine Zersplitterung des Arbeitsrechts vermieden und öffentliches und privates Recht vereint werden, Sünner, Entwicklung des Arbeitsrechts, S. 17; Ulrich, Arbeitnehmerstatut, S. 7.

52 Die Einstellungsverordnung vom 04.01.1919 (RGBl. 1919, S. 8) galt für Arbeiter, die Einstellungsverordnung vom 24.01.1919 (RGBl. 1919, S. 99) für Angestellte. Sie wurden in der Verordnung vom 03.09.1919 (RGBl. 1919, S. 1500) zusammengefasst und durch Verordnung vom 12.02.1920 (RGBl. 1920, S. 218) neu veröffentlicht, so Wachs, Verordnungswerk des Reichsdemobilmachungsamtes, S. 157 ff., S. 161 f.; Welslau, Kündigungsschutz, S. 195 f.

53 RGBl. 1920, S. 218. Diese Verordnung wurde zunächst bis zum 31.10.1922 verlängert (RGBl. 1922, S. 285) und durch die Stilllegungsverordnung vom 15.10.1923 (RGBl. 1923, S. 983) schließlich aufgehoben, siehe Göller, Entwicklung des Kündigungsschutzrechts, S. 56 f.

54 Hueck, Deutsches Arbeitsrecht, S. 132; v. Hoyningen-Huene/Linck, Einl., Rn. 16; Kittner/Däubler/Zwanziger-Deinert, Einl., Rn. 20. § 12 der DemobilmachungsVO 1920 sah vor, dass eine Entlassung zur Verminderung der Arbeitnehmerzahl aus wirtschaftlichen Gründen nur vorgenommen werden durfte, wenn dem Arbeitgeber keine Vermehrung der Arbeitsgelegenheiten durch Verkürzung der Arbeitszeit bzw.

und einer Sozialauswahl bei wirtschaftlich begründeten Kündigungsgründen[55]. Die Freimachungsverordnung vom 25.04.1920[56] bevollmächtigte die Demobilmachungsausschüsse[57] im Sinne einer sozialverträglichen Verteilung der Arbeit gegenüber einzelnen oder mehreren Arbeitgebern eines Bezirks die Freimachung bestimmter Stellen anzuordnen. Freimachen mussten diejenigen ihre Arbeitsstelle, die als weniger schutzwürdig galten, da sie auswärts wohnten, zugezogen oder nicht auf den Erwerb aus der Arbeitsstelle angewiesen waren[58].

Ferner wurde mit dem Betriebsrätegesetz (BRG) vom 04.02.1920[59] eine wichtige Rahmenregelung erlassen, welche zum Ausbau des Kündigungsschutzes führte[60]: Ein gekündigter Arbeitnehmer hatte nach § 84 Abs. 1 Nr. 4 BRG die Möglichkeit, den Arbeiter- oder Angestelltenrat anzurufen, wenn sich die Kündigung als unbillige, nicht durch das Verhalten des Arbeitnehmers oder durch die Verhältnisse des Betriebes bedingte Härte darstellte. Hielt der Arbeiter- oder Angestelltenrat die Kündigung für unbegründet, musste er zwischen Arbeitgeber und gekündigtem Arbeitnehmer vermitteln[61]. Gelang eine Einigung zwischen den Parteien nicht, hatte der Arbeitnehmer die Möglichkeit gem. § 86 Abs. 1 S. 2 und S. 3 BRG innerhalb einer Woche das Arbeitsgericht anzurufen. Hielt das Arbeitsgericht den Einspruch

Streckung der Arbeit zugemutet werden konnte. Vgl. APS-Preis, Grundl. A, Rn. 7; v. Bülow, Bestandsschutz, S. 36, Fn. 85; Wiesenecker, Arbeitsrecht der Länder, S. 45; Welslau, Kündigungsschutz, S. 196 ff. und Göller, Entwicklung des Kündigungsschutzrechts, S. 54 f.

55 APS-Preis, Grundl. A, Rn. 7; Kittner/Däubler/Zwanziger-Deinert, Einl., Rn. 20; v. Bülow, Bestandsschutz, S. 36; Wiesenecker, Arbeitsrecht der Länder, S. 45.

56 RGBl. 1920, S. 707. Die FreimachungsVO trat durch die Verordnung über die Beendigung der wirtschaftlichen Demobilmachung vom 18.02.1921 (RGBl. 1921, S. 189) außer Kraft.

57 Die Demobilmachungsausschüsse stellten die lokalen Organe des Reichsmobilmachungsamtes auf Stadt- und Landkreisebene dar. Hierzu ausführlich Wachs, Verordnungswerk des Reichsdemobilmachungsamtes, S. 94 und S. 73 ff.

58 Die Freimachungsverordnung galt nur in Städten mit über 100.000 Einwohnern, Darsow-Faller, Kündigungsschutz, S. 29; Göller, Entwicklung des Kündigungsschutzrechts, S. 55; Welslau, Kündigungsschutz, S. 201 f.; Toews, Entwicklung des Kündigungsschutzes, S. 65 f.

59 RGBl. 1920, S. 147.

60 V. Bülow, Bestandsschutz, S. 36 f.; Fiedler, Kündigungsschutz, S. 16 ff.

61 Anders jedoch, wenn der Arbeiter- oder Angestelltenrat die Kündigung für wirksam hielt: Die §§ 84 ff. BRG sahen die bedenkliche Aufgabe einer Sperrinstanz vor Kündigungsschutzklagen vor, wenn er die Kündigung für sozial gerechtfertigt erachtete. Dadurch war es dem Arbeiter- oder Angestelltenrat möglich, einem Arbeitnehmer ungewollt, etwa durch eine unrichtige Beurteilung der Sach- oder Rechtslage, oder sogar bewusst den Kündigungsschutz zu verwehren und ihm damit letztlich den Gerichtsschutz zu entziehen, APS-Preis, Grundl. A, Rn. 8; Kraus, Abfindungen, S. 23; Flatow, Betriebsrätegesetz, S. 354; Bauer, Abfindungsregelungen, S. 12; BAG, Urt. v. 13.09.1973, BAGE 25, S. 278.

des Arbeitnehmers gegen seine Kündigung für gerechtfertigt, legte es dem Arbeitgeber für den Fall der Ablehnung der Weiterbeschäftigung eine Entschädigungspflicht auf[62]. Insofern hatte der Arbeitgeber ein Wahlrecht, ob er den gekündigten Arbeitnehmer weiterbeschäftigen wollte[63].

Hinsichtlich des kollektiven Arbeitsrechts wurden erstmalig Mitwirkungsrechte der Arbeitnehmer auf Betriebsebene festgelegt. Der Arbeitnehmervertretung wurde ein Einspruchsrecht bei Kündigungen zuerkannt und die ordentliche Kündigung eines Betriebsratsmitglieds bedurfte der Zustimmung. Wurde die Zustimmung versagt, konnte das Arbeitsgericht angerufen werden[64]. Voraussetzung war das Bestehen eines Betriebsrats, was eine Arbeitnehmerstärke von mindestens zwanzig Arbeitnehmern voraussetzte – Arbeitnehmer in Kleinbetrieben genossen keinen Kündigungsschutz[65].

Bereits zuvor setzte sich durch den Erlass der Tarifvertragsordnung am 23.12.1919 der Tarifgedanke durch. Tarifnormen wurden zu zwingendem Recht erklärt und die Allgemeinverbindlichkeitserklärung eingeführt[66]. In vielen Tarifverträgen wurde der Kündigungsschutz in Form von Änderungen der Kündigungsform, -frist oder der -gründe geregelt[67]. Insgesamt wurde der Kündigungsschutz in den 20er und Anfang der 30er Jahre des 20. Jahrhunderts verstärkt[68].

---

62 Die Höhe der Abfindung bemaß sich nach § 87 Abs. 1 BRG mit einer Obergrenze von sechs Monatsgehältern, hierzu Brandt, Betriebsrätegesetz, S. 181 f.; Flatow, Betriebsrätegesetz, S. 377, S. 382; v. Hoyningen-Huene/Linck, Einl., Rn. 23; Toews, Entwicklung des Kündigungsschutzes, S. 69 ff. und Wüllenweber, Entwicklung des Kündigungsschutzrechts, S. 59 ff.

63 Brandt, Betriebsrätegesetz, S. 182; Kittner/Däubler/Zwanziger-Deinert, Einl., Rn. 21; Urban, Kündigungsschutz, S. 110 f.; Toews, Entwicklung des Kündigungsschutzes, S. 72; Kraus, Abfindungen, S. 22 f.

64 Die Zustimmung des Betriebsrates war nach § 96 Abs. 4 BRG erforderlich, allerdings konnte der Einspruch gegen die Kündigung nur weiterverfolgt werden, wenn der Betriebsrat ihn billigte. Einigten sich Betriebsrat und Arbeitgeber nicht, konnte der Betriebsrat bei den Arbeitsgerichten in eigenem Namen klagen. Hierzu Sünner, Entwicklung des Arbeitsrechts, S. 18 f.; Bitter/Kiel, Rechtsprechung des BAG, RdA 1994, S. 335 und Sandmaier, Kündigungsschutzmodelle, S. 17 f. und S. 108 f.

65 Hueck/Nipperdey/Dietz, Vorbem. zu § 56 AOG, Rn. 3; APS-Preis, Grundl. A, Rn. 8; Sandmaier, Kündigungsschutzmodelle, S. 17, S. 109; Duvigneau, Auflösung des Arbeitsverhältnisses, S. 19; Bauer, Abfindungsregelungen, S. 14; Ramm, Arbeitsrecht und Kleinunternehmen, AuR 1991, S. 259; Kraushaar, Kleinbetriebe, AuR 1988, S. 137.

66 Wachs, Verordnungswerk des Reichsdemobilmachungsamtes, S. 153 f.; Göller, Entwicklung des Kündigungsschutzrechts, S. 65; Toews, Entwicklung des Kündigungsschutzes, S. 67 und S. 75; Preis, Arbeitsrecht, § 4, S. 27.

67 Die Tarifpartner schenkten diesem Kündigungsschutz kein besonderes Interesse, da ihres Erachtens durch die Einführung des BRG ausreichender Schutz vor Kündigungen gewährt war. Mit Beispielen Göller, Entwicklung des Kündigungsschutzrechts, S. 65 ff.; Toews, Entwicklung des Kündigungsschutzes, S. 68.

68 V. Bülow, Bestandsschutz, S. 37; APS-Preis, Grundl. A, Rn. 7; Preis, Arbeitsrecht, § 4, S. 27.

3. Nationalsozialismus

Während des Nationalsozialismus wurden die bisherigen arbeitsrechtlichen Bestimmungen abgeschafft und am 20.01.1934 das sog. Arbeitsordnungsgesetz (AOG) erlassen[69]. Der Betriebsrat wurde durch den Vertrauensrat ersetzt, der den Führer des Betriebes, welchem die Entscheidungsrechte zustanden, nur beraten durfte. Wegen dieses beschränkten Einflusses konnte der Vertrauensrat nicht gegen den Willen des Betriebsführers handeln und hatte keine Möglichkeit, ein Kündigungsschutzverfahren anzustoßen[70]. Zudem musste bei Ausspruch einer Kündigung kein Vermittlungsverfahren zwischen Arbeitnehmervertretung und Arbeitgeber durchgeführt werden[71]. Stattdessen wurden individualrechtliche Arbeitnehmerschutzvorschriften erlassen[72]: An die Stelle des abgeschafften Widerspruchsrechts des Betriebsrates trat nach § 56 Abs. 1 AOG die Möglichkeit einer Klage auf Widerruf für unbillig harte und nicht verhältnismäßige Kündigungen. Hatte die Klage Erfolg, konnte das Gericht eine Entschädigung festsetzen, falls der Arbeitgeber den Widerruf der Kündigung ablehnte[73]. Weiter wurde der Kündigungsschutz auf Betriebe mit mindestens zehn Arbeitnehmern ausgedehnt[74]. Allerdings wurde eine Wartezeit eingeführt, der Arbeitnehmer musste dem Betrieb mindestens ein Jahr angehört haben, ehe er sich auf den Kündigungsschutz berufen konnte[75]. Mit der sog. Arbeitsplatzwechselverordnung vom 01.09.1939[76] wurde für Kündigungen die Zustimmung des Arbeitsamtes erforderlich und diese damit behördlicher Kontrolle

69 RGBl. I 1934, S. 45; Hueck, Deutsches Arbeitsrecht, S. 33 ff.; Sünner, Entwicklung des Arbeitsrechts, S. 61, S. 64, S. 71 ff.; Römermann, Kündigungen, S. 57.

70 Darsow-Faller, Kündigungsschutz, S. 31; Sandmaier, Kündigungsschutzmodelle, S. 109 f.; Sünner, Entwicklung des Arbeitsrechts, S. 79; Wüllenweber, Entwicklung des Kündigungsschutzrechts, S. 139 f.

71 Urban, Kündigungsschutz, S. 112; Toews, Entwicklung des Kündigungsschutzes, S. 79.

72 Bitter/Kiel, Rechtsprechung des BAG, RdA 1994, S. 335; Sünner, Entwicklung des Arbeitsrechts, S. 80; Richardi, Arbeitsrecht als Teil freiheitlicher Ordnung, S. 39 und S. 66.

73 Hueck, Deutsches Arbeitsrecht, S. 136 ff.; Sünner, Entwicklung des Arbeitsrechts, S. 80; Sandmaier, Kündigungsschutzmodelle, S. 110; Wüllenweber, Entwicklung des Kündigungsschutzrechts, S. 143 ff.; Toews, Entwicklung des Kündigungsschutzes, S. 79. Die Entschädigung konnte bis zu zwölf Monatsgehälter betragen, Hueck/Nipperdey/Dietz, § 58 AOG, Rn. 1 ff.; Bauer, Abfindungsregelungen, S. 15.

74 Hueck/Nipperdey/Dietz, Vorbem. zu § 56 AOG, Rn. 3, wonach sog. Zwergbetriebe mit weniger als zehn Beschäftigten vom Kündigungsschutz ausgenommen waren. Siehe Hueck, Deutsches Arbeitsrecht, S. 135; v. Hoyningen-Huene/Linck, Einl., Rn. 25; Ramm, Arbeitsrecht und Kleinunternehmen, AuR 1991, S. 259 und Kraushaar, Kleinbetriebe, AuR 1988, S. 137.

75 Hueck, Deutsches Arbeitsrecht, S. 135; Hueck/Nipperdey/Dietz, § 56 AOG, Rn. 5 ff.; Duvigneau, Auflösung des Arbeitsverhältnisses, S. 20.

76 RGBl. I 1939, S. 1685.

unterstellt[77]. Dieser mittelbare Kündigungsschutz wurde aus arbeitseinsatzpolitischen Gesichtspunkten, einer volkswirtschaftlich zweckmäßigen Aufteilung der vorhandenen Arbeitskräfte eingeführt[78]. Das Arbeitsverhältnis galt nicht mehr als Einzelarbeitsverhältnis, sondern als personenrechtliches Gemeinschaftsverhältnis, welchem die das nationalsozialistische Arbeitsrecht bestimmenden Prinzipien, der Gemeinschaft aller im Betrieb Arbeitenden, das Führerprinzip, die Arbeit als Dienst an Volk und Staat als auch die gegenseitige Fürsorge- und Treuepflicht, zugrunde lagen[79].

4. Nachkriegsdeutschland

Zunächst galt nach Ende des Zweiten Weltkrieges das AOG weiter, bis es durch das Kontrollratsgesetz Nr. 40 vom 30.11.1946[80] mit Wirkung zum 01.01.1947 außer Kraft gesetzt wurde[81]. Nach Aufhebung des AOG waren die Generalklauseln der §§ 138, 242 BGB zunächst die einzigen Arbeitnehmerschutzvorschriften bei einer ordentlichen Kündigung[82]. Allerdings führte dies nicht zwingend zu einem geringeren Schutz der Arbeitnehmer, denn seitens der Gerichte wurden Arbeitgeberkündigungen nicht nur wegen eines Gesetzesverstoßes unwirksam erklärt, sondern bereits dann, wenn sie eine besondere soziale Härte für den Arbeitnehmer darstellten[83].

---

77 Hueck/Nipperdey/Dietz, § 20 AOG, Rn. 42 und Vorbem. zu § 56, Rn. 16a; zudem Kittner/Däubler/Zwanziger-Deinert, Einl., Rn. 22; Wüllenweber, Entwicklung des Kündigungsschutzrechts, S. 162 ff.

78 Hueck/Nipperdey/Dietz, § 20 AOG, Rn. 43 und Vorbem. zu § 56, Rn. 16a; v. Hoyningen-Huene/Linck, Einl., Rn. 17; APS-Preis, Grundl. A, Rn. 14; v. Bülow, Bestandsschutz, S. 38; Göller, Entwicklung des Kündigungsschutzrechts, S. 83 f.

79 Vgl. §§ 1, 2 AOG; Hueck/Nipperdey/Dietz, § 1 AOG, Rn. 1 ff.; Sünner, Entwicklung des Arbeitsrechts, S. 115; Richardi, Arbeitsrecht als Teil freiheitlicher Ordnung, S. 41 ff. und S. 246.

80 Amtsblatt Kontrollrat 1947, S. 229.

81 Begründung des Kündigungsschutzgesetzes, RdA 1951, S. 61; Bitter/Kiel, Rechtsprechung des BAG, RdA 1994, S. 335; v. Hoyningen-Huene/Linck, Einl., Rn. 26; Richardi, Arbeitsrecht als Teil freiheitlicher Ordnung, S. 49; Wüllenweber, Entwicklung des Kündigungsschutzrechts, S. 182 f.; Wiesenecker, Arbeitsrecht der Länder, S. 31.

82 Fiedler, Kündigungsschutz, S. 65, S. 281; Urban, Kündigungsschutz, S. 113 ff.; Wiesenecker, Arbeitsrecht der Länder, S. 46 ff.; Stein, Mindestkündigungsschutz, DB 2005, S. 1218.

83 Vgl. das Urteil des ArbG Köln v. 16.03.1948, RdA 1948, S. 156 ff., wonach eine Kündigung eine unzulässige soziale Härte darstellte, wenn sie zwei Monate vor Beendigung einer zehnjährigen Dienstzeit als Anwartschaftszeit für einen Rechtsanspruch auf betriebliche Alters- und Familienversorgung ohne besonders triftige Gründe ausgesprochen wurde.

In den französischen und amerikanischen Besatzungszonen wurden landesrechtliche Kündigungsschutzbestimmungen, die regional divergierten, in Anlehnung an das BRG und das AOG eingeführt[84]. Demgegenüber führten die britischen und sowjetischen Besatzungszonen keine neuen Kündigungsschutzregelungen ein[85]. In der Folgezeit unterstützten die drei westlichen Zonen der amerikanischen, britischen und französischen Besatzungsmacht auf ihrem Gebiet die Gründung der Bundesrepublik Deutschland[86]. Die sowjetische Besatzungsmacht führte in ihrer Zone eine sozialistische Ordnung auf Grundlage des Marxismus-Leninismus ein. Nach Gründung der Deutschen Demokratischen Republik am 07.10.1949 entstand die sozialistische Diktatur des SED-Staates[87]. Das BGB wurde aufgehoben. Ab dem 16.06.1977 reglementierte das sog. Arbeitsgesetzbuch das Arbeitsleben[88]. Die Kündigungsfreiheit des Arbeitnehmers wurde aufgrund des politischen, sozialen und volkswirtschaftlichen Zwecks, der Abwanderungen aus Betrieben mit Planschwerpunkten entgegenzuwirken, beschränkt und durch ein System von Aufhebungs-, Umsetzungs-, und Überleitungsverträgen ersetzt[89]. Dagegen galt aber ein – aufgrund der Planwirtschaft möglich – starker Kündigungsschutz. So war der Fortfall einer Arbeitsaufgabe durch technische oder ökonomische Änderungen oder die mangelnde Eignung des Werktätigen kein Kündigungsgrund. Abgesehen von den Tatbeständen für die fristlose Entlassung nach § 56 DDR-AGB, die mit besonderer Härte bei politischer Abweichung ausgeübt wurde, bestand daher ein nahezu absoluter Kündigungsschutz[90].

---

84 Urban, Kündigungsschutz, S. 113; Toews, Entwicklung des Kündigungsschutzes, S. 87; Kraus, Abfindungen, S. 24 f. Zu den Kündigungsschutzregelungen der Länder ausführlich die Begründung des Kündigungsschutzgesetzes, RdA 1951, S. 61 f.; Wiesenecker, Arbeitsrecht der Länder, S. 52 ff.; Fiedler, Kündigungsschutz, S. 48 ff.; Wüllenweber, Entwicklung des Kündigungsschutzrechts, S. 188 ff. und Richardi, Arbeitsrecht als Teil freiheitlicher Ordnung, S. 54 f.

85 Fiedler, Kündigungsschutz, S. 47; Begründung des Kündigungsschutzgesetzes, RdA 1951, S. 62. Zur britischen Besatzungszone Wüllenweber, Entwicklung des Kündigungsschutzrechts, S. 75; Bitter/Kiel, Rechtsprechung des BAG, RdA 1994, S. 335; Kraus, Abfindungen, S. 25.

86 Das Grundgesetz der BRD trat mit Wirkung zum 24.05.1949 in Kraft.

87 Wiesenecker, Arbeitsrecht der Länder, S. 20 f.

88 GBl. DDR 1977 I S. 185, auszugsweise in Lieser-Triebnigg, Recht in der DDR, S. 75 ff.

89 V. Bülow, Bestandsschutz, S. 39; Lieser-Triebnigg, Recht in der DDR, S. 72 f.; Preis, Arbeitsrecht, § 4, S. 29 f.

90 Adomeit, Entwicklung zum Arbeitsrecht, NJW 1996, S. 1713; Wank, Reform des Kündigungsrechts, RdA 1992, S. 228; Zöllner/Loritz/Hergenröder, § 3, Rn. 29 und Lieser-Triebnigg, Recht in der DDR, S. 84 f.

5. Bundesrepublik Deutschland[91]

Nach Gründung der BRD im Mai 1949 galt es, das Arbeitsrecht neu zu gestalten. Ein erster Vorläufer des heute geltenden Kündigungsschutzgesetzes war das sog. Frankfurter Gesetz vom 20.07.1949, das im Vereinigten Wirtschaftsgebiet galt[92]. Es wurde von den Militärregierungen nicht weiter genehmigt, war aber als Modell für spätere Entwürfe, insbesondere den sog. Hattenheimer Entwurf entscheidend, welcher Grundlage des heutigen Kündigungsschutzgesetzes ist[93]. Hiernach war die Kündigung nur dann rechtswirksam, wenn sie sozial gerechtfertigt war. Die Unwirksamkeit der Kündigung musste innerhalb einer kurzen Ausschlussfrist geltend gemacht werden[94].

Am 10.08.1951 wurde mit dem Kündigungsschutzgesetz (KSchG)[95] das Kündigungsschutzrecht als eigenes Gesetz verabschiedet[96]. Das KSchG basiert wie schon das BRG und das AOG auf dem Grundsatz der Kündigungsfreiheit, allerdings bedarf die Arbeitgeberkündigung einer Rechtfertigung[97].

Das erste Arbeitsrechtsbereinigungsgesetz vom 14.08.1969[98] enthielt die Pflicht des Arbeitgebers, die Gründe für die Sozialauswahl mitzuteilen, die Regelungen zur Änderungskündigung, die Beweispflicht des Arbeitgebers für die Gründe seines

---

91 Am 31.08.1990 schlossen die BRD und die DDR den Staatsvertrag über die Herstellung der Einheit Deutschlands, den sog. Einigungsvertrag (BGBl. 1990 II S. 885, S. 907). Seit der Wiedervereinigung am 03.10.1990 existiert ein einheitliches gesamtdeutsches Arbeitsrecht, nachdem zunächst die Geltung eines Übergangsrechts vereinbart worden war.

92 Richardi, Arbeitsrecht als Teil freiheitlicher Ordnung, S. 119. Im Jahre 1947 wurde die Wirtschaftsverwaltung der britischen und amerikanischen Zone zum Vereinigten Wirtschaftsgebiet zusammengelegt. Als erstes deutsches Gremium nach Kriegsende wurde der deutsche Wirtschaftsrat gegründet. Im April 1949 trat die französische Besatzungszone dem Vereinigten Wirtschaftsgebiet bei. Vgl. Fiedler, Kündigungsschutz, S. 45. Göller, Entwicklung des Kündigungsschutzrechts, S. 91.

93 Kittner/Däubler/Zwanziger-Deinert, Einl., Rn. 25; v. Hoyningen-Huene/Linck, Einl., Rn. 30 f.; Toews, Entwicklung des Kündigungsschutzes, S. 88 f.; Richardi, Arbeitsrecht als Teil freiheitlicher Ordnung, S. 121 f.; ders., 50 Jahre Kündigungsschutzgesetz, NZA 2000, S. 13 f.; Bitter/Kiel, Rechtsprechung des BAG, RdA 1994, S. 335. Der Hattenheimer Entwurf ist abgedruckt in RdA 1950, S. 63.

94 Göller, Entwicklung des Kündigungsschutzrechts, S. 92; Richardi, 50 Jahre Kündigungsschutzgesetz, NZA 2000, S. 13.

95 BGBl. 1951 I S. 499.

96 Sünner, Entwicklung des Arbeitsrechts, S. 133; Darsow-Faller, Kündigungsschutz, S. 32. Zur Begründung des Gesetzesentwurfs RdA 1951, S. 58 ff.

97 Toews, Entwicklung des Kündigungsschutzes, S. 93; Göller, Entwicklung des Kündigungsschutzrechts, S. 95.

98 BGBl. 1969 I S. 1106.

Auflösungsantrags nach § 9 KSchG, die Bemessung der Abfindung nach §§ 9, 10 KSchG und den Kündigungsschutz für leitende Angestellte nach § 14 KSchG[99].

Die Neufassung des Betriebsverfassungsgesetzes vom 15.01.1972[100] macht die Anhörung des Betriebsrates vor jeder Kündigung zur Wirksamkeitsvoraussetzung[101].

Mit dem Arbeitsrechtlichen Beschäftigungsförderungsgesetz vom 25.09.1996[102] wurde der Schwellenwert für die Anwendung des KSchG von fünf auf zehn Mitarbeiter angehoben[103] und die Kriterien der Sozialauswahl auf die Dauer der Betriebszugehörigkeit, das Lebensalter und die Unterhaltspflichten eingegrenzt und die betrieblichen Interessen des Arbeitgebers gestärkt[104]. Begründet wurde dies mit einer höheren Rechtssicherheit und einer besseren Berechenbarkeit der Kündigung für den Arbeitgeber[105]. Anschließend wurde jedoch mit Gesetz vom 19.12.1998[106] die Anwendung der früheren Grundsätze zur Sozialauswahl wieder eingeführt und die Kleinbetriebsklausel erneut auf fünf Arbeitnehmer reduziert[107]. Daraufhin wurden durch Gesetz vom 24.12.2003[108] die Kriterien der Sozialauswahl bei betriebsbedingten Kündigungen auf die der Betriebszugehörigkeit, des Lebensalters, der Unterhaltsverpflichtungen zurückgeführt und das der Schwerbehinderung hinzugenommen[109].

---

99 Kittner/Däubler/Zwanziger-Deinert, Einl., Rn. 26; v. Hoyningen-Huene/Linck, Einl., Rn. 39 ff.; Toews, Entwicklung des Kündigungsschutzes, S. 116 ff.

100 BGBl. 1972 I S. 13.

101 Die Widerspruchsgründe des § 102 Abs. 3 Nr. 2–5 BetrVG wurden zu absoluten Sozialwidrigkeitsgründen und der Kündigungsschutz der Funktionsträger der Betriebsverfassung wurde durch § 15 KSchG und § 103 BetrVG verbessert, Kittner/Däubler/Zwanziger-Deinert, Einl., Rn. 27; v. Hoyningen-Huene/Linck, Einl., Rn. 46 ff.; Toews, Entwicklung des Kündigungsschutzes, S. 126 ff.; Göller, Entwicklung des Kündigungsschutzrechts, S. 116 ff.

102 BGBl. 1996 I S. 1476.

103 Die Erhöhung des Schwellenwertes erklärte das BVerfG in seinem Beschluss vom 27.01.1998 für verfassungsgemäß, bestätigte aber zugleich den Kündigungsschutz von Arbeitnehmern in Kleinbetrieben aus §§ 138, 242 BGB, BVerfGE 97, S. 169 ff.

104 V. Hoyningen-Huene/Linck, Einl., Rn. 67; APS-Preis, Grundl. A, Rn. 20; Darsow-Faller, Kündigungsschutz, S. 34.

105 BT-Drs. 13/4612, S. 8 ff.; Kittner/Däubler/Zwanziger-Deinert, Einl., Rn. 36; Toews, Entwicklung des Kündigungsschutzes, S. 143 ff.; Hofedank, Kündigungsschutz, S. 2; Peuntner, Einfluß des Arbeitsrechts, S. 95 f.

106 BGBl. 1998 I S. 3843.

107 Kittner/Däubler/Zwanziger-Deinert, Einl., Rn. 38; Fiedler, Kündigungsschutz, S. 96; v. Klitzing, Ordnungsökonomische Analyse, S. 98; Peuntner, Einfluß des Arbeitsrechts, S. 109.

108 BGBl. 2003 I S. 3002.

109 KR-Griebeling/Rachor, § 1 KSchG, Rn. 14; Hofedank, Kündigungsschutz, S. 5; Möschel, Kündigungsschutz, JZ 2006, S. 114; Richardi, Misslungene Reform, DB 2004, S. 486 f.

Der Schwellenwert wurde wieder auf mehr als zehn Arbeitnehmer innerhalb eines Betriebes angehoben[110]. Weiter wurde mit § 1a KSchG die Möglichkeit eines formalisierten Abfindungsangebots bei einer betriebsbedingten Kündigung eingeführt[111].

Daneben entwickelte sich der Kündigungsschutz durch den Abschluss von Tarifverträgen, welche regelmäßig den Ausschluss betriebsbedingter Kündigungen oder solchen Kündigungen enthalten, die wegen Krankheit ausgesprochen werden[112]. Der Tarifvertrag des Öffentlichen Dienstes (BAT) war richtungsweisend für den Kündigungsschutz[113], der TVöD[114] übernahm die Regelung zur Unkündbarkeit nach fünfzehn Jahren Beschäftigungszeit[115].

Nicht zuletzt prägte das Bundesarbeitsgericht (BAG) seit seiner Errichtung und Aufnahme seiner Rechtsprechungstätigkeit 1954 die Entwicklung des KSchG und seiner entsprechenden Anwendung[116]. Es legte einer unmittelbaren Gestaltung

---

110 KR-Bader, § 23 KSchG, Rn. 8; Donges u.a., Flexibler Kündigungsschutz, S. 10; Möschel, Kündigungsschutz, JZ 2006, S. 114.

111 V. Hoyningen-Huene/Linck, Einl., Rn. 74; Kittner/Däubler/Zwanziger-Deinert, Einl., Rn. 43; APS-Preis, Grundl. A, Rn. 19; Boecken/Topf, Zurück zum Bestandsschutz, RdA 2004, S. 20. Schließlich wurde ein einheitliches Klageverfahren mit einer einheitlichen Klagefrist von drei Wochen gegen jede Form der Kündigung unabhängig ihrer Begründung eingeführt, Kramer, Kündigung, S. 107; Richardi, Misslungene Reform, DB 2004, S. 486 ff.

112 Schaub, § 129, Rn. 24 ff.; Kittner/Däubler/Zwanziger-Däubler, Einl., Rn. 566; LAG Köln, Urt. v. 26.06.2000, AuR 2000, S. 435. Zur Kündigungsbeschränkung durch Tarifvertrag bei Fluglehrern der Lufthansa AG siehe BAG, Urt. v. 13.06.1996, NZA 1996, S. 1168 ff.; für die Bahn BAG, Urt. v. 26.06.2008, NZA-RR 2009, S. 205 ff. und aus Anlass einer Arbeitsunterbrechung wegen Krankheit BAG, Urt. v. 05.02.1998, NZA 1998, S. 644. Nach Angaben des BMAS, Verzeichnis der für allgemeinverbindlich erklärten Tarifverträge, S. 3 sind von rund 71.900 als gültig in das Tarifregister eingetragenen Tarifverträgen 490 allgemeinverbindlich. Nach Krause, § 3, Rn. 46 werden als Folge von Bezugnahmeklauseln rund 80 % (Westdeutschland) bzw. 73 % (Ostdeutschland) aller Arbeitsverhältnisse durch Tarifverträge geregelt.

113 Göller, Entwicklung des Kündigungsschutzrechts, S. 128 ff. Nach § 53 Abs. 3 BAT war ein Angestellter nach einer Beschäftigungszeit von fünfzehn Jahren, frühestens jedoch nach Vollendung des vierzigsten Lebensjahres, unkündbar.

114 Der TVöD vom 13.09.2005 (GMBl. 2006, S. 459) umfasst mehrere Tarifverträge für die Beschäftigten bei Einrichtungen der Bundesverwaltung und der Kommunen. Die Länder unterzeichneten am 19.05.2006 einen eigenen Tarifvertrag (TV-L).

115 Nach § 34 Abs. 2 TVöD für Beschäftigte, auf die der Tarifvertrag West Anwendung findet. Die außerordentliche Kündigung ist bei den als unkündbar zu bezeichnenden Arbeitnehmern möglich. Bei Gewährung einer sozialen Auslauffrist verzichtet der Arbeitgeber nicht auf die außerordentliche Kündigung, BAG, Urt. v. 13.05.2015, ArbRB 2015, S. 325. In den neuen Bundesländern gilt der Kündigungsschutz der ordentlichen Unkündbarkeit nicht.

116 Richardi, Arbeitsrecht als Teil freiheitlicher Ordnung, S. 185 ff., S. 239; Preis, Prinzipien des Kündigungsrechts, S. 21 ff.; Darsow-Faller, Kündigungsschutz, S. 33; Hanau/Adomeit, Rn. 72.

der Arbeitsverhältnisse das Sozialstaatsprinzip zugrunde und musste bei seinen ersten Entscheidungen zur Sozialwidrigkeit von Kündigungen unbestimmte Rechtsbegriffe einer nachvollziehbaren Einzelfallprüfung zugänglich machen[117]. Auch die Anwendung des Verhältnismäßigkeitsprinzips und des Ultima-Ratio-Grundsatzes geht auf diese höchstrichterliche Rechtsprechung zurück[118]. Das BAG entschied, dass das Prinzip der Kündigungsfreiheit auch außerhalb des Anwendungsbereichs des KSchG nur beschränkt gilt und das Gericht infolgedessen in diesen Fällen den Kündigungsgrund nachzuprüfen hat[119]. Das Bundesverfassungsgericht (BVerfG) trug mit seinen Entscheidungen zur sog. Warteschleife[120] und zur sog. Kleinbetriebsklausel[121] zur Entwicklung und Ausweitung des Kündigungsschutzes bei, indem es bestätigte, dass auch außerhalb des KSchG ein verfassungsrechtlicher Mindestschutz für Arbeitnehmer gewährleistet ist[122].

6. Zusammenfassung

Von einem Kündigungsschutz kann ab Anfang des letzten Jahrhunderts gesprochen werden, da erst mit Einführung des BRG materielle Kündigungsgründe erforderlich wurden. Dabei gingen das BRG und das AOG vom Grundsatz der Kündigungsfreiheit aus. Der Arbeitnehmer hatte gegen die grundsätzlich zulässige ordentliche Kündigung nur dann ein Recht zum Einspruch, wenn diese eine unbillige Härte für ihn darstellte[123]. Das BRG und das AOG enthielten sog. abfindungsorientierte Kündigungsschutzmodelle. Im Falle der Unwirksamkeit einer ausgesprochenen Kündigung konnte der Arbeitgeber sich der Weiterbeschäftigung des Arbeitnehmers

117 V. Bülow, Bestandsschutz, S. 41; Bitter/Kiel, Rechtsprechung des BAG, RdA 1994, S. 335.

118 Bitter/Kiel, Rechtsprechung des BAG, RdA 1994, S. 336 ff.; Darsow-Faller, Kündigungsschutz, S. 33; BAG, Urt. v. 04.02.1960, BAGE 9, S. 36, Urt. v. 30.05.1978, BAGE 30, S. 309, Urt. v. 22.02.1980, BAGE 33, S. 1, Urt. v. 28.04.1982, BAGE 38, S. 348, Urt. v. 25.11.1982, BAGE 40, S. 361, Urt. v. 27.09.1984, DB 1985, S. 1186 und Urt. v. 07.02.1985, NZA 1986, S. 260.

119 APS-Preis, Grundl. G, Rn. 6; Kittner/Däubler/Zwanziger-Däubler, Einl., Rn. 566; Lettl, Kündigungsschutz, NZA-RR 2004, S. 57 ff.; BAG, Urt. v. 30.11.1960, AP Nr. 2 zu § 242 BGB Kündigung, Urt. v. 21.06.2000, DB 2001, S. 389 und Urt. v. 28.09.1972, BAGE 24, S. 438.

120 BVerfG, Urt. v. 24.04.1991, BVerfGE 84, S. 133.

121 BVerfG, Beschl. v. 27.01.1998, BVerfGE 97, S. 169 ff. und NZA 1998, S. 470 ff. Das BVerfG stellte die Vereinbarkeit von § 23 Abs. 1 S. 2 KSchG mit dem Grundgesetz fest und erläuterte, dass das Recht des Arbeitnehmers, einen einmal erlangten Arbeitsplatz erhalten zu können, in den Schutzbereich der Berufsfreiheit nach Art. 12 Abs. 1 GG fällt.

122 V. Hoyningen-Huene/Linck, Einl., Rn. 96 ff.; APS-Preis, Grundl. A, Rn. 26 ff.; Urban, Kündigungsschutz, S. 45 ff.

123 Brandt, Betriebsrätegesetz, S. 176 und Hueck/Nipperdey/Dietz, § 56 AOG, Rn. 7 ff.

durch Zahlung einer Abfindung entziehen[124]. Dagegen schränkt das KSchG das Kündigungsrecht des Arbeitgebers generell ein, da dieser nur bei Vorliegen eines besonderen, von ihm zu beweisenden Grundes dem Arbeitnehmer wirksam kündigen kann[125]. Das KSchG stellt zudem gegenüber dem BRG und AOG einen Richtungswechsel dar, da es erstmals den sog. Bestandsschutz einführte. Nach § 7 KSchG 1951 bestand nicht mehr die Wahlmöglichkeit des im Arbeitsgerichtsprozess unterlegenen Arbeitgebers, den Arbeitnehmer weiterzubeschäftigen oder ihm eine Abfindung zu zahlen[126]. Ist nunmehr die seitens des Arbeitgebers ausgesprochene Kündigung unwirksam, hat der Arbeitnehmer einen Anspruch auf Weiterbeschäftigung. Die Hinwendung zum Bestandsschutzprinzip rechtfertigte der Gesetzgeber mit der Entscheidung, an Stelle der rein wirtschaftlichen Interessen des Arbeitgebers den Arbeitsplatz als durch den Kündigungsschutz geschütztes Rechtsgut anzuerkennen. Diese Grundsatzentscheidung wirkt mit unveränderter Konzeption bis heute fort[127]. Insgesamt bleibt festzuhalten, dass sich der hohe Schutzstandard des deutschen Arbeitsrechts und insbesondere der des Kündigungsschutzes in den Entwicklungsphasen herausbildete, in denen Gesetzgebung und Rechtsprechung ideell das sog. Lebensbundprinzip verfolgten – und als Ausdruck dessen ist die deutsche Ausrichtung des Kündigungsschutzes am Bestandsschutzprinzip anzusehen[128].

II. Chile

Die rechtspolitische Entwicklung des Arbeitsrechts und des Kündigungsrechts in Chile begann Anfang des letzten Jahrhunderts[129]. Allerdings liegen die Wurzeln dieser Materie weiter zurück[130], welche kurz erläutert werden:

124 Vgl. Sünner, Entwicklung des Arbeitsrechts, S. 133 f.; Göller, Entwicklung des Kündigungsschutzrechts, S. 100; Begründung des Kündigungsschutzgesetzes, RdA 1951, S. 63.

125 V. Hoyningen-Huene/Linck, Einl., Rn. 37.

126 MüKo-Hergenröder, § 1 KSchG, Rn. 64; Kraus, Abfindungen, S. 28; Bauer, Abfindungsregelungen, S. 19; Becker/Rommelspacher, Reform des Kündigungsrechts, ZRP 1976, S. 42, BAG, Urt. v. 30.09.1976, BAGE 28, S. 196. Dabei waren junge Arbeitnehmer bis zur Vollendung des 20. Lebensjahres vom Kündigungsschutz ausgenommen. Diese Altersgrenze wurde 1969 auf 18 Jahre herabgesetzt (BGBl. I S. 1106) und 1976 ganz aufgehoben (BGBl. I S. 1769).

127 Richardi, Arbeitsrecht als Teil freiheitlicher Ordnung, S. 125; Boecken/Topf, Zurück zum Bestandsschutz, RdA 2004, S. 20; Duvigneau, Auflösung des Arbeitsverhältnisses, S. 25; BAG, Urt. v. 07.03.2002, NZA 2003, S. 261.

128 Gallner/Mestwerdt/Nägele-Mayer, § 1 Teil A, Rn. 3; v. Bülow, Bestandsschutz, S. 47 f.; Peuntner, Einfluß des Arbeitsrechts, S. 55 f.

129 Walker, Relaciones Laborales, S. 77.

130 So Gamonal, Fundamentos de Derecho Laboral, S. 3.

1. Entwicklung bis zur Gründung des chilenischen Staates

Bis zur Ankunft der Spanier Mitte des 16. Jahrhunderts waren der indigenen Bevölkerung[131] arbeitsrechtliche Problematiken aufgrund ihrer Subsistenzorientierung[132] nicht bekannt[133]. Die indigene Bevölkerung lebte als Jäger und Sammler und betrieb in geringem Umfang Feldfruchtbau und Viehzucht, wobei sich die Produktions- und Vorratshaltung auf die lebensnotwendigen Mengen für kleinere Sippschaften („Lobches" oder „Lof") beschränkte[134]. Insofern ist dem indigenen Recht eine individualistische, am individuellen Warentausch inklusive Lohnarbeit orientierte Denkweise fremd[135]. Später gehörte der Norden Chiles bis zu seiner Eroberung durch die Spanier kurzzeitig zum Inkareich. Während des Inkareichs wurde die vorhandene Arbeit innerhalb der Gemeinschaft verteilt; mithin war ein Anspruch, eine bestimmte Arbeit zu tun oder zu unterlassen, in diesem System nicht bekannt[136].

---

131 Archäologische Funde belegen eine Besiedlung des heutigen Staatsgebiets Chiles seit etwa 13.000 Jahre v. Chr. Chile beherbergte verschiedene Volksgruppen, u.a. die Stämme der Mapuches, Aymaras und Huilliches, die lange Zeit unzutreffend unter dem Begriff Araukaner subsumiert wurden. Hierzu Fiedeler/Jung u.a., Mapuche in Chile, S. 13; eingehend Humeres, Derecho del Trabajo, S. 53; Walker, Relaciones Laborales, S. 70 und Heise, Rechtssituation indigener Völker in Chile, S. 107 f.

132 Subsistenzwirtschaft meint eine Produktion lediglich zur Selbstversorgung.

133 Die indigene Bevölkerung kannte keine Schriftsprache, weshalb für den Zeitraum bis zur Ankunft der Spanier keine schriftlichen Dokumente existieren. Das indigene Recht ist mündlich überliefert, siehe Imbusch/Messner/Nolte-Kaltmeier, Chile heute, S. 195; Fechner, Rechtspluralismus in Südamerika, Betrifft Justiz 2013, S. 118; Morgado, Labour Law in Chile, S. 26; Humeres, Derecho del Trabajo, S. 17 f., S. 52; vgl. Walker, Relaciones Laborales, S. 366 und Quiroz/Bonnett, Condiciones de vida y de trabajo, S. 35.

134 Größere Ansiedlungen wie Dörfer existierten nicht, ebenso wenig Handel oder eine zentralisierte politische Macht. Die Naturvölker waren lediglich innerhalb ihrer kleinen autonomen Einheiten organisiert. Die Führer der Sippschaften waren gewählte Kaziken (auch „Lonko", sprich Kopf genannt), die danach gewählt wurden, ob sie die Eigenschaften eines guten Richters erfüllten und bei Auseinandersetzungen schlichten mussten, hierzu Fiedeler/Jung u.a., Mapuche in Chile, S. 13 f.; Heise, Rechtssituation indigener Völker in Chile, S. 110; ausführlich Imbusch/Messner/Nolte-Kaltmeier, Chile heute, S. 191 ff.

135 Unter indigenem Recht wird hier mündlich überliefertes Gewohnheitsrecht verstanden, Fechner, Rechtspluralismus in Südamerika, Betrifft Justiz 2013, S. 118.

136 Bronstein in Derecho del Trabajo en América Latina, S. 36; Walker, Relaciones Laborales, S. 69 f.; Morgado, Labour Law in Chile, S. 26. Im Süden Chiles wurden die im Jahre 1457 entsandten Inka kriegerisch zurückgeschlagen, sodass ihr Einfluss in Chile gering blieb, vgl. Fiedeler/Jung u.a., Mapuche in Chile, S. 14.

Seit 1543 war Chile ein Teil des spanischen Vizekönigreiches Peru[137]. 1609 wurde das vom Vizekönigreich Peru abhängige Generalkapitanat Chile gegründet und 1798 wurde Chile zum eigenständigen Generalkapitanat mit Handelsfreiheit innerhalb des spanischen Königreiches[138]. Unter der spanischen Kolonialherrschaft erstreckte sich der Geltungsbereich der altspanischen Gesetze auf die spanischen Kolonien in Lateinamerika. Speziell für diese galt die 1680 in Kraft getretene „Recopilación de las Leyes de las Indias“ als eine Art Grundgesetz, wobei diese Gesetzessammlung kaum zivilrechtliche Regelungen beinhaltete[139]. Grundsätzlich wurden die päpstlichen Bullen, die königlichen „Leyes de las Indias“, Gesetze und Verordnungen vor das indianische Gewohnheitsrecht gesetzt[140]. Das Arbeitsrecht und demzufolge der Kündigungsschutz als solcher existierte nicht. Anfallende Arbeit wurde von Sklaven erbracht, da überall dort, wo die Spanier mit ihren Kolonisierungsmaßnahmen erfolgreich waren, die Unterdrückung der Bevölkerung mittels Zwangsumsiedlung, Sklaverei und Fronarbeit stattfand[141]. Denn der spanische Königshof hatte die Eroberer mit erheblichen Privilegien ausgestattet. Zwar untersagte die spanische Krone im Jahre 1530 offiziell die Sklaverei, dieses Verbot wurde jedoch mittels einer Ausnahmeregelung des „gerechten Krieges gegen die unbeugsamen Kariben und Araukaner“ wieder aufgehoben[142]. Durch die stetig zurückgehende

137 Rinke, Geschichte Chiles, S. 21. Die erste ständige Siedlung der Europäer war das am 12.02.1541 im Mapocho-Tal durch Pedro de Valdivia gegründete Santiago de la Nueva Extremadura, Fiedeler/Jung u.a., Mapuche in Chile, S. 14 f.; Humeres, Derecho del Trabajo, S. 53 und Heise, Rechtssituation indigener Völker in Chile, S. 126.

138 Rinke, Geschichte Chiles, S. 24; Heise, Rechtssituation indigener Völker in Chile, S. 129.

139 Nelle, Entstehung und Ausstrahlungswirkung des chilenischen Zivilgesetzbuchs, S. 61; Bucher, Zu Europa gehört auch Lateinamerika!, ZEuP 2004, S. 521. Nach Bronstein in Derecho del Trabajo en América Latina, S. 36 galt insbesondere für diese „Leyes de Indias“ das in Chile gängige Sprichwort „La ley se acata, pero no se cumple“, d.h. das Gesetz wird geachtet, aber nicht eingehalten.

140 Mit Beginn der chilenischen Republik galt dies auch für die chilenischen Gesetze und Verordnungen, so Heise, Rechtssituation indigener Völker in Chile, S. 134.

141 Fiedeler/Jung u.a., Mapuche in Chile, S. 15; Heise, Rechtssituation indigener Völker in Chile, S. 126 f.; Morgado, Labour Law in Chile, S. 26; Bronstein in Derecho del Trabajo en América Latina, S. 36; vgl. Quiroz/Bonnett, Condiciones de vida y de trabajo, S. 7, S. 31; Humeres, Derecho del Trabajo, S. 18 f. und Walker, Relaciones Laborales, S. 72 f.

142 Heise, Rechtssituation indigener Völker in Chile, S. 127; Fiedeler/Jung u.a., Mapuche in Chile, S. 15 f.; Humeres, Derecho del Trabajo, S. 56; Morgado, Labour Law in Chile, S. 27. Zur „Ordenanza de Santillán“ von 1567, der „Tasa de Gamboa“ von 1580, der „Tasa de Esquilache“ von 1621 und der „Tasa de Laso de Vega“ von 1631, welche hinsichtlich der seitens der Indianer zu verrichtenden Arbeiten je nach Region variierende Entgelt- und Abgabensätze enthielten, siehe Walker, Relaciones Laborales, S. 71 f.; Quiroz/Bonnett, Condiciones de vida y de trabajo, S. 214.

indigene Bevölkerung, der damit einhergehenden abnehmenden Anzahl indigener Arbeitskräfte und der wenigen afrikanischen Sklaven wurde es schließlich erforderlich, dass mestizische Arbeitskräfte Arbeit aufnahmen[143]. Dabei bildeten sich die ersten, für Chile typischen Arbeitsverhältnisse heraus: Einerseits entwickelte sich die Beschäftigungsform der Tagelöhner („peones"), welche zeitlich befristet z.B. Feldarbeit oder Bauarbeiten übernahmen[144]. Andererseits entwickelte sich im 18. Jahrhundert die Pachtbauernschaft („inquilinos"), welche aus Landarbeitern bestand, denen gegen Arbeitsleistung auf dem Anwesen des Gutsherrn Haus und Land zur Verfügung gestellt wurde und die an zweihundertsieben Tagen im Jahr für den Gutsherrn tätig waren, an den restlichen ihr eigenes Land bewirtschaften durften[145].

2. Unabhängige Republik Chile

Chile erklärte sich im Jahre 1818 formell für unabhängig. Bereits 1811 hatte man sich gegen die Sklaverei erklärt und schaffte sie 1823 endgültig ab[146].

Am 01.01.1857 trat das von Andrés Bello in mehr als zwei Jahrzehnten erarbeitete und vom chilenischen Kongress gebilligte Zivilgesetzbuch in Kraft[147]. Als

---

143 Quiroz/Bonnett, Condiciones de vida y de trabajo, S. 8, S. 16, S. 91 f. Als Mestizen werden Nachfahren der sog. weißen und der indigenen Bevölkerung bezeichnet.

144 Quiroz/Bonnett, Condiciones de vida y de trabajo, S. 218 f., S. 221 f., S. 243 f. und S. 261 f.

145 Rinke, Geschichte Chiles, S. 21 f.; Humeres, Derecho del Trabajo, S. 55; vgl. Walker, Relaciones Laborales, S. 72.

146 Heise, Rechtssituation indigener Völker in Chile, S. 129; Rinke, Geschichte Chiles, S. 31, S. 35; Humeres, Derecho del Trabajo, S. 19, S. 56; vgl. Walker, Relaciones Laborales, S. 73. Im Jahr 1825 erkannte Chile die Unabhängigkeit der Mapuche, deren andauernder Widerstand die Spanier 1641 zur Anerkennung einer unabhängigen Mapuche-Nation im Vertrag von Quillín gezwungen hatte, ausdrücklich an. Erst im Rahmen der 1861 von Präsident José Joaquín Pérez ausgerufenen sog. „Befriedung Araukaniens" wurde der Mapuche-Staat mit Hilfe chilenischer und argentinischer Truppen gewaltsam unterworfen und 1883 endgültig an Chile angegliedert, sodass die Mapuche während der drei Jahrhunderte kolonialer Herrschaft den Spaniern nicht unterworfen waren, Heise, Rechtssituation indigener Völker in Chile, S. 131 f. Ausführlich zur Wirtschaftsordnung der Mapuche, für die mit dem wachsenden Einfluss der Spanier die Selbstversorgung durch den Handel und damit der Marktwirtschaft verdrängt wurde, Fiedeler/Jung u.a., Mapuche in Chile, S. 26 f. und Rinke, Geschichte Chiles, S. 19 f. Bis zum Ende des 19. Jahrhunderts galt der Süden Chiles als noch nicht dem Nationalterritorium vollwertig einverleibtes Land, so Bustos, Verfassung der Diktatur, S. 20 f.; Imbusch/Messner/Nolte-Kaltmeier, Chile heute, S. 191 und S. 195 f.

147 Zivilgesetzbuch vom 14.12.1855, hierzu Nelle, Entstehung und Ausstrahlungswirkung des chilenischen Zivilgesetzbuchs, S. 69; Heise, Rechtssituation indigener Völker in Chile, S. 137; Arnold, Das chilenische Zivilgesetzbuch, JZ 1956, S. 773; Zweigert/Kötz, Einführung in die Rechtsvergleichung, S. 113. Vgl. Morgado, Labour Law in Chile, S. 28; Reimann/Zimmermann-Kleinheisterkamp, Oxford

Ausformung der Willens- und Vertragsfreiheit griff es Regelungen der chilenischen Verfassung von 1833 auf, wonach keine Arbeit oder Gewerbeausübung verboten werden konnte, es sei denn, dass die Arbeit oder das Gewerbe gegen die guten Sitten, gegen die öffentliche Sicherheit oder Hygiene verstieß oder aber ein durch Gesetz festgestelltes nationales Interesse eine Untersagung erforderte[148]. Darüber hinausgehende Bestimmungen zum Arbeitsvertrag enthielt dieses erste chilenische Zivilgesetzbuch jedoch nicht[149].

Das Handelsgesetzbuch („Código de Comercio“), welches mit Wirkung zum 01.01.1867 in Kraft trat, setzte die Vertragsfreiheit fort[150]. Dabei stellte es im Vergleich zum chilenischen Zivilgesetzbuch einen sozialen Fortschritt hinsichtlich der Arbeitnehmerrechte dar[151], da es in den Art. 870 ff. erste Kündigungsschutzbestimmungen für Seemänner enthielt. Das chilenische Handelsgesetzbuch unterschied zwischen einer Kündigung mit und ohne Kündigungsgrund. Die Reederei konnte dem Seemann vor oder nach Beginn der Seefahrt kündigen. Entbehrte die Kündigung jedoch eines Kündigungsgrundes, war die Reederei verpflichtet, dem Seemann das ihm während der Vertragsdauer zustehende Gehalt zu zahlen und ihn zu seinem Bestimmungshafen zu befördern[152].

Die harten Lebensbedingungen und die wirtschaftliche Lage der Arbeiterklasse aufgrund der zunehmenden Ausbeutung der Bodenschätze und der beginnenden Industrialisierung Anfang des 20. Jahrhunderts ließen schließlich unabhängige politische und gewerkschaftliche Arbeiterorganisationen entstehen[153]. Aufgrund ihres Einsatzes wurden erste Sozialgesetze wie bspw. das Gesetz über Arbeiterwohnraum[154] und den Sonntag als Erholungstag[155] verabschiedet[156].

Erste allgemeine Kündigungsschutzvorschriften wurden 1924 eingeführt: Der Arbeitgeber konnte Arbeitern („obreros“) durch das Gesetz Nr. 4.053 zwar ohne

---

Handbook of Comparative Law, S. 274 ff.; Baraona, Cultura jurídica chilena, Revista de Derecho 2010, S. 431 ff.

148 Bustos, Verfassung der Diktatur, S. 129.

149 Humeres, Derecho del Trabajo, S. 57; Thayer/Novoa, Derecho del Trabajo, Tomo III, S. 82; Walker, Relaciones Laborales, S. 100; vgl. Bucher, Zu Europa gehört auch Lateinamerika!, ZEuP 2004, S. 526 ff.

150 Bustos, Verfassung der Diktatur, S. 129.

151 Humeres, Derecho del Trabajo, S. 69.

152 Thayer/Novoa, Derecho del Trabajo, Tomo II, S. 417, Tomo III, S. 82 f.; Walker, Relaciones Laborales, S. 100.

153 Bustos, Verfassung der Diktatur, S. 45 f.; vgl. Humeres, Derecho del Trabajo, S. 22 f.; Tapia in Derecho del Trabajo en América Latina, S. 238 f.; Ugarte, Derecho del Trabajo, S. 21; Walker, Relaciones Laborales, S. 74; Morgado, Chile: Labour Relations, S. 28; Bergquist, Labor in Latin America, S. 36 ff. und S. 47 ff.

154 Gesetz Nr. 1.838 vom 20.02.1906.

155 Gesetz Nr. 1.990 vom 20.08.1907.

156 Bustos, Verfassung der Diktatur, S. 47; Humeres, Derecho del Trabajo, S. 70; Walker, Relaciones Laborales, S. 101 und Gamonal, Fundamentos de Derecho Laboral, S. 83.

Kündigungsgrund kündigen, das freie Kündigungsrecht („desahucio“) wurde aber durch die Einhaltung einer Kündigungsfrist von mindestens sechs Tagen abgemildert[157]. Dieses freie Kündigungsrecht wurde dem Arbeitgeber auch gegenüber Angestellten („empleados particulares“) durch das Gesetz Nr. 4.059 vom 08.09.1924 eingeräumt, jedoch mit einer Mindestvorankündigungsfrist von einem Monat, deren Einhaltung durch Zahlung eines (weiteren) Monatslohns umgangen werden konnte. Zusätzlich wurde durch das Gesetz Nr. 4.059 die Verpflichtung des Arbeitgebers zur Zahlung einer Abfindung für jedes Beschäftigungsjahr (ohne Höchstsatzbeschränkung) eingeführt[158].

3. Arbeitsvertragsgesetz von 1931

Das Arbeitsvertragsgesetz, der chilenische „Código de Trabajo“ (CT 1931), trat mit Wirkung zum 28.11.1931 in Kraft und implementierte eine erstmals – für damalige Verhältnisse – arbeitnehmerfreundliche Gesetzgebung[159]. Insbesondere wurden die Regelungsinhalte der Gesetze Nr. 4.053 und Nr. 4.059 in den CT 1931 aufgenommen[160]. Insofern waren beide Arbeitsvertragsparteien berechtigt, das Arbeitsverhältnis mit einer Frist von sechs Tagen zu kündigen (Art. 10 CT 1931), wobei diese

157 Walker, Relaciones Laborales, S. 369; Sáez/Melis, Derecho del Trabajo, Tomo I, S. 253; Morgado, Labour Law in Chile, S. 31 und S. 143; Thayer/Novoa, Derecho del Trabajo, Tomo II, S. 417, Tomo III, S. 83.

158 Sáez/Melis, Derecho del Trabajo, Tomo I, S. 253; Morgado, Labour Law in Chile, S. 32 und S. 143 f.; Thayer/Novoa, Derecho del Trabajo, Tomo II, S. 418 und Tomo III, S. 83.

159 Humeres, Derecho del Trabajo, S. 71; Walker, Relaciones Laborales, S. 246; Codoceo, Demokratische Transition in Chile, S. 66; siehe Morgado, Chile: Labour Relations, S. 28; Bronstein, Comparative Labour Law, S. 224; Gamonal, Chilean Labour Law 1990–2010, IJCLLIR 2011, S. 86 und Arnold, Das chilenische Gesetzbuch, JZ 1956, S. 774. Die Kodifizierung des Arbeitsrechts in einem einheitlichen Gesetzbuch zeigt den starken Einfluss des spanisches Rechts, hierzu Bronstein in Derecho del Trabajo en América Latina, S. 21 ff.; ders., International and Comparative Labour Law, S. 222; Candia/Koch, Reforma procesal, S. 16 f.; Baraona, Cultura jurídica chilena, Revista de Derecho 2010, S. 429 f., S. 445 und Pagés/Montenegro, Job security, Estudios de Economía 2007, S. 116. Zum spanischen Arbeitnehmerstatut (ET) vgl. Ulrich, Arbeitnehmerstatut, S. 22 ff.; Römermann, Kündigungen, S. 31 ff.; Darsow-Faller, Kündigungsschutz, S. 103 ff.; Hofedank, Kündigungsschutz, S. 141 ff. Da das Kündigungsschutzmodell Spaniens eine Art Hybrid zwischen dem deutschen und dem chilenischen Kündigungsschutzsystem darstellt, finden sich in den Fußnoten dieser Arbeit regelmäßig Hinweise zur Arbeitgeberkündigung und dem Kündigungsschutz in Spanien.

160 Sáez/Melis, Derecho del Trabajo, Tomo I, S. 253; Thayer/Novoa, Derecho del Trabajo, Tomo II, S. 418 und Tomo III, S. 84; Walker, Relaciones Laborales, S. 103; Tapia in Derecho del Trabajo en América Latina, S. 238; Bronstein in ebda., S. 39 f.; Gamonal, Fundamentos de Derecho Laboral, S. 83; vgl. Bustos, Verfassung der Diktatur, S. 50; Humeres, Derecho del Trabajo, S. 276.

Mindestkündigungsfrist durch Zahlung des entsprechenden Lohns umgangen werden konnte[161]. Für Angestellte wurde eine Kündigungsfrist von mindestens einem Monat normiert, allerdings konnte der Arbeitgeber die Einhaltung dieser Frist nach wie vor durch Zahlung eines Monatslohns zzgl. einer Abfindung der Beschäftigungsjahre umgehen[162].

Zur gleichen Zeit wurden in Chile erste Arbeitsgerichte errichtet[163]. Nach dem Erlass des CT 1931 wurden zahlreiche Einzelgesetze erlassen, welche einzelnen Arbeitnehmergruppen weitere, über die Regelungen des CT 1931 hinausgehende Rechte einräumten[164]. So wurden die in Chile bestehenden Benzin- und Petroleumunternehmen durch Gesetz Nr. 5.181 vom 21.06.1933 verpflichtet, den Arbeitern im Falle einer Kündigung eine zusätzliche Abfindung zu zahlen, welche dem Lohn von dreißig Tagessätzen für jedes volle Dienstjahr entsprach[165]. Darüber hinaus wurde durch Gesetz Nr. 6.686 vom 13.11.1940 Arbeitern, die bei Privateisenbahnen beschäftigt waren und deren Ausscheiden aus dem Betrieb nicht auf eine freiwillige Eigenkündigung oder eigenes Verhalten zurückzuführen war, eine zusätzliche Abfindung von fünfzehn Tagessätzen für jedes Beschäftigungsjahr zugesprochen[166]. Schließlich wurde mit Gesetz Nr. 7.390 vom 14.01.1943 eine Abfindung für Arbeiter der öffentlichen Verwaltung eingeführt[167].

Bereits im Jahre 1937 wurde durch Gesetz Nr. 6.020 das bislang bestehende Abfindungssystem geändert. Während zuvor die Abfindung seitens des Arbeitgebers gezahlt werden musste, wurde durch das Gesetz Nr. 6.020 und anschließend durch das Gesetz Nr. 6.527 vom 09.02.1940 ein verpflichtender, seitens des Arbeitgebers zu zahlender Ansparbetrag in Höhe von 8,33% des Gehalts eingeführt. Dieser Gehaltsbestandteil wurde einer staatlichen Behörde („Caja de Previsión de Empleadores

---

161 Bleiweiss, Kündigungsschutz für Arbeiter in Chile, RdA 1959, S. 129; Thayer/Novoa, Derecho del Trabajo, Tomo III, S. 84; Walker, Relaciones Laborales, S. 369.

162 Thayer/Novoa, Derecho del Trabajo, Tomo III, S. 84 und Benavides, Despido, S. 11 f.

163 Orellana, Nuevo proceso laboral, S. 26; Orellana/Pérez, Derecho procesal, S. 45 f. und Olate/Montecinos/Muñoz, Código del Trabajo, S. 750 mit widersprüchlichen Angaben bzgl. des entsprechenden gesetzlichen Dekrets und Gründungsjahres. Vgl. Gamonal, Chilean Labour Law 1990–2010, IJCLLIR 2011, S. 92. Ein gesetzliches Dekret („Decreto Ley") hatte in Chile bis zum Erlass der Verfassung 1980 keine verfassungsrechtliche Ermächtigungsgrundlage. Diese gesetzlichen Dekrete wurden nur unter den Militärregierungen erlassen. Siehe Heise, Rechtssituation indigener Völker in Chile, S. XIV.

164 So Tapia in Derecho del Trabajo en América Latina, S. 240. Beachte diesbezüglich Hohnerlein, Verlust des Arbeitsplatzes in Lateinamerika, ZiAS 1988, S. 142, wonach für Angestellte der Privatwirtschaft 1937 eine Arbeitslosenversicherung eingeführt wurde.

165 Bleiweiss, Kündigungsschutz für Arbeiter in Chile, RdA 1959, S. 130; Humeres, Derecho del Trabajo, S. 72.

166 Bleiweiss, Kündigungsschutz für Arbeiter in Chile, RdA 1959, S. 130; Humeres, Derecho del Trabajo, S. 72.

167 Humeres, Derecho del Trabajo, S. 72.

Particulares") zugeführt, die die Gelder verwaltete. Diese Behörde zahlte bei Arbeitsvertragsbeendigung den Abfindungsbetrag für jedes Beschäftigungsjahr aus, gleich in welcher Form und aus welchem Grund das Arbeitsverhältnis aufgelöst wurde, ausgenommen eine dem Arbeitnehmer zurechenbare verhaltensbedingte Kündigung[168]. Dieses Abfindungsmodell erinnert stark an das heutige österreichische Abfertigungsmodell, wonach für jeden Arbeitnehmer ein persönlicher Fonds eingerichtet ist, in welchen der Arbeitgeber einen bestimmten Prozentsatz des Gehalts einzahlt[169].

Weiter bestand in Chile die Möglichkeit, eine tarifvertragliche Abfindung zu vereinbaren, falls diese für die Belegschaft vorteilhafter als die gesetzliche Abfindung war. So wurde 1945 bei einem der größten privaten Arbeitergeber Chiles, einem nordamerikanischen Kupferproduzenten („Braden Copper Company"), welcher rund 8.000 Arbeiter und fast 2.000 Angestellte beschäftigte, eine kollektivvertragliche Abfindungsvereinbarung eingeführt, die auch bei bestimmten verhaltensbedingten Kündigungsgründen oder einer Eigenkündigung des Arbeitnehmers eine Abfindung vorsah[170].

Derweil wurde im Jahre 1952 durch das Gesetz Nr. 10.475 die Abfindung für Beschäftigungsjahre der Angestellten („empleados particulares") abgeschafft und der bislang arbeitgeberseitig abgeführte Ansparbetrag der Rentenversicherung zugeführt[171].

---

168 Thayer/Novoa, Derecho del Trabajo, Tomo II, S. 418, Tomo III, S. 83; Humeres, Derecho del Trabajo, S. 72, S. 277; Walker, Relaciones Laborales, S. 104; Bleiweiss, Kündigungsschutz für Arbeiter in Chile, RdA 1959, S. 130 f.

169 Seit der Reform des österreichischen Abfertigungsrechts zum 01.07.2002 zahlt der Arbeitgeber laufende Beiträge in Höhe eines bestimmten Prozentsatzes des Gehalts an eine Versorgungskasse, gegen welche sich der Abfertigungsanspruch des Arbeitnehmers richtet. Bei Beendigung des Arbeitsverhältnisses kann der Arbeitnehmer die Auszahlung der Anwartschaft verlangen, soweit er bis dahin mindestens drei Jahre lang Beiträge eingezahlt hat; bei einer Eigenkündigung oder einer verschuldeten Entlassung wird keine Abfindung gezahlt. Der Arbeitnehmer kann entscheiden, ob er die Abfindung ausgezahlt bekommen möchte, diesen Betrag weiter in der Vorsorgekasse veranlagen, in die Vorsorgekasse seines neuen Arbeitgebers oder in eine Alterssicherung übertragen bzw. umwandeln will. Es besteht auch ein Recht auf Fortsetzung des Arbeitsverhältnisses im Rahmen der Kündigungsanfechtung, das der Arbeitgeber nicht durch eine Entschädigungszahlung abwenden kann, Sandmaier, Kündigungsschutzmodelle, S. 96 f.; Henssler/Braun-Pelzmann, Österreich, Rn. 150, Rn. 209 ff.; Leising, Abfindung, StBW 2010, S. 238 f.; Bayreuther, Grünbuch, NZA 2007, S. 372; Jahn, Wie wirkt der Kündigungsschutz?, ZAF 2005, S. 301; Rebhahn, Kündigungsschutz des Arbeitnehmers, ZfA 2003, S. 166; Tschöpe, Kündigungsschutz, NZA-RR 2003, S. 398; IZA Research Report Nr. 36, Juni 2011, S. 14 f.; Wölfl/Mora-Sanguinetti, Reforming the Labour Market, S. 15 f.

170 Ausführlich Bleiweiss, Kündigungsschutz für Arbeiter in Chile, RdA 1959, S. 130 ff., der von „Abgangsentschädigung" spricht.

171 Thayer/Novoa, Derecho del Trabajo, Tomo II, S. 419, Tomo III, S. 84; Humeres, Derecho del Trabajo, S. 73, S. 277; Walker, Relaciones Laborales, S. 105.

Durch die Verordnung mit Gesetzeskraft („Decreto con Fuerza de Ley"[172]) Nr. 243 vom 23.08.1953 wurde eine obligatorische Abfindung für alle Arbeiter in Chile eingeführt[173]. Jedoch konnten aufgrund von Kollektivverträgen, Verordnungen und besonderen Gesetzen geltende Abfindungsvereinbarungen in der bestehenden Form weiterhin Anwendung finden, wenn diese für die Arbeitnehmer günstiger als die gesetzliche Regelung waren, sodass bspw. bei der „Braden Copper Company" die freiwillige firmeninterne Abfindungsregelung beibehalten wurde[174].

Unabhängig hiervon wurde bereits im Dezember 1943 durch das Gesetz Nr. 7.747 die Massenentlassung (Art. 86 des CT 1931) normiert. Sollten mehr als zehn Arbeitnehmer gekündigt werden, musste eine vorherige ministerielle Erlaubnis eingeholt und eine Ankündigungsfrist von dreißig Tagen eingehalten werden[175]. Kündigte der Arbeitgeber ohne vorherige ministerielle Erlaubnis oder gar entgegen der nicht erteilten Genehmigung, musste er neben der regulären Abfindung eine weitere Abfindung in Höhe von fünfzehn Tagessätzen für jedes Jahr der Beschäftigung zahlen. Zudem musste der Arbeitgeber die Umzugskosten des Arbeitnehmers tragen, sollte dieser aufgrund der Massenentlassung umziehen müssen[176].

4. Relativer Bestandsschutz durch das Gesetz Nr. 16.455

Schließlich fand im Jahre 1966 hinsichtlich des Kündigungsschutzes eine Kehrtwende statt: Durch das Gesetz Nr. 16.455 („Ley de Inamovilidad en el Empleo") vom 06.04.1966 wurde der Kündigungsschutz durch Einführung eines Bestandsschutzes erheblich erweitert[177]. Zunächst wurde die Unterscheidung zwischen Arbeitern und Angestellten aufgehoben und ein einheitlicher Arbeitnehmerbegriff normiert[178]. Die Kündigung eines Arbeitnehmers ohne wirksamen Grund („desahucio"), mit

---

172 Der Präsident kann innerhalb eines durch die Verfassung festgelegten Rahmens Dekrete erlassen, die Gesetzeskraft haben, Heise, Rechtssituation indigener Völker in Chile, S. XIV.

173 Bleiweiss, Kündigungsschutz für Arbeiter in Chile, RdA 1959, S. 130; Walker, Relaciones Laborales, S. 105; Humeres, Derecho del Trabajo, S. 74 und S. 277.

174 Hierzu ausführlich Bleiweiss, Kündigungsschutz für Arbeiter in Chile, RdA 1959, S. 131 ff.

175 Dieses Erfordernis der Einholung einer ministeriellen Erlaubnis bei Ausspruch einer Massenentlassung galt bis 1978. Hierzu Walker, Relaciones Laborales, S. 369 f., S. 372, S. 374; Cook, The Politics of Labor Reform in Latin America, S. 119. Siehe OECD, Reviews of Labour Market: Chile, S. 68; dies., Economic Surveys: Chile 2005, S. 119; Ugarte, Derecho del Trabajo, S. 172.

176 Morgado, Labour Law in Chile, S. 146 und S. 149.

177 Vivanco, El despido laboral, S. 22; Tapia in Derecho del Trabajo en América Latina, S. 241; Walker, Relaciones Laborales, S. 105; Piñera, La revolución laboral en Chile, S. 118.

178 Humeres, Derecho del Trabajo, S. 273; Tapia in Derecho del Trabajo en América Latina, S. 239 f.; Walker, Relaciones Laborales, S. 246 und Bleiweiss, Kündigungsschutz für Arbeiter in Chile, RdA 1959, S. 129.

Ausnahme von leitenden Angestellten, Arbeitnehmern mit Vertrauensstellung, Haushaltshilfen oder Arbeitnehmern, deren Beschäftigungsverhältnis noch keine sechs Monate bestand, wurde untersagt[179]. Insbesondere wurde dem Arbeitnehmer im Falle einer unwirksamen Arbeitgeberkündigung das Recht auf Wiedereinstellung eingeräumt[180]. Weigerte sich der Arbeitgeber, den Arbeitnehmer wieder einzustellen, hatte dieser einen Anspruch auf Zahlung einer Abfindung[181]. Der gekündigte Arbeitnehmer hatte demnach die Möglichkeit, gegen die unwirksame Kündigung innerhalb von dreißig Werktagen gerichtlich vorzugehen[182] und das Arbeitsgericht („Juzgado del Trabajo")[183] verurteilte den Arbeitgeber zur Wiedereinstellung. Für den Fall des Nichtbefolgens des Urteilsspruchs innerhalb von zwei Werktagen wurde der Arbeitgeber zur Zahlung einer Abfindung verpflichtet. Die Höhe der Abfindung legte das Gericht im Einzelfall fest, sie musste jedoch mindestens ein Monatsgehalt pro Beschäftigungsjahr betragen, zzgl. des Annahmeverzuglohns und sonstigen vertraglich vereinbarten Abfindungen[184]. In diesem Sinne hatte der Arbeitgeber zwar kein (echtes) Wahlrecht zwischen Wiedereinstellung und Zahlung einer Abfindung, vielmehr stellte die Abfindung eine Strafzahlung für das Nichtbefolgen des Wiedereinstellungsanspruchs dar[185]. Jedoch bestand faktisch ein Wahlrecht, da der Arbeitgeber durch eine Verweigerung der Wiedereinstellung die Beendigung des Arbeitsverhältnisses bewirken konnte. So kam es im Regelfall zur Anwendung der „Strafzahlung", da die Arbeitgeber sich weigerten, den gekündigten Arbeitnehmer wieder einzustellen[186]. Dies lag auch daran, dass das Gesetz zwar den Arbeitsgerichten die Festlegung der konkreten Abfindungshöhe einräumte, diese gleichwohl regelmäßig nur den Mindestsatz ansetzten[187].

Am 04.09.1970 ging aus den Wahlen das linke Wahlbündnis „Unidad Popular" als stärkste Kraft hervor und Salvador Allende wurde zum Präsidenten gewählt[188]. Die

179 Codoceo, Demokratische Transition in Chile, S. 66; Sáez/Melis, Derecho del Trabajo, Tomo I, S. 254, S. 279; Thayer/Novoa, Derecho del Trabajo, Tomo III, S. 85 f.; Humeres, Derecho del Trabajo, S. 270 und S. 276; Tapia in Derecho del Trabajo en América Latina, S. 241.

180 Vivanco, El despido laboral, S. 22; Walker, Relaciones Laborales, S. 369 f.

181 Sáez/Melis, Derecho del Trabajo, Tomo I, S. 254; Thayer/Novoa, Derecho del Trabajo, Tomo III, S. 87.

182 Thayer/Novoa, Derecho del Trabajo, Tomo II, S. 423 und Tomo III, S. 87.

183 Barahona, Despido indirecto, S. 31.

184 Humeres, Derecho del Trabajo, S. 273; Thayer/Novoa, Derecho del Trabajo, Tomo III, S. 87; Tapia in Derecho del Trabajo en América Latina, S. 241 und S. 243, Fn. 9 und Barahona, Despido indirecto, S. 32.

185 Thayer/Novoa, Derecho del Trabajo, Tomo II, S. 423 f., Tomo III, S. 87.

186 Thayer/Novoa, Derecho del Trabajo, Tomo II, S. 424, S. 427, Tomo III, S. 87.

187 Thayer/Novoa, Derecho del Trabajo, Tomo II, S. 424 und Fn. 90.

188 Bustos, Verfassung der Diktatur, S. 81; Cook, The Politics of Labor Reform in Latin America, S. 109; vgl. Bergquist, Labor in Latin America, S. 74.

sozialistische Regierung verstaatlichte etliche Betriebe und hielt an den bestehenden Arbeitsgesetzen fest, sodass weiterhin das Bestandsschutzprinzip fortbestand.

5. Militärregierung und der Arbeitsplan von 1979

Nur drei Jahre später kam es am 11.09.1973 zum Militärputsch gegen die Allende-Regierung. Die Macht übernahm General Augusto Pinochet als Präsident einer Junta[189]. Nach dem Putsch wurde das seit 1924 geltende Arbeitsrecht außer Kraft gesetzt, sodass ein rechtloser Zustand herrschte[190]. Die Militärregierung machte zunächst die Verstaatlichungen Allendes rückgängig und führte neoliberale Wirtschaftsreformen durch. Diese umfassten die Reduktion öffentlicher Ausgaben und staatlicher Investitionen sowie die Deregulierung des Bankenwesens[191]. Die sich anschließenden Arbeitsrechtsreformen hatten Einschränkungen der Gewerkschaftsrechte sowie die Flexibilisierung individueller Schutzrechte zum Ziel, weshalb Tarifvereinbarungen nur auf Betriebsebene zugelassen und die Verhandlungsthemen auf Lohn und Sozialleistungen beschränkt wurden[192]. Es fand eine Rückkehr zum ursprünglich vorhandenen freien Kündigungsrecht ohne Bestandsschutz statt: Das gesetzliche Dekret Nr. 2.200 vom 15.06.1978 ersetzte das Recht des Arbeitnehmers auf Wiedereinstellung im Falle einer unwirksamen Arbeitgeberkündigung durch das Recht auf Abfindung[193]. Der Verlust des Bestandsschutzes wurde durch einen Abfindungsanspruch in Höhe eines Monatsgehalts pro Beschäftigungsjahr[194] ohne Höchstsatzbeschränkung kompensiert. Damit verlor die Abfindung ihren

189 Zum Werdegang Pinochets Imbusch/Messner/Nolte-Huneeus, Chile heute, S. 234 ff.

190 Dombois, Korporatistische Paradoxien, Lateinamerika Analysen 14, S. 158; Piñera, La revolución laboral en Chile, S. 45; vgl. Humeres, Derecho del Trabajo, S. 76 und Morgado, Chile: Labour Relations, S. 29.

191 Imbusch/Messner/Nolte-Thiery, Chile heute, S. 403 ff. Das neoliberale Denken, das den Rückzug des Staates aus Wirtschaft und Gesellschaft propagiert, wurde von den „Chicago Boys" gespeist, einer Gruppe von chilenischen, an der University of Chicago ausgebildeten Wissenschaftlern, die den Thesen Milton Friedmans anhängen; vgl. Rinke, Geschichte Chiles, S. 162; Imbusch/Messner/Nolte-Huneeus, Chile heute, S. 240; Bronstein in Derecho del Trabajo en América Latina, S. 19 f., S. 33 f.; Piñera, La revolución laboral en Chile, S. 15.

192 Dombois, Korporatistische Paradoxien, Lateinamerika Analysen 14, S. 158 f.; Morgado, Labour Law in Chile, S. 248; ders., Las reformas laborales, S. 19; Rojas, Desafíos actuales, Ius et Praxis 2006, S. 238; Tapia in Derecho del Trabajo en América Latina, S. 242.

193 Humeres, Derecho del Trabajo, S. 75, S. 273; Sáez/Melis, Derecho del Trabajo, Tomo I, S. 254; Vivanco, El despido laboral, S. 22; Walker, Relaciones Laborales, S. 370; Benavides, Despido, S. 12 f.; Tapia in Derecho del Trabajo en América Latina, S. 243 und Piñera, La revolución laboral en Chile, S. 48.

194 Thayer/Novoa, Derecho del Trabajo, Tomo III, S. 87 f.; Humeres, Derecho del Trabajo, S. 273; Cook, The Politics of Labor Reform in Latin America, S. 119.

ursprünglichen Sanktionscharakter. In Zeiten steigender Arbeitslosigkeit wurde die per Ausnahmegesetzgebung erteilte Erlaubnis zur Kündigung von Arbeitnehmern ohne Begründung als ein effektives Mittel zur Disziplinierung der Beschäftigten angesehen[195]. Dieses im Jahre 1978 wieder eingeführte sog. freie Kündigungsrecht („despido libre") und die Möglichkeit des Ausspruchs einer Arbeitgeberkündigung ohne Kündigungsgrund („desahucio") bestehen in Grundsätzen bis heute fort[196]. Schließlich enthielt das gesetzliche Dekret Nr. 2.200 keine Frist zur Einreichung einer Kündigungsschutzklage[197].

Mit dem sog. Arbeitsplan („Plan Laboral") wurde 1979 ein neues Arbeitsvertragsgesetz eingeführt und die Deregulierung des Arbeitsmarktes institutionalisiert. Dieser Arbeitsplan beschränkte das Streikrecht und das Recht auf Kollektivvereinbarungen, legalisierte die Aussperrung und die Einstellung von Streikbrechern, flexibilisierte individuelle Schutzrechte wie den Kündigungsschutz, die Arbeitszeiten und die Mindestlöhne[198]. So wurde der kollektive Kündigungsschutz, der bei einer Massenentlassung von mehr als zehn Arbeitnehmern innerhalb eines Kalendermonats eine vorherige ministerielle Erlaubnis vorsah, aufgehoben[199]. Insbesondere räumte das neue Arbeitsvertragsgesetz dem Arbeitgeber die Möglichkeit ein, den Arbeitnehmer lediglich unter der Voraussetzung der Zahlung einer festgelegten Abfindung zu kündigen[200]. Das Vorliegen eines Kündigungsgrundes war wie bereits zuvor, nun jedoch gesetzlich verankert, nicht erforderlich[201]. Die Abfindung wurde zunächst auf einen Monatslohn pro Beschäftigungsjahr festgelegt, später auf maximal fünf Monatsgehälter (hundertfünfzig Tagessätze) beschränkt[202]. Diese Arbeitsrechtsreform erhielt mit Einführung der chilenischen Verfassung 1980

195 Koch, Unternehmen Transformation, S. 53.

196 So Humeres, Derecho del Trabajo, S. 270; vgl. Fundación Sol, Reforma laboral, S. 4.

197 Nadal, Despido, S. 417.

198 Dombois, Korporatistische Paradoxien, Lateinamerika Analysen 14, S. 159; Rinke, Geschichte Chiles, S. 164; Imbusch/Messner/Nolte-Ensignia, Chile heute, S. 127 f.; Morgado, Las reformas laborales, S. 17 ff., S. 20; vgl. Tapia in Derecho del Trabajo en América Latina, S. 244 f.; Bronstein in ebda., S. 77; Gamonal, Chilean Labour Law 1990–2010, IJCLLIR 2011, S. 86 f.; Fundación Sol, Reforma laboral, S. 4 ff.; Frank, Democratic Chile, Latin American Politics and Society 2002, S. 38 ff., S. 42. Befürwortend Piñera, La revolución laboral en Chile, S. 49 ff., S. 111 f.

199 Morgado, Las reformas laborales, S. 17; ders., Labour Law in Chile, S. 149 f.; Walker, Relaciones Laborales, S. 369 f., S. 372 und S. 374; Cook, The Politics of Labor Reform in Latin America, S. 119. Siehe OECD, Reviews of Labour Market: Chile, S. 68; dies., Economic Surveys: Chile 2005, S. 119; Ugarte, Derecho del Trabajo, S. 172.

200 Codoceo, Demokratische Transition in Chile, S. 67 f.; vgl. Barrett, Labour Policy, Journal of Latin American Studies 2001, S. 566.

201 Koch, Unternehmen Transformation, S. 54; Morgado, Las reformas laborales, S. 17; Piñera, La revolución laboral en Chile, S. 49.

202 Codoceo, Demokratische Transition in Chile, S. 68, Fn. 203; Tapia in Derecho del Trabajo en América Latina, S. 243; Bronstein, Comparative Labour Law, S. 229.

(„Constitución Política de la República Chilena", CPR) in Art. 19 Nr. 15, 16, 17 und 19 einen verfassungsgemäßen Status[203].

Schließlich blieben die durch das gesetzliche Dekret Nr. 3.648 im Jahre 1981 aufgelösten Arbeitsgerichte („Tribunales de Trabajo") abgeschafft und Bestandteil der Zivilgerichte[204]. Unter Berücksichtigung des Art. 44 des gesetzlichen Dekrets Nr. 3.648 wurde nun von einer Frist zur Erhebung der Kündigungsschutzklage von dreißig Werktagen ab Beschäftigungsbeendigung ausgegangen[205].

Durch das Gesetz Nr. 18.018 vom 14.08.1981 wurde die gesetzliche Abfindung für geleistete Beschäftigungsjahre dahingehend unterminiert, dass sie nunmehr individual- oder kollektivvertraglich frei und ohne Mindestsatz vereinbart werden konnte. War keine vertragliche Abfindung vereinbart, kam die gesetzliche Abfindung in Höhe von dreißig Tagessätzen des letzten Gehalts mit einem Höchstsatz von hundertfünfzig Tagessätzen zur Anwendung[206]. In der Praxis bestand der Kündigungsschutz aber, da zumeist eine Abfindung von einem Peso Chileno vereinbart war, allein aus der Kündigungsfrist und abgesehen hiervon war der Arbeitnehmer ungeschützt[207].

Rund vier Monate später wurde mit Gesetz Nr. 18.372 vom 17.12.1981 bei einer Arbeitgeberkündigung die Zahlung einer Abfindung von dreißig Tagessätzen des letzten Monatsgehalts für jedes Beschäftigungsjahr wieder verpflichtend und unabdingbar eingeführt[208]. Demnach war im Falle einer Arbeitgeberkündigung eine Abfindung im Höchstfall für die letzten fünf Beschäftigungsjahre (hundertfünfzig Tagessätze) zu zahlen[209]. Die mit dem gesetzlichen Dekret Nr. 3.648 eingeführte Klagefrist zur Erhebung der Kündigungsschutzklage von dreißig Werktagen wurde mit Gesetz Nr. 18.372 in Art. 162 CT aufgenommen[210]. Im Jahre 1986 wurden die

---

203 Codoceo, Demokratische Transition in Chile, S. 69; vgl. Miranda/Aitken, Chile, S. 108.

204 Koch, Unternehmen Transformation, S. 54; Rojas, Desafíos actuales, Ius et Praxis 2006, S. 245; Orellana/Pérez, Derecho procesal, S. 46; Orellana, Nuevo proceso laboral, S. 27; Thayer/Novoa, Derecho del Trabajo, Tomo III, S. 243, S. 245 und S. 252 f.; Walker, Relaciones Laborales, S. 110 f.; Olate/Montecinos/Muñoz, Código del Trabajo, S. 750; Morgado, Las reformas laborales, S. 23 und Gamonal, Chilean Labour Law 1990–2010, IJCLLIR 2011, S. 92.

205 Nadal, Despido, S. 417.

206 Thayer/Novoa, Derecho del Trabajo, Tomo III, S. 88; Sáez/Melis, Derecho del Trabajo, Tomo I, S. 254 und Barahona, Despido indirecto, S. 38.

207 So Thayer/Novoa, Derecho del Trabajo, Tomo III, S. 88 und Walker, Relaciones Laborales, S. 246 und S. 370 f.

208 Sáez/Melis, Derecho del Trabajo, Tomo I, S. 254; Thayer/Novoa, Derecho del Trabajo, Tomo III, S. 88; Walker, Relaciones Laborales, S. 371; Humeres, Derecho del Trabajo, S. 273 f.

209 Sáez/Melis, Derecho del Trabajo, Tomo I, S. 254.

210 Nadal, Despido, S. 417.

erstinstanzlichen Arbeitsgerichte durch das Gesetz Nr. 18.510 wieder eingeführt, die höheren Instanzen der Arbeitsgerichte blieben jedoch inexistent[211].

Durch das Gesetz Nr. 18.620 wurde mit Wirkung zum 06.08.1987 ein neues Arbeitsvertragsgesetz eingeführt, durch welches insbesondere das gesetzliche Dekret Nr. 2.200 aus dem Jahre 1978 ersetzt wurde[212]. In Art. 155 f.) des CT 1987 war die Kündigung des Arbeitnehmers ohne Angabe eines Kündigungsgrundes („desahucio") als gängige Beendigungsform des Arbeitsvertrages vorgesehen[213].

6. Demokratie und die Reform des Arbeitsrechts

Am 05.10.1988 wurde eine Volksabstimmung abgehalten, bei der sich, bei einer sehr hohen Wahlbeteiligung, eine knappe Mehrheit (54,7 %) gegen eine weitere Amtszeit Pinochets aussprach, woraufhin am 14.12.1989 die ersten freien Wahlen stattfanden und der Christdemokrat Patricio Aylwin zum Präsidenten gewählt wurde[214]. Die Reform der Arbeitsgesetzgebung stand beim Regierungsantritt Aylwins an oberster Stelle seiner politischen Agenda. Während die Gewerkschaften zunächst die Aufhebung des alten Arbeitsvertragsgesetzes forderten, setzten sich die Unternehmer für eine strikte Beibehaltung der unter der Militärregierung bestehenden Arbeitsgesetze ein[215]. Die Gewerkschaftsbewegung stellte jedoch von Anfang an die Stärkung des Demokratisierungsprozesses in den Vordergrund und war aufgrund dessen schließlich bereit, keine umfassende Reform des „Plan Laboral" zu fordern, sondern sich mit Minimalforderungen wie dem Schutz der individuellen Arbeitsrechte und dem Streikrecht als legitimes Mittel gewerkschaftlicher Druckausübung zu begnügen[216]. Zunächst ließ die Regierung Aylwins daher die arbeitsrechtlichen Regelungen des „Plan Laboral" im Wesentlichen unangetastet und nahm

211 Thayer/Novoa, Derecho del Trabajo, Tomo III, S. 245, S. 253; Humeres, Derecho del Trabajo, S. 77; Orellana, Nuevo proceso laboral, S. 27; Morgado, Las reformas laborales, S. 23.

212 Morgado, Labour Law in Chile, S. 150; Walker, Relaciones Laborales, S. 371; Humeres, Derecho del Trabajo, S. 86, S. 268; Miranda/Aitken, Chile, S. 108; Gamonal, Fundamentos de Derecho Laboral, S. 83; ders., Chilean Labour Law 1990–2010, IJCLLIR 2011, S. 86.

213 Sáez/Melis, Derecho del Trabajo, Tomo I, S. 279; Humeres, Derecho del Trabajo, S. 281; Walker, Relaciones Laborales, S. 371; Piñera, La revolución laboral en Chile, S. 49.

214 Imbusch/Messner/Nolte-Krumwiede, Chile heute, S. 253 f.; Rinke, Geschichte Chiles, S. 175; Cook, The Politics of Labor Reform in Latin America, S. 127.

215 Thiery, Transformation in Chile, S. 213 f.; Walker, Relaciones Laborales, S. 372; Haagh, Emperor's New Clothes, Studies in Comparative International Development 2002, S. 90; Barrett, Labour Policy, Journal of Latin American Studies 2001, S. 566.

216 Imbusch/Messner/Nolte-Ensignia, Chile heute, S. 129; Cook, The Politics of Labor Reform in Latin America, S. 128 ff.; Frank, Democratic Chile, Latin American Politics and Society 2002, S. 35 ff.; Morgado, Labour Law in Chile, S. 46 f., S. 49.

Beschränkungen der kollektiven Rechte als auch der individuellen Arbeitnehmerschutzrechte nur zögerlich zurück[217].

Ende 1990 wurde der Kündigungsschutz ausgeweitet: Mittels des Gesetzes Nr. 19.010 vom 29.11.1990 wurde die Kündigung ohne Kündigungsgrund („desahucio") auf Arbeitnehmer in Vertrauensstellung und Haushaltshilfen, darüber hinaus durch die Notwendigkeit eines wirksamen Kündigungsgrundes wie dem Vorliegen betrieblicher Voraussetzungen beschränkt[218]. Gegenüber allen anderen Arbeitnehmern ist seither der Ausspruch einer Kündigung ohne Kündigungsgrund nicht mehr möglich. Die Abfindungsverpflichtungen des Arbeitgebers sind weiterhin nach Beschäftigungsjahren zu berechnen, mit einem Höchstsatz von dreihundertdreißig Tagessätzen[219]. Die Klagefrist der Kündigungsschutzklage wurde auf sechzig Werktage angehoben[220]. Ergänzt wurde die Reform durch eine Stärkung der Rechtsaufsicht durch das dem Arbeitsministerium unterstellten Arbeitsaufsichtsamt („Dirección del Trabajo"), um die Effektivität der neuen Gesetzgebung zu gewährleisten[221].

1991 wurde das Diskriminierungsverbot des Art. 215 CT eingeführt, wonach die Gewerkschaftszugehörigkeit eines Arbeitnehmers keine Kündigung rechtfertigen kann, ebenso der besondere Kündigungsschutz der Betriebsgewerkschaftsvertreter

---

217 bfai, Wirtschaftsführer Chile, S. 204; Imbusch/Messner/Nolte-Ensignia, Chile heute, S. 131; Dombois, Korporatistische Paradoxien, Lateinamerika Analysen 14, S. 160; Tapia in Derecho del Trabajo en América Latina, S. 244; Gamonal, Chilean Labour Law 1990–2010, IJCLLIR 2011, S. 89 f.; Barrett, Labour Policy, Journal of Latin American Studies 2001, S. 564, S. 577 ff.

218 Vivanco, El despido laboral, S. 13; Sáez/Melis, Derecho del Trabajo, Tomo I, S. 279; Morgado, Las reformas laborales, S. 27 f.; ders., Labour Law in Chile, S. 151 f.; Humeres, Derecho del Trabajo, S. 277; Tapia in Derecho del Trabajo en América Latina, S. 244; Bronstein in ebda., S. 78; Nadal, Despido, S. 307; Walker, Relaciones Laborales, S. 112.

219 Sáez/Melis, Derecho del Trabajo, Tomo I, S. 254; Dombois, Korporatistische Paradoxien, Lateinamerika Analysen 14, S. 160; Thayer/Novoa, Derecho del Trabajo, Tomo III, S. 88 f.; Walker, Relaciones Laborales, S. 373; Humeres, Derecho del Trabajo, S. 277; Tapia in Derecho del Trabajo en América Latina, S. 244; vgl. Gamonal, Procedimiento de Tutela, S. 64, Fn. 92; Barahona, Despido indirecto, S. 41; Cook, The Politics of Labor Reform in Latin America, S. 131; Miranda/Aitken, Chile, S. 108; Bronstein, Comparative Labour Law, S. 229; Frank, Democratic Chile, Latin American Politics and Society 2002, S. 40 und Haagh, Emperor's New Clothes, Studies in Comparative International Development 2002, S. 100.

220 Nadal, Despido, S. 417.

221 Gegründet wurde das Arbeitsaufsichtsamt 1924; dessen aktuelle Struktur, Organisation und Befugnisse beruhen auf dem Dekret mit Gesetzeskraft D.F.L. Nr. 2 vom 29.09.1967, Nadal, Despido, S. 354; Morgado, Labour Law in Chile, S. 56 f., S. 67 f.; Thayer/Novoa, Derecho del Trabajo, Tomo III, S. 217; Gamonal, Fundamentos de Derecho Laboral, S. 90 ff.; Walker, Relaciones Laborales, S. 106, S. 121 ff.; OECD, Reviews of Labour Market: Chile, S. 82 ff.

nach Art. 229 CT[222]. Zudem wurde die Beschränkung der Kollektivvereinbarung auf Betriebsebene zurückgenommen und wieder die Möglichkeit einer überbetrieblichen Vereinbarung eingeführt[223]. Am 01.01.1994 trat dann ein neues Arbeitsvertragsgesetz („Código de Trabajo") in Kraft, der den ersten demokratisch verabschiedeten Arbeitskodex der chilenischen Geschichte darstellt[224].

Durch das Gesetz Nr. 19.631 wurde die Zahlung der Sozialversicherungsbeiträge („cotizaciones previsionales") als zwingende Voraussetzung zur Beendigung des Arbeitsverhältnisses eingeführt[225]: Der Arbeitgeber muss zum wirksamen Ausspruch der Kündigung alle fälligen Sozialabgaben bis zum Zeitpunkt des letzten Tages des Vormonats der Kündigung abgeführt haben, anderenfalls ist die Kündigung nichtig[226]. Zweck dieses Gesetzes ist die Schaffung eines Anreizes für den Arbeitgeber, die fälligen Sozialversicherungsbeiträge vollständig zu begleichen[227].

Mittels des Gesetzes Nr. 19.759 vom 05.10.2001 wurde das chilenische Arbeitsgesetzbuch wiederum reformiert[228]. Hierdurch wurde die betriebsbedingte Kündigung dahingehend eingeschränkt, dass lediglich rein betriebliche Gründe und nicht mehr wie zuvor auch fehlende arbeits- oder verfahrenstechnische Kenntnisse und

---

222 Eingeführt durch Gesetz Nr. 19.069, veröffentlicht am 30.07.1991, hierzu Lizama, Código del Trabajo, Tomo II, S. 628 und S. 648.

223 Morgado, Labour Law in Chile, S. 249.

224 Durch das „Gesetz über Arbeitsvertrag und Arbeitsrechtsprechung" vom September 1993 konnte das neue Arbeitsvertragsgesetz komplettiert werden, Thiery, Transformation in Chile, S. 220; Miranda/Aitken, Chile, S. 108; Bronstein in Derecho del Trabajo en América Latina, S. 78.

225 Sáez/Melis, Derecho del Trabajo, Tomo I, S. 254; Tapia in Derecho del Trabajo en América Latina, S. 251; Palavecino, Despido nulo, Ius et Praxis 2002, S. 557 ff.

226 Lizama, Derecho del Trabajo, S. 191; Olate/Montecinos/Muñoz, Código del Trabajo, S. 327; Benavides, Despido, S. 180; Dirección del Trabajo, Dictámen Ord. Nr. 3.124/83 v. 21.07.2005.

227 Benavides, Despido, S. 192; Humeres, Derecho del Trabajo, S. 281, Fn. 4; Nadal, Despido, S. 541; Olate/Montecinos/Muñoz, Código del Trabajo, S. 326 f., S. 336 f.; Sáez/Melis, Derecho del Trabajo, Tomo I, S. 289; bfai, Wirtschaftsführer Chile, S. 211; Palavecino, Despido nulo, Ius et Praxis 2002, S. 558; Corte Suprema, Rol Nr. 3.558/2004 v. 23.03.2006; CA Concepción, Rol Nr. 369/2006 v. 04.07.2006; CA Antofagasta, Rol Nr. 201/2005 v. 12.12.2005.

228 Diese Reform wird als die umfassendste arbeitsrechtliche Gesetzesänderung innerhalb der letzten Jahrzehnte bezeichnet, so Ugarte, Derecho del Trabajo, S. 15, Fn. 10; Bronstein in Derecho del Trabajo en América Latina, S. 79; ders., International and Comparative Labour Law, S. 230; Morgado, Chile: Labour Relations, S. 29 ff.; ders., Labour Law in Chile, S. 50; Gamonal, Fundamentos de Derecho Laboral, S. 85; ders., Chilean Labour Law 1990–2010, IJCLLIR 2011, S. 89; Miranda/Aitken, Chile, S. 108; Walker, Relaciones Laborales, S. 373 f.; Nadal, Despido, S. 37; Tapia in Derecho del Trabajo en América Latina, S. 245 und Orth, Chile, Solidaridad Nr. 212/2001, S. 3 ff.

Fähigkeiten des Arbeitnehmers selbst diese bedingen können[229]. Bezüglich der personen- bzw. verhaltensbedingten Kündigungsgründe wurde das Erfordernis eines ordnungsgemäß nachgewiesenen widerrechtlichen Verhaltens schwerwiegender Natur eingeführt, um lediglich entsprechend gravierende und nachweisbare Tatbestände als kündigungsbegründend anerkennen zu müssen[230]. Des Weiteren wurden Diskriminierungen am Arbeitsplatz untersagt, die Arbeitszeiten begrenzt, die Rechte der Arbeitnehmer bei Gewerkschaftsgründungen in Kleinbetrieben, bei Tarifverhandlungen und Streiks gestärkt[231].

Mit Einführung des Art. 1 des Gesetzes Nr. 19.447 wurde sodann die Höhe der Abfindungen des Art. 168 CT angehoben[232]. Mit einem gesetzlichen Dekret mit Gesetzeskraft („Decreto con Fuerza de Ley", D.F.L.) Nr. 1 vom 31.07.2002 wurde das Arbeitsvertragsgesetz mit Wirkung zum 16.01.2003, nochmals neu überarbeitet, erlassen[233]. Schließlich fanden weitere Reformen statt, mittels derer das arbeitsgerichtliche Verfahren modifiziert wurde. So wurden durch das Gesetz Nr. 20.022

---

229 Lizama, Derecho del Trabajo, S. 185; Thayer/Novoa, Derecho del Trabajo, Tomo III, S. 93; Olate/Montecinos/Muñoz, Código del Trabajo, S. 319; CA Concepción, Rol Nr. 615/2006 v. 24.08.2006.

230 Humeres, Derecho del Trabajo, S. 279; Morgado, Chile: Labour Relations, S. 30. Seither ist in Chile eine Kündigung wegen Unfähigkeit des Arbeitnehmers („falta de adecuación laboral o técnica") nicht mehr möglich, um diesen in Zeiten rasanter technischer und technologischer Entwicklungen vor Kündigungen zu schützen, OECD, Reviews of Labour Market: Chile, S. 68; dies., Economic Surveys: Chile 2003, S. 85; Morgado, Labour Law in Chile, S. 154; Nadal, Despido, S. 292 f., S. 327 und S. 546; Lizama, Derecho del Trabajo, S. 185 ff.; ders., Código del Trabajo, Tomo I, S. 386; Thayer/Novoa, Derecho del Trabajo, Tomo III, S. 93; Moraga, Código del Trabajo, Tomo I, S. 438; Olate/Montecinos/Muñoz, Código del Trabajo, S. 319; CA Concepción, Rol Nr. 539/2007 v. 08.11.2007 und Rol Nr. 615/2006 v. 24.08.2006. Dagegen kann der Arbeitnehmer in Spanien nach Art. 52b) ET aufgrund mangelnder Anpassung an technische Veränderungen gekündigt werden, sollte ihm der Arbeitgeber zuvor eine entsprechende Fortbildung angeboten haben, Henssler/Braun-Calle/Prehm, Spanien, Rn. 117; Selenkewitsch, Spanisches Arbeitsrecht, S. 93, Fn. 217; ders., Kündigungsschutz, ZIAS 2005, S. 40; Darsow-Faller, Kündigungsschutz, S. 124 f.; Hofedank, Kündigungsschutz, S. 65; del Rey, Reforma del Mercado de Trabajo, S. 393 ff., S. 404 f.; Navarro, Spanisches Arbeitsrecht, EuZA 2012, S. 566; gtai, Lohn- und Lohnnebenkosten Spanien, S. 18; SSTS v. 27.10.1983, Ar. 5158 und Ar. 5159.

231 Rinke, Geschichte Chiles, S. 180; Humeres, Derecho del Trabajo, S. 90; Ugarte, Derecho del Trabajo, S. 15, Fn. 10 und S. 173; Tapia in Derecho del Trabajo en América Latina, S. 249 ff.; Bronstein in ebda., S. 79; ders., International and Comparative Labour Law, S. 230 und Barahona, Despido indirecto, S. 42.

232 Humeres, Derecho del Trabajo, S. 286, Fn. 6.

233 Humeres, Derecho del Trabajo, S. 77, S. 87, S. 278; Walker, Relaciones Laborales, S. 115. Im Internet ist der CT abrufbar unter http://www.leychile.cl.

vom 30.05.2005 neue Arbeitsgerichte[234] und durch das Gesetz Nr. 20.087 vom 03.01.2006 ein neues arbeitsrechtliches Prozessrecht (Reform des V. Buches des CT) eingeführt[235].

Zuletzt wurde das chilenische Arbeitsvertragsgesetz durch das Gesetz Nr. 20.940 vom 29.08.2016 mit Wirkung zum 01.04.2017 abermals reformiert. Die Verhandlungsgegenstände und die Informationsrechte der Gewerkschaft werden ausgeweitet und die Kollektivverhandlungen vereinfacht, wofür das IV. Buch des CT, die Art. 303 ff. CT, neu gefasst wurde. Die Gewerkschaften sind zu Verhandlungen nicht nur auf Betriebsebene berechtigt, allerdings steht ihnen keine ausschließliche Verhandlungsposition zu (vgl. Art. 314 CT). Kollektivverträge dürfen auch für Auszubildende und Zeitarbeitnehmer ausgehandelt werden[236] und eine Allgemeinverbindlichkeitserklärung ist möglich gem. Art. 322 CT. Die Einstellung von Streikbrechern, zuvor möglich nach Art. 381 CT[237], ist nun gem. Art. 345 Abschn. 2 und Art. 357 CT untersagt[238].

7. Zusammenfassung

Der Kündigungsschutz in Chile entwickelte sich mit Beginn des modernen Industriezeitalters Anfang des 20. Jahrhunderts[239]. Mit Einführung des CT 1931 wurde

---

234 Zur Geschichte, Entstehung und Reform der Arbeitsgerichtsbarkeit siehe Orellana, Nuevo proceso laboral, S. 25 ff.; Orellana/Pérez, Derecho procesal, S. 45 f.; Candia/Koch, Reforma procesal, S. 70 bezeichnen die Einführung der spezialisierten Arbeitsgerichtsbarkeit als eine der signifikantesten Reformen der letzten 75 Jahre, kritisieren jedoch gleichzeitig die unzureichende Anzahl an Arbeitsgerichten und Arbeitsrichtern (S. 15 ff.). Siehe Olate/Montecinos/Muñoz, Código del Trabajo, S. 746 f.; Walker, Relaciones Laborales, S. 110 f.; Tapia in Derecho del Trabajo en América Latina, S. 255, Fn. 40 und Gamonal, Chilean Labour Law 1990–2010, IJCLLIR 2011, S. 92.

235 Rojas, Desafíos actuales, Ius et Praxis 2006, S. 248; Orellana/Pérez, Derecho procesal, S. 13 ff.; Orellana, Nuevo proceso laboral, S. 11; Morgado, Labour Law in Chile, S. 50; Gamonal, Fundamentos de Derecho Laboral, S. 85 f.; ders., Chilean Labour Law 1990–2010, IJCLLIR 2011, S. 91 f.; Tapia in Derecho del Trabajo en América Latina, S. 250, Fn. 28 und S. 255 und Caamaño, Acoso moral laboral, Revista de Derecho 2011, S. 230.

236 Zum bisherigen Ausschluss siehe Morgado, Labour Law in Chile, S. 246.

237 Hierzu Lizama, Código del Trabajo, Tomo II, S. 845 ff.; diese Regelung wurde allerdings nach höchstrichterlicher Rechtsprechung unangewendet gelassen, Corte Suprema, Rol Nr. 995/2008 v. 15.05.2008, zuvor bspw. bereits CA Santiago, Rol Nr. 6.274/2006 v. 23.11.2007.

238 Zudem sind die Fort- und Weiterbildungszeiten der Betriebsgewerkschaftler erweitert und eine Frauenquote für Verhandlungsgremien eingeführt worden. Vgl. auch Gesetzesentwurf Mensaje Nr. 1055–362 v. 29.12.2014 und Fundación Sol, Reforma laboral, S. 11 ff.

239 Humeres, Derecho del Trabajo, S. 24 und S. 28; Tapia in Derecho del Trabajo en América Latina, S. 237.

ein Kündigungsschutz etabliert, der dem Arbeitnehmer einen Anspruch auf Abfindung, nicht aber auf Wiedereinstellung einräumte. Diesem Gesetz wird ein relativer (Bestands-) Schutz des Arbeitnehmers („inamovilidad relativa" bzw. „estabilidad relativa"[240]) zugesprochen[241]. Ab 1966 bestand für kurze Zeit ein weiter Kündigungsschutz, der einen Bestandsschutz des Arbeitsverhältnisses beinhaltete und daher als absoluter (Bestands-) Schutz des Arbeitnehmers („inamovilidad absoluta" bzw. „estabilidad absoluta"[242]) bezeichnet wird[243]. Bleibende Prägung erfuhren die Arbeitsbeziehungen in Chile allerdings durch die neoliberalen Reformen während der Militärdiktatur[244]. Im Zuge einer Deregulierung des Arbeitsmarktes wurden die Rechte der Arbeitgeber kontinuierlich ausgeweitet und gleichzeitig die der Arbeitnehmer eingeschränkt[245]. Wesentlich war dabei die Arbeitsreform des „Plan Laboral" im Jahre 1979, mittels derer der Bestandsschutz abgeschafft und wieder ein abfindungsorientiertes Kündigungsschutzmodell eingeführt wurde. Die Gewerkschaften, geschwächt durch ihre vorherige Auflösung, nahmen den „Plan Laboral" der Militärregierung an, da er zumindest ein Mindestmaß an Rechtssicherheit und dadurch einen Fortschritt gegenüber dem rechtslosen Zustand vor 1979 bedeutete[246]. In dem anschließenden Demokratisierungsprozess wurde die neoliberale Wirtschaftsordnung nur in Teilen modifiziert und der abfindungsorientierte Kündigungsschutz beibehalten. Die fragmentierten Gewerkschaften waren zu schwach und das politische Interesse zu gering, um die während der Militärregierung implementierte weitreichende Flexibilisierung von individuellen Arbeitnehmerschutzrechten rückgängig zu machen[247]. Insofern gelang es den demokratischen Regierungen nach 1990 lediglich, die Arbeitsgesetzgebung mit geringfügigen Modifikationen zu stabilisieren

240 Thayer/Novoa, Derecho del Trabajo, Tomo III, S. 80 ff.

241 Humeres, Derecho del Trabajo, S. 270 und S. 276 f.; kritisch Gamonal, Fundamentos de Derecho Laboral, S. 119, der darauf hinweist, dass dieser sog. relative Bestandsschutz oftmals als sog. freies Kündigungsrecht wirkt.

242 Thayer/Novoa, Derecho del Trabajo, Tomo III, S. 80 ff.

243 Humeres, Derecho del Trabajo, S. 276 f.; Tapia in Derecho del Trabajo en América Latina, S. 241 ff. Kritisch Benavides, Despido, S. 12 und Walker, Relaciones Laborales, S. 369 f.

244 Dombois, Korporatistische Paradoxien, Lateinamerika Analysen 14, S. 161; Gamonal, Fundamentos de Derecho Laboral, S. 85.

245 Ugarte, Derecho del Trabajo, S. 170 f.; Bronstein in Derecho del Trabajo en América Latina, S. 33 f.; ders., International and Comparative Labour Law, S. 226 f.

246 Dombois, Korporatistische Paradoxien, Lateinamerika Analysen 14, S. 161; Koch, Unternehmen Transformation, S. 54.

247 Dombois, Korporatistische Paradoxien, Lateinamerika Analysen 14, S. 161; Thiery, Transformation in Chile, S. 232; Cook, The Politics of Labor Reform in Latin America, S. 16, S. 19 und S. 134; Frank, Democratic Chile, Latin American Politics and Society 2002, S. 35 ff.; Haagh, Emperor's New Clothes, Studies in Comparative International Development 2002, S. 87 f., S. 107 f. und Barrett, Labour Policy, Journal of Latin American Studies 2001, S. 577 ff. Siehe auch Fundación Sol, Reforma laboral, S. 8.

und mit hinreichender Legitimation auszustatten[248]. Die bisherigen Arbeitsrechtsreformen versuchen den Spagat der Stärkung der Arbeitnehmerrechte als auch die Umsetzung des weiterhin verfolgten Ziels der Flexibilisierung des Arbeitsmarktes[249], welches dem staatseigenen Interesse, mehr Beschäftigte aus dem informellen Sektor in formelle Arbeitsverhältnisse zu überführen, entspringt[250]. Auch wenn die rigide neoliberale Deregulierung des Arbeitsrechts, die unter der Militärregierung in den siebziger Jahren des 20. Jahrhunderts begann, anschließend durch die demokratisch legitimierten Regierungen nicht beseitigt, sondern nur abgemildert wurde, stellen die ihrerseits durchgeführten Gesetzesreformen weniger aggressiv durchgesetzte Flexibilisierungsmethoden des Arbeitsmarktes unter stärkerer Berücksichtigung der Arbeits- und Sozialrechte der Arbeitnehmer dar[251]. Insgesamt kann dem chilenischen Arbeitsvertragsgesetz jedoch kein Bestandsschutz zugesprochen werden[252], sodass der chilenische Arbeitnehmer einem restriktiv geregelten Arbeitsrecht gegenübersteht.

---

248 Thiery, Transformation in Chile, S. 233; Gamonal, Fundamentos de Derecho Laboral, S. 85, Walker, Relaciones Laborales, S. 115, S. 117; Bronstein, Comparative Labour Law, S. 227 f.

249 Rinke, Geschichte Chiles, S. 180; Morgado, Labour Law in Chile, S. 46 f., S. 49; Hohnerlein, Verlust des Arbeitsplatzes in Lateinamerika, ZiAS 1988, S. 141 und Cook, The Politics of Labor Reform in Latin America, S. 38.

250 OECD, Reviews of Labour Market: Chile, S. 20, S. 44 ff. und Thiery, Transformation in Chile, S. 222 f.

251 Ugarte, Derecho del Trabajo, S. 174; Tapia in Derecho del Trabajo en América Latina, S. 256 f. und Gamonal, Chilean Labour Law 1990–2010, IJCLLIR 2011, S. 93. Kritisch Orth, Chile, Solidaridad Nr. 212/2001, S. 3 ff.

252 Humeres, Derecho del Trabajo, S. 277.

C. Kündigung und Kündigungsschutz

Im Folgenden werden die rechtsgeschäftichen Grundlagen, die Arten der Kündigung und Gestaltungsprinzipien des Kündigungsschutzrechts dargestellt, sodann der Kündigungsschutz und weitere Beendigungsmöglichkeiten des Arbeitsvertrages erläutert.

I. Rechtsgeschäftliche Grundlagen

Die Kündigung ist subjektives, einseitiges Gestaltungsrecht[253].

1. Deutschland

Der Arbeitgeber muss in seiner schriftlich zu verfassenden Kündigung deutlich machen, wann das Arbeitsverhältnis enden soll[254]. Dafür genügt bei einer ordentlichen Kündigung die Angabe des Kündigungstermins oder der Kündigungsfrist[255]. Allgemein kann das Arbeitsverhältnis mit einer Frist von vier Wochen zum Fünfzehnten oder zum Ende eines Kalendermonats gekündigt werden; je nach Dauer der Beschäftigung gelten längere Fristen bis zu sieben Monaten[256]. Die Nichtbeachtung der Kündigungsfrist führt grundsätzlich, sollte nicht durch Auslegung nach §§ 133, 157 BGB die einschlägige Kündigungsfrist ermittelt werden können, zur Unwirksamkeit der Kündigung; sie kann jedoch in eine Kündigung zum nächstmöglichen Termin umgedeutet werden[257]. Bei der außerordentlichen Kündigung

---

253 Für Deutschland APS-Preis, Grundl. D, Rn. 2 ff.

254 APS-Preis, Grundl. D, Rn. 20; BAG, Urt. v. 20.01.2016, NZA 2016, S. 485. Die Schriftform kann nach § 126 BGB nicht abgedungen werden, die Nichtbeachtung führt zur Nichtigkeit, Löwisch/Caspers/Klumpp, Rn. 610; Lieb/Jacobs, Rn. 337; Brox/Rüthers/Henssler, Rn. 424.

255 Die Kündigung muss hinreichend bestimmt sein, BAG, Urt. v. 20.01.2016, NZA 2016, S. 485, Urt. v. 20.06.2013, NZA 2013, S. 1137 und Urt. v. 01.09.2010, NZA 2010, S. 1409.

256 Die Regelung des § 622 Abs. 2 S. 2 BGB, wonach Beschäftigungszeiten, die vor Vollendung des 25. Lebensjahres des Arbeitnehmers liegen, nicht anzurechnen sind, ist aufgrund eines Verstoßes gegen das Diskriminierungsverbot nicht mehr anzuwenden. Hierzu Preis, Arbeitsrecht, § 60, S. 766; Löwisch/Caspers/Klumpp, Rn. 621; BAG, Urt. v. 29.09.2011, DB 2012, S. 807, Urt. v. 09.09.2010, ZIP 2011, S. 444, Urt. v. 01.09.2010, NZA 2010, S. 1409; EuGH, Urt. v. 19.01.2010, NZA 2010, S. 85. Siehe auch BAG, Urt. v. 23.03.2017, NZA 2017, S. 773.

257 ErfK-Müller-Glöge, § 620 BGB, Rn. 64, § 622 BGB, Rn. 12; APS-Linck, § 622 BGB, Rn. 66 f.; Preis, Arbeitsrecht, § 60, S. 768; Schaub, § 126, Rn. 16; Krause, § 18, Rn. 7; BAG, Urt. v. 15.05.2013, NZA 2013, S. 1076, Urt. v. 01.09.2010, NZA 2010, S. 1409 und Urt. v. 18.04.1985, AP Nr. 20 zu § 622 BGB.

muss unmissverständlich zum Ausdruck kommen, dass das Arbeitsverhältnis unmittelbar enden soll[258]. Zur Annahme einer Unzumutbarkeit muss der Arbeitgeber innerhalb von zwei Wochen nach Kenntniserlangung der maßgebenden Tatsachen kündigen[259].

In der Kündigung muss kein Kündigungsgrund angegeben sein[260]. Ausnahmen sind in § 22 Abs. 3 BBiG i.V.m. § 125 S. 1 BGB bzw. § 17 Abs. 2 S. 2 MuSchG normiert. Daneben kann sich aus einem Tarif- oder Einzelvertrag die Pflicht zur Angabe des Kündigungsgrundes ergeben[261]. Bei der außerordentlichen Kündigung muss der Arbeitgeber dem Arbeitnehmer auf Verlangen den Kündigungsgrund unverzüglich schriftlich mitteilen. Kommt er dieser Bitte nicht (vollständig) nach, wird die Kündigung nicht unwirksam; der Arbeitgeber macht sich jedoch ggf. schadensersatzpflichtig[262].

Dabei kann der Arbeitgeber Gründe, die bereits vor Ausspruch der Kündigung vorlagen, bis zum Schluss der mündlichen Verhandlung nachschieben – unabhängig davon, ob er sie bereits vor oder erst nach Ausspruch der Kündigung erfahren hat[263]. Eine Einschränkung erfährt die Möglichkeit des Nachschiebens von Kündigungsgründen nur durch § 102 Abs. 1 S. 2 BetrVG: Da dem Betriebsrat die Kündigungsgründe vor Ausspruch der Kündigung mitgeteilt werden müssen, darf der

---

258 Kittner/Däubler/Zwanziger-Däubler, § 626 BGB, Rn. 16; Pauly/Osnabrügge-Osnabrügge, § 1, Rn. 20; APS-Preis, Grundl. D, Rn. 20; Preis, Arbeitsrecht, § 56, S. 725; Tilse/Wolgast, Beendigung des Arbeitsverhältnisses, S. 21; Kramer, Kündigung, S. 42 f.; Adam, Arbeitsrechtliche Kündigungsgründe, AuR 2013, S. 17; BAG, Urt. v. 15.11.2001, AP Nr. 13 zu § 140 BGB; LAG Köln, Urt. v. 06.10.2005, NZA-RR 2006, S. 353. Zur außerordentlichen Kündigung mit freiwilliger sozialer Auslauffrist siehe BAG, Urt. v. 13.05.2015, ArbRB 2015, S. 325, Urt. v. 31.01.1996, DB 1996, S. 990; a.A. LAG Baden-Württemberg, Urt. v. 25.06.2014, AuR 2014, S. 438.

259 Wird dies versäumt, ist die Kündigung unwirksam, ErfK-Niemann, § 626 BGB, Rn. 221; AR-Fischermeier, § 626 BGB, Rn. 205; Kramer, Kündigung, S. 44; Preis, Arbeitsrecht, § 66, S. 887; BAG, Urt. v. 23.01.2014, NZA 2014, S. 962 und Urt. v. 26.09.2013, NZA 2014, S. 529.

260 APS-Preis, Grundl. D, Rn. 26; Preis, Arbeitsrecht, § 56, S. 726; Waltermann, Rn. 339, Rn. 383; Löwisch/Caspers/Klumpp, Rn. 611; Kramer, Kündigung, S. 16; Darsow-Faller, Kündigungsschutz, S. 65: Bereits 1959 verwies das BAG, Urt. v. 21.03.1959, AP Nr. 55 zu § 1 KSchG darauf, dass es auf das objektive Bestehen der Kündigungsgründe und nicht auf deren unmittelbare Bekanntgabe ankomme.

261 Eine qualifizierte Schriftformklausel kann den Begründungszwang der Arbeitgeberkündigung umfassen, HWK-Quecke, § 1 KSchG, Rn. 29; APS-Preis, Grundl. D, Rn. 23 und Rn. 28; AR-Fischermeier, § 626 BGB, Rn. 23; BAG, Urt. v. 25.08.1977, DB 1978, S. 258, Urt. v. 10.02.1999, NZA 1999, S. 602, Urt. v. 25.10.2012, NZA 2013, S. 900.

262 Als Schaden kommen nutzlos aufgewendete Prozesskosten in Betracht, SPV-Preis, Rn. 92 und Rn. 540; Kramer, Kündigung, S. 16.

263 SPV-Preis, Rn. 95; AR-Kaiser, § 1 KSchG, Rn. 21; BAG, Urt. v. 11.04.1985, DB 1986, S. 1726 und Urt. v. 04.06.1997, NZA 1997, S. 1158.

Arbeitgeber Gründe, die ihm bei Ausspruch der Kündigung bekannt waren, die er aber nicht dem Betriebsrat mitgeteilt hat, nicht nachschieben. Dagegen kann er aber Gründe, die ihm bei Kündigung nicht bekannt waren und die er dem Betriebsrat nicht mitteilen konnte, nachschieben – wofür aber eine vorherige Anhörung des Betriebsrats stattfinden muss[264].

Eine Anhörung des Arbeitnehmers ist grundsätzlich nicht erforderlich[265].

2. Chile

Der Arbeitgeber in Chile hat die Möglichkeit, das Arbeitsverhältnis einseitig durch eine Kündigung („despido") zu beenden[266]. Die genaue Angabe des Kündigungstatbestandes ist gem. Art. 162 Abschn. 1 CT grundsätzliche Voraussetzung einer schriftlich zu verfassenden Arbeitgeberkündigung[267]. Die Kündigungsgründe dürfen sich nicht in der schlichten Wiedergabe des Gesetzeswortlauts erschöpfen[268]. Ein Nachschieben von Kündigungsgründen ist nicht möglich. Damit soll der Arbeitnehmer über die kündigungbegründenden Tatsachen Kenntnis erlangen und die Erfolgsaussichten eines Kündigungsschutzprozesses abwägen können[269].

Der Arbeitgeber muss die Kündigung in unmittelbarem zeitlichem Zusammenhang des Entstehens des tatsächlichen, die Kündigung begründenden Tatbestandes

---

264 ErfK-Kania, § 102 BetrVG, Rn. 27; Mues/Eisenbeis/Laber, Teil 12, Rz. 425; Krause, § 18, Rn. 70; Dütz/Thüsing, Rn. 440; BAG, Urt. v. 18.06.2015, NZA 2016, S. 287, Urt. v. 21.09.2000, AP Nr. 111 zu § 1 KSchG 1969 Betriebsbedingte Kündigung, Urt. v. 04.06.1997, NZA 1997, S. 1158, Urt. v. 11.04.1985, DB 1986, S. 1726.

265 Kittner/Zwanziger/Deinert-Appel, § 70, Rn. 13; Hamann, Kündigung, JA 1987, S. 540; BAG, Urt. v. 18.11.1999, AP Nr. 32 zu § 626 BGB Verdacht strafbarer Handlung. Verlangt wird eine Arbeitnehmeranhörung bei einem bloßen Verdacht der Begehung einer Pflichtverletzung, hierzu unten S. 81 f.

266 Olate/Montecinos/Muñoz, Código del Trabajo, S. 315; Lizama, Derecho del Trabajo, S. 171.

267 Walker, Relaciones Laborales, S. 378 f.; Lizama, Código del Trabajo, Tomo I, S. 369 und S. 404; Nadal, Despido, S. 3, S. 538 und S. 543. Eine Ausnahme ist die gesetzlich normierte Kündigung ohne Kündigungsgrund gem. Art. 161 Abschn. 2 CT. Siehe hierzu S. 110 f.

268 Der Arbeitnehmer und das über die Rechtmäßigkeit der Kündigung zu entscheidende Gericht müssen die konkreten Gründe nachvollziehen können, so Benavides, Despido, S. 105 ff.; CA Santiago, Rol Nr. 3.556/2010 v. 14.04.2011.

269 Moraga, Código del Trabajo, Tomo I, S. 423 f.; Olate/Montecinos/Muñoz, Código del Trabajo, S. 334 f.; Lizama, Código del Trabajo, Tomo I, S. 408; CA Puerto Montt, Rol Nr. 179/2005 v. 09.02.2006; CA Concepción, Rol Nr. 1.209/2003 v. 23.07.2003. Auch in Spanien muss die Kündigung schriftlich unter Angabe des Kündigungsgrundes erklärt werden und ein Nachschieben von Kündigungsgründen ist nicht möglich (vgl. Art. 105.2. LRJS), Selenkewitsch, Kündigungsschutz, ZIAS 2005, S. 28; Darsow-Faller, Kündigungsschutz, S. 138, S. 180, S. 198 und v. Radziewski, Bagatellkündigung, S. 186 f.

bzw. der Kenntniserlangung hierüber aussprechen. Anderenfalls darf der Arbeitnehmer davon ausgehen, dass der Kündigungsgrund als nicht gravierend oder entschuldigt angesehen wird[270].

Die Kündigung aus betriebsbedingten Gründen oder ohne Kündigungsgrund muss dem Arbeitnehmer gem. Art. 162 Abschn. 4 CT mit einer Frist von mindestens dreißig Tagen zugehen[271]. Diese Frist kann jedoch nach Art. 162 Abschn. 4 CT durch Zahlung einer Abfindung in Höhe des letzten fälligen Monatslohns umgangen werden[272]. Dem Kündigungsschreiben muss der insgesamt zu zahlende Abfindungsbetrag zu entnehmen sein, um den Arbeitnehmer über die genaue Abfindungssumme zu informieren[273].

Bei einer Kündigung aufgrund unvorhergesehener Umstände oder höherer Gewalt gem. Art. 159 Nr. 6 CT ist dem Arbeitnehmer das Kündigungsschreiben gem. Art. 162 Abschn. 1 CT innerhalb von sechs Werktagen, aufgrund der in Art. 160 CT normierten verhaltens- oder personenbedingten Gründe gem. Art. 162 Abschn. 2 CT innerhalb von nur drei Werktagen zu übermitteln[274].

Die Kündigung ist dem Arbeitnehmer persönlich oder als Einschreiben zu übermitteln, zudem muss eine Kopie des Kündigungsschreibens innerhalb der jeweiligen Kündigungsfrist an das zuständige Arbeitsaufsichtsamt gesandt werden (Art. 162 Abschn. 3 CT). Die Arbeitsinspektionen des Arbeitsaufsichtsamts führen ein Register über die zugesandten Kündigungs- und Vertragsbeendigungsmitteilungen. Eine Verletzung der Formvorschriften, insbesondere bzgl. der Angabe des Kündigungsgrundes, führt nicht zur Unwirksamkeit der Kündigung. Gem. Art. 162 Abschn. 8 CT bewirken Fehler in der Kündigungsmitteilung, die nicht in Zusammenhang mit der Zahlung der Sozialversicherungsbeiträge stehen (wie die mangelhafte Angabe des Kündigungsgrundes oder der Höhe der Abfindung), keine Unwirksamkeit der Kündigung, sodass lediglich die Zahlung einer Verwaltungsstrafe nach Art. 506 CT angeordnet werden kann[275]. Jedoch werden Kündigungen, die den

---

270 Nadal, Despido, S. 42 ff. und S. 168; Moraga, Código del Trabajo, Tomo I, S. 447 f.; Corte Suprema, Rol Nr. 4.844/2004 v. 29.12.2005.

271 bfai, Wirtschaftsführer Chile, S. 209; Lizama, Derecho del Trabajo, S. 190; Benavides, Despido, S. 156 f.; Olate/Montecinos/Muñoz, Código del Trabajo, S. 315 f.

272 Humeres, Derecho del Trabajo, S. 282; Benavides, Despido, S. 157 und S. 161 f.; Lizama, Derecho del Trabajo, S. 190.

273 Nadal, Despido, S. 538; Benavides, Despido, S. 156. Werden die Abfindungen nicht ordnungsgemäß gezahlt, kann der Arbeitnehmer gem. Art. 169a) Abschn. 4 CT eine Erhöhung der Abfindung von maximal 150 % vor Gericht erstreiten.

274 Lizama, Derecho del Trabajo, S. 190; Benavides, Despido, S. 157 und Vivanco, El despido laboral, S. 98.

275 Lizama, Derecho del Trabajo, S. 190 f.; Sáez/Melis, Derecho del Trabajo, Tomo I, S. 282 f.; Vivanco, El despido laboral, S. 95; Olate/Montecinos/Muñoz, Código del Trabajo, S. 335 f.; Nadal, Despido, S. 563; Thayer/Novoa, Derecho del Trabajo, Tomo III, S. 67; Benavides, Despido, S. 162 f.; Corte Suprema, Rol Nr. 3.653/2004 v. 11.10.2005.

kündigungsbegründenden Sachverhalt nicht enthalten, kritisch gesehen, da hierdurch dem Arbeitnehmer die Möglichkeit genommen wird, die Kündigung zu überprüfen und die Erfolgsaussichten eines Prozesses abzuschätzen[276].

II. Arten der Kündigung

Im Folgenden werden die verschiedenen Arten der Kündigung dargestellt.

1. Deutschland

Aus dem Recht der Vertragsfreiheit folgt das Recht des Arbeitgebers, sich einseitig von seinem Arbeitnehmer trennen und ihm kündigen zu können[277]. Diese Kündigungsfreiheit ist zum Schutze des strukturell unterlegenen Arbeitnehmers eingeschränkt[278].

a) Ordentliche Kündigung

Regelfall ist die ordentliche Arbeitgeberkündigung nach §§ 620 Abs. 2, 622 BGB. Hiernach ist die Kündigung nicht an eine inhaltliche Voraussetzung geknüpft[279]. Allerdings muss die Kündigung des Arbeitgebers im Geltungsbereich des KSchG[280] durch einen Kündigungsgrund, der in der Person oder in dem Verhalten des Arbeitnehmers liegt oder durch dringende betriebliche Erfordernisse, die einer Weiterbeschäftigung des Arbeitnehmers entgegenstehen, begründet sein[281].

---

276 Thayer/Novoa, Derecho del Trabajo, Tomo III, S. 68; Lizama, Derecho del Trabajo, S. 189; ders., Código del Trabajo, Tomo I, S. 408 und S. 420 f.; Benavides, Despido, S. 163 f.; Nadal, Despido, S. 43 und S. 564; Corte Suprema, Rol Nr. 2.6063/2002 v. 26.08.2002; CA San Miguel, Rol Nr. 279/2007 v. 24.09.2007; CA Rancagua, Rol Nr. 20/2007 v. 29.03.2007 und CA Puerto Montt, Rol Nr. 179/2005 v. 09.02.2006.

277 Ausführlich Oetker, Arbeitsrechtlicher Bestandsschutz, RdA 1997, S. 10 ff.

278 Gallner/Mestwerdt/Nägele-Mestwerdt, Einl., Rn. 3.

279 APS-Preis, Grundl. E, Rn. 3; Preis, Arbeitsrecht, § 60, S. 764; Löwisch/Spinner/Wertheimer-Löwisch, § 23 KSchG, Rn. 33; Brox/Rüthers/Henssler, Rn. 428; Gallner/Mestwerdt/Nägele-Mestwerdt, Einl., Rn. 92; BAG, Urt. v. 14.12.2009, NZA 2005, S. 637 und Urt. v. 21.02.2001, NZA 2001, S. 833. In diesen Fällen genießt der Arbeitnehmer Kündigungsschutz über die Generalklauseln der §§ 138, 242 BGB, vgl. unten S. 93 f.

280 Das KSchG schützt alle Arbeitsverhältnisse nach Ablauf von sechs Monaten (§ 1 Abs. 1 KSchG) und außerhalb der in § 23 Abs. 1 KSchG normierten sog. Kleinbetriebe. Vgl. HWK-Quecke, Vor § 1 KSchG, Rn. 18; Löwisch/Spinner/Wertheimer-Löwisch, § 23 KSchG, Rn. 33, Rn. 35 ff. und unten S. 257 ff.

281 Hierzu unten S. 75 ff.

b) *Außerordentliche Kündigung*

Das Arbeitsverhältnis kann nach § 626 BGB aus wichtigem Grund ohne Fristeinhaltung gekündigt werden, wenn Tatsachen vorliegen, aufgrund derer unter Berücksichtigung aller Umstände des Einzelfalles und unter Abwägung der Interessen beider Vertragsteile die Fortsetzung des Dienstverhältnisses bis zum Ablauf der Kündigungsfrist oder dem vereinbarten Ende nicht zumutbar ist[282]. Ein wichtiger Grund wird vornehmlich bei einer schwerwiegenden Verletzung vertraglicher Pflichten angenommen, wodurch das Arbeitsverhältnis objektiv belastet sein und sich dies zukünftig negativ auswirken muss[283]. Weiter ist die außerordentliche Kündigung nur als verhältnismäßig einzustufen, wenn mildere Mittel nicht zur Verfügung stehen[284]. Diese schwerwiegende Verletzung vertraglicher Pflichten kann bspw. bei einer Inhaftierung des Arbeitnehmers angenommen werden[285]. Aus verhaltensbedingten Gründen, in der Praxis der Regelfall, wird dies bei einem vertragswidrigen, objektiv rechtswidrigen und zumindest fahrlässigen Verhalten des Arbeitnehmers wie bspw. einer beharrlichen Arbeitsverweigerung[286], einem eigenmächtigen Antritt des seitens des Arbeitgebers abgelehnten Urlaubs[287], Eigentumsdelikten[288] oder Mobbing angenommen[289]. Eine außerordentliche Kündigung aus

282 Dieses Recht ist unabdingbar. Hierzu Pauly/Osnabrügge-Pauly, § 2, Rn. 3; MüArbR-Wank, § 98, Rn. 35 und Rn. 152; Löwisch/Spinner/Wertheimer-Löwisch, Vor § 1 KSchG, Rn. 143; Preis, Arbeitsrecht, § 66, S. 873; Brox/Rüthers/Henssler, Rn. 525, Rn. 528; Kramer, Kündigung, S. 43.

283 Es muss dem Arbeitgeber unzumutbar sein, das Arbeitsverhältnis bis zum Ablauf der ordentlichen Kündigungsfrist fortzusetzen, Kramer, Kündigung, S. 46; Brox/Rüthers/Henssler, Rn. 534; Preis, Arbeitsrecht, § 66, S. 874 f.; BAG, Urt. v. 20.10.2016, JA 2017, S. 308 und Urt. v. 23.10.2014, NJW 2015, S. 651.

284 Kittner/Däubler/Zwanziger-Däubler, § 626 BGB, Rn. 34 f.; ErfK-Niemann, § 626 BGB, Rn. 24 ff.; Brox/Rüthers/Henssler, Rn. 536 und 540; Preis, Arbeitsrecht, § 66, S. 875 f.; BAG, Urt. v. 20.11.2014, NJW-Spezial 2015, S. 115 und Urt. v. 10.06.2010, NZA 2010, S. 1227; LAG Düsseldorf, Urt. v. 04.11.2014, AuA 2014, S. 724. Zur Abmahnung als Kündigungsverzicht LAG Hamburg, Urt. v. 20.05.2015, NZA-RR 2016, S. 70.

285 Pauly/Osnabrügge-Pauly, § 2, Rn. 32 und dies.-Ruge, § 3, Rn. 206; BAG, Urt. v. 15.11.1984, DB 1986, S. 50 und Urt. v. 09.03.1995, NZA 1995, S. 777.

286 ErfK-Preis, § 611 BGB, Rn. 706; HWK-Quecke, § 1 KSchG, Rn. 223; BAG, Urt. v. 05.04.2001, NZA 2001, S. 893. Vgl. LAG Köln, Urt. v. 28.08.2014, AuR 2015, S. 32.

287 HWK-Quecke, § 1 KSchG, Rn. 253; BAG, Urt. v. 20.01.1994, NZA 1994, S. 548 und Beschl. v. 22.01.1998, NZA 1998, S. 708.

288 BAG, Urt. v. 17.05.1984, NZA 1985, S. 91, Urt. v. 12.08.1999, BAGE 92, S. 184, Urt. v. 11.12.2003, NZA 2004, S. 486; nunmehr aber Urt. v. 10.06.2010, NZA 2010, S. 1227, zudem Urt. v. 16.07.2015, NZA 2016, S. 161.

289 LAG Thüringen, Urt. v. 15.02.2001, NZA-RR 2001, S. 577. Diese und weitere Bsp. bei Preis, Arbeitsrecht, § 66, S. 883 f.; Pauly/Osnabrügge-Pauly, § 2, Rn. 32; Brox/Rüthers/Henssler, Rn. 539. Zu einem besonders schwerwiegenden Fall einer schuldlosen Vertragspflichtverletzung BAG, Urt. v. 21.01.1999, NZA 1999, S. 863;

betriebsbedingten Gründen ist nur ausnahmsweise möglich, da die Einhaltung der Kündigungsfrist zu dem seitens des Arbeitgebers zu tragenden unternehmerischen Risiko gehört[290].

c) *Änderungskündigung*

Der Arbeitgeber kann eine Änderungskündigung aussprechen, welche zwecks Änderung des Arbeitsvertragsinhalts die Vertragsauflösung als Mittel einsetzt[291]. Sie stellt im Verhältnis zur Beendigungskündigung das mildere Mittel dar[292]. Der Arbeitnehmer kann das Änderungsangebot annehmen, womit der Arbeitsvertrag einvernehmlich geändert ist. Lehnt er es ab, gilt es als durch die Kündigung aufgelöst (§ 146 BGB) – es sei denn, der Arbeitnehmer geht gegen die Kündigung mittels einer Kündigungsschutzklage gem. § 4 KSchG gerichtlich vor und gewinnt den Rechtsstreit. Schließlich kann der Arbeitnehmer das Angebot unter dem Vorbehalt annehmen, dass die Änderung der Arbeitsbedingungen nicht sozial ungerechtfertigt ist[293]. Im Rahmen der Änderungsschutzklage klärt sich dann, ob die neuen Arbeitsbedingungen gelten oder es bei den bisherigen Konditionen verbleibt[294].

---

a.A. BAG, Urt. v. 14.02.1996, NZA 1996, S. 873. Vgl. LAG Hamm, Urt. v. 03.09.2014, NZA-RR 2015, S. 131.

290 Sie ist nur gerechtfertigt, wenn eine ordentliche Kündigung ausgeschlossen ist und unter Wahrung einer sozialen Auslauffrist auszusprechen, Pauly/Osnabrügge-Pauly, § 2, Rn. 27; ErfK-Niemann, § 626 BGB, Rn. 188; Preis, Arbeitsrecht, § 66, S. 878; Berkowsky, Betriebsbedingte Kündigung, § 8, Rn. 1, Rn. 5 ff.; BAG, Urt. v. 28.03.1985, BAGE 48, S. 220, Urt. v. 22.07.1992, EzA § 626 BGB Nr. 141, Urt. v. 05.02.1998, NZA 1998, S. 771, Urt. v. 13.04.2000, DB 2000, S. 1819, Urt. v. 07.03.2002, NZA 2002, S. 963, Urt. v. 24.01.2013, NZA 2013, S. 959, Urt. v. 20.06.2013, NZA 2014, S. 139, Urt. v. 21.11.2013, DB 2014, S. 1381 und Urt. v. 18.06.2015, NJW 2016, S. 523.

291 ErfK-Oetker, § 2 KSchG, Rn. 6; Preis, Arbeitsrecht, § 67, S. 891 f.

292 Die Änderungskündigung kann als ordentliche oder außerordentliche Kündigung ausgesprochen werden; sie geht der Beendigungskündigung nicht zwingend vor, ErfK-Oetker, § 2 KSchG, Rn. 4; ebda.-Niemann, § 626 BGB, Rn. 191; APS-Kiel, § 1 KSchG, Rn. 623; Preis, Arbeitsrecht, § 62, S. 791 f.; Kittner/Däubler/Zwanziger-Zwanziger, § 2 KSchG, Rn. 114, Rn. 191 ff.; Bitter/Kiel, Rechtsprechung des BAG, RdA 1994, S. 344; BAG, Urt. v. 10.04.2014, NZA 2014, S. 653, Urt. v. 21.04.2005, NZA 2005, S. 1289, Urt. v. 10.10.2002, AP Nr. 123 zu § 1 KSchG 1969 Betriebsbedingte Kündigung, Urt. v. 04.10.1990, NZA 1991, S. 468 und Urt. v. 27.09.1984, DB 1985, S. 1186.

293 Diesen Vorbehalt muss der Arbeitnehmer innerhalb der Kündigungsfrist, spätestens jedoch innerhalb von drei Wochen nach Zugang der Kündigung erklären (§ 2 S. 2 KSchG).

294 Löwisch/Spinner/Wertheimer-Löwisch/Wertheimer, § 2 KSchG, Rn. 31 ff.; Preis, Arbeitsrecht, § 67, S. 893 f.; Brox/Rüthers/Henssler, Rn. 561 f.

2. Chile

Für eine Arbeitgeberkündigung in Chile muss einer der in den Art. 159, 160 und 161 CT normierten Kündigungstatbestände vorliegen[295]. Anders als das deutsche Recht unterscheidet der chilenische CT rechtssystematisch nicht zwischen verschiedenen Kündigungsarten. Zu den Kündigungstatbeständen der Art. 159 ff. CT gehören die betriebsbedingte Kündigung, unvorhergesehene Umstände oder höhere Gewalt, personen- bzw. verhaltensbedingte Gründe, aber auch eine Kündigung ohne Kündigungsgrund gegenüber bestimmten Arbeitnehmern[296]. Der CT sieht einen Katalog an Kündigungstatbeständen vor, die jeweils die Einhaltung einer langen, dreißigtägigen oder aber kurzen, drei- bzw. sechstägigen Kündigungsfrist nach sich ziehen. Demnach differenziert der CT nicht zwischen ordentlicher und außerordentlicher Kündigung, sondern bindet an den jeweiligen Kündigungstatbestand eine lange oder kurze Kündigungsfrist[297]. Eine Änderungskündigung ist in Chile nicht bekannt[298].

III. Gestaltungsprinzipien des Kündigungsschutzes

Der Kündigungsschutz ist durch bestimmte Gestaltungsprinzipien geprägt.

1. Deutschland

Der Kündigungsschutz in Deutschland kann in präventiven und repressiven, öffentlich- und privatrechtlichen und in kollektiv- und privatrechtlichen Kündigungsschutz unterteilt werden.

---

295 Nadal, Despido, S. 36 ff. und S. 41 f.

296 Siehe hierzu unten S. 99 ff.

297 Auch das spanische Arbeitnehmerstatut unterscheidet nicht zwischen ordentlicher und außerordentlicher Kündigung und sieht, abgesehen von der fünfzehntägigen Kündigungsfrist bei einer Kündigung aus objektiven Gründen, eine Kündigungsfrist nicht vor, Darsow-Faller, Kündigungsschutz, S. 226; v. Radziewski, Bagatellkündigung, S. 184, S. 237.

298 Auch in Spanien hat die Änderungskündigung keine gesonderte Regelung erfahren. Allerdings kann der Arbeitgeber aufgrund von wirtschaftlichen, technischen, organisatorischen oder produktionsbedingten Gründen die Arbeitsbedingungen einseitig ändern und bspw. das Gehalt kürzen (Art. 40 f. ET). Ist der Arbeitnehmer damit nicht einverstanden, kann er mit einer Kündigung reagieren, aufgrund derer ihm ein Abfindungsanspruch von zwanzig Tagesgehältern je Beschäftigungsjahr zusteht oder gerichtlich hiergegen vorgehen, wobei das Gericht im Falle der Unzulässigkeit der einseitigen Änderungen die Beschäftigung zu den ursprünglichen Konditionen anordnet. Vgl. Navarro, Spanisches Arbeitsrecht, EuZA 2012, S. 567; del Rey, Reforma del Mercado de Trabajo, S. 282 ff. und S. 286 ff.; Thibault, Reforma laboral, S. 282 ff., S. 296 ff.; Adomeit/Frühbeck, Einführung in das spanische Recht, S. 148; Selenkewitsch, Spanisches Arbeitsrecht, S. 110, Fn. 297; EuGH, Urt. v. 11.11.2015, ArbRB 2015, S. 359.

a) *Präventiver und repressiver Kündigungsschutz*

Präventiv ausgestaltet ist der Kündigungsschutz, wenn die Kündigung durch Einhaltung bestimmter Verfahren einer vorherigen Kontrolle unterzogen wird; repressiv, wenn eine Kündigung zunächst wirksam ausgesprochen werden kann und erst im Nachgang eine Überprüfung der Kündigung möglich ist[299]. Wichtigste präventive Kündigungsschutzvorschrift ist das Anhörungserfordernis des Betriebsrats gem. § 102 BetrVG[300]. Weiter wirken die Zustimmungserfordernisse bspw. der §§ 15 KSchG, 17 Abs. 2 MuSchG, 18 BEEG, 85 ff. SGB IX, das Anhörungserfordernis des § 95 Abs. 2 SGB IX und das Anzeigeerfordernis nach § 17 KSchG präventiv[301]. Dabei sind der öffentlich-rechtliche und der kollektivrechtliche Kündigungsschutz grundsätzlich präventiv ausgestaltet[302]. Regelmäßig unterliegt die Kündigung jedoch einer nachträglichen, repressiven Wirksamkeitskontrolle, da der Arbeitnehmer eine unwirksame Kündigung hinnehmen kann[303].

b) *Öffentlich-rechtlicher und privatrechtlicher Kündigungsschutz*

Der öffentlich-rechtliche Kündigungsschutz greift anders als der privatrechtliche unabhängig von einer Inanspruchnahme durch den Arbeitnehmer[304]. Erreicht wird der öffentlich-rechtliche Kündigungsschutz zumeist durch ein präventives Verbot der Kündigung mit Erlaubnisvorbehalt. Die Kündigung kann erst mit behördlicher oder rechtskräftig ersetzter Zustimmung wirksam ausgesprochen werden[305]. So kann, bei Vorliegen außergewöhnlicher Umstände, die Zustimmung zur Kündigung der zuständigen Behörde nach §§ 17 Abs. 2 MuSchG, 18 Abs. 1 BEEG, 85 ff. SGB IX bzw. nach §§ 17 ff. KSchG erteilt werden[306]. Allerdings besagt die behördliche Zustimmungserklärung nichts über die arbeitsrechtliche Wirksamkeit der Kündigung,

---

299 APS-Preis, Grundl. G, Rn. 10; Preis, Prinzipien des Kündigungsrechts, S. 70.

300 APS-Preis, Grundl. G, Rn. 10; SPV-Preis, Rn. 290; Preis, Arbeitsrecht, § 58, S. 762; Preis, Prinzipien des Kündigungsrechts, S. 70.

301 Bspw. BAG, Urt. v. 24.01.2008, NZA-RR 2008, S. 404, Urt. v. 28.06.2007, NZA 2007, S. 1049 und Urt. v. 18.10.2000, RdA 2002, S. 52 (ab dem 01.01.2018 siehe jedoch § 17 Abs. 2 MuSchG und §§ 168, 178 SGB IX).

302 APS-Preis, Grundl. G, Rn. 11; Preis, Arbeitsrecht, § 58, S. 747 f.; Preis, Prinzipien des Kündigungsrechts, S. 71; vgl. nur ErfK-Rolfs, § 85 SGB IX, Rn. 1; BVerwG, Urt. v. 12.07.2012, NZA 2013, S. 97.

303 APS-Preis, Grundl. G, Rn. 16; Preis, Prinzipien des Kündigungsrechts, S. 72 f.; SPV-Preis, Rn. 830.

304 APS-Preis, Grundl. G, Rn. 18 f.; Preis, Prinzipien des Kündigungsrechts, S. 74; kritisch Preis, Reform des Bestandsschutzrechts, RdA 2003, S. 68.

305 APS-Preis, Grundl. G, Rn. 21; vgl. nur ErfK-Rolfs, § 85 SGB IX, Rn. 1; BVerwG, Urt. v. 10.09.1992, NZA 1993, S. 76.

306 Kittner/Däubler/Zwanziger-Brecht-Heitzmann, Einl., Rn. 242 ff.; Krause, § 18, Rn. 58 ff.; AR-Vossen, § 9 MuSchG, Rn. 27 (ab dem 01.01.2018 siehe jedoch § 17 Abs. 2 MuSchG und § 168 ff. SGB IX); siehe unten S. 86 ff.

da sich der Prüfungsbereich der zuständigen Behörde bzw. des Verwaltungsgerichts nicht mit dem des Arbeitsgerichts deckt[307]. Daher besteht neben dem öffentlich-rechtlichen Kündigungsschutz zusätzlich der privatrechtliche individual- und kollektivrechtliche Kündigungsschutz und es kommt zu einer verfahrensrechtlichen Mehrgleisigkeit[308].

c) Kollektiv- und individualrechtlicher Kündigungsschutz

Ausgangspunkt des Arbeitsrechts ist der Arbeitsvertrag und damit das individuelle Arbeitsvertragsrecht[309]. Auch das KSchG ist individualrechtlich ausgestaltet und die Entscheidung des Arbeitnehmers, gegen die Kündigung vorzugehen, liegt allein in seinem Ermessen und ist nicht von einem Kollektivorgan abhängig[310]. Damit kommt dem betriebsverfassungsrechtlichen Kündigungsschutz eine Ergänzungsfunktion zu, die zu einer Verbesserung der individualrechtlichen Rechtsposition des Arbeitnehmers führen kann[311]. So muss der Arbeitgeber, der dem Arbeitnehmer den Kündigungsgrund nicht mitteilen muss, dem Betriebsrat die Gründe für die Kündigung nennen[312]. Der Betriebsrat kann einer Kündigung präventiv im Rahmen des Anhörungsverfahrens entgegenwirken, zudem kann sich der Arbeitnehmer im Rahmen des Kündigungsschutzprozesses auf Fehler des Anhörungsverfahrens berufen[313]. Bei einem begründeten Widerspruch des Betriebsrats hat der Arbeitnehmer nach Ablauf der Kündigungsfrist bis zum Abschluss des Kündigungsrechtsstreits Anspruch auf unveränderte Weiterbeschäftigung und die Kündigung ist bei Vorliegen der besonderen Sozialwidrigkeitsgründe nach § 1 Abs. 2 S. 2 KSchG unwirksam[314]. Auch erlangt der Betriebsrat Einfluss auf die Rechtmäßigkeit der Kündigung durch die Auswahlrichtlinien des § 95 BetrVG[315]. Die hierdurch bestehende faktische Beschränkung des individuellen Kündigungsschutzes ist durch eine Ausweitung des

---

307 Preis, Prinzipien des Kündigungsrechts, S. 84; Pauly/Osnabrügge-Pawlak, § 7, Rn. 78; Schaub, § 179, Rn. 22a; ErfK-Schlachter, § 9 MuSchG, Rn. 13; Dornbusch/Wolff-Conradi, § 9 MuSchG, Rn. 30; Hromadka/Maschmann, § 10, Rn. 79 und Rn. 259; Tilse/Wolgast, Beendigung des Arbeitsverhältnisses, S. 134; BVerwG, Urt. v. 02.07.1992, BVerwGE 90, S. 287.

308 APS-Preis, Grundl. G, Rn. 22 f.; Preis, Prinzipien des Kündigungsrechts, S. 75.

309 Junker, Arbeitsrecht, Rn. 3.

310 APS-Preis, Grundl. G, Rn. 41.

311 APS-Preis, Grundl. G, Rn. 42; Preis, Prinzipien des Kündigungsrechts, S. 87; HWK-Ricken, § 102 BetrVG, Rn. 1; AR-Rieble, § 102 BetrVG, Rn. 1.

312 KR-Etzel/Rinck, § 102 BetrVG, Rn. 81; Junker, Arbeitsrecht, Rn. 326; Dütz/Thüsing, Rn. 420; BAG, Urt. v. 16.07.2015, ArbRB 2016, S. 35.

313 APS-Preis, Grundl. G, Rn. 42; Kittner/Däubler/Zwanziger-Deinert, § 102 BetrVG, Rn. 3.

314 ErfK-Kania, § 102 BetrVG, Rn. 31; Löwisch/Caspers/Klumpp, Rn. 1511 ff. Entsprechendes gilt gem. § 31 Abs. 2 SprAuG bzw. §§ 72, 79 BPersVG.

315 APS-Preis, Grundl. G, Rn. 48; BAG, Urt. v. 24.10.2013, NZA 2014, S. 46 und unten S. 79 ff.

betrieblich-kollektiven Schutzes und der Mitprüfung der tatsächlichen Gegebenheiten durch den Betriebsrat gerechtfertigt[316].

2. Chile

In Chile kann, wie in Deutschland, eine zeitliche bzw. inhaltliche Einordnung des Kündigungsschutzes vorgenommen werden.

a) Präventiver und repressiver Kündigungsschutz

Der präventive Kündigungsschutz wird in Chile dadurch verwirklicht, dass der Arbeitgeber in Einzelfällen vor Ausspruch der Kündigung eine richterliche Kündigungsgenehmigung einholen muss, anderenfalls ist die Kündigung nichtig[317]. Im Übrigen wirkt der Kündigungsschutz jedoch repressiv, da der Arbeitnehmer die Kündigung hinnehmen kann.

b) Öffentlich-rechtlicher und privatrechtlicher Kündigungsschutz

Der öffentlich-rechtliche Kündigungsschutz spielt in Chile eine wichtige Rolle. Einem der Exekutive zugeordneten Arbeitsaufsichtsamt („Dirección del Trabajo") sind die regionalen Arbeitsaufsichtsämter und diesen wiederum die sog. Arbeitsinspektionen („Inspección del Trabajo") untergeordnet[318]. Dem Arbeitsaufsichtsamt obliegt gem. Art. 505 Abschn. 1 CT die Überwachung der Einhaltung der Arbeitsgesetze, aber auch deren Interpretation durch Verwaltungsentscheidungen, wodurch eine behördliche Auslegung des CT stattfindet. Das Arbeitsaufsichtsamt kann Verwaltungsstrafen verhängen. So kann es dem Arbeitgeber, der dem unter dem besonderen Kündigungsschutz der gewerkschaftlichen Betätigung stehenden Arbeitnehmer ohne vorherige richterliche Genehmigung gekündigt hat, eine Verwaltungsstrafe in Höhe von 14 bis 70 UTM („Unidad Tributaria Mensual", variable steuerliche Berechnungseinheit in Monatssätzen) gem. Art. 506 Abschn. 6 CT auferlegen[319]. Zudem ist das Arbeitsaufsichtsamt nach Art. 162 Abschn. 9 CT von Amts wegen oder auf Antrag befugt, vom Arbeitgeber den Nachweis der geleisteten Sozialversicherungsbeiträge zum Zeitpunkt der Kündigung zu verlangen und es kann

---

316 BAG, Urt. v. 06.09.2007, NZA 2008, S. 633.

317 Lizama, Derecho del Trabajo, S. 219; ders., Código del Trabajo, Tomo I, S. 478; Thayer/Novoa, Derecho del Trabajo, Tomo III, S. 115 f.; Vivanco, El despido laboral, S. 146; Nadal, Despido, S. 351; Sáez/Melis, Derecho del Trabajo, Tomo I, S. 299 ff.

318 Ausführlich Walker, Relaciones Laborales, S. 121 ff.; OIT, Inspección del Trabajo para el siglo XXI, S. 23 f. und S. 31 ff.; Nadal, Despido, S. 354 und S. 553 f.; Thayer/Novoa, Derecho del Trabajo, Tomo III, S. 217; Gamonal, Fundamentos de Derecho Laboral, S. 90 ff.; OECD, Reviews of Labour Market: Chile, S. 82 ff.

319 Nadal, Despido, S. 414.

die Zahlung der fälligen Abgaben einfordern. Verstöße hiergegen können wiederum mit einer Strafzahlung von 2 bis 20 UTM geahndet werden[320].

Weiter kann der Arbeitnehmer vor Erhebung einer Kündigungsschutzklage freiwillig das Arbeitsaufsichtsamt anrufen, um im Rahmen eines Mediationsverfahrens eine gütliche Streitbeilegung zu erreichen[321]. Für die Arbeitsgerichte sind die Entscheidungen des Arbeitsaufsichtsamts nicht bindend, sodass der Arbeitnehmer unabhängig vom Ausgang des Mediationsverfahrens eine Kündigungsschutzklage einreichen und damit seinen privatrechtlichen Kündigungsschutz geltend machen kann[322].

c) *Kollektiv- und individualrechtlicher Kündigungsschutz*

Primär gewährt der CT individualrechtlichen Kündigungsschutz. Seit den neoliberalen Arbeitsmarktreformen der 70er und 80er Jahre des 20. Jahrhunderts war der kollektivrechtliche Kündigungsschutz stark beschränkt worden, insbesondere da Tarifvereinbarungen nur auf Betriebsebene vereinbart werden konnten, die Verhandlungsthemen auf Lohn und Sozialleistungen reduziert und Massenentlassungen abgeschafft wurden[323]. Mit der Gesetzesreform 2016 wird der kollektivrechtliche Schutz durch eine Erweiterung der Verhandlungsgegenstände und der Möglichkeit einer Allgemeinverbindlichkeitserklärung wieder verstärkt. Des Weiteren wird in Chile auch der besondere Kündigungsschutz der richterlichen Genehmigung des Art. 174 CT nach kollektiver und individueller Ausrichtung unterschieden, da er zum einen den individuellen Schutz bspw. einer Schwangeren betrifft, zum anderen den Schutz der Ausübung kollektiver Rechte wie bspw. die Tätigkeit eines Betriebsgewerkschaftsvorsitzenden[324]. Allerdings wird der individuelle Kündigungsschutz nicht durch einen kollektiven Kündigungsschutz wie der Anhörung eines Kollektivorgans ergänzt.

---

320 Sáez/Melis, Derecho del Trabajo, Tomo I, S. 289 und S. 293; vgl. Benavides, Despido, S. 211 und CA Santiago, Rol Nr. 973/2005 v. 10.11.2005.

321 bfai, Wirtschaftsführer Chile, S. 211; vgl. OECD, Reviews of Labour Market: Chile, S. 84; OIT, Inspección del Trabajo para el siglo XXI, S. 101 sowie Barahona, Despido indirecto, S. 83. In Spanien weist das der Kündigungsschutzklage zwingend vorgeschaltete Schlichtungsverfahren vor der Arbeitsverwaltung eine hohe Erfolgsquote auf, hierzu Zachert, Beendigungstatbestände im internationalen Vergleich, S. 60 f., S. 74; v. Radziewski, Bagatellkündigung, S. 189; vgl. Jahn, Zur ökonomischen Theorie, S. 36; Selenkewitsch, Kündigungsschutz, ZIAS 2005, S. 35 und Fn. 63 und Darsow-Faller, Kündigungsschutz, S. 178 f., S. 182 f.

322 Gamonal, Fundamentos de Derecho Laboral, S. 91.

323 Morgado, Las reformas laborales, S. 17 ff.; ders., Labour Law in Chile, S. 149 f.; Walker, Relaciones Laborales, S. 369 f., S. 372 und S. 374; Ugarte, Derecho del Trabajo, S. 172; Cook, The Politics of Labor Reform in Latin America, S. 119; OECD, Reviews of Labour Market: Chile, S. 68; dies., Economic Surveys: Chile 2005, S. 119; Dombois, Korporatistische Paradoxien, Lateinamerika Analysen 14, S. 158 f.

324 Lizama, Código del Trabajo, Tomo I, S. 482.

IV. Gesetzlicher und außergesetzlicher Kündigungsschutz

Es werden die wichtigsten Vorschriften, die den Arbeitnehmer in Deutschland und Chile vor einer Kündigung schützen, dargestellt.

1. Deutschland

Obwohl seit der Entstehung des BGB gefordert wurde, das Arbeitsrecht einheitlich zu kodifizieren, gibt es bislang kein abschließendes Regelwerk wie ein Arbeitsvertragsgesetz[325]. Somit ist auch der Kündigungsschutz nicht in einem Gesetz zusammengefasst, sondern findet sich in vielen Einzelgesetzen wieder.

a) Kündigungsschutz des KSchG

Das Recht des Arbeitgebers, seinen Arbeitnehmer zu kündigen, wird durch das KSchG als dem wichtigsten Gesetz zur Einschränkung der Kündigungsfreiheit begrenzt.

aa) Anwendungsbereich

Der Kündigungsschutz greift nach § 1 Abs. 1 KSchG nur ein, wenn ein Arbeitsverhältnis seitens des Arbeitgebers gekündigt wird[326]. Die Anwendung des KSchG

---

325 Der Reichstag hatte 1896 beschlossen, Arbeitsverträge „für das Deutsche Reich baldthunlichst" einheitlich zu regeln, sodass das im BGB verankerte Dienstvertragsrecht nicht als abschließende Kodifikation des Arbeitsrechts vorgesehen war, hierzu Richardi, Arbeitsrecht als Teil freiheitlicher Ordnung, S. 31 und S. 179; Ulrich, Arbeitnehmerstatut, S. 3 f.; v. Klitzing, Ordnungsökonomische Analyse, S. 326. Im Einigungsvertrag hat sich der gesamtdeutsche Gesetzgeber in Art. 30 I Nr. 1 der Verpflichtung unterworfen, das Arbeitsvertragsrecht möglichst bald einheitlich neu zu kodifizieren. Hierzu Waas, Fortentwicklung des deutschen Arbeitsrechts, RdA 2007, S. 78; Balders/Strybny, Reform für mehr Beschäftigung, ZRP 2005, S. 249; Fischer, Das Arbeitsvertragsgesetz, NZA 2006, S. 1395; Busch, Reform des Arbeitsrechts, BB 2003, S. 470; Dietermann, Das Arbeitsvertragsgesetz, ZRP 2007, S. 98 ff.; Gutachten zum 59. DJT, D 13 ff.; v. Hoyningen-Huene/Linck, Einl., Rn. 75 ff.; Krause, § 3, Rn. 1; Zöllner/Loritz/Hergenröder, § 7, Rn. 55; Waltermann, Rn. 14 f.; v. Klitzing, Ordnungsökonomische Analyse, S. 89; Adomeit, Entwicklung zum Arbeitsrecht, NJW 1996, S. 1713 f.; Zachert, Arbeitsrechtskodifikationen in Europa, ArbuR 1993, S. 195 sowie ausführlich Preis, Arbeitsrecht, § 1, S. 9 ff.

326 Das Arbeitsverhältnis ist ein auf Dauer angelegtes, auf den Austausch von Arbeitsleistung und Vergütung gerichtetes Verhältnis. Arbeitnehmer ist, wer aufgrund eines privatrechtlichen Vertrags im Dienste eines anderen zur Leistung weisungsgebundener, fremdbestimmter Arbeit in persönlicher Abhängigkeit verpflichtet ist. Leitende Angestellte genießen gem. § 14 Abs. 2 KSchG nach sechs Monaten Kündigungsschutz. Arbeitnehmerähnliche Personen und Mitglieder eines Organs unterliegen nicht dem Schutz des KSchG; ebenso wenig Auszubildende. Vgl.

erstreckt sich gegenständlich auf die ordentliche Kündigung, die außerordentliche Kündigung untersteht nur verfahrensrechtlich dem KSchG (§ 13 Abs. 1 KSchG)[327]. Ist die außerordentliche Kündigung unwirksam und wird in eine ordentliche umgedeutet, ist diese auf ihre soziale Rechtfertigung hin überprüfbar[328].

Weiter ist zu prüfen, ob sich der Arbeitnehmer aufgrund der sog. Kleinbetriebsklausel des § 23 Abs. 1 KSchG auf das KSchG berufen kann, da hiernach der Betrieb, in dem er tätig ist, kein Kleinbetrieb, in dem in der Regel nur zehn oder weniger Arbeitnehmer beschäftigt sind, sein darf. Denn der sachliche Anwendungsbereich des KSchG ist nur eröffnet, wenn im Betrieb oder der Verwaltung in der Regel mehr als zehn bzw. fünf Arbeitnehmer beschäftigt werden[329].

Die Anwendbarkeit des KSchG ist wiederum ausgeschlossen, wenn das Arbeitsverhältnis vor Erhalt der Kündigung in demselben Betrieb oder Unternehmen ohne Unterbrechung nicht länger als sechs Monate bestanden hat[330]. Die Berechnung der sog. Wartezeit des § 1 Abs. 1 KSchG erfolgt daher betriebs- und unternehmens-, nicht aber konzernbezogen[331].

Gallner/Mestwerdt/Nägele-Mayer, § 1 Teil B, Rn. 106 f.; Löwisch/Caspers/Klumpp, Rn. 689 f.; Mues/Eisenbeis/Laber, Teil 12, Rz. 387 f.; Hromadka/Maschmann, § 10, Rn. 140; v. Hoyningen-Huene/Linck, § 1, Rn. 60; Pauly/Osnabrügge-Friedhofen, § 20, Rn. 22 ff.; Junker, Arbeitsrecht, Rn. 91; Dütz/Thüsing, Rn. 395; Tilse/Wolgast, Beendigung des Arbeitsverhältnisses, S. 58 f.

327 Die außerordentliche Kündigung kann nicht dahin gehend überprüft werden, ob sie sozial gerechtfertigt ist, da ein wichtiger Grund für eine solche Kündigung immer auch die soziale Rechtfertigung der Kündigung umfasst, Zöllner/Loritz/Hergenröder, § 25, Rn. 54, § 26, Rn. 17; Darsow-Faller, Kündigungsschutz, S. 56, S. 92; BAG, Urt. v. 06.02.1969, AP Nr. 58 zu § 626 BGB, Urt. v. 15.11.1984, AP Nr. 87 zu § 626 BGB, Urt. v. 15.11.2001, AP Nr. 45 zu § 626 BGB.

328 Zöllner/Loritz/Hergenröder, § 26, Rn. 17; ErfK-Müller-Glöge, § 620 BGB, Rn. 61; Thüsing/Laux/Lembke-Wege, § 626 BGB, Rn. 12; Mues/Eisenbeis/Laber, Teil 1, Rz. 442 ff.; Hromadka/Maschmann, § 10, Rn. 132a; Adam, Arbeitsrechtliche Kündigungsgründe, AuR 2013, S. 17 und S. 19; BAG, Urt. v. 12.05.2010, NZA 2010, S. 1348, Urt. v. 23.10.2008, AP Nr. 217 zu § 626 BGB und Urt. v. 15.11.2001, AP Nr. 13 zu § 140 BGB.

329 Für Arbeitsverhältnisse ab dem 01.01.2004 gilt der Schwellenwert von 10, für zuvor abgeschlossene Verträge von 5 Arbeitnehmern. Teilzeitbeschäftigte werden anteilig berücksichtigt. Vgl. Thüsing/Laux/Lembke-Thüsing, § 23 KSchG, Rn. 15; Möschel, Kündigungsschutz, JZ 2006, S. 114; BAG, Urt. v. 19.07.2016, NZA 2016, S. 1196.

330 Eine tatsächliche Unterbrechung ist unschädlich, wenn der Arbeitnehmer bspw. wegen Krankheit oder Urlaub nicht arbeitet, Preis, Arbeitsrecht, § 61, S. 775; vgl. bereits LAG Düsseldorf, Urt. v. 13.01.1953, BB 1953, S. 212. Eine rechtliche Unterbrechung ist nur dann unerheblich, wenn sie von kurzer Dauer war und ein enger sachlicher Zusammenhang zwischen den Arbeitsverhältnissen gegeben ist, hierzu Schaub, § 130, Rn. 26; ErfK-Oetker, § 1 KSchG, Rn. 40 ff.; BAG, Urt. v. 16.03.1989, DB 1989, S. 2282, Urt. v. 20.08.1998, NZA 1999, S. 481, Urt. v. 27.06.2002, AP Nr. 15 zu § 1 KSchG Wartezeit, Urt. v. 22.05.2003, AP Nr. 18 zu § 1 KSchG 1969 Wartezeit, Urt. v. 07.07.2011, NZA 2012, S. 148 und Urt. v. 20.02.2014, NZA 2014, S. 1083.

331 ErfK-Oetker, § 1 KSchG, Rn. 45 f.; Preis, Arbeitsrecht, § 61, S. 776.

bb) Sozialwidrigkeit der Kündigung

Die ordentliche Kündigung muss sozial gerechtfertigt sein – ist sie es nicht, ist sie rechtsunwirksam[332]. Zu prüfen ist, ob die Kündigung durch einen konkreten Kündigungsgrund gem. § 1 Abs. 2 S. 1 KSchG bedingt ist. In einer anschließenden Interessenabwägung muss festgestellt werden, ob die Kündigung aus der Sicht eines verständigen Arbeitgebers angemessen und billig ist[333].

(1) Objektives Bestehen eines Kündigungsgrundes bei Zugang der Kündigung

Zum Zeitpunkt des Zugangs der Kündigung muss ein Kündigungsanlass objektiv nachweisbar bestehen. Die Wirksamkeit der Kündigung ist nach objektiven Verhältnissen zum Zeitpunkt des Zugangs der Kündigung zu beurteilen, später eintretende Veränderungen der Kündigungsgründe hindern die Wirksamkeit einer Kündigung nicht[334].

(a) Personenbedingte Kündigung

Voraussetzung einer personenbedingten Kündigung ist der Verlust der persönlichen Fähigkeit und Eignung des Arbeitnehmers, die geschuldete Arbeitsleistung zukünftig zu erbringen[335]. Hierdurch kommt es zu einer Beeinträchtigung der betrieblichen oder wirtschaftlichen Interessen des Arbeitgebers (bspw. einer Störung des betrieblichen Ablaufs oder einer wirtschaftlichen Belastung), wodurch die Fortsetzung des Arbeitsverhältnisses für ihn unzumutbar wird[336]. Zu den Gründen gehören eine mangelnde körperliche und geistige Eignung oder eine der Vergütung nicht

---

332 SPV-Preis, Rn. 880; APS-Vossen, § 1 KSchG, Rn. 117.

333 KR-Griebeling/Rachor, § 1 KSchG, Rn. 209; Waltermann, Rn. 361; Hromadka/Maschmann, § 10, Rn. 151.

334 Tilse/Wolgast, Beendigung des Arbeitsverhältnisses, S. 65; Waltermann, Rn. 364; Preis, Arbeitsrecht, § 62, S. 783, § 63, S. 808; KR-Griebeling/Rachor, § 1 KSchG, Rn. 246; BAG, Urt. v. 25.11.1982, DB 1983, S. 1047, Urt. v. 15.08.1984, AP Nr. 16 zu § 1 KSchG 1969 Krankheit, Urt. v. 27.02.1997, NZA 1997, S. 757, Urt. v. 12.04.2002, AP Nr. 120 zu § 1 KSchG 1969 Betriebsbedingte Kündigung, Urt. v. 02.06.2005, NJW 2006, S. 315, Urt. v. 23.02.2010, NZA 2010, S. 944, Urt. v. 18.07.2013, NZA 2014, S. 109.

335 MüKo-Hergenröder, § 1 KSchG, Rn. 123, Rn. 127; ErfK-Oetker, § 1 KSchG, Rn. 99; v. Hoyningen-Huene/Linck, § 1, Rn. 295; Kittner/Däubler/Zwanziger-Deinert, § 1 KSchG, Rn. 80; Brox/Rüthers/Henssler, Rn. 480; BAG, Urt. v. 28.02.1990, EzA § 1 Personenbedingte Kündigung Nr. 5.

336 V. Hoyningen-Huene/Linck, § 1, Rn. 296 f.; Kittner/Däubler/Zwanziger-Deinert, § 1 KSchG, Rn. 102; ErfK-Oetker, § 1 KSchG, Rn. 105; Dornbusch/Wolff-Günther, § 1 KSchG, Rn. 57; Preis, Arbeitsrecht, § 64, S. 883; Tilse/Wolgast, Beendigung des Arbeitsverhältnisses, S. 68; Krause, § 18, Rn. 35; BAG, Urt. v. 20.03.2014, NZA 2014, S. 602.

entsprechende, objektiv unterdurchschnittliche Leistung des Arbeitnehmers[337]. In der Praxis wird die personenbedingte Kündigung häufig aufgrund einer Erkrankung des Arbeitnehmers ausgesprochen[338].

(b) Verhaltensbedingte Kündigung

Die Kündigung kann durch Gründe, die im Verhalten des Arbeitnehmers liegen, gerechtfertigt sein. Es ist ein steuer- und zurechenbares Verhalten des Arbeitnehmers erforderlich, durch welches arbeitsvertragliche Haupt- oder Nebenpflichten verletzt werden[339]. Der Arbeitgeber ist durch solche arbeitsvertragliche und sachverhaltsbezogene Umstände zur Kündigung berechtigt, die diese bei Abwägung der Interessen der Vertragsparteien als angemessen erscheinen lassen[340]. Zu den Gründen gehören eine beharrliche Arbeitsverweigerung[341], wiederholtes unentschuldigtes Fehlen am Arbeitsplatz[342], eigenmächtiger Urlaubsantritt[343], die Störung des Betriebsfriedens bspw. durch tätliche Auseinandersetzungen[344], Trunkenheit oder sexuelle Belästigung am Arbeitsplatz[345]. Dabei gebietet der Grundsatz der Verhältnismäßigkeit vor Ausspruch der Kündigung in der Regel eine Abmahnung[346].

---

337 ErfK-Oetker, § 1 KSchG, Rn. 110; HWK-Thies, § 1 KSchG, Rn. 155a; KR-Griebeling/Rachor, § 1 KSchG, Rn. 303; Dütz/Thüsing, Rn. 404.

338 Zu unterscheiden sind langanhaltende Erkrankungen, häufige Kurzerkrankungen und krankheitsbedingte Minderleistungen, Löwisch/Spinner/Wertheimer-Löwisch, § 1 KSchG, Rn. 240 ff.; Kittner/Däubler/Zwanziger-Deinert, § 1 KSchG, Rn. 90; ErfK-Oetker, § 1 KSchG, Rn. 100; AR-Kaiser, § 1 KSchG, Rn. 77 ff.; SPV-Preis, Rn. 1245 ff.; Dornbusch/Wolff-Günther, § 1 KSchG, Rn. 79 ff.; Lieb/Jacobs, Rn. 354; Löwisch/Caspers/Klumpp, Rn. 713 f.; Preis, Arbeitsrecht, § 64, S. 839 ff.; Krause, § 18, Rn. 12, Rn. 34, Rn. 36; Waltermann, Rn. 219 ff.; Hamann, Kündigung, JA 1987, S. 479; BAG, Urt. v. 16.02.1989, EzA § 1 KSchG Krankheit Nr. 25, Urt. v. 10.05.1990, EzA § 1 KSchG Krankheit Nr. 31, Urt. v. 30.09.2010, DB 2011, S. 535.

339 MüKo-Hergenröder, § 1 KSchG, Rn. 190; v. Hoyningen-Huene/Linck, § 1, Rn. 488.

340 Brox/Rüthers/Henssler, Rn. 484; Preis, Arbeitsrecht, § 65, S. 855 f.; Krause, § 18, Rn. 39.

341 ErfK-Preis, § 611 BGB, Rn. 706; HWK-Quecke, § 1 KSchG, Rn. 223; Preis, Arbeitsrecht, § 65, S. 856; BAG, Urt. v. 15.05.2013, NZA-RR 2014, S. 519, Urt. v. 24.02.2011, NZA 2011, S. 1087 und Urt. v. 31.01.1985, AP Nr. 6 zu § 8a MuSchG 1968.

342 HWK-Quecke, § 1 KSchG, Rn. 251; BAG, Urt. v. 17.01.1991, NZA 1991, S. 557.

343 HWK-Quecke, § 1 KSchG, Rn. 253; vgl. BAG, Urt. v. 20.01.1994, NZA 1994, S. 548 und Beschl. v. 22.01.1998, NZA 1998, S. 708; LAG Köln, Urt. v. 28.06.2013, NZA-RR 2014, S. 13.

344 BAG, Urt. v. 06.10.2005, NZA 2006, S. 431 und Urt. v. 09.03.1995, NZA 1995, S. 678.

345 Kittner/Zwanziger/Deinert-Appel, § 75, Rn. 13 ff.; Brox/Rüthers/Henssler, Rn. 485; Preis, Arbeitsrecht, § 65, S. 856 ff.; LAG Frankfurt, Urt. v. 26.06.1986, NZA 1987, S. 24; LAG Hamm, Urt. v. 22.10.1996, NZA 1997, S. 769 und LAG Köln, Urt. v. 21.08.1998, NZA-RR 1999, S. 186.

346 Zur Rüge-, Beanstandungs- und Warnfunktion der Abmahnung, AR-Fischermeier, § 626 BGB, Rn. 174; Preis, Arbeitsrecht, § 65, S. 866 f.; Löwisch/Caspers/Klumpp,

(c) Betriebsbedingte Kündigung

Betriebsbedingte Kündigungen stellen in der Praxis den Schwerpunkt der Arbeitgeberkündigungen dar[347]. Voraussetzung ist das Vorliegen dringender betrieblicher Erfordernisse, die der Weiterbeschäftigung des Arbeitnehmers im Betrieb des Arbeitgebers dauerhaft entgegenstehen. Die Überprüfung der betriebsbedingten Kündigung erfolgt dahin gehend, ob der Arbeitsplatz aufgrund dringender betrieblicher Erfordernisse weggefallen ist, ob eine weitergehende Beschäftigungsmöglichkeit des Arbeitnehmers in dem Unternehmen besteht und ob der Arbeitgeber eine angemessene Auswahlentscheidung unter sozialen Gesichtspunkten getroffen hat[348].

(aa) Unternehmerische Entscheidung

Jede betriebsbedingte Kündigung beruht auf einer unternehmerischen Entscheidung, die sich auf den Betrieb des zu kündigenden Arbeitnehmers bezieht[349]. Dabei wird die unternehmerische Entscheidung durch die Annahme eines dringenden betrieblichen Erfordernisses aufgrund interner oder externer Umstände bestimmt. Zu den externen Umständen gehören ein Auftrags- oder Absatzmangel, ein Umsatzrückgang oder die komplette Änderung einer Marktstruktur; zu den internen Umständen die Umstellung oder Einstellung der Produktion, die Stilllegung unrentabler Betriebe oder Betriebsteile, Outsourcing oder Personalkürzung[350].

Rn. 705 f.; Waltermann, Rn. 366; Brox/Rüthers/Henssler, Rn. 488 ff.; Lieb/Jacobs, Rn. 359; Krause, § 18, Rn. 39; BAG, Urt. v. 10.11.1988, NZA 1989, S. 633 und Urt. v. 12.01.2006, NZA 2006, S. 917; ArbG Köln, Urt. v. 19.11.2014, NZA-RR 2015, S. 77. Zur Erforderlichkeit der Abmahnung außerhalb des Anwendungsbereichs des KSchG siehe SPV-Preis, Rn. 238; BAG, Urt. v. 21.02.2001, NZA 2001, S. 951. Zur Entbehrlichkeit der Abmahnung siehe Dütz/Thüsing, Rn. 406; Tilse/Wolgast, Beendigung des Arbeitsverhältnisses, S. 83; BAG, Beschl. v. 10.02.1999, NZA 1999, S. 708; LAG Hessen, Urt. v. 17.02.2014, ArbR 2014, S. 546. Zur Umsetzung als milderes Mittel zur Abmahnung BAG, Urt. v. 24.04.1996, NJW 1997, S. 78.

347 Nach Gensicke/Pfarr u.a., Beendigung von Arbeitsverhältnissen, AuR 2008, S. 435 lagen 63 % der Arbeitgeberkündigungen betriebsbedingte Gründe zugrunde; Brox/Rüthers/Henssler, Rn. 496; Tilse/Wolgast, Beendigung des Arbeitsverhältnisses, S. 94; Adam, Arbeitsrechtliche Kündigungsgründe, AuR 2013, S. 16; Schwerdtner, Probleme des Kündigungsschutzes, ZIP 1984, S. 10.

348 Tilse/Wolgast, Beendigung des Arbeitsverhältnisses, S. 94 f.; BAG, Urt. v. 29.03.1990, NJW 1991, S. 587, Urt. v. 15.12.1994, AP Nr. 67 zu § 1 KSchG 1969 Betriebsbedingte Kündigung.

349 Preis, Arbeitsrecht, § 63, S. 800; ders., Aktuelle Tendenzen im Kündigungsschutzrecht, NZA 1997, S. 1075 f.; Tilse/Wolgast, Beendigung des Arbeitsverhältnisses, S. 96.

350 Berkowsky, Betriebsbedingte Kündigung, § 6, Rn. 91 ff.; Waltermann, Rn. 372; Preis, Arbeitsrecht, § 63, S. 801 f.; Ascheid, Betriebsbedingte Kündigung, DB 1987, S. 1146 f.; Schwerdtner, Probleme des Kündigungsschutzes, ZIP 1984, S. 10; BAG, Urt. v. 30.04.1987, NZA 1987, S. 776, Urt. v. 15.06.1989, AP Nr. 45 zu § 1 KSchG

Das betriebliche Erfordernis muss dringend sein. Dem Arbeitgeber darf es nicht möglich sein, der betrieblichen Lage durch andere technische, organisatorische oder wirtschaftliche Maßnahmen ohne Personalabbau als durch die Kündigung zu entsprechen, weshalb diese aufgrund der wirtschaftlichen Lage unvermeidbar ist[351].

Dabei überprüft die Rechtsprechung die unternehmerische Entscheidung auf ihre Rechtmäßigkeit, nicht aber auf ihre Zweckmäßigkeit[352]. Denn die unternehmerische Entscheidung – und damit die Unternehmenspolitik – darf seitens des Gerichts nicht auf ihre Erforderlichkeit hin überprüft werden. Deshalb kann eine gerichtliche Missbrauchskontrolle nur dahingehend stattfinden, ob die organisatorische, technische bzw. wirtschaftliche Unternehmensentscheidung offensichtlich unsachlich, unvernünftig oder gar willkürlich getroffen worden ist[353]. Das tatsächliche Vorliegen der für die Begründung angeführten inner- oder außerbetrieblichen Gründe ist allerdings voll nachprüfbar[354]. Hinsichtlich des Inhalts der unternehmerischen Entscheidung wird zwischen gestaltenden Unternehmerentscheidungen, die auf eine Veränderung der innerbetrieblichen Organisation wie dem Wegfall einer Hierarchieebene gerichtet ist und selbstbindenden Unternehmerentscheidungen unterschieden, welche dann angenommen werden, wenn der Arbeitgeber die Mitarbeiterzahl seines Betriebes dem Arbeitsaufkommen anpassen möchte, ohne dass eine darüber hinausgehende Änderung der betriebsinternen Organisationsstruktur stattfindet[355].

1969 Betriebsbedingte Kündigung, Urt. v. 05.10.1995, AP Nr. 71 zu § 1 KSchG 1969 Betriebsbedingte Kündigung, Urt. v. 25.04.2002, AP Nr. 121 zu § 1 KSchG 1969 Betriebsbedingte Kündigung, Urt. v. 05.12.2002, AP Nr. 126 zu § 1 KSchG 1969 Betriebsbedingte Kündigung und Urt. v. 24.05.2012, NZA 2012, 1223.

351 Schaub, § 134, Rn. 13; Preis, Arbeitsrecht, § 63, S. 809 f.; APS-Kiel, § 1 KSchG, Rn. 561 f.; BAG, Urt. v. 20.02.1986, DB 1986, S. 2236 und Urt. v. 25.04.2002, AP Nr. 121 zu § 1 KSchG 1969 Betriebsbedingte Kündigung.

352 Schaub, § 134, Rn. 27 ff.; Tilse/Wolgast, Beendigung des Arbeitsverhältnisses, S. 96; Krause, Freiheit und Bindung, RdA 2016, S. 49 ff.; BAG, Urt. v. 30.04.1987, NZA 1987, S. 776, Urt. v. 24.05.2012, NZA 2012, S. 1223, Urt. v. 20.02.2014, NZA 2014, S. 1069 und Urt. v. 31.07.2014, NZA 2015, S. 101.

353 Dütz/Thüsing, Rn. 412; Donges u.a., Flexibler Kündigungsschutz, S. 12; Krause, Freiheit und Bindung, RdA 2016, S. 49 ff.; Ascheid, Betriebsbedingte Kündigung, DB 1987, S. 1146; Bitter/Kiel, Rechtsprechung des BAG, RdA 1994, S. 347; Schwerdtner, Probleme des Kündigungsschutzes, ZIP 1984, S. 12; BAG, Urt. v. 30.04.1987, NZA 1987, S. 776, Urt. v. 17.06.1999, BAGE 92, S. 61, Urt. v. 25.04.2002, AP Nr. 121 zu § 1 KSchG 1969 Betriebsbedingte Kündigung, Urt. v. 05.12.2002, AP Nr. 126 zu § 1 KSchG 1969 Betriebsbedingte Kündigung und Urt. v. 02.06.2005, NJW 2006, S. 315.

354 Preis, Arbeitsrecht, § 63, S. 802; Krause, Freiheit und Bindung, RdA 2016, S. 49 ff.; BAG, Urt. v. 24.05.2012, NZA 2012, S. 1223 und Urt. v. 17.06.2003, AP Nr. 260 zu § 613a BGB.

355 Bei einer gestaltenden Unternehmerentscheidung werden verschärfte Anforderungen an den Umfang der Darlegungs- und Beweislast nach § 1 Abs. 2 S. 4 KSchG

(bb) Unmittelbarer Wegfall der Beschäftigungsmöglichkeit

Die dringenden betrieblichen Erfordernisse müssen der Weiterbeschäftigung des Arbeitnehmers in dem Betrieb dauerhaft entgegenstehen[356]. Die Unternehmerentscheidung muss kausal zu einem dauerhaften Überhang an Arbeitskräften und damit unmittelbar zum Wegfall der Beschäftigungsmöglichkeit führen[357]. Eine Kündigung ist nicht betriebsbedingt, wenn der Arbeitnehmer bei Auslaufen der Kündigungsfrist in demselben Betrieb auf einem anderen Arbeitsplatz zumutbar weiterbeschäftigt werden kann[358]. Die Weiterbeschäftigungsmöglichkeit muss geeignet sein und der Arbeitnehmer nach einer angemessenen Einarbeitungszeit den Anforderungen des neuen Arbeitsplatzes entsprechen[359]. Dabei ist das KSchG betriebs-, allenfalls unternehmens-, nicht aber konzernbezogen, sodass der Arbeitgeber grundsätzlich nicht verpflichtet ist, eine anderweitige Beschäftigung des Arbeitnehmers in einem Konzernbetrieb zu suchen[360]. Ferner ist die Weiterbeschäftigungspflicht auf organisatorische Einheiten in Deutschland beschränkt[361].

(cc) Sozialauswahl

Auch wenn ein dringendes betriebliches Interesse vorliegt, kann die Kündigung ungerechtfertigt sein. Denn hinsichtlich der Frage, welchen Arbeitnehmer er kündigt, ist der Arbeitgeber nicht frei – derjenige, der sozial am schutzwürdigsten ist, soll vor einer Kündigung verschont bleiben[362]. So ist die Kündigung dennoch sozialwidrig,

---

gestellt, Preis, Arbeitsrecht, § 63, S. 804; Kittner/Zwanziger/Deinert-Becker, § 73, Rn. 12; APS-Kiel, § 1 KSchG, Rn. 483; BAG, Urt. v. 24.05.2012, NZA 2012, 1223, Urt. v. 23.02.2012, NZA 2012, S. 852 und Urt. v. 15.06.1989, AP Nr. 45 zu § 1 KSchG 1969 Betriebsbedingte Kündigung.

356 APS-Kiel, § 1 KSchG, Rn. 586; Waltermann, Rn. 374.

357 Preis, Arbeitsrecht, § 63, S. 806; Kittner/Däubler/Zwanziger-Deinert, § 1 KSchG, Rn. 357; Löwisch/Caspers/Klumpp, Rn. 723; Brox/Rüthers/Henssler, Rn. 502; Dütz/Thüsing, Rn. 410c; BAG, Urt. v. 22.10.2015, NZA 2016, S. 33 und Urt. v. 25.09.1956, AP Nr. 18 zu § 1 KSchG.

358 BAG, Urt. v. 15.12.1994, NZA 1995, S. 521 und Urt. v. 29.03.1990, NJW 1991, S. 587.

359 BAG, Urt. v. 05.06.2008, AP Nr. 178 zu § 1 KSchG 1969 Betriebsbedingte Kündigung und Urt. v. 21.04.2005, NZA 2005, S. 1289.

360 Nur ausnahmsweise kann sich aus dem Arbeitsvertrag, einer vertraglichen Absprache oder einer Selbstbindung des Arbeitgebers eine nicht lediglich unternehmensbezogene, sondern konzernbezogene Unterbringung des Arbeitnehmers ergeben, BAG, Urt. v. 18.10.2012, BB 2013, S. 180, Urt. v. 23.11.2004, AP Nr. 132 zu § 1 KSchG 1969 Betriebsbedingte Kündigung, Urt. v. 27.11.1991, AP Nr. 6 zu § 1 KSchG 1969 Konzern, Urt. v. 14.10.1982, AP Nr. 1 zu § 1 KSchG 1969 Konzern und Urt. v. 25.09.1956, AP Nr. 18 zu § 1 KSchG.

361 BAG, Urt. v. 29.08.2013, RIW 2014, S. 237 und Urt. v. 24.09.2015, NZA 2015, S. 1457; a.A. SPV-Preis, Rn. 1002a f.

362 Preis, Arbeitsrecht, § 63, S. 810 ff.; Löwisch/Spinner/Wertheimer-Löwisch, Vor § 1 KSchG, Rn. 10; Brox/Rüthers/Henssler, Rn. 503 ff.; Lieb/Jacobs, Rn. 369; Darsow-Faller, Kündigungsschutz, S. 52.

wenn der Arbeitgeber bei der Auswahl des zu kündigenden Arbeitnehmers die sozialen Gesichtspunkte der Dauer der Betriebszugehörigkeit, des Lebensalters, der Unterhaltspflichten und einer möglichen Schwerbehinderung des Arbeitnehmers nicht oder nicht ausreichend berücksichtigt hat.

Zunächst muss ein auswahlrelevanter Personenkreis bestimmt werden. Es ist eine Vergleichsgruppe mit allen Arbeitnehmern desselben Betriebes, deren Funktion von dem Arbeitnehmer wahrgenommen werden könnte, dessen Arbeitsplatz weggefallen ist, zu bilden. Der Kreis der in die soziale Auswahl einzubeziehenden vergleichbaren Arbeitnehmer bestimmt sich nach arbeitsplatzbezogenen Merkmalen und der ausgeübten Tätigkeit[363]. Diese Auswahl des relevanten Personenkreises findet innerhalb des Betriebes und nicht des Unternehmens oder gar Konzerns statt[364].

Die soziale Auswahl erstreckt sich innerhalb des Betriebs nur auf Arbeitnehmer, die miteinander verglichen werden können[365]. Es sind diejenigen Arbeitnehmer vergleichbar, die im Hinblick auf die von ihnen ausgeübte Tätigkeit wechselseitig austauschbar sind (sog. horizontale Vergleichbarkeit)[366]. An einer Vergleichbarkeit fehlt es, wenn der Arbeitgeber den Arbeitnehmer nicht einseitig auf den anderen Arbeitsplatz um- oder versetzen kann[367], bspw. auf Grund seines Arbeitsvertrages (sog. arbeitsvertragliche Austauschbarkeit)[368].

Innerhalb der zu vergleichenden Arbeitnehmergruppe hat eine Auswahl des zu kündigenden Arbeitnehmers nach den sozialen Kriterien zu erfolgen. In Betrieben ohne Auswahlrichtlinie hat die Sozialauswahl nach der Dauer der Betriebszugehörigkeit, des Lebensalters, der Unterhaltspflichten und der Schwerbehinderung

---

363 BAG, Urt. v. 02.03.2006, NJW 2006, S. 3514. Dies gilt nicht nur bei einer Identität der Arbeitsplätze, sondern auch dann, wenn der Arbeitnehmer auf Grund seiner Tätigkeit und Ausbildung eine andersartige, aber gleichwertige Tätigkeit ausführen kann. Die Notwendigkeit einer kurzen Einarbeitungszeit steht einer Vergleichbarkeit nicht entgegen (sog. qualifikationsmäßige Austauschbarkeit), so BAG, Urt. v. 05.06.2008, NZA 2008, S. 1120.

364 BAG, Urt. v. 25.04.1985; BAGE 48, S. 314, Urt. v. 15.06.1989, BAGE 62, S. 116, Urt. v. 21.09.2000, NZA 2001, S. 535, Urt. v. 02.06.2005, AP Nr. 73 zu § 1 KSchG 1969 Soziale Auswahl und Urt. v. 15.12.2005, AP Nr. 76 zu § 1 KSchG 1969 Soziale Auswahl; ErfK-Oetker, § 1 KSchG, Rn. 309 ff.; Bitter/Kiel, Rechtsprechung des BAG, RdA 1994, S. 352 f.; Darsow-Faller, Kündigungsschutz, S. 53.

365 Preis, Arbeitsrecht, § 63, S. 812; Junker, Arbeitsrecht, Rn. 374.

366 BAG, Urt. v. 10.11.1994, AP Nr. 65 zu § 1 KSchG 1969 Betriebsbedingte Kündigung, Urt. v. 29.03.1990, NJW 1991, S. 587 und Urt. v. 07.02.1985, NZA 1986, S. 260: Nicht austauschbar sind Arbeitnehmer unterschiedlicher hierarchischer Stufen (sog. vertikale Vergleichbarkeit).

367 BAG, Urt. v. 02.03.2006, NJW 2006, S. 3514.

368 BAG, Urt. v. 05.06.2008, NZA 2008, S. 1120. Leiharbeitnehmer sind in die Sozialauswahl im Betrieb des Verleiharbeitgebers einzubeziehen, BAG, Urt. v. 20.06.2013, NZA 2013, S. 837.

des Arbeitnehmers zu erfolgen[369]. Nach dem Gesetzeswortlaut der *ausreichenden* Berücksichtigung steht dem Arbeitgeber bei der Gewichtung der Sozialkriterien ein Wertungsspielraum zu[370]. Dieser Wertungsspielraum führt dazu, dass nur deutliche schutzwürdigere Arbeitnehmer mit Erfolg die Fehlerhaftigkeit der Sozialauswahl rügen können[371]. Denn grundsätzlich kann der Arbeitgeber eine eigene Gewichtung vornehmen und als Hilfsmittel von einem eigenen Punkteschema ausgehen, auch wenn keine förmliche Vereinbarung gem. § 1 Abs. 4 KSchG vorliegt[372]. Abschließend kann der Arbeitgeber die vorgenommene Sozialauswahl berichtigen, indem einzelne Arbeitnehmer aus der Auswahl ausgenommen werden. Nach § 1 Abs. 3 S. 2 KSchG sind die Arbeitnehmer nicht einzubeziehen, deren Weiterbeschäftigung wegen ihrer Kenntnisse, Fähigkeiten und Leistung oder zur Sicherung einer ausgewogenen Personalstruktur des Betriebes, im berechtigten betrieblichen Interesse liegt[373]. Diese sog. Leistungsträgerklausel sorgt insbesondere aufgrund des Kriteriums der Sicherung einer ausgewogenen Personalstruktur dafür, dass eine den berechtigten betrieblichen Interessen zuwiderlaufende Überalterung des Betriebs vermieden werden kann[374].

Daneben kann in einem Tarifvertrag, einer Betriebsvereinbarung nach § 95 BetrVG oder einer entsprechenden Richtlinie nach den Personalvertretungsgesetzen

---

369 AR-Kaiser, § 1 KSchG, Rn. 228; Junker, Arbeitsrecht, Rn. 375; BAG, Urt. v. 12.08.2010, AP Nr. 147 zu § 2 KSchG 1969 Nr. 147 und Urt. v. 31.05.2007, AP Nr. 94 zu § 1 KSchG 1969 Soziale Auswahl. Nach Thüsing/Laux/Lembke-Thüsing, § 1 KSchG, Rn. 854; ErfK-Oetker, § 1 KSchG, Rn. 335 f.; SPV-Preis, Rn. 1091 ff.; Preis, Arbeitsrecht, § 63, S. 817; Richardi, Misslungene Reform, DB 2004, S. 486 f. kann der Arbeitgeber in engen Grenzen weitere Kriterien (wie z.B. einen Arbeitsunfall) berücksichtigen, wenn diese konkret arbeitsplatzbezogen sind, einen personalen Bezug zum Arbeitsverhältnis aufweisen und die vier Rahmenkriterien hinreichend berücksichtigt bleiben.

370 BAG, Urt. v. 02.06.2005, AP Nr. 73 zu § 1 KSchG 1969 Soziale Auswahl, Urt. v. 02.12.1999, NZA 2000, S. 531, Urt. v. 18.01.1990, AP Nr. 19 zu § 1 KSchG 1969 Soziale Auswahl und Urt. v. 18.10.1984, AP Nr. 6 zu § 1 KSchG 1968 Soziale Auswahl. Nach der Gesetzesbegründung (BT-Drs. 15/1204, S. 11) ist jedes dieser vier gesetzlichen Kriterien gleich zu gewichten, Mues/Eisenbeis/Laber, Teil 2, Rn. 412; Brox/Rüthers/Henssler, Rn. 505.

371 Schaub, § 135, Rn. 39; Pauly/Osnabrügge-Ruge, § 3, Rn. 147; Waltermann, Rn. 375; BAG, Urt. v. 31.05.2007, AP Nr. 94 zu § 1 KSchG 1969 Soziale Auswahl und Urt. v. 02.06.2005, NJW 2006, S. 315.

372 Preis, Arbeitsrecht, § 63, S. 818; ErfK-Oetker, § 1 KSchG, Rn. 337; Thüsing/Laux/Lembke-Thüsing, § 1 KSchG, Rn. 869 ff.; BAG, Urt. v. 05.12.2002, AP Nr. 59 zu § 1 KSchG 1969 Soziale Auswahl.

373 Ziel des § 1 Abs. 3 S. 2 KSchG ist der Erhalt der Leistungsfähigkeit des Betriebes, hierzu Krause, § 18, Rn. 48; Brox/Rüthers/Henssler, Rn. 506 ff.; Lieb/Jacobs, Rn. 369.

374 Schaub, § 135, Rn. 46 f.; BAG, Urt. v. 06.07.2006, NZA 2007, S. 139, Urt. v. 12.03.2009, NZA 2009, S. 1023, Urt. v. 22.03.2012, NZA 2012, S. 1040, Urt. v. 26.03.2015, NZA 2015, S. 1122.

festgelegt sein, wie die sozialen Gesichtspunkte der Sozialauswahl im Verhältnis zueinander zu bewerten sind. So kann in Betrieben mit Auswahlrichtlinien abschließend festgelegt werden, wie die Kriterien des § 1 Abs. 3 KSchG im Verhältnis zueinander zu bewerten sind[375]. Verstößt der Arbeitgeber mit seiner Kündigung gegen die Auswahlrichtlinie, ist die Kündigung sozial ungerechtfertigt (§ 1 Abs. 2 S. 2 KSchG). Dazu muss der Betriebsrat form- und fristgerecht widersprochen haben und die Auswahlrichtlinie rechtmäßig sein[376]. Allerdings kann die Auswahlrichtlinie gem. § 1 Abs. 4 KSchG nur auf grobe Fehlerhaftigkeit überprüft werden, welche dann anzunehmen ist, wenn sie eines der Kernkriterien unberücksichtigt oder jede Ausgewogenheit vermissen lässt[377].

Eine weitreichende Erleichterung sieht § 1 Abs. 5 KSchG mit der sog. Namensliste vor[378]: Besteht bei einer Kündigung aufgrund einer Betriebsänderung nach § 111 BetrVG ein Interessenausgleich, in dem die Arbeitnehmer, denen gekündigt werden soll, namentlich bezeichnet sind, wird nach § 1 Abs. 5 KSchG die Sozialauswahl modifiziert. Liegt ein wirksamer Interessenausgleich mit dem Betriebsrat vor, wird im Rahmen des Kündigungsschutzprozesses vermutet, dass die Kündigung des im Interessenausgleich namentlich bezeichneten Arbeitnehmers durch dringende betriebliche Erfordernisse des § 1 Abs. 2 KSchG bedingt ist, sodass die Sozialauswahl nur auf grobe Fehlerhaftigkeit zu überprüfen ist[379]. Die nach § 1 Abs. 5 KSchG eingreifende Vermutung der Betriebsbedingtheit umfasst grundsätzlich auch das Fehlen einer anderweitigen Beschäftigungsmöglichkeit in einem anderen Betrieb des Unternehmens[380]. Die Beschränkung der Prüfungsmöglichkeiten bezieht sich

---

375 Der Arbeitgeber kann unter Beteiligung des Betriebsrats ein einheitliches Prüfungsschema und damit eigene Auswahlkriterien aufstellen, Thüsing/Laux/Lembke-Thüsing, § 1 KSchG, Rn. 871 ff.; BAG, Urt. v. 06.07.2006, NZA 2007, S. 197; siehe Bitter/Kiel, Rechtsprechung des BAG, RdA 1994, S. 356.

376 Preis, Arbeitsrecht, § 63, S. 823.

377 Preis, Arbeitsrecht, § 63, S. 824; BAG, Urt. v. 18.10.2006, AP Nr. 86 zu § 1 KSchG 1969 Soziale Auswahl. Zu beachten ist, dass § 1 Abs. 4 KSchG nur die Gewichtung der Auswahlkriterien und nicht die Zusammensetzung des auswahlrelevanten Personenkreises oder die Konkretisierung der entgegenstehenden betrieblichen Bedürfnisse gem. § 1 Abs. 3 S. 2 KSchG betrifft, weshalb eine Auswahlrichtlinie nicht die Vergleichbarkeit von Arbeitnehmern vorgeben kann, BAG, Urt. v. 05.06.2008, NZA 2008, S. 1120.

378 So Preis, Arbeitsrecht, § 63, S. 824. Arbeitgeber und Betriebsrat können Auswahlrichtlinien nach § 1 Abs. 4 KSchG später oder zeitgleich – etwa bei Abschluss eines Interessenausgleichs mit Namensliste – ändern. Setzen sich die Betriebsparteien in einem bestimmten Punkt gemeinsam über die Auswahlrichtlinie hinweg, gilt die Namensliste, so BAG, Urt. v. 24.10.2013, NZA 2014, S. 46. Es besteht ein Schriftformerfordernis, hierzu Schaub, § 136, Rn. 4.

379 KR-Griebeling/Rachor, § 1 KSchG, Rn. 703 ff.; ErfK-Oetker, § 1 KSchG, Rn. 366; Schaub, § 136, Rn. 1; Löwisch/Caspers/Klumpp, Rn. 726; Berkowsky, Betriebsbedingte Kündigung, § 7, Rn. 241.

380 BAG, Urt. v. 06.09.2007, NZA 2008, S. 633.

daher, neben der Bildung der auswahlrelevanten Gruppe, auf die Sozialindikatoren und deren Gewichtung, d.h. die Sozialauswahl ist nur dann grob fehlerhaft, wenn die Gewichtung der Sozialkriterien jede Ausgewogenheit vermissen lässt[381]. Die faktisch eintretende Beschränkung des individuellen Kündigungsschutzes ist deshalb gerechtfertigt, da ein betrieblich-kollektiver Schutz an seine Stelle tritt und eine Prüfung der tatsächlichen Gegebenheiten durch den Betriebsrat stattgefunden hat[382].

(d) Sonderfall: Druck- und Verdachtskündigung

Wird der Arbeitgeber von Dritten dazu gedrängt, einen bestimmten Arbeitnehmer zu entlassen, wird aufgrund des von außen auf ihn einwirkenden Drucks von einer Druckkündigung gesprochen[383]. Bei der sog. unechten Druckkündigung ist das Entlassungsbegehren sachlich gerechtfertigt[384], bei der sog. echten Druckkündigung sind die Vorwürfe unbegründet oder zumindest eine Entlassung noch nicht gerechtfertigt[385]. Diesbezüglich muss sich der Arbeitgeber vor Ausspruch der Kündigung schützend vor seinen Arbeitnehmer gestellt und versucht haben, die erhobenen Vorwürfe aufzuklären und den Konflikt durch mildere Mittel als eine Kündigung zu lösen[386].

---

381 Schaub, § 136, Rn. 10; Preis, Arbeitsrecht, § 63, S. 826; BAG, Urt. v. 21.01.1999, NZA 1999, S. 866, Urt. v. 02.12.1999, NZA 2000, S. 531 und Urt. v. 06.07.2006, NZA 2007, S. 203.

382 § 1 Abs. 5 KSchG verstößt daher weder gegen Art. 12 GG noch gegen das aus Art. 20 Abs. 3 GG abzuleitende Gebot des fairen Verfahrens, APS-Kiel, § 1 KSchG, Rn. 793; BAG, Urt. v. 06.09.2007, NZA 2008, S. 633.

383 Die Druckkündigung kann als ordentliche oder außerordentliche Kündigung ausgesprochen werden, hierzu AR-Fischermeier, § 626 BGB, Rn. 137; BAG, Urt. v. 04.10.1990, NZA 1991, S. 468; ArbG Hamburg, Urt. v. 23.02.2005, NZA-RR 2005, S. 306.

384 Demnach wäre eine verhaltens- oder personenbedingte Kündigung begründet.

385 Mues/Eisenbeis/Laber, Teil 1, Rz. 411; Adam, Arbeitsrechtliche Kündigungsgründe, AuR 2013, S. 17; BAG, Urt. v. 18.07.2013, NZA 2014, S. 109. Dabei wird die sog. echte Druckkündigung als betriebsbedingte Kündigung eingestuft, so Junker, Arbeitsrecht, Rn. 412; BAG, Urt. v. 18.07.2013, NZA 2014, S. 109 und Urt. v. 19.06.1986, NZA 1987, S. 21; a.A. APS-Kiel, § 1 KSchG, Rn. 521; Preis, Arbeitsrecht, § 64, S. 853; Berkowsky, Betriebsbedingte Kündigung, § 22, Rn. 118, die auch bei drohenden wirtschaftlichen Schäden von einer verhaltens- oder personenbedingten Kündigung ausgehen, da die Person des Arbeitnehmers der eigentliche Anlass für den ausgeübten Druck sei.

386 Hierzu AR-Fischermeier, § 626 BGB, Rn. 138; Otto, Rn. 358; Thüsing/Laux/Lembke-Liebscher, § 1 KSchG, Rn. 329; Adam, Arbeitsrechtliche Kündigungsgründe, AuR 2013, S. 18; BAG, Urt. v. 18.07.2013, NZA 2014, S. 109; ArbG Hamburg, Urt. v. 23.02.2005, NZA-RR 2005, S. 306. Nach BAG, Urt. v. 04.10.1990, NZA 1991, S. 468 ist die vorherige Anhörung des Arbeitnehmers keine Wirksamkeitsvoraussetzung für eine Druckkündigung. Kritisch SPV-Preis, Rn. 970. Siehe BAG, Urt. v. 10.10.1957, AP Nr. 1 zu § 626 BGB Druckkündigung, Urt. v. 11.02.1960, AP Nr. 3 zu § 626 BGB

Bei der sog. Verdachtskündigung wird dem Arbeitnehmer eine Vertragsverletzung vorgeworfen, die nicht bewiesen werden kann[387]. Die Dringlichkeit des Verdachts als auch die Bewertung des Verhaltens, dessen der Arbeitnehmer verdächtig ist, muss – wäre es erwiesen – geeignet sein, dem Arbeitgeber einen Grund zur sofortigen Beendigung des Arbeitsverhältnisses zu geben[388]. Die Kündigung kann gerechtfertigt sein, wenn sich der Verdacht bspw. auf eine strafbare Handlung bezieht, welche sich auf konkrete Tatsachen stützen lässt, der Arbeitgeber den Arbeitnehmer hierzu angehört, sonstige zumutbare Maßnahmen zur Aufklärung getroffen und sich eine anschließende Interessenabwägung zu Ungunsten des Arbeitnehmers entwickelt hat[389].

(2) Prognoseprinzip

Eine wirksame Kündigung setzt zum Zeitpunkt des Zugangs der Kündigung eine Prognose voraus, dass die Störung des Arbeitsverhältnisses oder der Wegfall der Beschäftigungsmöglichkeit auch zukünftig gegeben sein wird und dem Arbeitgeber, wegen der zu erwartenden Beeinträchtigungen, eine Weiterbeschäftigung nicht zuzumuten ist[390]. Um dem Bestandsschutzinteresse des Arbeitnehmers zu entsprechen, müssen Kündigungen daher nicht vergangenheitsbezogen, sondern zukunftsbezogen auf Grundlage einer im Einzelfall vorzunehmenden Prognose beurteilt werden[391].

Druckkündigung, Urt. v. 26.01.1962, AP Nr. 8 zu § 626 BGB Druckkündigung und Urt. v. 18.09.1975, AP Nr. 10 zu § 626 BGB Druckkündigung.

387 Der Arbeitgeber kann eine personen- bzw. verhaltensbedingte, ordentliche oder außerordentliche Kündigung aufgrund der Tatsache aussprechen, dass das Vertrauensverhältnis zwischen den Arbeitsvertragsparteien zerstört ist. Hierzu SPV-Preis, Rn. 703; Preis, Arbeitsrecht, § 64, S. 852, § 66, S. 879 f.; Otto, Rn. 359; Waltermann, Rn. 347; Gamillscheg, Beendigung des Arbeitsverhältnisses, S. 106; BAG, Urt. v. 24.05.2012, NZA 2013, S. 137, Urt. v. 30.04.1987, NZA 1987, S. 699.

388 Schaub, § 127, Rn. 136 ff. und § 133, Rn. 53; BAG, Urt. v. 21.11.2013, NZA 2014, S. 243 und Urt. v. 27.11.2008, NZA 2009, S. 604.

389 ErfK-Niemann, § 626 BGB, Rn. 173 ff.; Thüsing/Laux/Lembke-Liebscher, § 1 KSchG, Rn. 324 ff.; Otto, Rn. 359; SPV-Preis, Rn. 708 ff.; Hamann, Kündigung, JA 1987, S. 540; BAG, Urt. v. 30.04.1987, NZA 1987, S. 699, Urt. v. 18.11.1999, AP Nr. 32 zu § 626 BGB Verdacht strafbarer Handlung, Urt. v. 03.07.2003, NZA 2004, S. 307, Urt. v. 10.02.2005, NZA 2005, S. 1056, Urt. v. 25.11.2010, NZA-RR 2012, S. 222, Urt. v. 24.05.2012, NZA 2013, S. 137, Urt. v. 23.05.2013, NZA 2013, S. 1416.

390 Schaub, § 130, Rn. 34; Junker, Arbeitsrecht, Rn. 363; Hromadka/Maschmann, § 10, Rn. 159; Tilse/Wolgast, Beendigung des Arbeitsverhältnisses, S. 79 f.; Waltermann, Rn. 360; BAG, Urt. v. 23.02.2012, NZA 2012, S. 852.

391 Otto, Rn. 322; Preis, Arbeitsrecht, § 62, S. 783 f.; SPV-Preis, Rn. 892; BVerfG, Beschl. v. 21.02.1995, NZA 1995, S. 619; BAG, Urt. v. 29.08.2013, RIW 2014, S. 237 und Urt. v. 20.11.2014, NJW-Spezial 2015, S. 466.

(3) Verhältnismäßigkeit der Kündigung/Ultima-Ratio-Prinzip

Der Arbeitgeber muss versuchen, die Kündigung durch andere geeignete Maßnahmen zu vermeiden[392]. Eine Beendigungskündigung kommt erst infrage, wenn keine Möglichkeit einer anderweitigen Beschäftigung besteht[393]. Spricht der Arbeitgeber eine ordentliche betriebsbedingte Kündigung aus, muss er zuvor dem Arbeitnehmer von sich aus eine zumutbare Weiterbeschäftigung auf einem freien Arbeitsplatz, auch zu geänderten Bedingungen, anbieten[394]. Bei der verhaltensbedingten Kündigung erfordert der Grundsatz der Verhältnismäßigkeit vorab regelmäßig eine Abmahnung[395]. Bei der personenbedingten Kündigung muss der Arbeitgeber vor Ausspruch der Kündigung alles Zumutbare unternehmen, um die Ursache bspw. der Minderleistung zu erforschen und Organisations- und Abhilfemaßnahmen zu versuchen[396]. Durch die Anwendung des Grundsatzes der Verhältnismäßigkeit und des Ultima-Ratio-Prinzips wird wiederum dem Bestandsschutzinteresse des Arbeitnehmers Rechnung getragen: Die Kündigung kommt stets erst als das letzte, unausweichliche Mittel in Betracht[397].

(4) Interessenabwägung

Zwischen den Interessen des Arbeitgebers an der Beendigung des Arbeitsverhältnisses und denen des Arbeitnehmers an dem Erhalt seines Arbeitsplatzes muss eine Abwägung stattfinden[398]. Die Interessenabwägung ist auf eine Überprüfung des Gewichts der Vertragsbeeinträchtigung im Einzelfall zu beschränken[399]. So hat bei der personenbedingten Kündigung eine Abwägung stattzufinden, bei der die Dauer und der bisherige gestörte und ungestörte Verlauf des Arbeitsverhältnisses

---

392 Schaub, § 130, Rn. 32.

393 V. Hoyningen-Huene/Linck, § 1, Rn. 204; SPV-Preis, Rn. 886; Preis, Arbeitsrecht, § 62, S. 786 f.; Waltermann, Rn. 360; Bitter/Kiel, Rechtsprechung des BAG, RdA 1994, S. 337 f.; BAG, Urt. v. 30.05.1978, DB 1978, 1790.

394 BAG, Urt. v. 21.09.2000, NZA 2001, S. 535.

395 Waltermann, Rn. 366; Dütz/Thüsing, Rn. 406; Lieb/Jacobs, Rn. 359; Krause, § 18, Rn. 39; BAG, Urt. v. 10.11.1988, NZA 1989, S. 633, Urt. v. 12.01.2006, NZA 2006, S. 917, Urt. v. 19.11.2015, NZA 2016, S. 540; ArbG Köln, Urt. v. 19.11.2014, NZA-RR 2015, S. 77.

396 LAG Nürnberg, Urt. v. 12.06.2007, NZA-RR 2008, S. 178; LAG Hamm, Urt. v. 16.11.2005, NZA-RR 2006, S. 128.

397 SPV-Preis, Rn. 886; Otto, Rn. 322; Junker, Arbeitsrecht, Rn. 364; Bitter/Kiel, Rechtsprechung des BAG, RdA 1994, S. 337; BAG, Urt. v. 30.05.1978, DB 1978, 1790 und Urt. v. 29.01.1997, NZA 1997, S. 709. Kritisch v. Klitzing, Ordnungsökonomische Analyse, S. 238 ff.

398 ErfK-Oetker, § 1 KSchG, Rn. 82; Gallner/Mestwerdt/Nägele-Zimmermann, § 1 Teil D, Rn. 323 ff.; Kittner/Zwanziger/Deinert-Appel, § 72, Rn. 39; Tilse/Wolgast, Beendigung des Arbeitsverhältnisses, S. 89 f.

399 SPV-Preis, Rn. 894; Preis, Arbeitsrecht, § 62, S. 795. Kritisch v. Klitzing, Ordnungsökonomische Analyse, S. 245 ff.

sowie das Alter, die eventuelle Versehrtheit und der Familienstand des Arbeitnehmers zu berücksichtigen sind[400]. Bei einer verhaltensbedingten Kündigung hat es der Arbeitnehmer selbst in der Hand, sich vertragskonform zu verhalten, sodass Störungen der Arbeitsorganisation oder des Betriebsfriedens durch sein Fehlverhalten auch zu seinen Lasten zu berücksichtigen sind[401]. Gehört die unzumutbare Betriebsbeeinträchtigung bereits zum Kündigungsgrund als solchen, können sich mit der Prüfung der Interessenabwägung Überschneidungen ergeben[402]. So wird bei der betriebsbedingten Kündigung bereits durch die unbestimmten Rechtsbegriffe des „dringenden betrieblichen Erfordernisses" und der „ausreichenden Berücksichtigung sozialer Gesichtspunkte bei der Auswahl des Arbeitnehmers" eine verbindliche Abwägung der Parteiinteressen erforderlich, sodass eine zusätzliche „förmliche" Interessenabwägung entbehrlich ist[403].

cc) § 1a KSchG

Der gekündigte Arbeitnehmer hat grundsätzlich keinen mit dem Wegfall des Arbeitsplatzes einhergehenden Anspruch auf eine Abfindung[404]. Bei einer betriebsbedingten Kündigung besteht jedoch nach § 1a KSchG ein Abfindungsanspruch[405], falls der Arbeitgeber wegen dringender betrieblicher Erfordernisse kündigt und er in der Kündigung sowohl auf den Kündigungsgrund als auch darauf hinweist, dass der Arbeitnehmer bei Verstreichenlassen der Klagefrist die Abfindung in Höhe von 0,5 Monatsverdiensten für jedes Jahr des Bestehens des Arbeitsverhältnisses beanspruchen kann[406]. Liegen diese Voraussetzungen vor und lässt der Arbeitnehmer

---

400 Kittner/Däubler/Zwanziger-Deinert, § 1 KSchG, Rn. 88; APS-Vossen, § 1 KSchG, Rn. 173 ff.; Krause, § 18, Rn. 35; BAG, Urt. v. 10.05.1990, EzA § 1 KSchG Krankheit Nr. 31.

401 APS-Vossen, § 1 KSchG, Rn. 432; Junker, Arbeitsrecht, Rn. 370; Dütz/Thüsing, Rn. 408; Krause, § 18, Rn. 39; BAG, Urt. v. 16.08.1991, NZA 1993, S. 17.

402 BAG, Urt. v. 25.11.1982, DB 1983, S. 1047.

403 Schaub, § 130, Rn. 31, § 134, Rn. 30; Brox/Rüthers/Henssler, Rn. 478; APS-Vossen, § 1 KSchG, Rn. 80; anders Dütz/Thüsing, Rn. 415 unter Berufung auf BAG, Urt. v. 30.04.1987, NZA 1987, S. 776.

404 Leising, Abfindung, StBW 2010, S. 236, S. 240; Lincke/Knaebel, Reform des spanischen Arbeitsrechts, ZESAR 2011, S. 219.

405 Umstritten ist, ob es sich um einen gesetzlichen oder rechtsgeschäftlichen Anspruch handelt, Pauly/Osnabrügge-Osnabrügge, § 5, Rn. 5 ff.; Düwell/Weyand, Agenda 2010, S. 87 f.; Kraus, Abfindungen, S. 81 ff.; Weißflog, Abfindungsansprüche, S. 226 ff.; Bauer, Abfindungsregelungen, S. 116 ff.; ErfK-Oetker, § 1a KSchG, Rn. 8; Löwisch/Spinner/Wertheimer-Löwisch, § 1a KSchG, Rn. 5 f.; Löwisch/Caspers/Klumpp, Rn. 796; Brox/Rüthers/Henssler, Rn. 573; Preis, Arbeitsrecht, § 63, S. 827 ff.; Lieb/Jacobs, Rn. 408; Willemsen/Annuß, Kündigungsschutz nach der Reform, NJW 2004, S. 182 und Grobys, Abfindungsanspruch, DB 2003, S. 2174.

406 Waltermann, Rn. 378; Leising, Abfindung, StBW 2010, S. 236. Bei ordentlich unkündbaren Arbeitnehmern ist von § 1a KSchG auch eine außerordentliche

die Klagefrist verstreichen, hat er mit Ablauf der Kündigungsfrist einen Anspruch auf Zahlung der Abfindung[407]. Hervorzuheben ist jedoch, dass damit eine gerichtliche Überprüfung der Wirksamkeit der Kündigung nicht mehr möglich ist.

Die Abfindung nach § 1a KSchG hat keine Sperrwirkung auf andere Abfindungen, etwa in Aufhebungs- oder Kollektivverträgen[408]. Aufgrund des unterschiedlichen Zwecks der Abfindung nach § 1a KSchG und der Sozialplanleistungen findet keine automatische Anrechnung auf solche aus Sozialplan bzw. Nachteilsausgleich statt, gleichwohl dies vertraglich vereinbart werden kann[409].

b) Besonderer Kündigungsschutz

Der Gesetzgeber hat bestimmte Arbeitnehmer bzw. Arbeitnehmer in besonderen Situationen für besonders schutzwürdig erachtet und spezielle Kündigungs- und Benachteiligungsverbote erlassen[410].

aa) Statusbezogener Kündigungsschutz

Unter einem statusbezogenem Kündigungsschutz sind Regelungen zu verstehen, die personenbezogen und in der Regel unabhängig von der Betriebsgröße greifen[411]:

(1) § 15 KSchG

Nach § 15 KSchG ist die ordentliche Kündigung des Mitgliedes eines Betriebsrates, einer Jugend- oder Auszubildendenvertretung, einer Bordvertretung oder eines Seebetriebsrates unzulässig. Nach Beendigung der Amtszeit wirkt dieser

---

Kündigung mit Auslauffrist umfasst, APS-Ascheid, § 1a KSchG, Rn. 4; Gallner/Mestwerdt/Nägele-Nägele, § 1a, Rn. 4; ErfK-Oetker, § 1a KSchG, Rn. 5; Preis, Arbeitsrecht, § 63, S. 828 f.; Bauer, Abfindungsregelungen, S. 104 f.; Grobys, Abfindungsanspruch, DB 2003, S. 2174; a.A. Kittner/Däubler/Zwanziger-Zwanziger, § 1a KSchG, Rn. 6 mit Verweis auf BT-Drs. 15/1204, S. 12.

407 Gallner/Mestwerdt/Nägele-Nägele, § 1a, Rn. 8; ErfK-Oetker, § 1a KSchG, Rn. 17; BAG, Urt. v. 10.05.2007, AP Nr. 3 zu § 1a KSchG 1969. A.A. AR-Kaiser, § 1a KSchG, Rn. 14, wonach der Anspruch bereits mit Abschluss des Klageverzichtsvertrages entstehe.

408 KR-Spilger, § 1a KSchG, Rn. 141; Bauer, Abfindungsregelungen, S. 114.

409 Thüsing/Laux/Lembke-Thüsing, § 1a KSchG, Rn. 39; KR-Spilger, § 1a KSchG, Rn. 144 f.; Bauer, Abfindungsregelungen, S. 115; Weißflog, Abfindungsansprüche, S. 355; Kraus, Abfindungen, S. 215 f.

410 Einige Kündigungsverbote wie § 613a BGB ordnen die Unwirksamkeit der Kündigung unmittelbar an, in anderen Fällen ist die Kündigung aufgrund des Verstoßes gegen § 134 BGB nichtig, so Preis, Arbeitsrecht, § 58, S. 745.

411 APS-Preis, Grundl. J, Rn. 19; SPV-Preis, Rn. 213; Löwisch/Spinner/Wertheimer-Löwisch, Vor § 1 KSchG, Rn. 93; Zöllner/Loritz/Hergenröder, § 35, Rn. 1; Urban, Kündigungsschutz, S. 68, S. 70 und Fn. 187.

Kündigungsschutz fort[412]. Auch die ersten drei Arbeitnehmer, die eine Betriebsratswahl initiieren, sind besonders geschützt[413]. Bei der möglichen außerordentlichen Kündigung ist erforderlich, dass der Betriebsrat bzw. die Personalvertretung die Zustimmung zur Kündigung erteilt bzw. diese durch eine gerichtliche Entscheidung ersetzt ist[414].

(2) § 17 MuSchG

Schwangere und Wöchnerinnen unterliegen dem Schutz des § 17 (ehem. § 9) MuSchG, welcher als absolutes Kündigungsverbot jede Art der Kündigung verbietet[415]. Die Kündigung ist während der Schwangerschaft und bis zum Ablauf von vier Monaten nach der Entbindung unzulässig[416]. Die für den Arbeitsschutz zuständige Behörde kann in besonderen Fällen, die nicht mit der Schwangerschaft oder der Entbindung in Zusammenhang stehen, ausnahmsweise die Kündigung für zulässig erklären. Diese Zulassung wird äußerst restriktiv erteilt, da außergewöhnliche Umstände erforderlich sind, die das Zurücktreten der vom Gesetz als vorrangig angesehenen Interessen der (werdenden) Mutter hinter die des Arbeitgebers rechtfertigen[417].

---

412 Das Personalvertretungsrecht folgt denselben Grundsätzen, Zöllner/Loritz/Hergenröder, § 28, Rn. 16; Waltermann, Rn. 894.

413 Ein Kandidat zum Wahlvorstand unterliegt keinem Sonderkündigungsschutz nach §§ 103 BetrVG, 15 Abs. 3 KSchG, hierzu BAG, Urt. v. 31.07.2014, ArbRB 2015, S. 68. Kritisch Schiefer, Kündigungsschutz, NZA 2002, S. 772 f.

414 § 15 Abs. 2 S. 1 KSchG i.V.m. § 103 Abs. 1 und 2 BetrVG bzw. §§ 47 Abs. 1, 79 Abs. 3 und 4, 108 Abs. 1 BPersVG, hierzu BAG, Urt. v. 03.12.1954, AP Nr. 2 zu § 13 KSchG.

415 Dornbusch/Wolff-Conradi, § 9 MuSchG, Rn. 7; Dütz/Thüsing, Rn. 369; Kramer, Kündigung, S. 89 ff.; Löwisch/Caspers/Klumpp, Rn. 823; BAG, Urt. v. 17.10.2013, NJW 2014, S. 1032. Seit dem 01.01.2018 ist ein erweiterter Kündigungsschutz in § 17 MuSchG (BGBl. 2017 I S. 1228) normiert.

416 Dies gilt, wenn dem Arbeitgeber zur Zeit der Kündigung die Schwangerschaft oder Entbindung bekannt war oder innerhalb zweier Wochen nach Zugang der Kündigung mitgeteilt wird, siehe Urban, Kündigungsschutz, S. 68.

417 APS-Rolfs, § 9 MuSchG, Rn. 66; Gallner/Mestwerdt/Nägele-Böhm, § 9 MuSchG, Rn. 31 f.; Dornbusch/Wolff-Conradi, § 9 MuSchG, Rn. 25; BAG, Urt. v. 17.06.2003, NZA 2003, S. 1329. Hinsichtlich betriebsbedingter Kündigunsgründe wäre dies bspw. eine Betriebsschließung, hinsichtlich verhaltensbedingter Gründe eine Straftat gegen den Arbeitgeber. Personenbedingte Gründe sind an sich nicht geeignet, § 17 Abs. 2 (ehem. § 9 Abs. 3) MuSchG zu begründen; eine Ausnahme stellt lediglich eine wirtschaftliche Belastung des Arbeitgebers dar, welche in die Nähe einer Existenzgefährdung rückt. Hierzu AR-Vossen, § 9 MuSchG, Rn. 28; Dornbusch/Wolff-Conradi, § 9 MuSchG, Rn. 26; ErfK-Schlachter, § 9 MuSchG, Rn. 12; BVerwG, Urt. v. 18.08.1977, AP Nr. 5 zu § 9 MuSchG 1968; vgl. BAG, Urt. v. 17.06.2003, AP Nr. 33 zu § 9 MuSchG 1968.

(3) § 18 BEEG

Der Arbeitgeber darf das Arbeitsverhältnis ab dem Zeitpunkt, von dem an Elternzeit verlangt worden ist, und während der Elternzeit nicht kündigen. Erfasst ist jede Arbeitgeberkündigung unabhängig der Betriebsgröße[418]. Für eine behördliche Zulassungserklärung gelten die gleichen Voraussetzungen wie nach § 17 (ehem. § 9) MuSchG[419].

(4) §§ 85–92 SGB IX

Jede Arbeitgeberkündigung eines Schwerbehinderten oder Gleichgestellten (§ 2 SGB IX), bedarf der vorherigen Zustimmung des Integrationsamtes, sollte das Arbeitsverhältnis zum Zeitpunkt des Zugangs der Kündigung ohne Unterbrechung länger als sechs Monate bestanden haben[420]. Hierdurch sollen diese Arbeitsverhältnisse besonders geschützt und die Nachteile, denen Schwerbehinderte auf dem Arbeitsmarkt ausgesetzt sind, ausgeglichen werden[421].

(5) Sonstige Fälle

Angesichts einer alternden Gesellschaft wird der Kündigungsschutz von Arbeitnehmern, die ihre Angehörigen pflegen, zunehmend wichtig: Nach § 5 Abs. 1 PflegeZG darf der Arbeitgeber das Arbeitsverhältnis von der Ankündigung, höchstens jedoch zwölf Wochen vor dem angekündigten Beginn, bis zur Beendigung der kurzzeitigen Arbeitsverhinderung oder der Pflegezeit nicht kündigen[422]. Gem. § 22 Abs. 2 BBiG

---

418 Gallner/Mestwerdt/Nägele-Böhm, § 18 BEEG, Rn. 2.

419 Die Kündigungsverbote des § 17 MuSchG (bzw. ehem. § 9 MuSchG) und des § 18 BEEG stehen nebeneinander, sodass es ggf. einer Zulässigkeitserklärung der Kündigung wegen beider Regelungen bedarf: Thüsing/Laux/Lembke-Bodenstedt, § 18 BEEG, Rn. 2; Dornbusch/Wolff-Conradi, § 18 BEEG, Rn. 3; Pauly/Osnabrügge-Pawlak, § 7, Rn. 44; Dütz/Thüsing, Rn. 370; Preis, Arbeitsrecht, § 50, S. 672, § 68, S. 910 f.; Kramer, Kündigung, S. 90 f.; BAG, Urt. v. 31.03.1993, NZA 1993, S. 646; LAG Berlin-Brandenburg, Urt. v. 06.04.2011, DB 2011, S. 1587; kritisch Schiefer, Kündigungsschutz, NZA 2002, S. 773.

420 Zöllner/Loritz/Hergenröder, § 28, Rn. 22 f.; Schiefer, Kündigungsschutz, NZA 2002, S. 773; BAG, Urt. v. 07.03.2002, BAGE 100, S. 355. Die Zustimmung des Integrationsamtes muss unabhängig davon eingeholt werden, ob der Kündigungsgrund in Zusammenhang mit der Behinderung des Arbeitnehmers steht, Löwisch/Caspers/Klumpp, Rn. 816; BAG, Urt. v. 07.12.2006, BAGE 120, S. 293; BVerwG, Urt. v. 12.07.2012, NZA 2013, S. 97. Ab dem 01.01.2018 siehe jedoch §§ 168–175, 178 SGB IX (BGBl. 2016 I S. 3234).

421 MüArbR-Heenen, § 313, Rn. 43; Schaub, § 179, Rn. 22; Zöllner/Loritz/Hergenröder, § 28, Rn. 20.

422 Der Kündigungsschutz gilt ohne Wartezeit für alle Arten der Kündigung. In besonderen Fällen kann die Kündigung seitens der Landesbehörde ausnahmsweise für zulässig erklärt werden, SPV-Vossen, Rn. 1613; Schaub, § 107, Rn. 51 ff.; Kramer, Kündigung, S. 94 f.; kritisch Preis, Arbeitsrecht, § 50, S. 673, § 68, S. 911 und Mues/

ist die ordentliche Kündigung des Berufsausbildungsverhältnisses durch den Arbeitgeber nach Ablauf der Probezeit ausgeschlossen[423]. Dieser Kündigungsausschluss gilt auch für Abgeordnete[424], Immissionsschutz-[425] und Datenschutzbeauftragte[426]. Das Bergrecht sieht einen besonderen Schutz für Inhaber eines Bergmannversorgungsscheins vor, da ihnen gem. § 10 Abs. 1 S. 1 BVSG NW nur mit vorheriger Zustimmung der Zentralstelle ordentlich gekündigt werden darf[427].

bb) Diskriminierungs- und Benachteiligungsverbote

Beschäftigte sollen vor Benachteiligungen aus Gründen der Rasse oder wegen der ethnischen Herkunft, des Geschlechts, der Religion oder Weltanschauung, einer Behinderung[428], des Alters oder der sexuellen Identität geschützt werden (§ 1 AGG). Für Kündigungen gelten nach § 2 Abs. 4 AGG lediglich die Bestimmungen zum allgemeinen und besonderen Kündigungsschutz. Durch diesen Wortlaut könnte der Eindruck entstehen, diskriminierende Kündigungen seien zulässig, weshalb teilweise an der Richtlinienkonformität der Norm gezweifelt wird[429]. Grundsätzlich wird vertreten, dass mit dem Verweis auf den allgemeinen und besonderen Kündigungsschutz neben den §§ 1–14 KSchG bzw. §§ 138, 242 BGB für Kleinbetriebe die speziellen Kündigungsschutzvorschriften wie §§ 17 (ehem. § 9) MuSchG, 18

Eisenbeis/Laber, Teil 11, Rz. 18, Rz. 26 f. Zum Sonderkündigungsschutz nach dem FPfZG siehe APS-Rolfs, § 5 PflegeZG, Rn. 30.

423 Die außerordentliche Kündigung ist möglich. An den wichtigen Kündigungsgrund sind strengere Anforderungen zu stellen als im Rahmen eines regulären Arbeitsverhältnisses, d.h. die Erreichung des Ausbildungsziels muss erheblich gefährdet oder die Fortsetzung des Ausbildungsverhältnisses für den Arbeitgeber unzumutbar sein, AR-Beckers, § 22 BBiG, Rn. 4; Kramer, Kündigung, S. 102. Vgl. BAG, Urt. v. 12.02.2015, NJW 2015, S. 2284.

424 Siehe § 2 Abs. 3 AbgG, Art. 48 Abs. 2 S. 2 GG.

425 Vgl. §§ 58 Abs. 2, 58d BImSchG und § 60 Abs. 3 KrWG.

426 Siehe § 4 f.) Abs. 3 S. 4 BDSG.

427 Nach BVSG Saarland gelten gem. §§ 11, 12, 12a ähnliche Kündigungsschutzvorschriften, SPV-Vossen, Rn. 1794 ff.; Zöllner/Loritz/Hergenröder, § 28, Rn. 47; Dornbusch/Wolff-v. Bassewitz, Sonderkündigungsschutz Statusinhaber, Rn. 90.

428 Zu einer symptomlosen HIV-Infektion als Behinderung im Sinne des AGG siehe BAG, Urt. v. 19.12.2013, NZA 2014, S. 372.

429 Brox/Rüthers/Henssler, Rn. 513 (ff.); Bamberger/Roth-Fuchs, § 2 AGG, Rn. 9; Zöllner/Loritz/Hergenröder, § 20, Rn. 39. So wird seitens APS-Preis, Grundl. A, Rn. 21; Preis, Arbeitsrecht, § 34, S. 479 ff.; Schaub, § 36, Rn. 24; Gallner/Mestwerdt/Nägele-Nägele, § 2 Abs. 4 AGG, Rn. 4 ff. vertreten, § 2 Abs. 4 AGG sei nicht richtlinienkonform. Siehe Lieb/Jacobs, Rn. 86; Annuß, AGG im Arbeitsrecht, BB 2006, S. 1630; Sandmaier, Kündigungsschutzmodelle, S. 30; Diller/Krieger/Arnold, KSchG plus AGG, NZA 2006, S. 887; Kamanabrou, AGG, RdA 2006, S. 321; BAG, Urt. v. 06.11.2008, BAGE 128, S. 238. Zu den EU-Richtlinien, auf denen das AGG beruht, siehe nur Schaub, § 36, Rn. 1 ff.

BEEG, 22 Abs. 2 BBiG oder 85 SGB IX gemeint sind[430]. Dabei wird § 2 Abs. 4 AGG dem durch die Richtlinien geforderten Verbot von Diskriminierungen gerecht, da bei Kündigungen, die dem KSchG unterfallen, die Diskriminierungsverbote des AGG als Konkretisierung der Sozialwidrigkeit zu beachten sind[431], diskriminierende Kündigungen ansonsten wegen eines Verstoßes gegen §§ 134, 138 Abs. 1 BGB nichtig sind[432]. Daher ist eine ordentliche Kündigung eines Arbeitnehmers, auf den das KSchG (noch) keine Anwendung findet, und der aus einem der in § 1 AGG genannten Gründe diskriminiert wird, gem. § 134 BGB i.V.m. § 7 Abs. 1, §§ 1, 3 AGG unwirksam[433].

Im Übrigen sind weitere Benachteiligungsverbote wie §§ 20 Abs. 1, 75 Abs. 1, 78 S. 2, 84 Abs. 3 BetrVG, 27 Abs. 1 SprAuG, 67 Abs. 1 BPersVG, 4, 11 TzBfG, 26 MitbestG, 22 Abs. 3 SGB VII, 17 Abs. 2 S. 2 ArbSchG und 323 Abs. 1 UmwG normiert[434].

Schließlich ist der allgemeine arbeitsrechtliche Gleichbehandlungsgrundsatz zu berücksichtigen, der als Verbot unsachlicher Differenzierung zu verstehen ist[435].

---

430 Gallner/Mestwerdt/Nägele-Nägele, § 2 Abs. 4 AGG, Rn. 3; Brox/Rüthers/Henssler, Rn. 513; Löwisch, Kündigen unter dem AGG, BB 2006, S. 2189.

431 BAG, Urt. v. 06.11.2008, BAGE 128, S. 238 und Urt. v. 20.06.2013, NZA 2014, S. 208. Durch § 2 Abs. 4 AGG sollte deutlich werden, dass Rechtsstreitigkeiten bei Kündigungen vorwiegend nach dem KSchG zu entscheiden seien, BAG, Urt. v. 19.12.2013, NZA 2014, S. 372.

432 Schaub, § 36, Rn. 70; Thüsing, Arbeitsrechtlicher Diskriminierungsschutz, Rn. 493; AR-Kappenhagen, § 2 AGG, Rn. 18; Brox/Rüthers/Henssler, Rn. 514; Löwisch, Kündigen unter dem AGG, BB 2006, S. 2189; BAG, Urt. v. 19.12.2013, NZA 2014, S. 372; vgl. ArbG Osnabrück, Urt. v. 05.02.2007, NZA 2007, S. 626. Der gekündigte Arbeitnehmer kann eine Kündigungsschutzklage erheben und einen Auflösungsantrag gemäß § 13 Abs. 2 KSchG stellen. Des Weiteren sperrt § 2 Abs. 4 AGG die Anwendung von § 15 Abs. 1 und Abs. 2 AGG auf diskriminierende Kündigungen nicht, d.h. der diskriminierte Arbeitnehmer kann eine Kündigungsschutzklage erheben und Schadensersatz verlangen, Diller/Krieger/Arnold, KSchG plus AGG, NZA 2006, S. 890; Annuß, AGG im Arbeitsrecht, BB 2006, S. 1634 f.; BAG, Urt. v. 12.12.2013, NZA 2014, S. 722, Urt. v. 17.10.2013, NJW 2014, S. 1032 und Urt. v. 22.10.2009, NZA 2010, S. 280; a.A. Löwisch, Kündigen unter dem AGG, BB 2006, S. 2190.

433 KR-Griebeling/Rachor, § 1 KSchG, Rn. 26a; BAG, Urt. v. 19.12.2013, NZA 2014, S. 372, Urt. v. 26.03.2015, ArbRB 2015, S. 196 und Urt. v. 23.07.2015, ArbRB 2015, S. 360.

434 Thüsing, Arbeitsrechtlicher Diskriminierungsschutz, Rn. 160 ff.; Urban, Kündigungsschutz, S. 72 f. Zu § 4 TzBfG als Verbotsgesetz im Sinne des § 134 BGB vgl. Thüsing, Arbeitsrechtlicher Diskriminierungsschutz, Rn. 741; ErfK-Preis, § 4 TzBfG, Rn. 5; APS-Greiner, § 4 TzBfG, Rn. 3; Schaub, § 43, Rn. 26. Zu § 323 UmwG vgl. Preis, Arbeitsrecht, § 74, S. 1016 f.; APS-Steffan, § 323 UmwG, Rn. 5 ff.; AR-Dornbusch, § 323 UmwG, Rn. 5; KR-Friedrich/Spilger, §§ 322–324 UmwG, Rn. 44 ff.

435 Zöllner/Loritz/Hergenröder, § 20, Rn. 2 ff.; Thüsing, Arbeitsrechtlicher Diskriminierungsschutz, Rn. 149 und Rn. 927; Schaub, § 112, Rn. 1 f.; BAG, Urt. v. 17.12.2009, AP Nr. 41 zu § 620 BGB.

Eine Kündigung, die den Arbeitnehmer unter Verletzung des allgemeinen arbeitsrechtlichen Gleichbehandlungsgrundsatzes benachteiligt, ist unwirksam gem. § 134 BGB[436].

cc) Umstandsbezogener Kündigungsschutz

Als umstands- oder anlassbezogene Kündigungsschranken werden Normen angesehen, die die Kündigung aus einem bestimmten objektiven Tatbestand oder Anlass heraus für unwirksam erklären[437]:

(1) § 613a Abs. 4 BGB

Gem. § 613a Abs. 4 S. 1 BGB ist die Kündigung eines Arbeitnehmers durch den bisherigen Arbeitgeber oder durch den neuen Inhaber wegen des Übergangs eines Betriebes oder Betriebsteils unwirksam[438]. Da das Recht zur Kündigung aus anderen Gründen unberührt bleibt, ist zu prüfen, ob es neben dem Betriebsübergang einen sachlichen Grund gibt, welcher an sich die Kündigung rechtfertigen würde[439]. Für den Fall, dass die Kündigung sozial gerechtfertigt ist, ist der mit dem Betriebsübergang koinzidierende Zeitpunkt unerheblich; bei Nichtanwendbarkeit des KSchG ist jeder nachvollziehbare und nicht willkürliche Kündigungsgrund ausreichend, der den Verdacht einer Umgehung der Schutzvorschrift des § 613a Abs. 4 S. 1 BGB auszuschließen vermag[440].

(2) §§ 17–22 KSchG

Der Arbeitgeber muss eine Anzeige bei der Bundesagentur für Arbeit erstatten, sobald eine bestimmte Anzahl an innerhalb von dreißig Kalendertagen zu entlassenden Arbeitnehmern im Verhältnis zur Beschäftigtenzahl überschritten wird, da

---

436 Thüsing, Arbeitsrechtlicher Diskriminierungsschutz, Rn. 956; Kittner/Zwanziger/Deinert-Zwanziger, § 92, Rn. 32 f. Vgl. aber BAG, Urt. v. 21.10.1969, NJW 1970, S. 486. In der Praxis hat der Gleichbehandlungsgrundsatz bei der Kündigung wenig Raum, KR-Griebeling/Rachor, § 1 KSchG, Rn. 233 und Zöllner/Loritz/Hergenröder, § 20, Rn. 15.

437 APS-Preis, Grundl. J, Rn. 28; SPV-Preis, Rn. 221.

438 § 613a Abs. 4 BGB soll bei Übernahme der Belegschaft eine Auslese der Arbeitnehmer und damit eine Kündigung insbesondere älterer, schwerbehinderter oder sozial schwächerer Arbeitnehmer verhindern, so Schaub, § 134, Rn. 47; Zöllner/Loritz/Hergenröder, § 23, Rn. 48; Junker, Arbeitsrecht, Rn. 340.

439 Bamberger/Roth-Fuchs, § 613a BGB, Rn. 57 f.; ErfK-Preis, § 613a BGB, Rn. 154; Preis, Arbeitsrecht, § 58, S. 746 f.; Löwisch/Spinner/Wertheimer-Löwisch, Vor § 1 KSchG, Rn. 88; Lieb/Jacobs, Rn. 328; BAG, Urt. v. 28.04.1988, AP Nr. 74 zu § 613a BGB, Urt. v. 19.05.1988, AP Nr. 75 zu § 613a BGB und Urt. v. 18.07.1996, AP Nr. 147 zu § 613a BGB.

440 ErfK-Preis, § 613a BGB, Rn. 156; Löwisch/Caspers/Klumpp, Rn. 883.

diese Kündigungen der Zustimmung der Agentur bedürfen[441]. Die Anzeigepflicht soll der staatlichen Arbeitsverwaltung die Weitervermittlung der Arbeitslosen, trotz eines Anstiegs der Vermittlungsfälle, erleichtern und dient nicht einer Verbesserung des individuellen Kündigungsschutzes; der einzelne Arbeitnehmer wird lediglich mittelbar dadurch geschützt, dass eine Verletzung der Formvorschriften der §§ 17 ff. KSchG mit einer Unwirksamkeit der Kündigung sanktioniert wird[442]. Mithin besteht der Kündigungsschutz des einzelnen Arbeitnehmers nach § 1 KSchG unabhängig davon, ob eine Massenentlassung vorliegt[443].

(3) § 2 ArbPlSchG

Arbeitnehmer, die den freiwilligen Wehrdienst leisten und gerade aus Anlass ihres Dienstes gekündigt werden, unterliegen dem Schutz des § 2 ArbPlSchG, wonach die ordentliche Kündigung ausgeschlossen ist[444].

(4) §§ 111 ff. BetrVG

Schließlich kann sich ein umstandsbezogener Kündigungsschutz aus einem Sozialplan oder wegen eines Nachteilsausgleichs ergeben. Besteht ein Betriebsrat

---

441 Eine Entlassung ist jede vom Arbeitnehmer nicht gewollte Beendigung seines Vertrages (EuGH, Urt. v. 11.11.2015, ArbRB 2015, S. 359) und eine Eigenkündigung des Arbeitnehmers, die einer betriebsbedingten Kündigung zuvorkommt (BAG, Urt. v. 19.03.2015, AuR 2015, S. 375). Entgegen dem Wortlaut des § 17 Abs. 5 Nr. 3 KSchG fallen auch Geschäftsführer und Praktikanten unter einen unionsrechtlichen Arbeitnehmerbegriff, so EuGH, Urt. v. 09.07.2015, NZA 2015, S. 861. Mit Urteil vom 27.01.2005 entschied der EuGH (NZA 2005, S. 213), dass der Entlassungsbegriff der Massenentlassungsrichtlinie 98/59/EG vom 20.07.1998 (ABl. EG Nr. L 225 v. 12.08.1998, S. 16) die Kündigungserklärung selbst und nicht den Beendigungszeitpunkt des Arbeitsverhältnisses beinhaltet. So auch BAG, Urt. v. 23.03.2006, AP Nr. 21 zu § 17 KSchG 1969, Urt. v. 06.07.2006, NZA 2007, S. 266, Urt. v. 13.07.2006, NZA 2007, S. 25 und Urt. v. 22.03.2007, NZA 2007, S. 1101. Zur Unterrichtung des Betriebsrates vgl. BAG, Urt. v. 20.09.2012, ZIP 2012, S. 2412. Massenentlassungen stellen gleichzeitig eine Betriebseinschränkung nach § 111 S. 3 Nr. 1 BetrVG dar, BAG, Urt. v. 07.08.1990, DB 1991, S. 760.

442 SPV-Vossen, Rn. 1660; ErfK-Kiel, § 17 KSchG, Rn. 1; Kittner/Däubler/Zwanziger-Deinert, § 17 KSchG, Rn. 3; Dütz/Thüsing, Rn. 378; Darsow-Faller, Kündigungsschutz, S. 64; BAG, Urt. v. 21.03.2013, BAGE 144, S. 366.

443 Mit der Anzeige wird eine Sperrfrist von in der Regel einem Monat in Gang gesetzt, nach deren Ablauf die Kündigung wirksam wird, siehe Zöllner/Loritz/Hergenröder, § 27, Rn. 5 f.; Dütz/Thüsing, Rn. 379.

444 SPV-Vossen, Rn. 1797 ff.; Kittner/Zwanziger/Deinert-Bachner, § 107, Rn. 14; Schaub, § 144, Rn. 2; APS-Linck, § 2 ArbPlSchG, Rn. 10 ff.; AR-Weigand, § 2 ArbPlSchG, Rn. 1 f.; Zöllner/Loritz/Hergenröder, § 28, Rn. 38 ff.; Kramer, Kündigung, S. 100 f. Nach § 2 EÜG ist die ordentliche Kündigung bei einer Eignungsübung, bei der ein Arbeitnehmer aufgrund freiwilliger Verpflichtung zu einer Übung zur Auswahl von Soldaten einberufen wird, ausgeschlossen.

und kommt es zu Betriebsänderungen, ist ein Sozialplan und Interessenausgleich zugunsten der Beschäftigten abzuschließen. Der Sozialplan soll als Einigung zwischen Arbeitgeber und Betriebsrat die wirtschaftlichen Nachteile, die den Arbeitnehmern infolge der Betriebsänderung entstehen, ausgleichen oder abmildern. Gegenstand eines Sozialplans sind daher regelmäßig die Zahlung von Abfindungen[445].

Tritt der Arbeitgeber nicht in Verhandlungen mit dem Betriebsrat oder weicht er von dem Interessenausgleich ab, so können Arbeitnehmer, die infolge dieser Abweichung entlassen werden oder andere wirtschaftliche Nachteile erleiden, gegenüber dem Arbeitgeber einen individualrechtlichen Anspruch auf Zahlung einer Abfindung im Rahmen des Nachteilsausgleichs nach § 113 BetrVG geltend machen[446].

c) *Allgemeine Unwirksamkeitsgründe*

Arbeitnehmer, die sich nicht auf den Schutz des KSchG mangels Eröffnung des sachlichen Anwendungsbereichs berufen können, unterliegen dem allgemeinen Kündigungsschutz des BGB – der allerdings weit hinter dem des KSchG zurückbleibt[447].

---

445 Zu unterscheiden ist zwischen freiwilligem und erzwungenem Sozialplan. Während die Verhandlungspartner bei einem freiwilligen Sozialplan weitgehend frei sind, sind bei einem erzwungenen Sozialplan die Maßgaben des § 112 Abs. 5 BetrVG zu beachten. Im Rahmen eines freiwilligen Sozialplans sind die Abfindungen nach einer Formel berechenbar, d.h. sie sind regelmäßig nach Betriebszugehörigkeit, dem Lebensalter und anderen Faktoren wie Unterhaltspflichten gestaffelt; möglich ist aber auch eine individuelle Festlegung für jeden Arbeitnehmer, HWK-Hohenstatt/Willemsen, § 112 BetrVG, Rn. 28, Rn. 38; Lieb/Jacobs, Rn. 900; Bauer, Abfindungsregelungen, S. 78; BAG, Urt. v. 23.03.2010, NZA 2010, S 774 und Urt. v. 26.05.2009, NZA 2009, S. 849. Beide Formen des Sozialplans haben gemeinsam, dass sie eine Betriebsvereinbarung darstellen, ihre Normen zwingend anzuwenden sind und Arbeitnehmer einen unmittelbaren Rechtsanspruch (bspw. auf Zahlung einer Abfindung) hieraus herleiten können, ErfK-Kania, § 112a BetrVG, Rn. 13; Sesselmeier/Funk/Waas, Arbeitsmarkttheorien, S. 131 f.; Darsow-Faller, Kündigungsschutz, S. 82.

446 HWK-Hohenstatt/Willemsen, § 113 BetrVG, Rn. 9; ErfK-Kania, § 113 BetrVG, Rn. 4 ff.; Löwisch/Caspers/Klumpp, Rn. 1578 f.; Weißflog, Abfindungsansprüche, S. 56 f.; Leising, Abfindung, StBW 2010, S. 237.

447 Hanau/Adomeit, Rn. 923; v. Hoyningen-Huene/Linck, Einl., Rn. 98; Urban, Kündigungsschutz, S. 115, S. 133 und S. 180 f.; Gallner/Mestwerdt/Nägele-Mayer, § 1 Teil B, Rn. 90 ff.; Darsow-Faller, Kündigungsschutz, S. 55 und S. 58 f.; BAG, Urt. v. 21.02.2001, BB 2001, S. 1683, Urt. v. 05.04.2001, NZA 2001, S. 890, Urt. v. 06.02.2003, NZA 2003, S. 717.

aa) § 612a BGB

Bei Kündigungen außerhalb des Anwendungsbereichs des KSchG kommt dem Maßregelungsverbot wesentliche Bedeutung zu[448]. Hiernach darf ein Arbeitnehmer nicht deshalb benachteiligt werden, weil er in zulässiger Weise seine Rechte ausübt[449]. Eine Kündigung ist unzulässig, wenn die zulässige Rechtsausübung tragender Beweggrund der Kündigung war[450]. So liegt ein Verstoß gegen § 612a BGB vor, wenn die Kündigung erfolgt, weil der Arbeitnehmer ausstehendes Gehalt eingeklagt oder sich in zulässiger Form gewerkschaftlich betätigt hat[451].

bb) §§ 138, 242 BGB

Jeder gekündigte Arbeitnehmer kann sich auf die Verletzung der Generalklauseln berufen[452]: Über §§ 138, 242 BGB wird ein verfassungsrechtlicher Mindestschutz für Arbeitnehmer gewährleistet, der die Kündigung einer Missbrauchskontrolle unterwirft – jedoch nicht so weit reicht, die Wirksamkeit der ordentlichen Kündigung vom Bestehen eines Sachgrundes abhängig zu machen[453]. Denn der Gesetzgeber hat Arbeitnehmer, die in Kleinbetrieben beschäftigt sind und die Wartezeit nicht erfüllen, bewusst vom Schutz des KSchG ausgenommen, weshalb ein Sachgrunderfordernis auf eine Anwendung des KSchG hinauslaufen würde[454]. Der in Art. 30 GRCh geregelte Schutz vor ungerechtfertigter Entlassung ist durch eine Überprüfung der Kündigung nach §§ 138, 242 BGB gewährleistet[455]. So kann ein

448 Schaub, § 108, Rn. 2; APS-Linck, § 612a BGB, Rn. 13; Junker, Arbeitsrecht, Rn. 341.

449 § 612a BGB ist ein Sondertatbestand der Sittenwidrigkeit, APS-Preis, Grundl. J, Rn. 42, § 612a BGB, Rn. 24; Preis, Arbeitsrecht, § 58, S. 751; Schaub, § 108, Rn. 22; Thüsing, Arbeitsrechtlicher Diskriminierungsschutz, Rn. 616; BAG, Urt. v. 14.02.2007, NZA 2007, S. 803, Urt. v. 22.09.2005, NZA 2006, S. 429 und Urt. v. 23.11.1961, AP Nr. 22 zu § 138 BGB.

450 Preis, Arbeitsrecht, § 58, S. 751; Schaub, § 108, Rn. 11 ff.; ErfK-Preis, § 612a BGB, Rn. 11; Löwisch/Spinner/Wertheimer-Löwisch, Vor § 1 KSchG, Rn. 98; Bamberger/Roth-Fuchs, § 612a BGB, Rn. 6; Lettl, Kündigungsschutz, NZA-RR 2004, S. 59; BAG, Urt. v. 12.06.2002, AP Nr. 8 zu § 612a BGB, Urt. v. 22.05.2003, AP Nr. 18 zu § 1 KSchG 1969 Wartezeit, Urt. v. 22.09.2005, NZA 2006, S. 429.

451 Schaub, § 108, Rn. 14; APS-Linck, § 612a BGB, Rn. 15; BAG, Urt. v. 09.02.1995, NZA 1996, S. 249; LAG Hamm, Urt. v. 18.12.1987, NZA 1988, S. 586.

452 Urban, Kündigungsschutz, S. 115 ff., S. 133, S. 180 f.; Preis, Arbeitsrecht, § 58, S. 750 ff.; Gallner/Mestwerdt/Nägele-Mayer, § 1 Teil B, Rn. 90 ff.; v. Hoyningen-Huene/Linck, Einl., Rn. 98; Stein, Mindestkündigungsschutz, DB 2005, S. 1219 ff.; Lettl, Kündigungsschutz, NZA-RR 2004, S. 57 ff.; BAG, Urt. v. 21.02.2001, BB 2001, S. 1683, Urt. v. 05.04.2001, NZA 2001, S. 890 und Urt. v. 06.02.2003, NZA 2003, S. 717.

453 V. Hoyningen-Huene/Linck, Einl., Rn. 96 ff.; APS-Preis, Grundl. A, Rn. 26 ff.; Urban, Kündigungsschutz, S. 45 ff., S. 133 und S. 180; Lettl, Kündigungsschutz, NZA-RR 2004, S. 60.

454 Preis, Arbeitsrecht, § 58, S. 754; SPV-Preis, Rn. 247.

455 BAG, Beschl. v. 08.12.2011, NZA 2012, S. 286.

Verstoß gegen die guten Sitten oder gegen den Grundsatz von Treu und Glauben zur Nichtigkeit der Kündigung führen; anzunehmen allerdings nur – als Mindestmaß an sozialer Rücksichtnahme – unter besonderen Umständen[456]. Hierdurch ist der Arbeitnehmer außerhalb des KSchG vor willkürlichen Kündigungen geschützt, wobei eine unter mehreren Arbeitnehmern vorzunehmende Auswahl unter sozialer Rücksichtnahme stattzufinden hat, ein durch langjährige Mitarbeit erarbeitetes Vertrauen zu berücksichtigen ist und eine abgestufte Darlegungs- und Beweislast im Prozess gewährleistet wird[457]. Insofern besteht das Regel-Ausnahme-Verhältnis in umgekehrter Weise wie bei der Anwendung des KSchG, sodass das Beendigungsinteresse des Arbeitgebers erheblich stärker zu bewerten und daher eine Kündigung grundsätzlich zulässig ist[458].

d) Kollektivrechtlicher Kündigungsschutz

Der individuelle Kündigungsschutz des Arbeitnehmers wird durch § 102 BetrVG verstärkt[459]: In Betrieben, in denen Betriebsräte existieren[460], sind diese zwingend vor Ausspruch jeder Kündigung anzuhören – eine ohne vorherige Beteiligung des Betriebsrates ausgesprochene Kündigung ist unheilbar unwirksam; der Arbeitgeber kann nur erneut eine Kündigung (unter Beachtung des Anhörungsverfahrens) aussprechen[461]. Der Arbeitgeber muss dem Betriebsrat die Kündigungsgründe mitteilen, unabhängig davon, ob das KSchG Anwendung findet[462]. Für jede Kündigung ist ein gesondertes Anhörungsverfahren durchzuführen[463]. Die Unwirksamkeitsfolge tritt auch ein, wenn das Beteiligungsverfahren nicht gänzlich unterbleibt, sondern

---

456 Genannt werden verwerfliche Motive wie Rachsucht oder Vergeltung, Dütz/Thüsing, Rn. 365 f.; BVerfG, Beschl. v. 21.06.2006, NZA 2006, S. 913; BAG, Urt. v. 14.12.2004, NZA 2005, S. 637 und Urt. v. 21.02.2001, NZA 2001, S. 833.

457 APS-Kiel, § 1 KSchG, Rn. 663; Lettl, Kündigungsschutz, NZA-RR 2004, S. 58; BVerfG, Beschl. v. 27.01.1998, BVerfGE 97, S. 169.

458 Preis, Arbeitsrecht, § 58, S. 754; Lettl, Kündigungsschutz, NZA-RR 2004, S. 60.

459 APS-Koch, § 102 BetrVG, Rn. 3. Entsprechendes gilt gem. § 31 Abs. 2 SprAuG, §§ 72, 79 BPersVG bzw. den LPVG, hierzu Waltermann, Rn. 896. Siehe BAG, Urt. v. 23.10.2014, NJW 2015, S. 651.

460 Gem. § 9 S. 1 BetrVG kann ein Betriebsrat nur in einem Betrieb mit in der Regel mehr als fünf wahlberechtigten Arbeitnehmern gewählt werden. Nach Darsow-Faller, Kündigungsschutz, S. 63, Fn. 249 besteht in vielen Betrieben, die die Voraussetzungen des § 9 BetrVG erfüllen, kein Betriebsrat – lediglich in ca. 11 % der privatwirtschaftlichen Betriebe existiere ein solcher.

461 APS-Koch, § 102 BetrVG, Rn. 151; Zöllner/Loritz/Hergenröder, § 52, Rn. 44 f.; Krause, § 18, Rn. 66 ff.; Dütz/Thüsing, Rn. 420; Junker, Arbeitsrecht, Rn. 770; BAG, Urt. v. 12.09.2013, NZA 2013, S. 1412, Urt. v. 31.01.1996, NZA 1996, S. 649.

462 Schaub, § 124, Rn. 1, Rn. 10, Rn. 15, Rn. 20; Junker, Arbeitsrecht, Rn. 769 f.; Dütz/Thüsing, Rn. 421; BAG, Urt. v. 16.07.2015, ArbRB 2016, S. 35.

463 BAG, Urt. v. 10.11.2005, NZA 2006, S. 491 und Urt. v. 31.01.1996, NZA 1996, S. 649.

seitens des Arbeitgebers fehlerhaft durchgeführt wird[464]. Im Übrigen soll der Betriebsrat nach § 102 Abs. 2 S. 4 BetrVG den Arbeitnehmer, sollte dies erforderlich erscheinen, vor einer Stellungnahme anhören[465]. Widerspricht der Betriebsrat der Kündigung, kann der Arbeitgeber dem Arbeitnehmer dennoch kündigen, da das Gesetz keine Zustimmung voraussetzt[466]. Der Betriebsrat kann der Kündigung aus beliebigen Gründen widersprechen. Zu einer Weiterbeschäftigung nach § 102 Abs. 5 BetrVG führt aber nur ein aufgrund von § 102 Abs. 3 Nr. 1–5 BetrVG begründeter Widerspruch[467]. Bei einem wirksamen Widerspruch des Betriebsrats hat der Arbeitgeber dem Arbeitnehmer mit der Kündigung eine Abschrift der Stellungnahme des Betriebsrats zuzuleiten, der Arbeitnehmer hat nach Ablauf der Kündigungsfrist bis zum Abschluss des Kündigungsrechtsstreits Anspruch auf unveränderte Weiterbeschäftigung und die Kündigung ist bei Vorliegen der besonderen Sozialwidrigkeitsgründe nach § 1 Abs. 2 S. 2 KSchG unwirksam[468].

e) Abdingbarkeit des gesetzlichen Kündigungsschutzes

Der gesetzliche Kündigungsschutz kann durch vertragliche Regelungen erweitert, aber auch beschränkt werden.

aa) Tarifvertrag

Gem. § 4 Abs. 1 TVG kann eine tarifvertragliche Erweiterung des Kündigungsschutzes erreicht werden, z.B. durch den Ausschluss der ordentlichen Kündigung bei älteren Arbeitnehmern[469], der Zustimmung der Gewerkschaft zur ordentlichen Kündigung, einer Verkürzung der Wartezeit bis auf Null[470] oder die Einbeziehung von Kleinbetrieben[471]. Zudem kann für bestimmte Beendigungstatbestände wie

---

464 Bei Fehlern aus der Sphäre des Betriebsrats tritt die Unwirksamkeitsfolge dagegen nicht ein, APS-Koch, § 102 BetrVG, Rn. 3 und Rn. 153 ff.

465 Ein Verstoß bleibt aber sanktionslos und führt nicht zu einer Unwirksamkeit des Anhörungsverfahrens, siehe APS-Koch, § 102 BetrVG, Rn. 137.

466 ErfK-Kania, § 102 BetrVG, Rn. 15; BAG, Urt. v. 17.06.1999, AP Nr. 11 zu § 102 BetrVG 1972 Weiterbeschäftigung.

467 APS-Koch, § 102 BetrVG, Rn. 189; Dütz/Thüsing, Rn. 429.

468 ErfK-Kania, § 102 BetrVG, Rn. 31; Junker, Arbeitsrecht, Rn. 774.

469 V. Hoyningen-Huene/Linck, § 1, Rn. 24; ErfK-Franzen, § 1 TVG, Rn. 67; SPV-Preis, Rn. 264; BAG, Urt. v. 20.06.2013, NZA 2014, S. 208 und Urt. v. 05.02.1998, NZA 1998, S. 771.

470 Thüsing/Laux/Lembke-Gabrys, § 1 KSchG, Rn. 262; BAG, Urt. v. 14.05.1987, DB 1987, S. 2575 und Urt. v. 13.06.1996, NZA 1996, S. 1168.

471 Kittner/Däubler/Zwanziger-Däubler, Einl., Rn. 194 ff.; v. Hoyningen-Huene/Linck, § 1, Rn. 24; ErfK-Franzen, § 1 TVG, Rn. 67; Löwisch/Spinner/Wertheimer-Löwisch, Vor § 1 KSchG, Rn. 113; Löwisch/Caspers/Klumpp, Rn. 1018; BAG, Urt. v. 24.02.2011, NZA 2011, S. 708, Urt. v. 28.02.1990, DB 1990, S. 2609 und Urt. v. 14.05.1987, DB 1987, S. 2575.

Betriebsstilllegungen eine, in der Regel an die Betriebszugehörigkeit, das Lebensalter und die Unterhaltsverpflichtungen des Arbeitnehmers anknüpfende Abfindungsverpflichtung des Arbeitgebers vereinbart werden[472].

Eine Beschränkung des Kündigungsschutzes, der gesetzlichen Kündigungs- und Benachteiligungsverbote, der Zustimmungs- und Anhörungserfordernisse und der Generalklauseln durch Tarifvertrag ist nur ausnahmsweise möglich, soweit das Gesetz eine entsprechende Öffnungsklausel enthält[473]. So kann sich der Kündigungsschutz durch eine tarifvertragliche Verkürzung der Kündigungsfristen gem. § 622 Abs. 4 BGB verschlechtern[474]. Eine weitere Öffnungsklausel enthält § 1 Abs. 4 KSchG, wonach die Tarifvertragsparteien die Wertung und das Verhältnis der sozialen Gesichtspunkte nach § 1 Abs. 3 KSchG festlegen können[475].

bb) Betriebsvereinbarung

Auch durch eine Betriebsvereinbarung kann der Ausschluss der ordentlichen Kündigung bei älteren Arbeitnehmern, eine Verkürzung der Wartezeit oder die Einbeziehung von Kleinbetrieben vereinbart werden[476]. Weiter kann ein Sozialplan einen unmittelbaren Rechtsanspruch auf Zahlung einer Abfindung bzw. eine ergänzend zum Sozialplan geschlossene freiwillige Betriebsvereinbarung eine zusätzliche Abfindung für den Verzicht auf eine Kündigungsschutzklage vorsehen[477].

Grundsätzlich sind Änderungen der Gesetzeslage durch die Betriebsparteien nur zugunsten der Arbeitnehmer möglich[478]. Allerdings ist eine Beschränkung des

---

472 Kraus, Abfindungen, S. 31; ErfK-Franzen, § 1 TVG, Rn. 67; AR-Krebber, § 1 TVG, Rn. 58; Löwisch/Caspers/Neumann, Beschäftigung und demographischer Wandel, S. 30 f.; Darsow-Faller, Kündigungsschutz, S. 83; Weißflog, Abfindungsansprüche, S. 57 f.; Leising, Abfindung, StBW 2010, S. 237; BAG, Urt. v. 13.12.1994, AP Nr. 6 zu § 4 TVG Rationalisierungsschutz, Urt. v. 17.01.1995, NZA 1995, S. 949 und Urt. v. 27.04.1995, NZA 1996, S. 150.

473 APS-Kiel, § 1 KSchG, Rn. 820; Löwisch/Spinner/Wertheimer-Löwisch, Vor § 1 KSchG, Rn. 116; SPV-Preis, Rn. 266; ders., Arbeitsrecht, § 58, S. 758; Dütz/Thüsing, Rn. 639.

474 Krause, § 18, Rn. 9; Tilse/Wolgast, Beendigung des Arbeitsverhältnisses, S. 30; BAG, Urt. v. 23.04.2008, NZA 2008, S. 960.

475 APS-Kiel, § 1 KSchG, Rn. 820; BAG, Urt. v. 05.06.2008, NZA 2008, S. 1120.

476 Dabei muss der Tarifvorbehalt des § 77 Abs. 3 BetrVG beachtet werden, ErfK-Kania, § 77 BetrVG, Rn. 43 ff.; AR-Rieble, § 77 BetrVG, Rn. 27; Kittner/Däubler/Zwanziger-Däubler, Einl., Rn. 223 f.; APS-Koch, § 102 BetrVG, Rn. 176 und Rn. 180; Junker, Arbeitsrecht, Rn. 347.

477 ErfK-Kania, § 112a BetrVG, Rn. 13; Sesselmeier/Funk/Waas, Arbeitsmarkttheorien, S. 131 f.; Darsow-Faller, Kündigungsschutz, S. 82. Das BAG, Urt. v. 31.05.2005, NZA 2005, S. 997 stellt ausdrücklich klar, dass die Sozialplanleistungen nicht von einem Klageverzicht des Arbeitnehmers abhängig gemacht werden dürfen, sondern lediglich die zusätzliche Abfindung.

478 APS-Vossen, § 1 KSchG, Rn. 5; Löwisch/Spinner/Wertheimer-Löwisch, Vor § 1 KSchG, Rn. 117; Dütz/Thüsing, Rn. 639.

Kündigungsschutzes durch eine Betriebsvereinbarung gem. § 1 Abs. 4 KSchG möglich, da hiernach auch den Betriebsparteien ein Bewertungsspielraum eingeräumt ist[479].

cc) Individualvertrag

Schließlich kann dem Arbeitnehmer individualvertraglich ein besserer Kündigungsschutz einräumt werden[480]. Im Arbeitsvertrag kann ein Ausschluss der ordentlichen Kündigung[481], das sofortige Eingreifen des KSchG ohne Wartezeit oder aber seine Erstreckung auf Arbeitnehmer in Kleinbetrieben vereinbart werden[482]. Oftmals bringen Arbeitsverträge durch Bezugnahmeklauseln tarifliche Kündigungsverbote zur Anwendung[483]. Üblich ist die Vereinbarung einer Abfindung im Rahmen eines Aufhebungs- oder Abwicklungsvertrages, regelmäßig als Gegenleistung für den Verzicht auf den Kündigungsschutz[484].

Grundsätzlich kann der zwingende Kündigungsschutz durch einen (vorherigen) Individualvertrag nicht beschränkt werden[485]. Jedoch kann durch eine einzelvertragliche Bezugnahme zumindest bei gesetzlicher Zulassung wie § 622 Abs. 4 S. 2 BGB von tarifdispositivem Recht abgewichen werden[486]. Auf Rechte, die durch eine Betriebsvereinbarung eingeräumt sind, kann der Arbeitnehmer gem. § 77 Abs. 4 S. 2 BetrVG nur mit Zustimmung des Betriebsrats verzichten. Unabhängig hiervon kann der Arbeitnehmer bei Beendigung des Arbeitsverhältnisses auf seinen Kündigungsschutz verzichten. Regelmäßig erfolgt dies durch Vereinbarung einer

---

479 APS-Kiel, § 1 KSchG, Rn. 773 ff., Rn. 821; Löwisch/Spinner/Wertheimer-Löwisch, Vor § 1 KSchG, Rn. 118; SPV-Preis, Rn. 255; BAG, Urt. v. 24.10.2013, NZA 2014, S. 46.

480 Preis, Arbeitsrecht, § 58, S. 758 f.; Löwisch/Spinner/Wertheimer-Löwisch, Vor § 1 KSchG, Rn. 119. Gilt ein Tarifvertrag oder eine Betriebsvereinbarung, dürfen im individuellen Arbeitsvertrag abweichende Regelungen nur getroffen werden, wenn sie für den Arbeitnehmer günstiger sind, da nach § 4 Abs. 3 TVG in diesen Fällen das sog. Günstigkeitsprinzip zur Anwendung kommt. Vgl. Kramer, Kündigung, S. 13 f.

481 Dies ist möglich in den Grenzen des § 624 S. 1 BGB, Mues/Eisenbeis/Laber, Teil 12, Rz. 258; Preis, Arbeitsrecht, § 58, S. 760; Brox/Rüthers/Henssler, Rn. 459; BAG, Urt. v. 08.11.2007, NJW 2008, S. 1336. Bzgl. des befristeten Ausschlusses der ordentlichen Kündigung BAG, Urt. v. 07.03.2002, NZA 2002, S. 963.

482 Kittner/Däubler/Zwanziger-Däubler, Einl., Rn. 225; KR-Griebeling/Rachor, § 1 KSchG, Rn. 34; Löwisch/Spinner/Wertheimer-Löwisch, Vor § 1 KSchG, Rn. 119 und § 1, Rn. 51; SPV-Preis, Rn. 255; Küttner, Personalbuch, Kündigung allgemein, Rn. 18.

483 Junker, Arbeitsrecht, Rn. 347.

484 Kraus, Abfindungen, S. 32; Leising, Abfindung, StBW 2010, S. 237; Lincke/Knaebel, Reform des spanischen Arbeitsrechts, ZESAR 2011, S. 219.

485 APS-Vossen, § 1 KSchG, Rn. 5; Kittner/Zwanziger/Deinert-Appel, § 70, Rn. 50; Löwisch/Spinner/Wertheimer-Löwisch, Vor § 1 KSchG, Rn. 120; Preis, Arbeitsrecht, § 58, S. 758.

486 Preis, Arbeitsrecht, § 18, S. 228 und § 60, S. 770.

Ausgleichsquittung[487]. Hierin liegt die Erklärung des Arbeitnehmers, gegenüber der Beendigung des Arbeitsvertrages keine Einwendungen zu erheben oder damit einverstanden zu sein[488]. So entspricht die Ausgleichsquittung oft einem Abwicklungsvertrag, der sich vom Aufhebungsvertrag dadurch unterscheidet, dass er das Arbeitsverhältnis selbst nicht beendet, sondern lediglich die Folgefragen der Beendigung klärt[489].

2. Chile

Nachfolgend wird der Kündigungsschutz in Chile dargestellt.

a) Allgemeiner Kündigungsschutz des CT

Der allgemeine gesetzliche Kündigungsschutz ist im CT normiert.

aa) Anwendungsbereich

Der Arbeitnehmer kann sich auf den gesetzlichen Kündigungsschutz grundsätzlich unabhängig der Betriebsgröße und seiner Betriebszugehörigkeitsdauer berufen[490].

---

487 Die Ausgleichsquittung kann einen Aufhebungsvertrag, einen Vergleich, ein deklatorisches negatives oder konstitutives Schuldanerkenntnis, einen Klageverzichtsvertrag, einen Erlassvertrag oder ein Klagerücknahmeversprechen beinhalten. Der Parteiwille muss in der Urkunde zweifelsfrei zum Ausdruck kommen, Kasseler Handbuch-Böck, 6.3, Rn. 803; v. Hoyningen-Huene/Linck, § 1, Rn. 51; APS-Vossen, § 1 KSchG, Rn. 13 ff.; MüKo-Hergenröder, Einl. KSchG, Rn. 13; MüArbR-Wank, § 104, Rn. 5; Söhner, Verzicht auf Bestandsschutz, S. 159 ff.; Plander, Ausgleichsquittung, DB 1986, S. 1874 f.; Schulte, Ausgleichsquittung, DB 1981, S. 937, S. 941; Hümmerich/Holthausen, Arbeitnehmer als Verbraucher, NZA 2002, S. 179; BAG, Urt. v. 07.11.2007, NZA 2008, S. 355, Urt. v. 06.09.2007, DB 2008, S. 411, Urt. v. 20.06.1985, DB 1985, S. 2357, Urt. v. 03.05.1979, BAGE 32, S. 6, Urt. v. 29.06.1978, AP Nr. 5 zu § 4 KSchG 1969 und Urt. v. 25.09.1969, AP Nr. 36 zu § 3 KSchG; LAG Hamm, Urt. v. 14.12.1984, NZA 1985, S. 292; LAG Köln, Urt. v. 22.02.2000, NZA-RR 2001, S. 85.

488 ErfK-Preis, § 611 BGB, Rn. 514 ff.; ebda.-Müller-Glöge, § 620 BGB, Rn. 5; Palandt-Weidenkaff, Vorbem. v. § 620 BGB, Rn. 74; ders.-Grüneberg, § 397 BGB, Rn. 11; Thüsing/Laux/Lembke-Gabrys, § 1 KSchG, Rn. 198; Düwell/Rieble/Weyand, Teil 7, Kap. 3.1.1., S. 9; MüArbR-Wank, § 104, Rn. 1; HWK-Thüsing, § 611 BGB, Rn. 420; Plander, Ausgleichsquittung, DB 1986, S. 1873; LAG Hamm, Urt. v. 14.12.1984, NZA 1985, S. 292 f.; LAG Köln, Urt. v. 22.02.2000, NZA-RR 2001, S. 85.

489 APS-Rolfs, AufhebVtr, Rn. 25 f.; Dütz/Thüsing, Rn. 347.

490 Gleiches gilt für den Arbeitnehmer in Spanien (außer während einer vereinbarten Probezeit nach Art. 14 ET). Hierzu Selenkewitsch, Spanisches Arbeitsrecht, S. 29, S. 70 f.; Darsow-Faller, Kündigungsschutz, S. 114; Lotz, Kündigungsschutz, S. 104, S. 134.

bb) Kündigungstatbestände

Die Kündigung erfordert das Vorliegen eines gesetzlichen Kündigungstatbestandes[491]:

(1) Unvorhersehbare Umstände und höhere Gewalt

Unvorhersehbare Umstände („caso fortuito") oder höhere Gewalt („fuerza mayor") stellen einen Kündigungsgrund nach Art. 159 Nr. 6 CT dar. Art. 45 CC („Código Civil", chilenisches Zivilgesetzbuch) definiert „höhere Gewalt" oder einen „unvorhersehbaren Umstand" als nicht vorhersehbare Geschehnisse, die nicht verhindert werden können, wie ein Schiffbruch, ein Erdbeben oder ein feindlicher Angriff („apresamiento de enemigos")[492]. Treten die unvorhergesehenen Umstände oder höhere Gewalt auf Dauer ein, führt dies zu einem Beendigungstatbestand, den der Arbeitgeber durch Ausspruch einer Kündigung in Anspruch nehmen kann[493]. Voraussetzung ist, dass die kündigungsbegründenden Tatsachen selbst unvorhersehbar und unvermeidbar waren und dem Arbeitgeber nicht zuzurechnen sind[494]. Brennt bspw. eine Arbeitsstätte ab und werden dabei wichtige Produktionsteile zerstört, ohne dass dies dem Arbeitgeber zuzurechnen ist, liegt ein unvorhersehbares Ereignis vor[495]. Ein solches liegt auch vor, wenn die Schäden der Betriebsstätte unmittelbar auf ein Erdbeben zurückzuführen und dem Arbeitgeber nicht zuzurechnen

---

491 Lizama, Derecho del Trabajo, S. 171; Nadal, Despido, S. 36 ff. und S. 42; Miranda/Aitken, Chile, S. 131.

492 Vivanco, El despido laboral, S. 50; Thayer/Novoa, Derecho del Trabajo, Tomo II, S. 377 f., Tomo III, S. 44; Lizama, Derecho del Trabajo, S. 187; Nadal, Despido, S. 135. Morgado, Labour Law in Chile, S. 153 und Miranda/Aitken, Chile, S. 131 übersetzen den unvorhersehbaren Umstand „by act of God".

493 Sáez/Melis, Derecho del Trabajo, Tomo I, S. 258; Thayer/Novoa, Derecho del Trabajo, Tomo II, S. 378; Nadal, Despido, S. 136; Olate/Montecinos/Muñoz, Código del Trabajo, S. 302; Lizama, Código del Trabajo, Tomo I, S. 353. Der Arbeitsvertrag von Hafenzeitarbeitern kann gem. Art. 137 c) CT im Falle des Eintretens unvorhersehbarer Umstände und höherer Gewalt beendet werden, wenn dies dem Arbeitgeber die Zuweisung der vereinbarten Arbeiten unmöglich macht. In diesem Fall ist der Arbeitgeber zur Zahlung des Gehalts in Höhe des Betrages einer halben Arbeitsschicht verpflichtet, vgl. Nadal, Despido, S. 335; Moraga, Código del Trabajo, Tomo I, S. 307 und S. 309. Auch in Spanien kann aufgrund höherer Gewalt gem. Art. 51.7. ET i.V.m. Art. 49.1. h) ET gekündigt werden, Selenkewitsch, Spanisches Arbeitsrecht, S. 101 f.; ders., Kündigungsschutz, ZIAS 2005, S. 39; Darsow-Faller, Kündigungsschutz, S. 129; Lotz, Kündigungsschutz, S. 72; TSJ Comunidad Valenciana v. 28.06.2006, Recurso Nr. 651/2006.

494 Sáez/Melis, Derecho del Trabajo, Tomo I, S. 257 f.; Olate/Montecinos/Muñoz, Código del Trabajo, S. 292; Lizama, Derecho del Trabajo, S. 187; Nadal, Despido, S. 138 f. und S. 144; Dirección del Trabajo, Dictámen Ord. Nr. 1.232/59 v. 17.02.1995, Dictámen Ord. Nr. 4.055/297 v. 27.09.2000 und Dictámen Ord. Nr. 1.922/034 v. 20.04.2015.

495 Thayer/Novoa, Derecho del Trabajo, Tomo II, S. 378; Lizama, Derecho del Trabajo, S. 188; Moraga, Código del Trabajo, Tomo I, S. 390 f. Nach Sáez/Melis, Derecho

sind, weil sich seine Betriebsstätte in einem ordnungsgemäßen Zustand befand und die Stärke des Bebens mit den üblichen Messungen nicht vorhersehbar war[496]. Dagegen stellen die arbeitgeberseitige Schließung des Werkes, eine Arbeitgeberinsolvenz oder ein Streik der Beschäftigten keine höhere Gewalt dar[497].

(2) Personen- bzw. verhaltensbedingte Kündigung

Das Arbeitsverhältnis kann gem. Art. 160 CT aufgrund eines in der Person oder in dem Verhalten des Arbeitnehmers liegenden Grundes („causales de caducidad") gekündigt werden. Diese Kündigungsgründe setzen ein widerrechtliches Verhalten schwerwiegender Natur voraus[498]. Der Kündigungsgrund muss im Rahmen einer vorzunehmenden Abwägung derart gewichtig sein, dass die Kündigung verhältnismäßig erscheint[499]. Es ist nicht erforderlich, dass der Arbeitnehmer zuvor abgemahnt wird. Teilweise wird aber eine schriftliche Abmahnung empfohlen, so im Falle einer Kündigung wegen eines schwerwiegenden Verstoßes gegen vertraglich vereinbarte Verpflichtungen gem. Art. 160 Nr. 7 CT[500]. Zudem muss die Kündigung in unmittelbarem zeitlichem Zusammenhang mit dem kündigungsbegründenden Ereignis ausgesprochen werden[501]. Bei Vorliegen eines solchen Kündigungsgrundes verwirkt der Arbeitnehmer einen Abfindungsanspruch.

---

del Trabajo, Tomo I, S. 260; Nadal, Despido, S. 143 ist der Arbeitgeber nicht dazu verpflichtet, den Arbeitnehmer in anderen Betriebsstätten einzusetzen.

496 Zudem muss die Betriebsstätte wegfallen und der Arbeitnehmer darf nicht in einer anderen Betriebsstätte einsetzbar sein, so die Dirección del Trabajo, Dictámen Ord. Nr. 1.412/021 v. 19.03.2010.

497 Vivanco, El despido laboral, S. 52; Moraga, Código del Trabajo, Tomo I, S. 390; Nadal, Despido, S. 41, S. 140 und S. 362 f.

498 Das spanische Pendant ist die Kündigung aus disziplinarischen Gründen gem. Art. 54 ET (und Art. 49.1. k), 55, 56 ET i.V.m. Art. 103–113 LRJS), siehe Henssler/Braun-Calle/Prehm, Spanien, Rn. 123; Hofedank, Kündigungsschutz, S. 37 f.; Darsow-Faller, Kündigungsschutz, S. 123; v. Radziewski, Bagatellkündigung, S. 158 ff.

499 Thayer/Novoa, Derecho del Trabajo, Tomo III, S. 48, S. 50 f., Tomo II, S. 388 f.; Benavides, Despido, S. 17; Moraga, Código del Trabajo, Tomo I, S. 394; Lizama, Código del Trabajo, Tomo I, S. 380 ff.; Vivanco, El despido laboral, S. 58.

500 Der Arbeitnehmer wird darauf hingewiesen, dass ihm bei Wiederholung des Fehlverhaltens eine Kündigung droht, hierzu Vivanco, El despido laboral, S. 82, der gleichzeitig empfiehlt, eine Kopie dieser Abmahnung an das zuständige Arbeitsaufsichtsamt zu senden. Auch in Spanien ist eine Abmahnung nicht normiert und wird (grundsätzlich) nicht als Kündigungsvoraussetzung gefordert, so v. Radziewski, Bagatellkündigung, S. 189, S. 238; Flägel, Beendigung von Arbeitsverhältnissen, RIW 1998, S. 450; Lotz, Kündigungsschutz, S. 140 f.; Selenkewitsch, Spanisches Arbeitsrecht, S. 77; ders., Kündigungsschutz, ZIAS 2005, S. 27; Hofedank, Kündigungsschutz, S. 46 und S. 231; Darsow-Faller, Kündigungsschutz, S. 133.

501 Thayer/Novoa, Derecho del Trabajo, Tomo III, S. 63 f., Fn. 68, Tomo II, S. 398 f.; Nadal, Despido, S. 43 f., S. 168; Vivanco, El despido laboral, S. 60; Sáez/Melis, Derecho del Trabajo, Tomo I, S. 261; Benavides, Despido, S. 14 f.; siehe oben S. 61 f.

(a) Mangelnde Gewissenhaftigkeit

Erfüllt der Arbeitnehmer seine Aufgaben mit mangelnder Gewissenhaftigkeit („falta de probidad"), kann der Arbeitgeber ihn gem. Art. 160 Nr. 1a) CT kündigen. Dieser Tatbestand wird angenommen, kommt der Arbeitnehmer seinen arbeitsvertraglichen Verpflichtungen nicht mit ausreichender Aufrichtigkeit, Gewissenhaftigkeit, Integrität, Verantwortung und Rechtschaffenheit nach[502]. Der Arbeitnehmer muss dabei keinen Straftatbestand erfüllen; es ist ausreichend, wenn die kündigungsbegründende Handlung sittlich als verwerflich anzusehen und schwerwiegender Natur ist[503]. Die fehlende Gewissenhaftigkeit muss das Arbeits- und Vertrauensverhältnis zwischen Arbeitgeber und Arbeitnehmer betreffen; es reicht nicht aus, wenn lediglich Dritte betroffen sind[504]. Dieser Kündigungstatbestand liegt vor, wenn der Arbeitnehmer Geld des Arbeitgebers unterschlägt[505], Diebstahl oder Unterschlagung an Firmeneigentum begeht[506], sich gegenüber dem Arbeitgeber wiederholt des Betrugs strafbar macht[507] oder aber Alkoholiker ist und seine Arbeitsleistung hierunter leidet[508].

(b) Sexuelle Belästigung

Der Arbeitnehmer kann wegen sexueller Belästigung („conductas de acoso sexual") gem. Art. 160 Nr. 1b) CT gekündigt werden. Der Tatbestand der sexuellen Belästigung ist in Art. 2 Abschn. 2 CT legaldefiniert[509]: Hierunter wird ein ungehöriges

---

502 Lizama, Derecho del Trabajo, S. 173; Thayer/Novoa, Derecho del Trabajo, Tomo III, S. 47; Nadal, Despido, S. 153 und S. 168; Moraga, Código del Trabajo, Tomo I, S. 394 f.; Olate/Montecinos/Muñoz, Código del Trabajo, S. 303 f. und S. 307; Sáez/Melis, Derecho del Trabajo, Tomo I, S. 262; Irureta, Principio de la buena fe, Ius et Praxis 2011, S. 176; CA Valparaíso, Rol Nr. 427/2005 v. 20.02.2006.

503 Sáez/Melis, Derecho del Trabajo, Tomo I, S. 262 ff.; Moraga, Código del Trabajo, Tomo I, S. 395; Nadal, Despido, S. 155 f. und S. 167 f.: Mangels schwerwiegender Natur der verwerflichen Tat kann ein Arbeitnehmer, der ohne Beanstandung über zwanzig Jahre ununterbrochen bei dem Arbeitgeber beschäftigt war, wegen Entwendung eines Nahrungsmittels nicht gem. Art. 160 Nr. 1a) CT gekündigt werden. Vgl. zudem Olate/Montecinos/Muñoz, Código del Trabajo, S. 303, S. 307 f.; Vivanco, El despido laboral, S. 62 f.; Irureta, Principio de la buena fe, Ius et Praxis 2011, S. 177.

504 Nadal, Despido, S. 157; Olate/Montecinos/Muñoz, Código del Trabajo, S. 308; Walker, Relaciones Laborales, S. 404; Corte Suprema, Rol Nr. 3.510/2003 v. 07.10.2004.

505 Lizama, Derecho del Trabajo, S. 174; Nadal, Despido, S. 163; Corte Suprema, Rol Nr. 1.747/02 v. 17.06.2002.

506 Moraga, Código del Trabajo, Tomo I, S. 395; Lizama, Derecho del Trabajo, S. 174; Nadal, Despido, S. 163; Corte Suprema, Rol Nr. 4.016/2001 v. 15.11.2001 und Rol Nr. 155/2002 v. 25.03.2002.

507 Thayer/Novoa, Derecho del Trabajo, Tomo III, S. 47; zu diesem und weiteren Bsp. Lizama, Derecho del Trabajo, S. 174.

508 Walker, Relaciones Laborales, S. 404; Nadal, Despido, S. 162 ff.

509 Diese Definition wurde durch Gesetz Nr. 20.005 v. 18.03.2005 eingeführt, vgl. Morgado, Labour Law in Chile, S. 154, S. 170; Olate/Montecinos/Muñoz, Código del Trabajo, S. 5, Fn. 4; Palavecino, Acoso sexual, Revista de derecho 2006, S. 110 f.

Verhalten verstanden, durch welches eine Person, gleich welcher Weise, sexuelle Handlungen ersucht, die seitens des Betroffenen kein Einvernehmen finden und durch welche seine Arbeitssituation bedroht oder behindert wird. Die sexuelle Belästigung stellt ein rechtswidriges Verhalten dar, durch welches die Rechte des Betroffenen verletzt werden[510]. Umfasst sind nicht nur körperliche Übergriffe, sondern jedes Verhalten, durch welches sexuelle Handlungen ersucht wird, d.h. mündliche Aussagen, elektronischer Schriftverkehr, Briefe oder persönliche Sendungen, die den betroffenen Arbeitnehmer bedrohen oder beeinträchtigen, wobei dieser nicht bereits in seiner Privat- und Intimsphäre konkret bedroht oder beeinträchtigt sein muss; vielmehr reicht es aus, wenn seine Arbeitssituation gefährdet ist[511].

(c) Ausübung von Tätlichkeiten

Der Kündigungstatbestand des Art. 160 Nr. 1c) CT beinhaltet die Ausübung von Tätlichkeiten gegen den Arbeitgeber oder einen in demselben Unternehmen tätigen Arbeitnehmer („vias de hecho"). Der Arbeitgeber ist zur Kündigung berechtigt, wenn der Arbeitnehmer körperliche Gewalt gegen ihn oder einen seiner Mitarbeiter während der Arbeitszeit und in Ausübung der arbeitsvertraglichen Pflichten ausübt und diese hinreichend schwer wiegt[512]. Findet eine Schlägerei zwischen zwei oder mehreren Arbeitnehmern statt, steht es dem Arbeitgeber frei, lediglich einen, die Tätlichkeit ausübenden Arbeitnehmer zu kündigen – er ist nicht gehalten, gleichzeitig andere, ebenso in die Tätlichkeit verwickelte Arbeitnehmer zu kündigen[513]. Zudem müssen dem Arbeitgeber keine finanziellen Nachteile durch die Tätlichkeiten entstehen[514]. Ein solcher Grund liegt vor, wenn der Arbeitnehmer seinen Vorgesetzten körperlich angreift, ohne dass dieser den Angriff provoziert hat und sich dieser Streit innerhalb des Betriebsgeländes abspielt[515]. Beschränkt sich der Arbeitnehmer dagegen darauf, gegen ihn gerichtete Angriffe defensiv und nicht exzessiv zurückzuweisen[516], spielt sich der Disput mit einem Arbeitskollegen außerhalb des Betriebsgeländes ab[517] oder wird der Streit zwischen Arbeitnehmern nach

---

510 Olate/Montecinos/Muñoz, Código del Trabajo, S. 7.

511 Olate/Montecinos/Muñoz, Código del Trabajo, S. 304; Lizama, Código del Trabajo, Tomo I, S. 367; Palavecino, Acoso sexual, Revista de derecho 2006, S. 107 ff.; Corte Suprema, Rol Nr. 6.569/2008 v. 14.01.2009; CA Santiago, Rol Nr. 4.475/2008 v. 27.05.2008.

512 Lizama, Derecho del Trabajo, S. 174 f.; Vivanco, El despido laboral, S. 61; Nadal, Despido, S. 173 und S. 178.

513 Nadal, Despido, S. 175.

514 Nadal, Despido, S. 177.

515 Moraga, Código del Trabajo, Tomo I, S. 401; Corte Suprema, Rol Nr. 4.649/2001 v. 06.12.2001. Zu diesem Urteil siehe Lizama, Derecho del Trabajo, S. 174 f.

516 Walker, Relaciones Laborales, S. 405; Thayer/Novoa, Derecho del Trabajo, Tomo III, S. 49.

517 Sáez/Melis, Derecho del Trabajo, Tomo I, S. 265.

Beendigung der Arbeitszeit ausgetragen und tangiert nicht die Arbeitsatmosphäre im Betrieb, wird dieser Kündigungsgrund nicht angenommen[518].

(d) Schwere Beleidigungen

Schwere Beleidigungen des Arbeitgebers („injurias") berechtigen zur Kündigung gem. Art. 160 Nr. 1d) CT. Der Arbeitgeber muss durch Worte oder Taten beschimpft oder gekränkt werden, ohne dass die Tatbestandsvoraussetzungen einer Beleidigung im strafrechtlichen Sinne nach Art. 416 f. CP („Código Penal", chilenisches Strafgesetzbuch)[519] vorliegen müssen[520]. Dies betrifft ausschließlich Beleidigungen des Arbeitgebers, nicht aber der Mitarbeiter[521]. Da die gegenüber dem Arbeitgeber ausgesprochene Beleidigung hinreichend schwer wiegen muss, ist das kulturelle Niveau des Arbeitnehmers, die übliche Ausdrucksweise innerhalb des Betriebes, das soziale Umfeld als auch die Häufigkeit eines solchen Vorfalls im Verhältnis zur Betriebszugehörigkeit des Arbeitnehmers zu berücksichtigen[522].

(e) Unsittliches Verhalten

Art. 160 Nr. 1e) CT normiert den Kündigungstatbestand eines unsittlichen Verhaltens, das dem Unternehmen schadet, in welchem der Arbeitnehmer arbeitet. Das unsittliche Verhalten („conducta inmoral") ist gesetzlich nicht näher definiert, jedoch wird hierunter ein Verstoß gegen die guten Sitten verstanden[523]. Zur Tatbestandserfüllung muss der Arbeitnehmer fehlende oder mangelhafte Gewissenhaftigkeit bei der Ausübung seiner arbeitsvertraglichen Pflichten an den Tag legen und sich innerhalb des Betriebes unsittlich verhalten, wodurch dem Arbeitgeber ein Schaden entsteht[524]. Beispielhaft werden hier Exhibitionismus, die Verwendung

---

518 Nadal, Despido, S. 174; Moraga, Código del Trabajo, Tomo I, S. 396; Sáez/Melis, Derecho del Trabajo, Tomo I, S. 265; Lizama, Código del Trabajo, Tomo I, S. 368.

519 Código Penal v. 12.11.1874, zuletzt geändert am 22.11.2016.

520 Lizama, Derecho del Trabajo, S. 175; Vivanco, El despido laboral, S. 61, S. 65; Sáez/Melis, Derecho del Trabajo, Tomo I, S. 265.

521 Nadal, Despido, S. 186; Lizama, Derecho del Trabajo, S. 175; ders., Código del Trabajo, Tomo I, S. 381; Thayer/Novoa, Derecho del Trabajo, Tomo III, S. 49; Sáez/Melis, Derecho del Trabajo, Tomo I, S. 266; Olate/Montecinos/Muñoz, Código del Trabajo, S. 304.

522 Sáez/Melis, Derecho del Trabajo, Tomo I, S. 265 f.; Vivanco, El despido laboral, S. 61; Nadal, Despido, S. 181 ff. und S. 186. Umstritten ist, ob der Arbeitnehmer, wie es dem Gesetzeswortlaut zu entnehmen ist, (mehrere) Beleidigungen aussprechen muss, oder ob es ausreichend ist, dass der Arbeitnehmer bei einer Gelegenheit einen (einzigen) beleidigenden Ausdruck gegenüber dem Arbeitgeber verwendet, vgl. Moraga, Código del Trabajo, Tomo I, S. 404.

523 Lizama, Derecho del Trabajo, S. 176; Moraga, Código del Trabajo, Tomo I, S. 405; Thayer/Novoa, Derecho del Trabajo, Tomo III, S. 49 f.

524 Walker, Relaciones Laborales, S. 405; Sáez/Melis, Derecho del Trabajo, Tomo I, S. 266; Nadal, Despido, S. 191 ff.; Olate/Montecinos/Muñoz, Código del Trabajo,

unverschämter und flegelhafter Ausdrücke oder aber das Erscheinen zur Arbeit unter Alkohol- oder Drogeneinfluss genannt[525].

(f) Mobbing am Arbeitsplatz

Durch das Gesetz Nr. 20.607 vom 08.08.2012 wurde mit Art. 160 Nr. 1 f.) CT der Kündigungstatbestand des Mobbings am Arbeitsplatz („conductas de acoso laboral") normiert. Mobbing am Arbeitsplatz ist in Art. 2 Abschn. 2 S. 3 CT legaldefiniert. Hierzu gehören (seitens des Arbeitgebers oder einem/mehreren Arbeitnehmern durchgeführte) beharrliche Belästigungen in jeder Form, verbale oder tätliche Misshandlungen mit dem Ziel, den (oder die) Arbeitnehmer zu diskreditieren, seine Ehre zu verletzen oder seinen Ruf zu schädigen, was zu einer Bedrohung oder Beeinträchtigung des Betroffenen führt[526].

(g) Ausübung untersagter Handlungen

Der Kündigungstatbestand des Art. 160 Nr. 2 CT umfasst geschäftliche Handlungen des Arbeitnehmers, die ihm seitens des Arbeitgebers schriftlich untersagt wurden und die mit den betrieblichen Interessen nicht vereinbar sind. Hierunter sind Handlungen zu verstehen, die der Verpflichtung des Arbeitnehmers, nach Treu und Glauben („buena fe") zu handeln, einer ordnungsgemäßen Erfüllung seiner Aufgaben und der Wahrung von Betriebsgeheimnissen widersprechen[527]. Nach Art. 160 Nr. 2 CT muss der Arbeitgeber die Handlungen schriftlich, in der Regel im Rahmen des Arbeitsvertrages oder einer betrieblichen Vereinbarung[528], untersagt haben[529]. Dieser Kündigungstatbestand liegt auch vor, wenn der Arbeitnehmer nicht rechtschaffen handelt, ihm dies jedoch nicht schriftlich untersagt war, da es sich bei der Verpflichtung zu rechtschaffenem und ehrbarem Verhalten um eine naturgesetzliche handelt[530]. Nicht zulässig ist die Untersagung von Handlungen während und nach

S. 304 und S. 310; Moraga, Código del Trabajo, Tomo I, S. 405; CA Concepción, Rol Nr. 1.209/2003 v. 23.07.2003.

525 Nadal, Despido, S. 191; Moraga, Código del Trabajo, Tomo I, S. 405.

526 Dirección del Trabajo, Dictámen Ord. Nr. 3.519/034 v. 09.08.2012.

527 Lizama, Derecho del Trabajo, S. 176 und Irureta, Principio de la buena fe, Ius et Praxis 2011, S. 178.

528 Thayer/Novoa, Derecho del Trabajo, Tomo III, S. 53; Moraga, Código del Trabajo, Tomo I, S. 406; Walker, Relaciones Laborales, S. 406; Sáez/Melis, Derecho del Trabajo, Tomo I, S. 266. Laut Nadal, Despido, S. 200 und Vivanco, El despido laboral, S. 67 reicht es für eine Kündigung jedoch nicht aus, wenn das entsprechende Verhalten im Rahmen der betrieblichen Vereinbarung lediglich mit einer Geldstrafe belegt ist.

529 Nadal, Despido, S. 198 f. und Olate/Montecinos/Muñoz, Código del Trabajo, S. 304.

530 Olate/Montecinos/Muñoz, Código del Trabajo, S. 310; Lizama, Derecho del Trabajo, S. 176 f.; vgl. CA Santiago, Rol Nr. 113/2001 v. 02.11.2001.

Beendigung des bestehenden Arbeitsverhältnisses, die die Geschäftstätigkeit des Arbeitgebers nicht betreffen[531].

(h) Unbegründetes Nichterscheinen zur Arbeit

Erscheint der Arbeitnehmer an zwei aufeinanderfolgenden Tagen, an zwei Montagen oder an insgesamt drei Tagen im Monat unbegründet nicht zur Arbeit, ist der Arbeitgeber gem. Art. 160 Nr. 3 CT zur Kündigung berechtigt; ferner für den Fall des unbegründeten oder vom Arbeitnehmer nicht vorher angekündigten Fernbleibens, wenn dieser für eine Aufgabe, Tätigkeit oder Maschine zuständig ist und die Abwesenheit bzw. der Stillstand eine schwerwiegende Störung des Betriebsablaufs zur Folge hat[532]. In letzterem Fall ist es ausreichend, wenn der Arbeitnehmer unentschuldigt einen Tag fehlt[533].

Das Nichterscheinen zur Arbeit an zwei aufeinander folgenden Tagen setzt voraus, dass es sich um zwei unmittelbar aufeinander folgende Werktage handelt. Liegt zwischen den zwei Werktagen ein Sonn- oder Feiertag, ist Art. 160 Nr. 3 CT nicht erfüllt[534]. Des Weiteren ist dem Gesetzeswortlaut des Art. 160 Nr. 3 CT zu

---

531 Sáez/Melis, Derecho del Trabajo, Tomo I, S. 267; Nadal, Despido, S. 203; Dirección del Trabajo, Dictámen Ord. Nr. 4.329/187 v. 06.08.1992 und Dictámen Ord. Nr. 5.620/300 v. 22.09.1997.

532 Laut Vivanco, El despido laboral, S. 70 ist diese Norm auf die Neigung der Chilenen zum Fernbleiben von der Arbeit, zur notorischen Unpünktlichkeit und zur Unzuverlässigkeit bei Erfüllung gesellschaftlicher Verpflichtungen zurückzuführen; Schwächen, die jedoch aufgrund der Verbesserung der Lebensumstände und der Erhaltung des Arbeitsplatzes nunmehr allmählich Werten der Pünktlichkeit und des Pflichtbewusstseins weichen. Siehe Corte Suprema, Rol Nr. 803/01 v. 04.04.2001 und Rol Nr. 3.310/03 v. 26.08.2004. In Spanien kann der Arbeitnehmer gem. Art. 52d) ET aufgrund von Fehlzeiten, die 20 % bzw. 25 % der werktäglichen Arbeitszeit in zwei bzw. vier Monaten innerhalb von zwölf Monaten erreichen, gekündigt werden. Nicht zu diesen Fehlzeiten gehören bspw. die Abwesenheit wegen eines Arbeitsunfalls oder Schwangerschaftsrisikos, sofern das öffentliche Gesundheitsamt die Krankschreibung bestätigt und diese länger als zwanzig Tage andauert. Voraussetzung ist daher, dass es sich um einen nicht zusammenhängenden Abwesenheitszeitraum handelt, um ernsthaft Erkrankte vor dieser Kündigung zu schützen. Hierzu Darsow-Faller, Kündigungsschutz, S. 125; Hofedank, Kündigungsschutz, S. 67 f.; Henssler/Braun-Calle/Prehm, Spanien, Rn. 117; Selenkewitsch, Kündigungsschutz, ZIAS 2005, S. 41; vgl. Lincke/Knaebel, Reform des spanischen Arbeitsrechts, ZESAR 2011, S. 219; del Rey, Reforma del Mercado de Trabajo, S. 413 f. und S. 422 ff.; Thibault, Reforma laboral, S. 515 f.; STSJ Baleares v. 15.01.1999, AS 81.

533 Thayer/Novoa, Derecho del Trabajo, Tomo III, S. 53.

534 Vivanco, El despido laboral, S. 70; Sáez/Melis, Derecho del Trabajo, Tomo I, S. 268; Thayer/Novoa, Derecho del Trabajo, Tomo II, S. 391; a.A. Nadal, Despido, S. 208 f.

entnehmen, dass der Tatbestand des Nichterscheinens an zwei aufeinander folgenden Tagen nicht innerhalb eines Kalendermonats gegeben sein muss – es reicht aus, wenn der Arbeitnehmer an einem 30. bzw. 31. des Monats und einem unmittelbar darauf folgenden 1. des nächsten Monats unbegründet nicht zur Arbeit erscheint. Dagegen verlangt der Wortlaut des Fehlens an zwei Montagen oder an insgesamt drei Tagen, dass diese Tage innerhalb eines Kalendermonats liegen[535].

Der Arbeitnehmer muss unentschuldigt oder ohne vorherige Ankündigung fehlen. Mangels einer gesetzlichen Legaldefinition[536] ist anerkannt, dass die Abwesenheit des Arbeitnehmers gerechtfertigt ist, wenn der Arbeitnehmer eine Arbeitsunfähigkeitsbescheinigung vorlegt[537], bei einer schweren Erkrankung des Kindes oder des Ehegatten mit stationärem Krankenhausaufenthalt[538] oder wenn der Arbeitnehmer die häuslichen Aufgaben, die Pflege des kranken Partners und die Betreuung der minderjährigen Kinder übernehmen muss[539]. Dabei ist nicht erforderlich, dass der Arbeitnehmer eine ärztliche Arbeitsunfähigkeitsbescheinigung vorlegt; die Abwesenheit kann durch andere gesetzliche Beweismittel wie dem Zeugenbeweis oder durch Vorlage anderer Dokumente belegt werden[540].

(i) Unerlaubtes Entfernen vom Arbeitsplatz

Dieser Kündigungstatbestand liegt gem. Art. 160 Nr. 4a) CT vor, wenn sich der Arbeitnehmer während der Arbeitszeit ohne Erlaubnis des Arbeitgebers oder seines Vorgesetzten vom Arbeitsplatz entfernt. Voraussetzung ist, dass der Arbeitnehmer während der Arbeitszeit und außerhalb der Ruhepausen unberechtigt, d.h. ohne rechtfertigenden Anlass und ohne Erlaubnis seinen Arbeitsplatz verlässt[541]. Dabei muss die Kündigung verhältnismäßig sein, wobei in diese Abwägung die

535 Sáez/Melis, Derecho del Trabajo, Tomo I, S. 268 f.; Nadal, Despido, S. 211.

536 Thayer/Novoa, Derecho del Trabajo, Tomo III, S. 55; Olate/Montecinos/Muñoz, Código del Trabajo, S. 311; Corte Suprema, Rol Nr. 2.506/2004 v. 29.11.2005.

537 Lizama, Derecho del Trabajo, S. 178; ders., Código del Trabajo, Tomo I, S. 372; Moraga, Código del Trabajo, Tomo I, S. 413 f.; Olate/Montecinos/Muñoz, Código del Trabajo, S. 312; vgl. Corte Suprema, Rol Nr. 4.522/2005 v. 14.03.2007 und Rol Nr. 3.349/2005 v. 26.09.2005.

538 Olate/Montecinos/Muñoz, Código del Trabajo, S. 311; Lizama, Código del Trabajo, Tomo I, S. 372; Corte Suprema, Rol Nr. 4.326/2004 v. 24.01.2006.

539 Lizama, Derecho del Trabajo, S. 178; Thayer/Novoa, Derecho del Trabajo, Tomo III, S. 54 f.; vgl. Moraga, Código del Trabajo, Tomo I, S. 413.

540 Sáez/Melis, Derecho del Trabajo, Tomo I, S. 269 ff.; Walker, Relaciones Laborales, S. 407; Nadal, Despido, S. 213.

541 Lizama, Derecho del Trabajo, S. 179; Olate/Montecinos/Muñoz, Código del Trabajo, S. 305; Moraga, Código del Trabajo, Tomo I, S. 418; Nadal, Despido, S. 225; Corte Suprema, Rol Nr. 3.514/2000 v. 23.10.2000.

Betriebszugehörigkeitsdauer des Arbeitnehmers einfließen soll[542]. Insbesondere stellt die Weigerung des Arbeitnehmers, Überstunden zu leisten, zu denen er nicht verpflichtet ist, kein unerlaubtes Entfernen vom Arbeitsplatz dar[543].

(j) Unbegründete Arbeitsverweigerung

Der Kündigungstatbestand des Art. 160 Nr. 4b) CT umfasst die unbegründete Weigerung, vertraglich vereinbarte Tätigkeiten zu verrichten. Gem. Art. 10 Nr. 3 CT und Art. 1546 CC muss der Aufgabenbereich des Arbeitnehmers im Arbeitsvertrag klar und eindeutig erfasst sein und die arbeitsvertraglichen Pflichten hieraus unmissverständlich hervorgehen[544]. Der Tatbestand des Art. 160 Nr. 4b) CT ist nicht erfüllt, wenn sich der Arbeitnehmer weigert, andere Aufgaben als diejenigen wahrzunehmen, für die er eingestellt wurde, insbesondere wenn ihm für die Verrichtung der verweigerten Tätigkeit eine höhere als die vereinbarte Vergütung zustehen würde[545]. Das unerlaubte Entfernen vom Arbeitsplatz bzw. die unbegründete Arbeitsverweigerung nach Art. 160 Nr. 4a) und b) CT stellen einen häufigen Grund der Arbeitgeberkündigung dar[546].

(k) Störung des Betriebsablaufs

Voraussetzung einer Kündigung nach Art. 160 Nr. 5 CT ist, dass der Arbeitnehmer vorsätzlich (aber nicht notwendigerweise absichtlich), zumindest aber grob fahrlässig eine Handlung oder Unterlassung vornimmt, die den Betriebsablauf, die Sicherheit des Unternehmens bzw. der Arbeitnehmer oder aber deren Gesundheit beeinträchtigt[547]. So liegt kein Kündigungsgrund gem. Art. 160 Nr. 5 CT vor, wenn der Arbeitnehmer im Rahmen seiner dienstlichen Tätigkeit, ohne dass ihm ein fahrlässiges Fehlverhalten zur Last gelegt werden kann, in einen Verkehrsunfall verwickelt wird[548].

---

542 Olate/Montecinos/Muñoz, Código del Trabajo, S. 314; Lizama, Código del Trabajo, Tomo I, S. 374 f., S. 381; CA Santiago, Rol Nr. 3.705/2005 v. 05.04.2006.

543 Sáez/Melis, Derecho del Trabajo, Tomo I, S. 273; Thayer/Novoa, Derecho del Trabajo, Tomo II, S. 394; Nadal, Despido, S. 227; Walker, Relaciones Laborales, S. 408; Moraga, Código del Trabajo, Tomo I, S. 420 f.

544 Nadal, Despido, S. 22 f. und S. 228 f.

545 Lizama, Derecho del Trabajo, S. 180; Sáez/Melis, Derecho del Trabajo, Tomo I, S. 273.

546 Vivanco, El despido laboral, S. 75.

547 Lizama, Derecho del Trabajo, S. 181; Thayer/Novoa, Derecho del Trabajo, Tomo III, S. 58; Moraga, Código del Trabajo, Tomo I, S. 425 und S. 427; Walker, Relaciones Laborales, S. 408 f.; Sáez/Melis, Derecho del Trabajo, Tomo I, S. 274; Corte Suprema, Rol Nr. 775/2004 v. 28.04.2005 und Rol Nr. 1.734/2002 v. 13.08.2002.

548 Lizama, Derecho del Trabajo, S. 181; Corte Suprema, Rol Nr. 2.081/2001 v. 21.06.2001.

(l) Verursachung eines Materialschadens

Der Kündigungsgrund des Art. 160 Nr. 6 CT liegt vor, wenn der Arbeitnehmer vorsätzlich einen Schaden an Einrichtung, Geräten, Werkzeugen, Arbeitsutensilien, Produkten oder Waren verursacht. Hierunter fallen vorsätzliche Sabotageakte[549], vorsätzlich verwirklichte Materialschäden[550] und Straftaten, die in Art. 485 bis 487 CP mit Strafe bedroht sind[551]. Nicht ausreichend ist, wenn der Arbeitnehmer aufgrund eines Irrtums eine Störung des Produktionsablaufs mit der Folge eines Materialschadens verursacht, lediglich fahrlässig handelt oder verunfallt[552].

(m) Grober Verstoß gegen vertragliche Pflichten

Der Tatbestand des Art. 160 Nr. 7 CT ist sehr weit gefasst: Begeht der Arbeitnehmer einen Verstoß gegen eine vertragliche Obliegenheit, eine Verpflichtung aus einer betrieblichen Vereinbarung oder aus einer betrieblichen Übung, kann der Arbeitgeber ohne eine Abfindungsverpflichtung kündigen[553]. Eingeschränkt wird dieser weite Kündigungstatbestand lediglich dadurch, dass die begangene Pflichtverletzung schwerwiegend sein muss[554]. Dieses Kriterium der Schwere des Verstoßes wurde durch die Rechtsprechung dahin gehend konkretisiert, dass es zu einem Bruch der arbeitsvertraglichen Beziehung kommen muss, wodurch die weitere Zusammenarbeit unmöglich gemacht, dies zu mangelnder Disziplin innerhalb des Betriebes führt und damit zu einer Gefahr für den Betriebsfrieden wird[555]. Unter diesen Kündigungsgrund fallen wiederholte Verspätungen (die nicht dem Tatbestand des Art. 160 Nr. 3 CT unterfallen[556]), insbesondere wenn diese arbeitsvertraglich untersagt waren[557],

---

549 Thayer/Novoa, Derecho del Trabajo, Tomo III, S. 59; Lizama, Derecho del Trabajo, S. 182; Sáez/Melis, Derecho del Trabajo, Tomo I, S. 275.

550 Olate/Montecinos/Muñoz, Código del Trabajo, S. 305; Nadal, Despido, S. 249.

551 Vivanco, El despido laboral, S. 80.

552 Lizama, Derecho del Trabajo, S. 182; Sáez/Melis, Derecho del Trabajo, Tomo I, S. 275; Moraga, Código del Trabajo, Tomo I, S. 428 f.; Walker, Relaciones Laborales, S. 409; Nadal, Despido, S. 247; Corte Suprema, Rol Nr. 4.637/2006 v. 28.09.2006.

553 Lizama, Derecho del Trabajo, S. 182; Barahona, Despido indirecto, S. 71.

554 Nadal, Despido, S. 253 und S. 257; Olate/Montecinos/Muñoz, Código del Trabajo, S. 305; Moraga, Código del Trabajo, Tomo I, S. 430; Barahona, Despido indirecto, S. 71 f.; ähnlich Sáez/Melis, Derecho del Trabajo, Tomo I, S. 275; Irureta, Principio de la buena fe, Ius et Praxis 2011, S. 180.

555 Corte Suprema, Rol Nr. 767/2000 v. 25.04.2000; Sáez/Melis, Derecho del Trabajo, Tomo I, S. 275 f.; Nadal, Despido, S. 254 und S. 257 f.; Moraga, Código del Trabajo, Tomo I, S. 430 und S. 432 und Walker, Relaciones Laborales, S. 409 f.

556 Moraga, Código del Trabajo, Tomo I, S. 433; Vivanco, El despido laboral, S. 71.

557 Lizama, Derecho del Trabajo, S. 183; Thayer/Novoa, Derecho del Trabajo, Tomo III, S. 60 f.; Sáez/Melis, Derecho del Trabajo, Tomo I, S. 276; Walker, Relaciones Laborales, S. 410 f.; Nadal, Despido, S. 260 f.

Trunkenheit am Arbeitsplatz[558], das Schlafen während der Arbeitszeit[559] oder das wiederholte grob verkehrswidrige Verhalten eines Chauffeurs im Straßenverkehr[560].

Abschließend ist anzumerken, dass im CT Sonderkündigungsgründe normiert sind, welche jedoch Art. 160 Nr. 7 CT zugeordnet werden[561]: So ist der Arbeitgeber bspw. gem. Art. 9 Abschn. 3 CT berechtigt, den Arbeitnehmer ohne Abfindung zu kündigen, wenn dieser sich weigert, den Arbeitsvertrag zu unterzeichnen[562].

(3) Betriebsbedingte Kündigung

Der Arbeitgeber kann das Arbeitsverhältnis gem. Art. 161 Abschn. 1 CT aus betriebsbedingten Gründen aufgrund der Bedarfslage des Unternehmens, der Einrichtung oder des Betriebes beenden, wenn diese zum Beispiel durch eine Rationalisierung oder Modernisierung, einen Produktionsrückgang, veränderte Marktbedingungen oder wirtschaftliche Gegebenheiten bedingt ist und die Entlassung von einem oder mehreren Arbeitnehmern erforderlich machen. Diese Tatbestandsvoraussetzungen sind aufgrund des eindeutigen Gesetzeswortlautes nicht abschließend. Denkbar sind weitere tatsächliche Gegebenheiten, die eine betriebsbedingte Kündigung aus wirtschaftlichen oder technischen Gesichtspunkten begründen können[563]. Die betrieblichen Notwendigkeiten können wirtschaftlicher und/oder (verfahrens-) technischer

558 Thayer/Novoa, Derecho del Trabajo, Tomo III, S. 62; Lizama, Derecho del Trabajo, S. 183; Nadal, Despido, S. 259.

559 Corte Suprema, Rol Nr. 113/2001 v. 20.03.2001.

560 Vivanco, El despido laboral, S. 81; Thayer/Novoa, Derecho del Trabajo, Tomo III, S. 59; Sáez/Melis, Derecho del Trabajo, Tomo I, S. 277; Nadal, Despido, S. 265; Moraga, Código del Trabajo, Tomo I, S. 432; Corte Suprema, Rol Nr. 2.977/2003 v. 11.09.2003.

561 Nadal, Despido, S. 41.

562 Verweigert der Arbeitnehmer die Vertragsunterzeichnung, ist der Arbeitgeber verpflichtet, den Arbeitsvertrag dem zuständigen Arbeitsaufsichtsamt zuzusenden, damit dieses die Unterschrift einfordern kann. Weigert sich der Arbeitnehmer wiederum, die Unterschrift zu leisten, ist der Arbeitgeber zur Kündigung berechtigt, es sei denn, der Arbeitnehmer beweist, zu anderen als im Arbeitsvertrag enthaltenen Bedingungen eingestellt zu sein, hierzu Walker, Relaciones Laborales, S. 266; Nadal, Despido, S. 19 und S. 41. Ferner ist der Arbeitgeber berechtigt, den als Zeitarbeiter eingestellten Hafenarbeiter ohne Anspruch auf Abfindung nach Art. 140 CT (i.V.m. Art. 160 Nr. 7 CT) zu kündigen, der seine arbeitsvertraglichen Verpflichtungen verspätet erbringt, hierzu Moraga, Código del Trabajo, Tomo I, S. 309; Nadal, Despido, S. 41, S. 335. Zur Definition des Hafenarbeiters Morgado, Labour Law in Chile, S. 102.

563 Walker, Relaciones Laborales, S. 376; Nadal, Despido, S. 293; Olate/Montecinos/Muñoz, Código del Trabajo, S. 315 und S. 318 f.; Moraga, Código del Trabajo, Tomo I, S. 435; Benavides, Despido, S. 105; Morgado, Las reformas laborales, S. 28; Corte Suprema, Rol Nr. 757/2005 v. 07.09.2006.

Art sein und müssen kausal zur Kündigung führen[564]. Dabei kann der Arbeitgeber seine unternehmerische Entscheidung und die Parameter einer Umstrukturierung frei bestimmen[565]. Die Kündigungsgründe müssen hinreichend schwer wiegen, da vorübergehende finanzielle Engpässe zum unternehmerischen Risiko des Arbeitgebers gehören[566]. Der Arbeitgeber ist bei der Auswahl des zu kündigenden Arbeitnehmers frei. Eine Sozialauswahl existiert nicht[567].

(4) Kündigung ohne Kündigungsgrund

Der Arbeitgeber kann vertretungsbefugten Arbeitnehmern, Arbeitnehmern in Vertrauensstellung und Haushaltshilfen ohne Angabe eines Kündigungsgrundes („desahucio") kündigen (Art. 161 Abschn. 2 CT)[568]. Damit ist ein sachlicher Kündigungsgrund keine Kündigungsvoraussetzung[569].

Zu den vertretungsbefugten Arbeitnehmern gehören Geschäftsführer („gerentes")[570], stellvertretende Geschäftsführer, Vertreter oder Bevollmächtigte,

---

564 Thayer/Novoa, Derecho del Trabajo, Tomo III, S. 92 f., Tomo II, S. 378 ff.; Lizama, Derecho del Trabajo, S. 185; Olate/Montecinos/Muñoz, Código del Trabajo, S. 319 f.; Nadal, Despido, S. 294 f.; CA Chillán, Rol Nr. 65/2006 v. 11.08.2006; Corte Suprema, Rol Nr. 2.617/2000 v. 10.10.2000. In Spanien ist eine Kündigung nach Art. 51.1. i.V.m. Art. 52c) ET aus wirtschaftlichen, technischen, organisatorischen oder produktionsbedingten Gründen möglich, vgl. Steinmetz/Löber/García, Länderreport Spanien, RIW 2013, S. 240; Müller, Arbeitsrechtliche Eilmaßnahmen, INF 2012, S. 111; Fröhlich/Velasco, Reform des Arbeitsrechts, EuZA 2011, S. 576; Wölfl/Mora-Sanguinetti, Reforming the Labour Market, S. 14; Desdentado/de la Puebla, Despido y crisis económica, S. 42 f., S. 114 f.; Fröhlich/Velasco, Reform des Arbeitsrechts, EuZA 2011, S. 575 f.; Lincke/Knaebel, Reform des spanischen Arbeitsrechts, ZESAR 2011, S. 219.

565 Olate/Montecinos/Muñoz, Código del Trabajo, S. 322; Moraga, Código del Trabajo, Tomo I, S. 441.

566 Thayer/Novoa, Derecho del Trabajo, Tomo III, S. 92, Tomo II, S. 383; Nadal, Despido, S. 294; Moraga, Código del Trabajo, Tomo I, S. 439 f.

567 Auch in Spanien findet eine Sozialauswahl nicht statt. Jedoch werden in der Praxis regelmäßig dienstjüngere Arbeitnehmer entlassen, deren Abfindungen geringer als die dienstälterer Arbeitnehmer ausfallen. Zudem können Tarifverträge Auswahlrichtlinien festschreiben. Siehe Amlang, Unternehmerische Entscheidungsfreiheit, S. 133 f., S. 154; Darsow-Faller, Kündigungsschutz, S. 127; Kronke, Regulierungen, S. 269; Hofedank, Kündigungsschutz, S. 236 ff.; Selenkewitsch, Spanisches Arbeitsrecht, S. 95 f. und Fn. 229; ders., Kündigungsschutz, ZIAS 2005, S. 42, Fn. 103; Flägel, Beendigung von Arbeitsverhältnissen, RIW 1998, S. 447; STSJ Cataluña v. 01.12.1995, AS 4880; STSJ Castilla y León v. 28.11.1995, AS 4138.

568 Lizama, Derecho del Trabajo, S. 186; Nadal, Despido, S. 307.

569 Nadal, Despido, S. 307; Lizama, Derecho del Trabajo, S. 186; Sáez/Melis, Derecho del Trabajo, Tomo I, S. 281; Benavides, Despido, S. 113 f.

570 Der Begriff des „gerente" wurde mit Geschäftsführer übersetzt. Zu seinen Aufgaben gehört gem. Art. 4 CT die Befugnis, den Arbeitgeber zu vertreten und für

vorausgesetzt sie verfügen zumindest über allgemeine, in Art. 2132 CC normierte Verwaltungsvollmachten[571]. Ob die Voraussetzungen eines Arbeitnehmers in Vertrauensstellung nach Art. 161 Abschn. 2 S. 3 CT vorliegen, bestimmt sich nach einer umfassenden Würdigung seiner Tätigkeit[572]. Es ist entscheidend, ob es sich bei der ausgeübten Tätigkeit um einen Vertrauensposten handelt, aufgrund dessen der Arbeitnehmer über Handlungsvollmachten verfügt, vertretungsbefugt ist, verbindliche Erklärungen für den Arbeitgeber abgeben kann, andere Arbeitnehmer einstellen und entlassen oder Kredite aufnehmen kann und Geschäfts- und Betriebsgeheimnisse kennt[573]. Es ist der Tätigkeitsbereich während der gesamten Beschäftigungsdauer zu berücksichtigen, da alle wahrgenommenen Aufgaben in die Bewertung mit einfließen sollen, um zu verhindern, dass der Arbeitnehmer lediglich deshalb befördert wird, um ihm anschließend leichter kündigen zu können[574].

Zu den Haushaltshilfen („trabajadores de casa particular") gehören gem. Art. 146 Abschn. 1 CT diejenigen natürlichen Personen, die regelmäßig in Voll- oder Teilzeit für eine oder mehrere natürliche Personen oder eine Familie Hausarbeit verrichten. Hierunter fallen nicht solche Angestellte, die Reinigungsarbeiten, Küchen- oder Kochdienste für Mitarbeiter eines Unternehmens oder Gebäudereinigungsarbeiten verrichten, ebenso wenig reine Pflegekräfte, die sich ausschließlich der Pflege kranker oder alter Menschen widmen[575].

(5) Sonderkündigungsrecht bei Haushaltshilfen

Der Arbeitgeber kann der Haushaltshilfe ohne Kündigungsgrund („desahucio") bzw. gem. Art. 159, 160 CT kündigen[576]. Unabhängig hiervon steht ihm gem. Art. 152 Abschn. 2 CT ein Sonderkündigungsrecht zu, sollte die Haushaltshilfe an einer klinisch festgestellten ansteckenden Krankheit leiden. Dieses Kündigungsrecht wird mit

---

diesen verbindliche Vereinbarungen mit den Arbeitnehmern zu treffen. Der chilenische Geschäftsführer ist nicht ohne weiteres mit dem deutschen Geschäftsführer im Sinne der §§ 35 ff. GmbHG gleichzusetzen.

571 Nadal, Despido, S. 307; Benavides, Despido, S. 114.

572 Lizama, Derecho del Trabajo, S. 187.

573 Vivanco, El despido laboral, S. 90; Benavides, Despido, S. 116; Nadal, Despido, S. 308 ff. und S. 316.

574 Vivanco, El despido laboral, S. 89 f.

575 Moraga, Código del Trabajo, Tomo I, S. 326 und S. 328; Walker, Relaciones Laborales, S. 354; Olate/Montecinos/Muñoz, Código del Trabajo, S. 269 ff.; Lizama, Derecho del Trabajo, S. 187; Benavides, Despido, S. 115; Morgado, Labour Law in Chile, S. 105 f.; Dirección del Trabajo, Dictámen Ord. Nr. 3.523/120 v. 28.08.2003 und Dictámen Ord. Nr. 486/035 v. 26.01.1999. In Chile ist es in Haushalten der Mittel- und Oberschicht üblich, in der Regel weibliche Haushaltshilfen (als „empleada", umgangssprachlich „nana" bezeichnet) zu beschäftigen.

576 Nadal, Despido, S. 335; siehe oben S. 110 f.

dem Ort der Dienstausübung – dem Zuhause des Arbeitgebers – und der damit einhergehenden engen räumlichen Nähe von Arbeitgeber und Haushaltshilfe begründet[577].

b) Besonderer Kündigungsschutz

Der besondere Kündigungsschutz in Chile kann in status- und umstandsbezogenen Kündigungsschutz unterteilt werden:

aa) Statusbezogener Kündigungsschutz

In Chile sind diverse, personenbezogene Regelungen zum Kündigungsschutz normiert.

(1) Richterlicher Erlaubnisvorbehalt

Die wichtigste Vorschrift des besonderen Kündigungsschutzes ist Art. 174 CT („fuero laboral"). Hierbei handelt es sich um eine relative Bestandsschutznorm, da der Arbeitgeber den besonders geschützten Arbeitnehmern nach erteilter Genehmigung durch den zuständigen Richter („juicio de desafuero") kündigen kann[578]. Gem. Art. 174 CT muss vor Kündigungsausspruch eine richterliche Genehmigung eingeholt werden[579], welche nur bei Vorliegen der in Art. 159 Nr. 4 CT (Ablauf der vertraglich vereinbarten Frist), Art. 159 Nr. 5 CT (Abschluss der Arbeit oder Dienstleistung) und Art. 160 CT (personen- bzw. verhaltensbedingte Kündigung) normierten Tatbestände erteilt werden kann. Eine ohne vorherige richterliche Genehmigung ausgesprochene Arbeitgeberkündigung ist nichtig und entfaltet keine rechtliche Wirkung[580]. Liegen die Voraussetzungen der Art. 159 Nr. 4, Nr. 5 oder Art. 160 CT vor, kann das Gericht die Kündigungsgenehmigung unter Berücksichtigung der besonderen Umstände des Einzelfalls und unter Ausübung richterlichen Ermessens erteilen[581]. Hierzu muss geprüft werden, ob die schutzwürdigen Belange des

---

577 Morgado, Labour Law in Chile, S. 106 f.; Nadal, Despido, S. 335; Moraga, Código del Trabajo, Tomo I, S. 335 ff.

578 Sáez/Melis, Derecho del Trabajo, Tomo I, S. 298 f.; Vivanco, El despido laboral, S. 141; Olate/Montecinos/Muñoz, Código del Trabajo, S. 397.

579 Thayer/Novoa, Derecho del Trabajo, Tomo III, S. 115; Sáez/Melis, Derecho del Trabajo, Tomo I, S. 299.

580 Lizama, Derecho del Trabajo, S. 219; Thayer/Novoa, Derecho del Trabajo, Tomo III, S. 116; Vivanco, El despido laboral, S. 146; Nadal, Despido, S. 351; Sáez/Melis, Derecho del Trabajo, Tomo I, S. 301.

581 Walker, Relaciones Laborales, S. 293, S. 413; Nadal, Despido, S. 352 und S. 356; Thayer/Novoa, Derecho del Trabajo, Tomo III, S. 115; Sáez/Melis, Derecho del Trabajo, Tomo I, S. 300; Lizama, Código del Trabajo, Tomo I, S. 478; Corte Suprema, Rol Nr. 5.139/2007 v. 24.12.2007; Dirección del Trabajo, Dictámen Ord. Nr. 1.746/031 v. 27.04.2006.

Arbeitgebers höher als die des Arbeitnehmers zu gewichten sind[582]. Die richterliche Genehmigung darf insbesondere dann nicht erteilt werden, sollte der Arbeitgeber aus anderen Gründen wie bspw. betriebsbedingten Gründen oder höherer Gewalt kündigen wollen[583].

Während des Verfahrens zur Einholung der richterlichen Genehmigung besteht das Arbeitsverhältnis fort[584]. Der für die Kündigungsgenehmigung zuständige Richter kann jedoch als Vorabmaßnahme gem. Art. 174 Abschn. 2 CT zu jedem Zeitpunkt des Verfahrens in begründeten Ausnahmen das vorläufige Ausscheiden des Arbeitnehmers mit oder ohne Vergütungsanspruch verfügen. Die vorläufige Suspendierung des Arbeitsverhältnisses wird lediglich in Ausnahmefällen, insbesondere zur Vermeidung von Konflikten innerhalb des Betriebes, angeordnet[585].

Genehmigt das Gericht die seitens des Arbeitgebers gewünschte, dem Arbeitnehmer gegenüber noch nicht erklärte Kündigung, kann diese auch wirksam ausgesprochen werden[586]. Wird die Beendigung des Arbeitsvertrages durch das Gericht nicht genehmigt, verfügt es die sofortige Weiterbeschäftigung des ggf. freigestellten Arbeitnehmers. Gleichzeitig wird die vollständige Zahlung des Arbeitsentgelts zzgl. Zinsen für den Zeitraum der Freistellung angeordnet, wenn diese ohne Vergütungsanspruch verfügt war. Der Zeitraum der Freistellung wird als tatsächliche Beschäftigungszeit anerkannt. Demgemäß hat der Arbeitnehmer, der ohne richterliche Genehmigung trotz Bestehens dieses besonderen Kündigungsschutzes gekündigt wurde, Anspruch auf Weiterbeschäftigung im Betrieb[587].

Dieser Kündigungsschutz ist gem. Art. 5 Abschn. 2 CT unabdingbar[588]. Spricht der Arbeitnehmer allerdings eine Eigenkündigung aus und beendet von sich aus das Arbeitsverhältnis oder schließen die Parteien einen Aufhebungsvertrag, verliert der

582 Nadal, Despido, S. 378.

583 Thayer/Novoa, Derecho del Trabajo, Tomo III, S. 116; Nadal, Despido, S. 363 f.; bzgl. höherer Gewalt siehe Dirección del Trabajo, Dictámen Ord. Nr. 1.412/021 v. 19.03.2010.

584 Olate/Montecinos/Muñoz, Código del Trabajo, S. 397; Nadal, Despido, S. 353.

585 Thayer/Novoa, Derecho del Trabajo, Tomo III, S. 118; Lizama, Derecho del Trabajo, S. 222; Nadal, Despido, S. 357; Benavides, Despido, S. 225.

586 Olate/Montecinos/Muñoz, Código del Trabajo, S. 397. Laut Walker, Relaciones Laborales, S. 413 erteilen die Gerichte überwiegend die Kündigungsgenehmigung, lediglich in Ausnahmefällen, wie einer extrem schwierigen finanziellen Situation des Arbeitnehmers, werde diese nicht erteilt.

587 Sáez/Melis, Derecho del Trabajo, Tomo I, S. 301 f.; Orellana, Nuevo proceso laboral, S. 267, Fn. 74.; Moraga, Código del Trabajo, Tomo I, S. 492 f.; Nadal, Despido, S. 359 f., S. 377 und S. 382 f.; Lizama, Derecho del Trabajo, S. 222; Dirección del Trabajo, Dictámen Ord. Nr. 3.149/126 v. 31.05.1996 und Dictámen Ord. Nr. 4.630/199 v. 20.08.1992.

588 Nadal, Despido, S. 357 und S. 381; Sáez/Melis, Derecho del Trabajo, Tomo I, S. 301.

Arbeitnehmer den besonderen Kündigungsschutz des Art. 174 CT[589]. Bei zeit- oder zweckbefristeten Arbeitsverträgen besteht dieser Kündigungsschutz nur während der Dauer des Arbeitsverhältnisses (vgl. Art. 243 Abschn. 6 CT)[590].

(a) Schwangere und Wöchnerinnen

Gem. Art. 201 Abschn. 1 CT unterliegen Frauen während der Schwangerschaft und für die Dauer eines Jahres nach Ablauf der Mutterschutzfrist dem besonderen Kündigungsschutz des Art. 174 CT[591]. Verstirbt das Kind, fällt die besondere Schutzbedürftigkeit und damit auch dieser Kündigungsschutz weg[592]. Kündigt der Arbeitgeber in Unkenntnis der Schwangerschaft, entfaltet die Kündigung gem. Art. 201 Abschn. 4 CT keine Wirkung, sollte die Arbeitnehmerin innerhalb von sechzig Tagen ab Kündigungserhalt ein ärztlichen Attest oder eine Bescheinigung der Hebamme vorlegen[593].

(b) Elternzeit

Neuerdings unterliegen Arbeitnehmer bei Inanspruchnahme von Elternzeit („permiso parental") einem besonderen Kündigungsschutz. Beansprucht die Kindsmutter oder der Kindsvater Elternzeit gem. Art. 197 bis CT, genießt das jeweilige Elternteil gem. Art. 201 Abschn. 1 CT den besonderen Kündigungsschutz („fuero laboral")

---

589 Olate/Montecinos/Muñoz, Código del Trabajo, S. 381 f., S. 397 f.; Nadal, Despido, S. 357, S. 361 f., S. 373 f., S. 393; Benavides, Despido, S. 152 ff., S. 226; Lizama, Código del Trabajo, Tomo I, S. 482. Umstritten ist, ob dies für die sog. indirekte Kündigung gilt; die h. M. geht davon aus, dass der besondere Schutz des Art. 174 CT bestehen bleibt, vgl. nur Barahona, Despido indirecto, S. 148 ff.; a.A. jedoch Dirección del Trabajo, Dictámen Ord. Nr. 377/06 v. 25.01.2005.

590 Nadal, Despido, S. 411 ff.; Moraga, Código del Trabajo, Tomo I, S. 493 f. und Walker, Relaciones Laborales, S. 413.

591 Dieser Kündigungsschutz gilt erst seit dem 09.11.1998 (Gesetz Nr. 19.591) auch für Haushaltshilfen, vgl. Olate/Montecinos/Muñoz, Código del Trabajo, S. 481; Walker, Relaciones Laborales, S. 294, S. 356 f., S. 416; Nadal, Despido, S. 366 ff., S. 381; Lizama, Código del Trabajo, Tomo II, S. 604 f.; ders., Derecho del Trabajo, S. 219; Vivanco, El despido laboral, S. 143; Miranda/Aitken, Chile, S. 135; Benavides, Despido, S. 213; Orellana, Nuevo proceso laboral, S. 267 f.; Dirección del Trabajo, Dictámen Ord. Nr. 306/15 v. 14.01.1999. Der Mutterschutzzeitraum nach der Geburt des Kindes beträgt gem. Art. 195 Abschn. 1 CT zwölf Wochen. Ausgenommen ist der mit Gesetz Nr. 20.545 v. 17.10.2011 eingeführte Zeitraum der Elternzeit von zwölf Wochen des Art. 197 bis CT („permiso parental"), hierzu Morgado, Labour Law in Chile, S. 163; Dirección del Trabajo, Dictámen Ord. Nr. 4.052/083 v. 17.10.2011 und Fußnote 594.

592 Vivanco, El despido laboral, S. 147.

593 Olate/Montecinos/Muñoz, Código del Trabajo, S. 400; Walker, Relaciones Laborales, S. 293 f.; Benavides, Despido, S. 213; CA Santiago, Rol Nr. 217/2002 v. 11.11.2002.

für die doppelte Zeitspanne der in Anspruch genommenen Elternzeit, beginnend zehn Tage vor Inanspruchnahme der Elternzeit, längsten jedoch für die Dauer von drei Monaten[594].

(c) Initiatoren einer Arbeitnehmervertretung

Gem. Art. 221 Abschn. 3 CT unterliegen die Initiatoren einer Arbeitnehmervertretung („constitución de un sindicato") dem Kündigungsschutz des Art. 174 CT[595]. Arbeitnehmer, die eine Gewerkschaft innerhalb des Betriebes („sindicato de empresa")[596], während einer Betriebsgründung („de establecimiento de empresa") oder betriebs- bzw. unternehmensübergreifend („sindicato interempresa")[597] gründen, unterliegen diesem Kündigungsschutz in der Regel zehn Tage vor, endend dreißig Tage nach der konstituierenden Versammlung. Dieser besondere Kündigungsschutz besteht maximal vierzig Tage und hat die Förderung gewerkschaftlicher Tätigkeit

---

594 Die Elternzeit („permiso parental") wurde mit Gesetz Nr. 20.545 v. 17.10.2011 eingeführt; vgl. Morgado, Labour Law in Chile, S. 163; Dirección del Trabajo, Dictámen Ord. Nr. 4.052/083 v. 17.10.2011 und Dirección del Trabajo, Encla 2011, S. 364. Seit Einführung der Elternzeit ist die Zahl der Krankschreibungen, in der Regel aufgrund einer Refluxerkrankung des Kindes, um 10 % gesunken, so Olivares/Jara, Efecto del postnatal extendido, El Mercurio v. 09.01.2014, C 5.

595 Unter einem Syndikat wird jede mehr oder weniger dauerhafte Vereinigung von Arbeitnehmern oder Arbeitgebern verstanden, welche die Verteidigung der kollektiven beruflichen Interessen zum Ziel hat. Hierzu Olate/Montecinos/Muñoz, Código del Trabajo, S. 501; vgl. Moraga, Código del Trabajo, Tomo II, S. 623; Lizama, Código del Trabajo, Tomo II, S. 624; ausführlich Walker, Relaciones Laborales, S. 451 f.; zur Entwicklung der Arbeitnehmervertretungen und Betriebsgewerkschaften in Chile ders., S. 152 ff.; Gamonal, Chilean Labour Law 1990–2010, IJCLLIR 2011, S. 86 ff.

596 „Sindicato de empresa" ist in Art. 216a) CT legaldefiniert und beinhaltet eine Vertretung von Arbeitnehmern innerhalb eines Betriebes, d.h. eine Betriebsgewerkschaft. Zur Gründung dieser siehe Art. 227 f. CT, zudem bfai, Wirtschaftsführer Chile, S. 212; Morgado, Labour Law in Chile, S. 202 f.; Moraga, Código del Trabajo, Tomo II, S. 627; Walker, Relaciones Laborales, S. 474 und Piñera, La revolución laboral en Chile, S. 103; Miranda/Aitken, Chile, S. 121. In Chile sind Gewerkschaften überwiegend auf Betriebsebene organisiert. Dabei können in Betrieben mehrere Betriebsgewerkschaften bestehen, vgl. Dirección del Trabajo, Encla 2011, S. 234 f.; Dirección del Trabajo, Encla 2006, S. 78.

597 „Sindicato interempresa" ist in Art. 216b) CT legaldefiniert und meint eine Arbeitnehmervertretung zweier oder mehrerer unterschiedlicher Arbeitgeber, d.h. eine überbetriebliche Gewerkschaft. Siehe bfai, Wirtschaftsführer Chile, S. 212; Thiery, Transformation in Chile, S. 230, Fn. 205; Morgado, Labour Law in Chile, S. 202; Piñera, La revolución laboral en Chile, S. 103. Auch Haushaltshilfen, die bei unterschiedlichen Arbeitgebern beschäftigt sind, können eine überbetriebliche Gewerkschaft gründen, vgl. Nadal, Despido, S. 395; Dirección del Trabajo, Dictámen Ord. Nr. 1.471/72 v. 24.03.1997.

zum Ziel[598]. Diesen Kündigungsschutz genießen auch diejenigen Arbeitnehmer, die eine Arbeitnehmervertretung für Zeitarbeitnehmer („trabajadores transitorios o eventuales“)[599] gründen[600].

(d) Gewerkschaftsvorsitzende und -vertreter

Gem. Art. 243 Abschn. 1 CT unterliegen Gewerkschaftsvorsitzende („directores sindicales“) dem Kündigungsschutz des Art. 174 CT, beginnend mit dem Datum ihrer Wahl, endend sechs Monate nach Beendigung ihrer Amtszeit. Der Kündigungsschutz endet vorab, sollte die Beendigung der Amtszeit durch eine Rüge („censura“) der Arbeitnehmerversammlung beschlossen, als Sanktion durch das zuständige Gericht in Form einer Amtsniederlegung angeordnet oder durch Betriebsauflösung eingetreten sein[601]. Im Falle des Ausspruchs einer sog. indirekten Kündigung nach Art. 171 CT entfällt dieser Schutz („fuero laboral“) des Gewerkschaftsvorsitzenden, da gleichzeitig mit der Kündigung das Amt des Betriebsgewerkschaftsvorsitzenden niederlegt wird[602].

Gem. Art. 229 Abschn. 3 und 243 Abschn. 3 CT finden diese Vorschriften Anwendung auf ordnungsgemäß gewählte Gewerkschaftsvertreter („delegados sindicales“)[603].

---

598 Olate/Montecinos/Muñoz, Código del Trabajo, S. 515; Dirección del Trabajo, Dictámen Ord. Nr. 5.357/245 v. 12.12.2003.

599 „Sindicato de trabajadores eventuales o transitorios“ ist in Art. 216d) CT legaldefiniert und meint eine Vertretung von Arbeitnehmern, die abhängige oder untergeordnete Tätigkeiten in zyklischen oder zeitweilig aussetzenden Zeiträumen verrichten, d.h. Gewerkschaften nicht ständiger Arbeitnehmer, so bfai, Wirtschaftsführer Chile, S. 212. Hierzu gehören insbesondere Bauarbeiter, Artisten, Besatzungsmitglieder oder Hafenarbeiter, so Moraga, Código del Trabajo, Tomo II, S. 627 f.; Walker, Relaciones Laborales, S. 474.

600 Olate/Montecinos/Muñoz, Código del Trabajo, S. 515; Dirección del Trabajo, Dictámen Ord. Nr. 3.995/198 v. 02.12.2002 und Dictámen Ord. Nr. 4.777/221 v. 14.12.2001.

601 Olate/Montecinos/Muñoz, Código del Trabajo, S. 548; Morgado, Labour Law in Chile, S. 196 f.; Nadal, Despido, S. 389 f., S. 395 und S. 397; Dirección del Trabajo, Dictámen Ord. Nr. 2.443/142 v. 29.07.2002, Dictámen Ord. Nr. 1.976/129 v. 04.05.1998 und Dictámen Ord. Nr. 4.786/226 v. 01.08.1995 sowie dies., Encla 2011, S. 233. Die Anzahl der Gewerkschaftsvorsitzenden ist in Art. 235 CT normiert, hierzu Morgado, Labour Law in Chile, S. 209 f.; Lizama, Código del Trabajo, Tomo II, S. 660 ff.

602 Olate/Montecinos/Muñoz, Código del Trabajo, S. 546; Dirección del Trabajo, Dictámen Ord. Nr. 377/06 v. 25.01.2005.

603 Die Anzahl der Betriebsgewerkschaftsvertreter bestimmt sich nach Art. 229 CT und ist abhängig von der Anzahl der wahlberechtigten Arbeitnehmer. Hierzu Nadal, Despido, S. 398 f.; Olate/Montecinos/Muñoz, Código del Trabajo, S. 550; Lizama, Código del Trabajo, Tomo II, S. 650; ders., Derecho del Trabajo, S. 220; Walker, Relaciones Laborales, S. 503; CA Santiago, Rol Nr. 65/2010 v. 14.06.2010; Dirección del Trabajo, Dictámen Ord. Nr. 3.837/191 v. 18.11.2002, Dictámen Ord.

(e) Sonstige Fälle

Gem. Art. 237 und Art. 238 CT unterliegen die Wahlbewerber für den Betriebsgewerkschaftsvorsitz, auch während einer Betriebsgründung („establecimiento de empresa"), für den Vorsitz einer überbetrieblichen Gewerkschaft („interempresa") und für den Vorsitz einer Gewerkschaft von Zeitarbeitnehmern („trabajadores transitorios o eventuales") dem Kündigungsschutz nach Art. 243 Abschn. 1 CT, beginnend mit schriftlicher Mitteilung des Vorsitzenden an den oder die Arbeitgeber und das zuständige Arbeitsaufsichtsamt unter Angabe des Wahldatums[604]. Die Wahlbewerber für den Gewerkschaftsvorsitz unterliegen dem Kündigungsschutz innerhalb eines Zeitraums von fünfzehn Tagen, einschließlich eines Tages nach der konstituierenden Versammlung[605].

In Betrieben, die dazu verpflichtet sind, ein Komitee für Hygiene und Sicherheit einzurichten[606], unterliegen die Mitglieder dieses Komitees („miembro titular del Comité Paritario de Higiene y Seguridad") gem. Art. 243 Abschn. 4 CT bis zur

---

Nr. 841/39 v. 9.03.2001 und Dictámen Ord. Nr. 1.357/80 v. 29.03.1993. In Spanien sind Arbeitnehmervertreter bei der Kündigung aus objektiven Gründen wirtschaftlicher Art gem. Art. 52c) ET dahin gehend geschützt, dass sie vorrangig „schlichter" Arbeitnehmer weiter zu beschäftigen sind, vgl. Selenkewitsch, Kündigungsschutz, ZIAS 2005, S. 44; Desdentado/de la Puebla, Despido y crisis económica, S. 86.

604 Diese Mitteilung sollte mit einer Vorankündigungsfrist von nicht mehr als fünfzehn Tagen bis zur Wahl erfolgen. Verzögert sich die Wahl, endet dieser Kündigungsschutz mit dem Tag, an dem die Wahl ursprünglich hätte durchgeführt werden sollen. Wichtig für den Beginn dieses Kündigungsschutzes ist der Zugang des Schreibens an den Arbeitgeber, welcher von der Situation Kenntnis haben muss. Dagegen ist es unschädlich, wenn das Schreiben an das Arbeitsaufsichtsamt untergeht, Nadal, Despido, S. 388. Vgl. Olate/Montecinos/Muñoz, Código del Trabajo, S. 541; Dirección del Trabajo, Dictámen Ord. Nr. 4.777/221 v. 14.12.2001.

605 Olate/Montecinos/Muñoz, Código del Trabajo, S. 542; Benavides, Despido, S. 219. Voraussetzung ist, dass die Wahlbewerber an der konstituierenden Versammlung teilnehmen, die passiven Wahlrechte erfüllen und eine tatsächliche Wahl zwischen mindestens zwei Wahlbewerbern stattfindet, Moraga, Código del Trabajo, Tomo II, S. 671; Nadal, Despido, S. 385; Olate/Montecinos/Muñoz, Código del Trabajo, S. 543 f.; Dirección del Trabajo, Dictámen Ord. Nr. 3.318/161 v. 29.08.2001, Dictámen Ord. Nr. 841/39 v. 09.03.2001.

606 Das Gesetz Nr. 16.744 von 1968 verpflichtet Betriebe mit mehr als 25 Mitarbeitern zur Einrichtung eines solches Komitees, vgl. Morgado, Labour Law in Chile, S. 233 f.; Nadal, Despido, S. 399 und Walker, Relaciones Laborales, S. 149 und S. 159 ff. Die bis zur Gesetzesreform durch Gesetz Nr. 20.940 vom 29.08.2016 bestehenden sog. „ad hoc bargaining groups" gem. Art. 302 CT sind nunmehr abgeschafft, vgl. OECD, Reviews of Labour Market: Chile, S. 77, Fn. 24; Thiery, Transformation in Chile, S. 226; Miranda/Aitken, Chile, S. 124 und Dirección del Trabajo, Encla 2008, S. 164 ff.

Beendigung ihres zweijährigen Mandats dem besonderen Kündigungsschutz des Art. 174 CT[607].

Mitglieder des Vorstands eines Verbandes oder Bündnisses („miembros del directorio de una federación o confederación")[608] genießen während der vollständigen Mandatsperiode bis zum Ablauf von sechs Monaten nach Mandatsende, selbst wenn sie ihre Eigenschaft als Betriebsgewerkschaftsvorsitzende („dirigentes sindicales de base") nicht mehr innehaben, den besonderen Kündigungsschutz, dem sie zum Zeitpunkt ihrer Wahl unterlagen. Dieser Kündigungsschutz verlängert sich um den Zeitraum einer Wiederwahl (Art. 274 Abschn. 1 CT). Hervorzuheben ist daher, dass die Vorstandsmitglieder eines Verbandes oder Bündnisses, unabhängig ihrer Mitgliedschaft in einer Betriebsgewerkschaft, diesem Kündigungsschutz bis zu einem Zeitraum von sechs Monaten nach Beendigung ihres Mandats unterliegen[609].

Gem. Art. 283 Abschn. 1 CT unterliegen die Vorstandsmitglieder einer übergeordneten Arbeitnehmervertretung („integrantes del directorio de una central sindical")[610] während der Dauer ihres Mandats und bis zu einem Zeitraum von sechs Monaten nach Mandatsbeendigung diesem Kündigungsschutz[611]. Diesen Kündigungsschutz genießen weiter Vorsitzende der Vereinigungen der Angestellten des öffentlichen Dienstes („Directores de Asociaciones de Funcionarios de la Administración del Estado") gem. Art. 25 Abschn. 1 des Gesetzes Nr. 19.296 vom 14.03.1994, beginnend mit ihrer Wahl, endend sechs Monate nach Mandatsbeendigung unter Berücksichtigung der vorherigen Beendigungstatbestände des Art. 243 Abschn. 1 CT[612]; gem. Art. 57 dieses Gesetzes auch die Mitglieder des Vorstands eines Verbandes oder Bündnisses, beginnend mit ihrer Wahl, endend sechs Monate nach Ablauf

607 Miranda/Aitken, Chile, S. 135; Lizama, Derecho del Trabajo, S. 220; Nadal, Despido, S. 402 f.; Dirección del Trabajo, Dictámen Ord. Nr. 2.929/77 v. 23.07.2003, Dictámen Ord. Nr. 105/006 v. 09.01.1998 und Dictámen Ord. Nr. 3.672/225 v. 26.07.1993.

608 „Federación" ist in Art. 266 CT legaldefiniert, beinhaltet eine Vereinigung von drei oder mehr Gewerkschaften, eine „confederación" drei oder mehr Föderationen oder zwanzig oder mehr Gewerkschaften. Vgl. Walker, Relaciones Laborales, S. 494 ff., S. 527 ff. Eine Organisation über die Betriebsgewerkschaft hinaus ist in Chile nicht sehr ausgeprägt, Dirección del Trabajo, Encla 2011, S. 234 ff.; dies., Encla 2008, S. 139 und dies., Encla 2006, S. 80.

609 Olate/Montecinos/Muñoz, Código del Trabajo, S. 590 ff.; Morgado, Labour Law in Chile, S. 199 und S. 216 f.; Moraga, Código del Trabajo, Tomo II, S. 726 f.; Benavides, Despido, S. 220; Nadal, Despido, S. 404; Lizama, Código del Trabajo, Tomo II, S. 713 f.; Dirección del Trabajo, Dictámen Ord. Nr. 3.419/198 v. 05.07.1999 und Dictámen Ord. Nr. 4.966/215 v. 02.09.1996.

610 „Central sindical" ist in Art. 277 CT legaldefiniert, dieser Begriff umfasst eine nationale Vertretung der Arbeitnehmerinteressen, bestehend aus den Konföderationen, Föderationen, Gewerkschaften u.a. Hierzu Bronstein, Comparative Labour Law, S. 229.

611 Nadal, Despido, S. 405.

612 Lizama, Derecho del Trabajo, S. 220.

des Mandats[613]. Schließlich unterliegen der Arbeitnehmervertreter der Staatlichen Bank Chiles („Banco del Estado de Chile") und sein Vertreter während der Ausübung ihres Mandats bis zum Ablauf von sechs Monaten nach dessen Beendigung gem. Art. 9 des gesetzlichen Dekrets Nr. 2.079 v. 18.01.1978 diesem Kündigungsschutz[614].

(2) Statusbezogene Kündigungsverbote

Der CT findet auf Angestellte der öffentlichen, zentralen oder dezentralen Verwaltung, des Nationalkongresses, der Justiz, der staatlichen Unternehmen oder Einrichtungen gem. Art. 1 Abschn. 2 f. CT keine Anwendung, solange und soweit vorrangig einschlägige Gesetze bestehen[615]. Daher können Angestellte des öffentlichen Dienstes aus anderen als solchen Gründen, die in ihrer Person oder ihrem Verhalten liegen, nicht gekündigt werden, da gem. Art. 83 Abschn. 1 des Gesetzes Nr. 18.834 vom 23.09.1989 („Estatuto Administrativo") für Angestellte des öffentlichen Dienstes Bestandsschutz („estabilidad en el empleo") besteht. Nach Art. 87 des Gesetzes Nr. 18.883 vom 29.12.1989 („Estatuto Administrativo para Funcionarios Municipales") gilt dies auch für kommunale Angestellte der Städte und Gemeinden[616]. Damit besteht für Angehörige des öffentlichen Dienstes in Chile ein Bestandsschutz („estabilidad absoluta")[617]. Auch für Lehrbeauftragte („profesionales de la educación") gelten besondere Kündigungsschutzregelungen[618]. So kann der Lehrbeauftragte vor dem Arbeitsgericht die Weiterbeschäftigung einklagen[619]. Darüber hinaus kann der Arbeitsvertrag während des Wehrdienstes gem. Art. 158 Abschn. 1 CT nicht gekündigt werden[620].

---

613 Nadal, Despido, S. 367 und S. 410 f.; Moraga, Código del Trabajo, Tomo I, S. 493; Walker, Relaciones Laborales, S. 522 f.

614 Moraga, Código del Trabajo, Tomo I, S. 493.

615 Walker, Relaciones Laborales, S. 81 weist darauf hin, dass diese vorrangig anzuwendenden Gesetze rückläufig sind und auf Angestellte des öffentlichen Dienstes zunehmend die Vorschriften des CT anzuwenden sind.

616 Hierzu und weiteren vorrangig anzuwendenden Gesetzen Olate/Montecinos/Muñoz, Código del Trabajo, S. 3; Walker, Relaciones Laborales, S. 247.

617 Lizama, Derecho del Trabajo, S. 161.

618 Ausführlich Nadal, Despido, S. 336 f.; vgl. Walker, Relaciones Laborales, S. 247 f. Sie erhalten eine gesetzliche Abfindung, wenn sie vor Ablauf eines Schuljahres ohne eine entsprechende Vorankündigungsfrist gekündigt werden, die aber mit der Abfindung wegen Nichtbeachtung der Kündigungsfrist nicht vereinbar ist, Olate/Montecinos/Muñoz, Código del Trabajo, S. 333; Lizama, Código del Trabajo, Tomo I, S. 406 f.; Corte Suprema, Rol Nr. 5.634/2004 v. 10.07.2006.

619 Gem. Art. 52 bis B des Gesetzes Nr. 19.070 v. 01.07.1991, hierzu Moraga, Código del Trabajo, Tomo II, S. 956 f.; CA Santiago, Rol Nr. 2.085/2008 v. 01.08.2008; CA Punta Arenas, Rol Nr. 36/2011 v. 17.08.2011.

620 Der Arbeitsvertrag ruht, es entfallen lediglich die Hauptleistungspflichten. Zu beachten ist aber Art. 158 Abschn. 2 CT, wonach der Arbeitgeber bei einer Einberufung von Reservisten für einen geringeren Zeitraum als dreißig Tagen

(3) Statusbezogene Abfindungen

Ferner kann der statusbezogene Kündigungsschutz durch Abfindungen verwirklicht werden. Haushaltshilfen[621] haben unabhängig vom Beendigungsgrund einen Anspruch auf Zahlung einer Abfindung („Indemnización de los trabajadores de casa particular“ oder „Indemnización a todo evento“)[622]. Diese Abfindung wird gem. Art. 163 Abschn. 4 CT mit einem Arbeitgeberbeitrag in Höhe von 4,11% des steuerpflichtigen Monatsentgelts finanziert, unterliegt den Bestimmungen der Art. 165 und Art. 166 CT und ist seitens des Arbeitgebers auf ein Sondersparkonto bei der Pensionskasse, der der Arbeitnehmer angehört, monatlich einzuzahlen[623]. Die Verpflichtung zur Beitragszahlung besteht für die Dauer von elf Jahren[624]. Die Höhe der Abfindung ergibt sich aus den eingezahlten Beiträgen zzgl. der erzielten Rendite[625].

Ferner ist in Art. 123 CT eine Abfindungszahlung für Besatzungsmitglieder normiert. Geht das Schiff aufgrund eines Schiffbruchs, Feuers oder sonstigen Unfalls unter, muss der Arbeitgeber dem Besatzungsmitglied eine Abfindung in Höhe von zwei Monatsgehältern zahlen, welche auf jede im Arbeitsvertrag vereinbarte Abfindung anzurechnen ist[626].

---

weiterhin zur Gehaltszahlung verpflichtet ist, wenn nichts anderes angeordnet ist. Vgl. Moraga, Código del Trabajo, Tomo I, S. 370 f.; Nadal, Despido, S. 301 und S. 322; Olate/Montecinos/Muñoz, Código del Trabajo, S. 288; Walker, Relaciones Laborales, S. 361 und S. 416; Dirección del Trabajo, Dictámen Ord. Nr. 4.810/228 v. 17.08.1994.

621 Zur Definition der Haushaltshilfen siehe S. 111.

622 Walker, Relaciones Laborales, S. 393; Thayer/Novoa, Derecho del Trabajo, Tomo III, S. 96; Humeres, Derecho del Trabajo, S. 283 f.; Nadal, Despido, S. 446 f.; Morgado, Las reformas laborales, S. 28; Olate/Montecinos/Muñoz, Código del Trabajo, S. 353. Auch in Spanien kann Haushaltshilfen ohne Angabe eines Kündigungsgrundes gegen Zahlung einer Abfindung von zwölf Tagesverdiensten pro Beschäftigungsjahr und einem Höchstsatz von sechs Monatsverdiensten gem. Art. 11.3 RD 1620/2011 v. 14.11.2011 gekündigt werden, vgl. Darsow-Faller, Kündigungsschutz, S. 145 f.

623 Das Sondersparkonto unterliegt dem Gesetzesdekret Nr. 3.500 von 1980. Gem. Art. 166 CT müssen diejenigen Arbeitnehmer, die nicht dem Pensionssystem des Gesetzesdekrets Nr. 3.500 unterliegen, einer Pensionskasse nach den in Art. 2 dieses Gesetzesdekrets normierten Bedingungen zum Zwecke des Empfangs und der Verwaltung des in Art. 165 CT genannten Beitrags beitreten, vgl. Nadal, Despido, S. 521 f. Die Gelder sind nur in den in Art. 57 Abschn. 2 CT vorgesehenen Fällen nach Beendigung des Vertrages pfändbar, siehe Vivanco, El despido laboral, S. 113; Benavides, Despido, S. 262 f.; Walker, Relaciones Laborales, S. 390 ff.; Moraga, Código del Trabajo, Tomo I, S. 459 f. und Nadal, Despido, S. 520 f.

624 Dieser Zeitraum gilt gem. Art. 163 Abschn. 4b) CT vom 01.01.1991 an oder ab Beginn des Arbeitsverhältnisses, wenn dieses später begonnen hat.

625 So Art. 163 Abschn. 4 b) S. 2 CT, vgl. Nadal, Despido, S. 441 und S. 514 ff. und Walker, Relaciones Laborales, S. 356.

626 Darüber hinaus hat das Besatzungsmitglied Anspruch auf Erstattung des Verlusts seiner Habseligkeiten. Als gesetzlicher Abfindungsanspruch wird teilweise

bb) Statusbezogene Diskriminierungs- und Benachteiligungsverbote

Des Weiteren ist der Arbeitnehmer vor Diskriminierung aufgrund gewerkschaftlicher Tätigkeit gem. Art. 215, Art. 292 und Art. 294 CT geschützt:

Grundsätzlich ist gem. Art. 215 CT eine Benachteiligung oder eine Kündigung aufgrund jeglicher Art der gewerkschaftlichen Tätigkeit oder Gewerkschaftszugehörigkeit verboten[627]. Nach Art. 292 CT[628] sind Arbeitnehmer, die dem besonderen Kündigungsschutz gem. Art. 221, 224, 229, 238, 243 und 309 CT unterliegen und aufgrund einer antigewerkschaftlichen Handlung gekündigt werden, besonders geschützt. Die Tatbestandsvoraussetzungen einer antigewerkschaftlichen Handlung sind in Art. 289–291 CT normiert[629]. Schutzzweck dieser Normen ist die Gewährleistung der Vereinigungsfreiheit, insbesondere der gewerkschaftlichen Vereinigungsfreiheit, welche in Art. 19 Nr. 19 der chilenischen Verfassung (CPR) verankert ist[630]. Gem. Art. 294 CT[631] ist eine Kündigung gegenüber Arbeitnehmern, die *nicht* dem besonderen Kündigungsschutz („fuero laboral") unterliegen, unwirksam, wenn diese Ausfluss einer gegen eine Gewerkschaft gerichteten oder unaufrichtigen Handlung im Sinne des III. Buches (Art. 212 ff. CT bzgl. gewerkschaftlicher Organisationen) oder des IV. Buches, VIII. Titel (Art. 387 ff. CT bzgl. kollektivrechtlicher Verhandlungen) des CT ist. Damit soll der Arbeitnehmer vor Diskriminierung aufgrund gewerkschaftlicher Aktivitäten geschützt werden[632]. Insofern ist der Schutz des Art. 294 CT weiter als der des Art. 174 CT, da für diese Arbeitgeberkündigung keine richterliche Kündigungsgenehmigung erteilt werden kann.

---

auch der Zahlungsanspruch des als Zeitarbeiter eingestellten Hafenarbeiters verstanden, der im Falle einer Kündigung ohne Kündigungsgrund Anspruch auf Zahlung des Gehalts hat, welches ihm bis zur ordnungsgemäßen Beendigung des Arbeitsvertrages zugestanden hätte. Hierzu Nadal, Despido, S. 333 ff.; vgl. Morgado, Labour Law in Chile, S. 100.

627 Olate/Montecinos/Muñoz, Código del Trabajo, S. 505; Lizama, Código del Trabajo, Tomo II, S. 628.

628 Zuletzt geändert durch Gesetz Nr. 20.087 v. 03.01.2006; Olate/Montecinos/Muñoz, Código del Trabajo, S. 609; Gamonal, Chilean Labour Law 1990–2010, IJCLLIR 2011, S. 92.

629 Moraga, Código del Trabajo, Tomo II, S. 738 ff.; Lizama, Código del Trabajo, Tomo II, S. 728.

630 Olate/Montecinos/Muñoz, Código del Trabajo, S. 601; Lizama, Código del Trabajo, Tomo II, S. 728.

631 Eingeführt mit Gesetz Nr. 19.759 v. 01.12.2001, modifiziert zuletzt durch Gesetz Nr. 20.087 v. 03.01.2006 und Gesetz Nr. 20.940 vom 29.08.2016, vgl. Humeres, Derecho del Trabajo, S. 289; Olate/Montecinos/Muñoz, Código del Trabajo, S. 611 f.; Gamonal, Chilean Labour Law 1990–2010, IJCLLIR 2011, S. 92.

632 Olate/Montecinos/Muñoz, Código del Trabajo, S. 612; Moraga, Código del Trabajo, Tomo II, S. 751; Lizama, Código del Trabajo, Tomo II, S. 734.

cc) *Allgemeines Diskriminierungs- und Benachteiligungsverbot*

Schließlich enthält Art. 2 CT ein allgemeines Diskriminierungs- und Benachteiligungsverbot. Nach Art. 2 Abschn. 3 CT widersprechen Diskriminierungen den arbeitsgesetzlichen Prinzipien. Unter diskriminierenden Handlungen sind gem. Art. 2 Abschn. 4 CT Unterscheidungen, Ausschließungen oder Bevorzugungen aufgrund der Hautfarbe, des Geschlechts, des Alters, des Familienstands, der gewerkschaftlichen Zugehörigkeit, der Religion, der politischen Meinung, der Nationalität, der nationalen Herkunft oder der sozialen Abstammung zu verstehen, welche die Nichtbeachtung oder die Ungleichbehandlung der gleichen Rechte oder Chancen während der Arbeit und der beruflichen Tätigkeit zum Ziel haben. Eine Ungleichbehandlung ist nur dann als nicht diskriminierend anzusehen, wenn die Unterscheidungen, Ausschließungen oder Bevorzugungen aufgrund der konkreten beruflichen Tätigkeit erforderlich und notwendig sind[633]. Das Recht des Arbeitnehmers auf Gleichbehandlung findet grundsätzlich auf das Arbeitsverhältnis in seiner Ganzheit Anwendung, insbesondere hinsichtlich seiner Beendigung[634]. Demnach unterliegen die Beendigung des Arbeitsvertrages und damit die Kündigungsgründe einem Verbot der Diskriminierung.

dd) *Umstandsbezogener Kündigungsschutz*

In Chile bestehen Kündigungsschranken, die die Kündigung aus einem objektiven Tatbestand oder Anlass für unwirksam erklären bzw. an die Kündigung, aufgrund der Umstände, eine Abfindung binden.

(1) Richterlicher Erlaubnisvorbehalt

Arbeitnehmer, die in Tarifvertragsverhandlungen involviert sind, unterliegen gem. Art. 309 Abschn. 1 CT dem besonderen Kündigungsschutz des richterlichen Erlaubnisvorbehalts gem. Art. 174 CT[635]. Damit sind an Tarifvertragsverhandlungen teilnehmende Arbeitnehmer ohne vorherige richterliche Genehmigung nicht kündbar[636]. Dieser Schutz besteht zehn Tage vor Vorlage eines kollektivrechtlichen Vertragsentwurfs bis zum Ablauf von dreißig Tagen nach Vertragsunterzeichnung oder aber des Datums der Zustellung der Schiedsvereinbarung[637].

---

633 Moraga, Código del Trabajo, Tomo I, S. 7; Morgado, Labour Law in Chile, S. 168.

634 Walker, Relaciones Laborales, S. 250 f.; Olate/Montecinos/Muñoz, Código del Trabajo, S. 7; CA Santiago, Rol Nr. 944/2011 v. 25.08.2011; Dirección del Trabajo, Dictámen Ord. Nr. 3.704/134 v. 11.08.2004.

635 Morgado, Labour Law in Chile, S. 250 f.; Miranda/Aitken, Chile, S. 135; Lizama, Derecho del Trabajo, S. 220; Vivanco, El despido laboral, S. 143; Nadal, Despido, S. 408. Zu Art. 174 CT siehe S. 112 ff.

636 Olate/Montecinos/Muñoz, Código del Trabajo, S. 628; Benavides, Despido, S. 223; Moraga, Código del Trabajo, Tomo I, S. 493 f.; Walker, Relaciones Laborales, S. 415 f.

637 Dirección del Trabajo, Dictámen Ord. Nr. 276/005 v. 20.01.2015.

Dem besonderen Schutz des Art. 174 CT unterliegen gem. Art. 201 Abschn. 2 CT auch Frauen, alleinstehende Männer oder Witwer, welche nach dem chilenischen Adoptionsgesetz ein Kind adoptieren, ebenso (i.V.m. Art. 195 Abschn. 3 CT) Väter im Falle des Ablebens der Mutter bei der Geburt oder während des Mutterschutzes für die Dauer eines Jahres[638]. Weiterhin steht dem Arbeitnehmer im Falle des Ablebens seines Kindes oder seines Ehegatten gem. Art. 66 Abschn. 4 CT ein besonderer Kündigungsschutz nach Art. 174 CT für die Dauer eines Monats zu[639].

(2) Umstandsbezogenes Kündigungsverbot

Gem. Art. 161 Abschn. 3 CT kann eine betriebsbedingte Kündigung und eine Kündigung ohne Kündigungsgrund („desahucio") nicht gegenüber Arbeitnehmern ausgesprochen werden, die aufgrund einer Krankheit, eines Arbeitsunfalls oder einer Berufskrankheit vom Dienst befreit sind[640]. Kündigt der Arbeitgeber aus betriebsbedingten Gründen oder ohne Kündigungsgrund („desahucio") trotz der Tatsache, dass der Arbeitnehmer aufgrund eines ärztlichen Attests arbeitsunfähig geschrieben ist, ist die Kündigung unwirksam[641]. Daher ist der Arbeitgeber nicht berechtigt, den Arbeitnehmer während der Dauer einer Arbeitsunfähigkeit nach Art. 161 CT zu kündigen, auch wenn die Kündigungserklärung bereits vor Beginn der Arbeitsunfähigkeit vorlag[642]. Demzufolge wird Art. 161 Abschn. 3 CT teilweise als absolutes Kündigungsverbot[643], teilweise als beschränkter Kündigungsschutz bezeichnet, da er kein generelles Kündigungsverbot, sondern lediglich eine an den Gesundheitszustand des Arbeitnehmers gekoppelte Kündigungsbeschränkung enthält[644]. Im

638 Orellana, Nuevo proceso laboral, S. 267 f.; Nadal, Despido, S. 369; Walker, Relaciones Laborales, S. 293; Olate/Montecinos/Muñoz, Código del Trabajo, S. 470 ff.; Benavides, Despido, S. 216 f.; Moraga, Código del Trabajo, Tomo II, S. 582; Dirección del Trabajo, Dictámen Ord. Nr. 1.455/45 v. 11.04.2005 und Dictámen Ord. Nr. 2.653/208 v. 29.06.2000.

639 So Moraga, Código del Trabajo, Tomo I, S. 217 f. und S. 493.

640 Morgado, Labour Law in Chile, S. 155; Humeres, Derecho del Trabajo, S. 281, S. 289; Benavides, Despido, S. 118; Lizama, Derecho del Trabajo, S. 185; Miranda/Aitken, Chile, S. 135; Sáez/Melis, Derecho del Trabajo, Tomo I, S. 280; Moraga, Código del Trabajo, Tomo I, S. 436.

641 Lizama, Derecho del Trabajo, S. 185; Corte Suprema, Rol Nr. 3.327/2003 v. 01.10.2003.

642 Nach Beendigung der Arbeitsunfähigkeit kann dem Arbeitnehmer gekündigt werden. Siehe Sáez/Melis, Derecho del Trabajo, Tomo I, S. 280; Nadal, Despido, S. 299, S. 320 f. und S. 565; Dirección del Trabajo, Dictámen Ord. Nr. 2.421/139 v. 25.07.2002, Dictámen Ord. Nr. 716/44 v. 14.03.2002, Dictámen Ord. Nr. 1.511/089 v. 03.04.1998, Dictámen Ord. Nr. 2.513/134 v. 25.04.1997, Dictámen Ord. Nr. 617/35 v. 06.02.1997 und Dictámen Ord. Nr. 5.763 v. 16.08.1986.

643 Lizama, Derecho del Trabajo, S. 185.

644 Sáez/Melis, Derecho del Trabajo, Tomo I, S. 280 f.; Walker, Relaciones Laborales, S. 416; Olate/Montecinos/Muñoz, Código del Trabajo, S. 322 f.; Corte Suprema, Rol Nr. 3.327/2003 v. 01.10.2003 und Rol Nr. 4.110/2005 v. 17.04.2007.

Übrigen ist es dem Arbeitgeber unbenommen, den arbeitsunfähigen Arbeitnehmer gem. Art. 159 und Art. 160 CT zu kündigen[645]. Gem. Art. 161 bis CT stellt eine Arbeits- bzw. Berufsunfähigkeit („invalidez total o parcial") keinen wirksamen Kündigungsgrund dar, weshalb mit der regulären Altersrente keine mangelnde Dienstgeeignetheit einhergeht[646].

(3) Umstandsbezogene Abfindungen

Der umstandsbezogene Kündigungsschutz kann auch durch die Zahlung einer Abfindung verwirklicht werden.

(a) Nichtbeachtung der Kündigungsfrist

Gem. Art. 161 Abschn. 2 CT (und Art. 162 Abschn. 4 CT) hat der Arbeitnehmer bei einer betriebsbedingten Kündigung oder einer Kündigung ohne Kündigungsgrund („desahucio") einen Abfindungsanspruch, falls ihm die Kündigung nicht mit mindestens dreißig Tagen Vorlauf zugeht[647]. Bei Nichtbeachtung der dreißigtägigen Frist ist der Arbeitgeber zur Zahlung einer Abfindung in Höhe des letzten fälligen Monatslohnes verpflichtet. Da Hausangestellten ohne Kündigungsgrund gekündigt werden kann, steht auch diesen die Abfindung der Nichtbeachtung der Kündigungsfrist zu[648]. Diese Abfindung wird auch als Abfindung der Vorankündigungsfrist („Indemnización sustitutiva del aviso previo") bezeichnet[649]. Die Höhe dieser Abfindung entspricht dem letzten Monatsgehalt des Arbeitnehmers mit einem Höchstsatz von neunzig UF („Unidad de Fomento", inflationsgesicherte Werteinheit)[650].

---

645 Moraga, Código del Trabajo, Tomo I, S. 436 und S. 495; Olate/Montecinos/Muñoz, Código del Trabajo, S. 322 f.; Nadal, Despido, S. 295; Benavides, Despido, S. 122; Lizama, Derecho del Trabajo, S. 185; Corte Suprema, Rol Nr. 3.327/2003 v. 01.10.2003.

646 Humeres, Derecho del Trabajo, S. 281, Fn. 3; Olate/Montecinos/Muñoz, Código del Trabajo, S. 324; Morgado, Labour Law in Chile, S. 155; Lizama, Código del Trabajo, Tomo I, S. 394; Dirección del Trabajo, Dictámen Ord. Nr. 3.283/96 v. 12.08.2003. In Deutschland sieht § 41 S. 1 SGB VI vor, dass der Anspruch des Versicherten auf eine Rente wegen Alters nicht als Grund anzusehen ist, der die Kündigung eines Arbeitsverhältnisses durch den Arbeitgeber nach dem KSchG bedingen kann.

647 Olate/Montecinos/Muñoz, Código del Trabajo, S. 315 f.; Nadal, Despido, S. 445; Moraga, Código del Trabajo, Tomo I, S. 441 f.; Corte Suprema, Rol Nr. 3.256/2005 v. 28.09.2005 und Dirección del Trabajo, Ord. Nr. 3.286/189 v. 30.06.1999.

648 Dirección del Trabajo, Dictámen Ord. Nr. 4.464/306 v. 21.09.1998.

649 Lizama, Derecho del Trabajo, S. 192. Auch in Spanien steht dem Arbeitnehmer bei Nichtbeachtung der Vorankündigungsfrist von fünfzehn Tagen die Bezahlung des entsprechenden Gehalts zu, Selenkewitsch, Spanisches Arbeitsrecht, S. 98.

650 Hierzu Lizama, Derecho del Trabajo, S. 192; Sáez/Melis, Derecho del Trabajo, Tomo I, S. 312; Miranda/Aitken, Chile, S. 133.

(b) Beschäftigungsjahre

Gem. Art. 163 CT hat der Arbeitgeber eine gesetzliche Abfindung für jedes Jahr des Bestehens des Arbeitsverhältnisses zu zahlen. Voraussetzung der Abfindung der Beschäftigungsjahre ("Indemnización por años de servicio") ist eine Beschäftigungsdauer von mindestens einem Jahr und der Ausspruch einer Kündigung aus betriebsbedingten Gründen oder einer Kündigung ohne Kündigungsgrund. Die Höhe der Abfindung beträgt dreißig Tagessätze des letzten Monatslohnes für jedes Jahr des bestehenden Arbeitsverhältnisses mit einer Höchstgrenze von dreihundertdreißig Tagessätzen des Gehalts (Art. 163 Abschn. 2 CT), d.h. elf Monatsgehältern[651].

Übersteigt eine aufgrund eines Individual- oder Kollektivvertrags vereinbarte Abfindung diese gesetzliche Abfindung, ist der Arbeitgeber gem. Art. 163 Abschn. 1 CT zur Zahlung der vertraglich vereinbarten Abfindung nach Beschäftigungsjahren verpflichtet[652]. Üblicherweise enthält der einschlägige Tarifvertrag eine höhere Abfindung als maximal elf Monatsgehälter, sodass diese dann gegenüber der in Art. 163 Abschn. 2 CT normierten Abfindung vorrangig ist[653]. Fehlt eine tarif- oder individualvertraglich vereinbarte Abfindungsvereinbarung oder erfüllt eine solche die in Art. 163 Abschn. 1 CT genannten Voraussetzung nicht[654], hat der Arbeitgeber eine Abfindung zu zahlen, die dreißig Tagessätzen des letzten Monatslohnes für jedes Jahr des Bestehens des Arbeitsverhältnisses und einen sechs Monate

651 Sáez/Melis, Derecho del Trabajo, Tomo I, S. 307; Humeres, Derecho del Trabajo, S. 283; Benavides, Despido, S. 229; Nadal, Despido, S. 440 und S. 447 f.; Moraga, Código del Trabajo, Tomo I, S. 452; Corte Suprema, Rol Nr. 4.058/2002 v. 21.08.2003; Dirección del Trabajo, Dictámen Ord. Nr. 3.283/96 v. 12.08.2003: Diese Höchstgrenze (eingeführt mit Gesetz Nr. 19.010 v. 01.12.1991) findet keine Anwendung auf Arbeitnehmer, die vor dem 14.08.1981 eingestellt wurden, bei ihnen werden alle Beschäftigungsjahre abgegolten. Auch in Spanien hat der Arbeitnehmer nach Zugang der Kündigung aus objektiven Gründen gem. Art. 53.1. c) ET einen Anspruch auf eine Abfindung in Höhe von zwanzig Tage Lohn für jedes Beschäftigungsjahr bei einer Höchstgrenze von zwölf Monatsgehältern. Hierzu Desdentado/de la Puebla, Despido y crisis económica, S. 37; Martínez/Steinmetz/Bartle, Länderreport Spanien, RIW 2014, 216 f.; Navarro, Spanisches Arbeitsrecht, EuZA 2012, S. 569; Lincke/Knaebel, Reform des spanischen Arbeitsrechts, ZESAR 2011, S. 218; Thibault, Reforma laboral, S. 539 ff. Dies gilt, anders als in Chile, auch bei einer Kündigung aufgrund höherer Gewalt, Henssler/Braun-Calle/Prehm, Spanien, Rn. 115; Darsow-Faller, Kündigungsschutz, S. 231.

652 Nadal, Despido, S. 42, S. 445; Olate/Montecinos/Muñoz, Código del Trabajo, S. 354; Barahona, Despido indirecto, S. 121 f.; Dirección del Trabajo, Dictámen Ord. Nr. 3.283/96 v. 12.08.2003.

653 Thayer/Novoa, Derecho del Trabajo, Tomo III, S. 95; Vivanco, El despido laboral, S. 169. Zu einem anderen Ergebnis kommt die Umfrage der Dirección del Trabajo, Encla 2011, S. 89 f., wonach bei lediglich 36,4 % der zu zahlenden Abfindungen der Beschäftigungsjahre eine (höhere) vertragliche Abfindung zum Zuge kam.

654 Unzulässig ist bspw. eine tarifvertragliche Vereinbarung, welche die Abfindung je zwei (und nicht je einem) Beschäftigungsjahren berechnet, Nadal, Despido, S. 449.

übersteigenden Zeitraum ununterbrochener Beschäftigung bei dem Arbeitgeber entspricht, maximal jedoch elf Monatsgehälter.

Die Abfindung der Beschäftigungsjahre steht nur Arbeitnehmern zu, die mindestens ein Jahr bei dem Arbeitgeber beschäftigt waren, bei einer kürzeren Beschäftigungsdauer besteht kein Abfindungsanspruch[655].

Die Abfindung der Beschäftigungsjahre wird vornehmlich als Sanktion des Arbeitgebers verstanden, der seinen seit über einem Jahr beschäftigten Arbeitnehmer entlässt, obwohl dieser durch sein persönliches Verhalten hierzu keinen Anlass gab[656]. Jedoch wird der Arbeitgeber, der die Beiträge zur Arbeitslosenversicherung regelmäßig abführt, mit einer Reduzierung der Abfindungssumme belohnt[657]: Im Falle des Vorliegens eines unbefristeten Vertrages und des Ausspruchs einer Arbeitgeberkündigung nach Art. 161 CT ist, gem. Art. 2 Abschn. 4 und Art. 13 Abschn. 2 des die chilenische Arbeitslosenversicherung regelnden Gesetzes Nr. 19.728 vom 14.05.2001, der geleistete Arbeitgeberbeitrag zur Arbeitslosenversicherung von der zu zahlenden Abfindungssumme in Abzug zu bringen.

Diese Abfindung ist mit der Abfindung wegen Nichtbeachtung der Kündigungsfrist vereinbar (Art. 163 Abschn. 3 CT)[658]. Gem. Art. 176 Abschn. 1 CT ist die nach Art. 163 CT zu zahlende Abfindung der Beschäftigungsjahre mit keiner anderen (Teil-)Abfindung vereinbar, die dem Arbeitnehmer aufgrund der Vertragsbeendigung oder Beschäftigungsjahre unabhängig ihres Ursprungs zustehen könnte und an deren Zahlung der Arbeitgeber ganz oder teilweise beteiligt ist[659]. Demnach ist die Abfindungszahlung der Beschäftigungsjahre unvereinbar mit jedweder anderen Abfindungszahlung, die wegen Beendigung des Arbeitsvertrages zu leisten wäre[660].

---

655 Der Begriff des Beschäftigungsjahres ist nicht legaldefiniert. Hierunter wird ein Zeitraum von zwölf Monaten verstanden, beginnend ab dem ersten Tag ununterbrochener Beschäftigung. Zeiträume der Arbeitsunfähigkeit, des Mutterschutzes, gesetzliche Feiertage oder Urlaub sind hiervon nicht in Abzug zu bringen. Die genaue Frist des Zwölf-Monats-Zeitraumes berechnet sich nach Art. 48 CC. Hierzu Nadal, Despido, S. 440 f., S. 448; Vivanco, El despido laboral, S. 88, S. 108; Benavides, Despido, S. 229; Moraga, Código del Trabajo, Tomo I, S. 456; Olate/Montecinos/Muñoz, Código del Trabajo, S. 354 f., S. 357; Dirección del Trabajo, Dictámen Ord. Nr. 2.421/139 v. 25.07.2002 und Dictámen Ord. Nr. 1.847/123 v. 24.04.1998.

656 Vivanco, El despido laboral, S. 107. Zum Charakter dieser Abfindung als Strafzahlung, Gehaltsbestandteil, Treuebonus oder Arbeitslosenunterstützung Nadal, Despido, S. 441 ff.

657 OECD, Reviews of Labour Market: Chile, S. 69.

658 Nadal, Despido, S. 503; Corte Suprema, Rol Nr. 3.558/2004 v. 23.03.2006; CA Santiago, Rol Nr. 65/2010 v. 14.06.2010.

659 Mit Ausnahme der in Art. 164 ff. CT festgelegten, vertraglich zu vereinbarenden Abfindung zwischen dem siebten und dem elften Beschäftigungsjahr, hierzu unten S. 132 f.

660 Olate/Montecinos/Muñoz, Código del Trabajo, S. 353; Walker, Relaciones Laborales, S. 381.

Hiervon umfasst sind insbesondere Abfindungsvereinbarungen aufgrund eines Individual- oder Tarifvertrages. Durch die Regelung des Art. 176 CT soll vermieden werden, dass der Arbeitgeber im Falle der Beendigung des Arbeitsvertrages nicht nur aufgrund des Gesetzes, sondern auch aufgrund einer vertraglichen Vereinbarung zu einer Abfindungszahlung verpflichtet wäre und damit doppelt zur Kasse gebeten werden könnte[661]. Im Falle einer solchen Unvereinbarkeit steht dem Arbeitnehmer gem. Art. 176 Abschn. 2 CT ein Wahlrecht zu, d.h. es ist diejenige Abfindung auszuzahlen, für die er sich entscheidet[662], sodass er trotz einer tarifvertraglichen Abfindung für die gesetzliche Abfindung der Beschäftigungsjahre votieren kann[663].

Durch Gesetz Nr. 19.759 wurde eine Abfindungsgarantie für Mitarbeiter eingeführt, die ihre Tätigkeit von einer Vollzeit- auf eine Teilzeitstelle reduzieren[664]: Bei Teilzeitbeschäftigten richtet sich die Berechnung der Abfindung zusätzlich nach Art. 40 bis D CT, wonach unter dem letzten Monatsgehalt das Durchschnittsgehalt des Arbeitnehmers während der gesamten Dauer seines Arbeitsvertrages oder aber der letzten elf Jahre (unter Berücksichtigung des Gehalts als Vollzeitkraft) verstanden wird. Jede in diesen Berechnungszeitraum fallende Gehaltszahlung muss dem Verbraucherpreisindex angepasst werden. Sollte die Abfindung unter Zugrundelegung der Berechnung nach Art. 163 CT höher ausfallen, kommt diese zur Anwendung[665].

Nach Art. 183 bis CT kann der Arbeitgeber, mit Zustimmung des Arbeitnehmers, der jünger als vierundzwanzig Jahre alt ist, die geleisteten Ausbildungs- bzw. Fortbildungskosten auf die bei Beendigung des Arbeitsvertrages bestehende Abfindung mit einem Höchstsatz von dreißig Tagessätzen anrechnen[666].

Schließlich ist zu beachten, dass eine vorbehaltlose Annahme der Abfindungszahlung den Arbeitnehmer gem. Art. 169b) CT bei Beendigung des Arbeitsvertrages gem. Art. 161 Abschn. 1 CT nicht mehr dazu berechtigt, gegen die Kündigung als solche vorzugehen, sie gilt vielmehr als angenommen und der Arbeitnehmer kann nur noch die Höhe der Abfindung gerichtlich überprüfen lassen[667].

---

661 Benavides, Despido, S. 253; Moraga, Código del Trabajo, Tomo I, S. 497.

662 Olate/Montecinos/Muñoz, Código del Trabajo, S. 401; Nadal, Despido, S. 504; Walker, Relaciones Laborales, S. 381.

663 Moraga, Código del Trabajo, Tomo I, S. 497 f.

664 Dies erfolgte im Jahr 2001, hierzu Tapia in Derecho del Trabajo en América Latina, S. 247.

665 Walker, Relaciones Laborales, S. 276 f. und Moraga, Código del Trabajo, Tomo I, S. 142.

666 Diese Regelung wurde mit Gesetz Nr. 19.759 eingeführt, vgl. Morgado, Chile: Labour Relations, S. 30 und Moraga, Código del Trabajo, Tomo I, S. 522.

667 Moraga, Código del Trabajo, Tomo I, S. 438; Lizama, Código del Trabajo, Tomo I, S. 449; Corte Suprema, Rol Nr. 6.452/2006 v. 15.11.2007 und Rol Nr. 5.921/2004 v. 20.06.2006. In Art. 52 bis B des Gesetzes Nr. 19.070 ist ausdrücklich normiert, dass Lehrbeauftragte mit der auch nur teilweisen Annahme der Abfindung die Kündigungsgründe anerkennen.

ee) Zahlung der Sozialversicherungsbeiträge

Mit Gesetz Nr. 19.631 vom 28.09.1999 wurde in Chile eine wichtige besondere Wirksamkeitsvoraussetzung der Kündigung eingeführt: Damit die Kündigung wirksam ausgesprochen werden kann, muss der Arbeitgeber gem. Art. 162 Abschn. 5 CT die Sozialversicherungsbeiträge bis zum letzten Tag des Vormonats der Kündigung abgeführt haben. Das Gesetz Nr. 19.631 (sog. „Ley Bustos-Seguel", benannt nach den beiden Abgeordneten, die sich für dieses Gesetz eingesetzt haben) wurde eingeführt, um einen Anreiz für Arbeitgeber zu schaffen, die Sozialversicherungsbeiträge tatsächlich zu entrichten[668]. Gleichzeitig soll diese Schutzvorschrift für eine lückenlose sozialversicherungsrechtliche Absicherung der Arbeitnehmer sorgen[669]. Art. 162 Abschn. 5 CT findet keine Anwendung bei einer einvernehmlichen Beendigung des Arbeitsvertrages, Tod einer der Arbeitsvertragsparteien oder einer Eigenkündigung des Arbeitnehmers[670].

Kündigt der Arbeitgeber, ohne die Sozialversicherungsbeiträge abgeführt zu haben, ist die Kündigung nichtig und der Arbeitnehmer hat Anspruch auf Weiterbeschäftigung und Zahlung seines Gehalts[671]. Diesbezüglich hat das Arbeitsaufsichtsamt klargestellt, dass die Zahlungsansprüche des Arbeitnehmers weiterhin bestehen, er aber im Gegenzug nicht zur vertraglichen Leistungserbringung und damit zur Verrichtung seiner Dienste verpflichtet ist[672]. Diese Interpretation genießt aufgrund der Tatsache Zustimmung, dass der Gesetzgeber den Arbeitgeber für die

---

668 Humeres, Derecho del Trabajo, S. 281 und Fn. 4; Nadal, Despido, S. 541; Benavides, Despido, S. 179 f.; Moraga, Código del Trabajo, Tomo I, S. 446, Fn. 225 f.; Sáez/Melis, Derecho del Trabajo, Tomo I, S. 289; Lizama, Derecho del Trabajo, S. 191; ders., Código del Trabajo, Tomo I, S. 411; Olate/Montecinos/Muñoz, Código del Trabajo, S. 326 f. und S. 336 f.; Barahona, Despido indirecto, S. 155 f.; Palavecino, Despido nulo, Ius et Praxis 2002, S. 557 ff.; Corte Suprema, Rol Nr. 3.558/2004 v. 23.03.2006; CA Santiago, Rol Nr. 5.083/2010 v. 25.07.2011; CA Concepción, Rol Nr. 369/2006 v. 04.07.2006 und CA Antofagasta, Rol Nr. 201/2005 v. 12.12.2005 sowie Dirección del Trabajo, Dictámen Ord. Nr. 3.124/83 v. 21.07.2005. Siehe bfai, Wirtschaftsführer Chile, S. 211. Zum Umfang der Sozialversicherungsbeiträge Nadal, Despido, S. 549; Walker, Relaciones Laborales, S. 380 und Benavides, Despido, S. 208 ff.

669 Lizama, Código del Trabajo, Tomo I, S. 417; CA San Miguel, Rol Nr. 324/2006 v. 07.08.2006.

670 Corte Suprema, Rol Nr. 2.034/2002 v. 05.09.2002 und Rol Nr. 4.478/2010 v. 26.08.2010.

671 Bis Juli 2007 wurde dieser Zahlungsanspruch auf einen Zeitraum von maximal sechs Monaten begrenzt: Corte Suprema, Rol Nr. 2.056/2002 v. 12.09.2002; CA Santiago, Rol Nr. 8.883/2004 v. 21.09.2005; CA Santiago, Rol Nr. 108/2002 v. 23.08.2002; Lizama, Derecho del Trabajo, S. 191; ders., Código del Trabajo, Tomo I, S. 419; Ugarte, Derecho del Trabajo, S. 172; Barahona, Despido indirecto, S. 158 f.

672 Olate/Montecinos/Muñoz, Código del Trabajo, S. 327 und S. 331; Sáez/Melis, Derecho del Trabajo, Tomo I, S. 290; Barahona, Despido indirecto, S. 157; Nadal, Despido, S. 550; Palavecino, Despido nulo, Ius et Praxis 2002, S. 560 f.; Dirección del Trabajo, Dictámen Ord. Nr. 2.772/056 v. 27.07.2007, Dictámen Ord. Nr. 4.071/298 v. 28.09.2000 und Dictámen Ord. Nr. 5.372/314 v. 25.10.1999.

Nichtleistung der Sozialversicherungsbeiträge sanktionieren wollte, ohne den Arbeitnehmer weiterhin in die Pflicht zu nehmen[673]. Die Nichtigkeit der Kündigung führt zu einer Suspendierung („suspension relativa") des Arbeitnehmers unter Fortzahlung des Gehalts[674]. Der Arbeitgeber kann die Nichtigkeit der Kündigung jedoch durch Nachzahlung der fälligen Sozialversicherungsbeiträge gem. Art. 162 Abschn. 6 CT heilen. Die ursprüngliche Kündigung wird mit vollständiger Zahlung der Sozialversicherungsbeiträge geheilt, sodass der Arbeitgeber keine neue Kündigung aussprechen muss[675].

Der Arbeitnehmer ist mit der Kündigung über die vollständige Abführung der Sozialversicherungsabgaben unter Beifügung von Belegen zu unterrichten[676]. Fügt der Arbeitgeber die Belege über Einzahlung der Sozialversicherungsbeiträge der Kündigung nicht bei, obwohl er diese in voller Höhe entrichtet hat, führt dies nicht zur Nichtigkeit der Kündigung[677]. Auch über eine Nachzahlung der Sozialversicherungsbeiträge ist der Arbeitnehmer per Einschreiben unter Beifügung der von den Sozialversicherungsträgern ausgestellten Belege, aus denen der Zahlungseingang hervorgeht, zu unterrichten[678].

c) Abdingbarkeit des gesetzlichen Kündigungsschutzes

Die Arbeitsvertragsparteien können den gesetzlichen Kündigungsschutz vertraglich erweitern oder beschränken.

aa) Kollektivvertrag

Durch einen Kollektivvertrag können gem. Art. 306 Abschn. 1 CT allgemeine Arbeitsbedingungen wie das Gehalt oder sonstige geldwerte Vorteile vereinbart werden. Es ist unzulässig, arbeitgeberseitig arbeitnehmerbegünstigende Regelungen von der kollektiven Verhandlungs- und Vertragsfreiheit auszuschließen[679].

---

673 Sáez/Melis, Derecho del Trabajo, Tomo I, S. 290 f.; Olate/Montecinos/Muñoz, Código del Trabajo, S. 346; Corte Suprema, Rol Nr. 2.431/2005 v. 07.12.2005.

674 Barahona, Despido indirecto, S. 157 f.; Lizama, Código del Trabajo, Tomo I, S. 426; Palavecino, Despido nulo, Ius et Praxis 2002, S. 560 ff.

675 Nadal, Despido, S. 553.

676 Olate/Montecinos/Muñoz, Código del Trabajo, S. 332 f.; Nadal, Despido, S. 550; Dirección del Trabajo, Dictámen Ord. Nr. 3.228/246 v. 02.08.2000.

677 Lizama, Código del Trabajo, Tomo I, S. 407 f.; Corte Suprema, Rol Nr. 3.653/2004 v. 11.10.2005; Dirección del Trabajo, Dictámen Ord. Nr. 3.973/294 v. 21.09.2000; Dictámen Ord. Nr. 790/60 v. 01.03.2000 und Dictámen Ord. Nr. 365/28 v. 25.01.2000.

678 Lizama, Código del Trabajo, Tomo I, S. 340 und S. 426; CA Concepción, Rol Nr. 1.090/2003 v. 23.04.2004; Dirección del Trabajo, Dictámen Ord. Nr. 3.228/246 v. 02.08.2000. Kritisch zur Heilung Palavecino, Despido nulo, Ius et Praxis 2002, S. 563 f.

679 Olate/Montecinos/Muñoz, Código del Trabajo, S. 625; Lizama, Código del Trabajo, Tomo II, S. 747; Dirección del Trabajo, Dictámen Ord. Nr. 5.094/340 v. 01.12.2000.

Allerdings sind gem. Art. 306 Abschn. 4 CT solche Inhalte nicht Gegenstand eines Kollektivvertrages, die das Organisations-, Direktions- und Verwaltungsrecht des Arbeitgebers beschränken[680]. Insofern ist die Verhandlungsmaterie stark eingeschränkt und beinhaltet bspw. nicht den Ausschluss einer ordentlichen Kündigung. Zudem sind Kollektivverträge grundsätzlich nicht weit verbreitet. Das Tarifverhandlungsrecht ist primär auf Betriebsebene beschränkt, kann aber nach Vereinbarung auf überbetrieblicher Ebene geführt werden (Art. 303 Abschn. 2 CT). Allerdings kam im Jahr 2013 für lediglich 8,1 % der Arbeitnehmer ein Kollektivvertrag zur Anwendung[681]. Im Jahr 2011 bestand in lediglich 7,9 % der chilenischen Betriebe ein gültiger Kollektivvertrag[682]. Der gewerkschaftliche Organisationsgrad in Chile ist niedrig, 2011 bestand lediglich in 7,8 % der Betriebe eine aktive Betriebsgewerkschaft[683]. Die Gewerkschaften verfügen daher über relativ wenig Einfluss und ihre Verhandlungsmacht ist gering, sodass kaum Einfluss auf den Arbeitsmarkt genommen wird[684].

Unabhängig hiervon können Abfindungen durch einen Tarifvertrag vereinbart werden[685]. Die Höhe der kollektivvertraglich vereinbarten Abfindung der Beschäftigungsjahre muss gem. Art. 163 Abschn. 1 CT die gesetzlich normierte übersteigen und einen höheren Betrag als dreißig Tagessätze des letzten Monatsgehalts für jedes Jahr des Bestehens des Arbeitsverhältnisses vorsehen bzw. einen geringeren als einen sechs Monate umfassenden Zeitraum berücksichtigen[686]. Des Weiteren kann auch bei einer Eigenkündigung oder im Falle des Todes des Arbeitnehmers eine tarifvertragliche Abfindung vereinbart werden[687].

---

680 Morgado, Labour Law in Chile, S. 248; Lizama, Código del Trabajo, Tomo II, S. 748; Corte Suprema, Rol Nr. 5.383/2004 v. 04.07.2006.

681 Siehe Gesetzesentwurf Mensaje Nr. 1055–362 v. 29.12.2014, S. 6.

682 Dirección del Trabajo, Encla 2011, S. 263.

683 Dirección del Trabajo, Encla 2011, S. 227 ff., S. 252, S. 386. Im Jahr 2008 existierte nur in 5,1 % der Betriebe eine aktive Gewerkschaft, Dirección del Trabajo, Encla 2008, S. 132, S. 159.

684 bfai, Wirtschaftsführer Chile, S. 212; Thiery, Transformation in Chile, S. 216, S. 227; Bronstein, Comparative Labour Law, S. 232; Morgado, Las reformas laborales, S. 17 ff. und ders., Labour Law in Chile, S. 220 ff., S. 245 ff.; Miranda/Aitken, Chile, S. 123.

685 Moraga, Código del Trabajo, Tomo I, S. 451; Walker, Relaciones Laborales, S. 599; Lizama, Código del Trabajo, Tomo I, S. 495 f.; Dirección del Trabajo, Dictámen Ord. Nr. 271/001 v. 20.08.2015.

686 Moraga, Código del Trabajo, Tomo I, S. 449 f.; Walker, Relaciones Laborales, S. 599; Barahona, Despido indirecto, S. 121. Vgl. Lizama, Derecho del Trabajo, S. 201; Vivanco, El despido laboral, S. 103; Olate/Montecinos/Muñoz, Código del Trabajo, S. 320; Corte Suprema, Rol Nr. 4.901/2004 v. 27.06.2006.

687 Moraga, Código del Trabajo, Tomo I, S. 453; Lizama, Código del Trabajo, Tomo I, S. 436; Dirección del Trabajo, Dictámen Ord. Nr. 3.613/079 v. 07.09.2007 und Dictámen Ord. Nr. 6.192/316 v. 14.10.1997.

Zudem können in Betrieben mit mehr als zehn Arbeitnehmern gem. Art. 153 ff. CT betriebliche Vereinbarungen getroffen werden, welche Arbeitnehmerschutzrechte enthalten[688], jedoch sind konkrete Kündigungsschutzregelungen oder Kündigungsverbote hiervon nicht umfasst. Eine Beschränkung des Kündigungsschutzes während des bestehenden Arbeitsvertrages ist aufgrund der in Art. 5 Abschn. 2 CT normierten Unabdingbarkeit nicht möglich.

bb) Individualvertrag

Gem. Art. 10 Nr. 7 CT kann der Kündigungsschutz durch den Arbeitsvertrag erweitert werden. Die Arbeitsvertragsparteien können jedwede Klausel vereinbaren, die die Arbeitnehmerrechte nicht unterläuft[689]. Allerdings können bspw. die Kündigungstatbestände der Art. 159, 160 und 161 CT nicht abgedungen werden[690].

Üblich ist dagegen die vertragliche Vereinbarung einer (weiteren) Abfindung[691]. Die arbeitsvertragliche Abfindung darf die Abfindungssummen nicht unterschreiten, die dem Arbeitnehmer aufgrund der geltenden Gesetze, des einschlägigen Tarifvertrags oder eines Schiedsspruchs zustehen[692]. Diese Beschränkung ist in Art. 163 Abschn. 1 CT normiert, wonach die Höhe der individualvertraglichen Abfindung der Beschäftigungsjahre die gesetzlich normierte Abfindung übersteigen und mithin einen höheren Betrag als dreißig Tagessätze des letzten Monatsgehalts für jedes Jahr des Bestehens des Arbeitsverhältnisses vorsehen bzw. einen geringeren als einen sechs Monate umfassenden Zeitraum berücksichtigen muss[693].

Arbeitnehmer, die nicht als Haushaltshilfen tätig sind, können mit dem Arbeitgeber eine allgemeine ersetzende Abfindung („Indemnización sustitutiva a todo evento"), die unabhängig vom Beendigungsgrund des Arbeitsvertrages zu zahlen ist, vereinbaren[694]: Gem. Art 164 CT können die Arbeitsvertragsparteien ab Beginn des siebten Jahres des bestehenden Arbeitsverhältnisses die gesetzliche Abfindung durch eine Abfindung ersetzen, die aufgrund der Beendigung des Arbeitsvertrages,

688 Gamonal, Fundamentos de Derecho Laboral, S. 92 f.

689 Olate/Montecinos/Muñoz, Código del Trabajo, S. 41.

690 CA Santiago, Rol Nr. 3.254/2004 v. 04.08.2006.

691 Moraga, Código del Trabajo, Tomo I, S. 451; Walker, Relaciones Laborales, S. 599.

692 Olate/Montecinos/Muñoz, Código del Trabajo, S. 42; Dirección del Trabajo, Dictámen Ord. Nr. 661/41 v. 14.03.2002.

693 Lizama, Derecho del Trabajo, S. 200 f.; ders., Código del Trabajo, Tomo I, S. 429; Vivanco, El despido laboral, S. 103; Moraga, Código del Trabajo, Tomo I, S. 449 f.; Walker, Relaciones Laborales, S. 599; Olate/Montecinos/Muñoz, Código del Trabajo, S. 320; Barahona, Despido indirecto, S. 121; Corte Suprema, Rol Nr. 4.439/2007 v. 09.01.2008 und Rol Nr. 4.901/2004 v. 27.06.2006.

694 Humeres, Derecho del Trabajo, S. 284; Benavides, Despido, S. 261; Morgado, Las reformas laborales, S. 27 f.; Moraga, Código del Trabajo, Tomo I, S. 450; Walker, Relaciones Laborales, S. 390; Olate/Montecinos/Muñoz, Código del Trabajo, S. 360 f.: Haushaltshilfen haben Anspruch auf eine gesetzliche Abfindung unabhängig des Beendigungsgrundes gem. Art. 163 Abschn. 4 CT.

jedoch unabhängig vom Kündigungsgrund, zu zahlen ist. Dies gilt grundsätzlich für den Zeitraum nach Vollendung der ersten sechs Beschäftigungsjahre bis zum Ablauf des elften Jahres des Arbeitsverhältnisses[695]. Insofern tangiert diese sog. allgemeine ersetzende Abfindung nicht die ersten sechs Beschäftigungsjahre, sodass einem Arbeitnehmer, der bspw. wegen einer verhaltensbedingten Kündigung entlassen wird, kein Anspruch auf Zahlung einer Abfindung für die ersten sechs Beschäftigungsjahre, dagegen aber für das siebte Beschäftigungsjahr (und alle weiteren Beschäftigungsjahre bis zum elften Jahr des Beschäftigungsverhältnisses) aufgrund vertraglicher Vereinbarung zustehen kann[696].

Die Abfindungsvereinbarung hat schriftlich zu erfolgen. Der Abfindungsbeitrag darf nicht weniger als 4,11% des steuerpflichtigen Monatsentgelts ab dem Zeitpunkt der Vereinbarung betragen. Dieser Prozentanteil wird angewandt bis zu einer Höchstvergütung von neunzig UF („Unidades de Fomento“, inflationsgesicherte Werteinheit). Da diese Abfindung unabhängig vom Beendigungsgrund des Arbeitsvertrages fällig wird, deckt sie auch das Risiko des Arbeitgebers im Falle einer sog. indirekten Arbeitnehmerkündigung ab[697]. Den vereinbarten Prozentanteil der steuerpflichtigen Monatsvergütung hat der Arbeitgeber monatlich an die Pensionskasse, der der Arbeitnehmer angehört, abzuführen. Wie bei der Abfindung für Haushaltshilfen werden diese Beiträge auf ein Sondersparkonto bei der Pensionskasse eingezahlt[698]. Da diese Abfindung unabhängig vom Beendigungsgrund des Arbeitsvertrages vereinbart und arbeitgeberseitig monatlich abgeführt wird, wird sie als Gehaltsbestandteil verstanden, der mit Vertragsbeendigung an den Arbeitnehmer ausgezahlt wird[699].

Grundsätzlich wird für die ersten sechs Beschäftigungsjahre die gesetzliche Abfindungsregelung angewandt[700]. Allerdings kann sich gem. Art. 167 CT diese allgemeine ersetzende Abfindung ebenfalls auf vorangegangene Beschäftigungszeiten beziehen und damit rückwirkende Geltung haben, sofern hiervon die für die ersten sechs Beschäftigungsjahre zustehende gesetzliche Abfindung gemäß Art. 163 CT, mithin ein Monatsgehalt pro Beschäftigungsjahr mit einer Höchstgrenze von elf

695 Benavides, Despido, S. 263; Moraga, Código del Trabajo, Tomo I, S. 450; siehe Nadal, Despido, S. 445, S. 518 ff. und S. 522, der darauf hinweist, dass die Begrenzung auf das elfte Jahr des Beschäftigungsverhältnisses nicht für diejenigen Arbeitnehmer gilt, die vor dem 14.08.1981 eingestellt wurden.

696 Moraga, Código del Trabajo, Tomo I, S. 457.

697 Vivanco, El despido laboral, S. 110.

698 Zu den Regelungen des Sondersparkontos siehe Fußnote 623.

699 Lizama, Derecho del Trabajo, S. 197. Diese Abfindung ähnelt dem österreichischen Abfertigungsmodell, wonach der Arbeitgeber laufende Beiträge in Höhe eines bestimmten Prozentsatzes des Gehalts an eine Versorgungskasse zahlt, hierzu Sandmaier, Kündigungsschutzmodelle, S. 96 f.; Henssler/Braun-Pelzmann, Österreich, Rn. 150, Rn. 209 ff.; Leising, Abfindung, StBW 2010, S. 238 f.; Bayreuther, Grünbuch, NZA 2007, S. 372.

700 Olate/Montecinos/Muñoz, Código del Trabajo, S. 361.

Monatsgehältern, nicht unterschritten wird[701]. Der Arbeitgeber hat einen Beitrag von mindestens 4,11% des letzten steuerpflichtigen Monatseinkommens für jeden in der Vereinbarung berücksichtigten Beschäftigungsmonat auf das Sondersparkonto zu zahlen. Dieser Beitrag wird für ein Einkommen von bis zu maximal neunzig UF („Unidades de Fomento", inflationsgesicherte Werteinheit) berechnet und ist einmalig, zusammen mit den Sozialversicherungsbeiträgen, im ersten Monat der Gültigkeit der Vereinbarung zu entrichten[702].

Unabhängig von diesen vertraglich vereinbarten Abfindungen kann der Arbeitgeber nach Beendigung des Arbeitsvertrages eine sog. freiwillige Abfindung („Indemnización voluntaria") zahlen[703]. Als sog. freiwillige Abfindung wird auch die Zahlung bezeichnet, die über die gesetzlich verankerte Höchstgrenze von neunzig UF hinausgeht[704].

Vor Ausspruch der Kündigung kann der gesetzliche Kündigungsschutz nicht durch einen Individualvertrag beschränkt werden, er ist gem. Art. 5 Abschn. 2 CT unabdingbar[705]. Dies gilt auch für den Bestand und die Höhe der gesetzlichen Abfindungen[706]. Allerdings kann der Arbeitnehmer bei Beendigung eines Arbeitsvertrages auf den Kündigungsschutz verzichten. In Chile ist es üblich, bei Beendigung des Arbeitsverhältnisses eine Ausgleichsquittung bzw. Schlussabrechnung („finiquito"[707]) zu vereinbaren[708]: Die Ausgleichsquittung ist eine schuldbefreiende Vereinbarung, mit der einvernehmlich die Beendigung des Arbeitsvertrages bestätigt wird. Gleichzeitig werden hiermit offene gegenseitige Forderungen aufgestellt, ausdrücklich anerkannt, vorbehalten oder hierauf verzichtet und in der Regel die

701 Humeres, Derecho del Trabajo, S. 284; Vivanco, El despido laboral, S. 115; Moraga, Código del Trabajo, Tomo I, S. 461; Olate/Montecinos/Muñoz, Código del Trabajo, S. 362.

702 Es können eine oder mehrere Vereinbarungen zu diesem Zweck getroffen werden, bis der gesamte über die ersten sechs Beschäftigungsjahre hinaus gehende Zeitraum abgedeckt ist.

703 Olate/Montecinos/Muñoz, Código del Trabajo, S. 353; Moraga, Código del Trabajo, Tomo I, S. 441 und S. 451.

704 Lizama, Derecho del Trabajo, S. 201; Vivanco, El despido laboral, S. 165; Moraga, Código del Trabajo, Tomo I, S. 451; Dirección del Trabajo, Ord. Nr. 74/7 v. 05.01.1999.

705 Nadal, Despido, S. 357, S. 381; Sáez/Melis, Derecho del Trabajo, Tomo I, S. 301; Lizama, Código del Trabajo, Tomo I, S. 26 f., S. 490; Corte Suprema, Rol Nr. 4.954/2004 v. 30.05.2006 und Rol Nr. 3.707/2004 v. 10.05.2006 sowie Dirección del Trabajo, Dictámen Ord. Nr. 214/004 v. 15.01.2009.

706 Lizama, Código del Trabajo, Tomo I, S. 432; Dirección del Trabajo, Dictámen Ord. Nr. 1.277/017 v. 17.03.2006.

707 Sáez/Melis, Derecho del Trabajo, Tomo I, S. 302: das Verb „finiquitar" bedeutet eine Rechnung begleichen, saldieren. Zur Etymologie CA Santiago, Rol Nr. 1.823/2005 v. 18.11.2005.

708 Dirección del Trabajo, Boletín Oficial Sept. 2011, S. 25.

sofortige Vollstreckung vereinbart[709]. Regelungsgegenstand sind üblicherweise die Feststellung der Vertragsbeendigung, die Festlegung ausstehender Zahlungen von Gehältern, Provisionen und Abfindungen sowie die Abgeltung von Urlaub[710]. Die Ausgleichsquittung selbst hat keine Beendigungswirkung[711].

Die Ausgleichsquittung kommt aufgrund freier Willensentscheidungen beider Parteien zustande. Denn der Arbeitnehmer, dem gekündigt wurde und dem grundsätzlich der Rechtsweg offen stünde, erkennt durch Unterzeichnung einer formell wirksamen Ausgleichsquittung den Kündigungsgrund an, sodass er nicht mehr gerichtlich gegen die Kündigung vorgehen kann[712]. Unterzeichnet der Arbeitnehmer die Ausgleichsquittung derweil unfreiwillig oder irrtümlich, ist diese nichtig[713]. Auch eine seitens einer schwangeren Arbeitnehmerin unterzeichnete Ausgleichsquittung hat keine schuldbefreiende Wirkung, da sie aufgrund eines Verstoßes gegen ein gesetzliches Verbot nichtig ist[714]. Weiter ist eine Klausel der Ausgleichsquittung unwirksam, in der sich die Parteien allgemein die Geltendmachung von Rechten aus dem Arbeitsverhältnis vorbehalten[715]. Die Ausgleichsquittung unterliegt dem Schriftform- und Beglaubigungsgebot des Art. 177

709 Siehe Art. 9 Abschn. 5 CT; Nadal, Despido, S. 571, S. 579 f.; Benavides, Despido, S. 200; Olate/Montecinos/Muñoz, Código del Trabajo, S. 403; Lizama, Derecho del Trabajo, S. 216, S. 218; Moraga, Código del Trabajo, Tomo I, S. 500 f.; Sáez/Melis, Derecho del Trabajo, Tomo I, S. 302; Thayer/Novoa, Derecho del Trabajo, Tomo II, S. 451; Vivanco, El despido laboral, S. 158; Corte Suprema, Rol Nr. 4.954/2004 v. 30.05.2006, Rol Nr. 2.893/2003 v. 10.08.2004; CA Santiago, Rol Nr. 35/2008 v. 12.09.2008, Rol Nr. 1.823/2005 v. 18.11.2005; Dirección del Trabajo, Dictámen Ord. Nr. 484/43 v. 01.02.2000 und dies., Boletín Oficial Sept. 2011, S. 18 f.

710 Moraga, Código del Trabajo, Tomo I, S. 500; Olate/Montecinos/Muñoz, Código del Trabajo, S. 171 und S. 412; Corte Suprema, Rol Nr. 4.954/2004 v. 30.05.2006; CA Santiago, Rol Nr. 1.823/2005 v. 18.11.2005.

711 Sáez/Melis, Derecho del Trabajo, Tomo I, S. 282, S. 302; Lizama, Derecho del Trabajo, S. 218; Nadal, Despido, S. 572; Benavides, Despido, S. 197; Dirección del Trabajo, Dictámen Ord. Nr. 2.039/99 v. 04.06.2001 sowie Dictámen Ord. Nr. 2.133/52 v. 05.04.1990; dies., Boletín Oficial Sept. 2011, S. 23.

712 Olate/Montecinos/Muñoz, Código del Trabajo, S. 21 und S. 411; Nadal, Despido, S. 316; Corte Suprema, Rol Nr. 5.921/2004 v. 20.06.2006; CA Antofagasta, Rol Nr. 57/2006 v. 08.05.2006. Eine Ausnahme besteht, wenn sich der Arbeitnehmer den Rechtsweg im Rahmen der Ausgleichsquittung vorbehalten hat, Benavides, Despido, S. 206 f.

713 Thayer/Novoa, Derecho del Trabajo, Tomo III, S. 121 f.; Nadal, Despido, S. 580; CA Temuco, Rol Nr. 1.567/2009 v. 17.11.2009. Zur Nichtigkeit („nulidad") Art. 1681 CC sowie Candia/Koch, Reforma procesal, S. 144 ff.

714 Moraga, Código del Trabajo, Tomo II, S. 582.

715 Ein konkreter Vorbehalt ist möglich, Thayer/Novoa, Derecho del Trabajo, Tomo III, S. 122; Walker, Relaciones Laborales, S. 388; Dirección del Trabajo, Boletín Oficial Sept. 2011, S. 22 f.

Abschn. 1 CT[716]. Werden diese Formvorschriften nicht eingehalten, führt dies nicht dazu, dass die Vertragsbeendigung unwirksam wird. Das Gleiche gilt für die Ausgleichsquittung. Jedoch kann eine Schlussabrechnung, die nicht seitens des Betriebsgewerkschaftsvorsitzenden oder -vertreters unterschrieben oder nicht vom Arbeitnehmer vor dem Arbeitsinspektor[717] bestätigt wird, vom Arbeitgeber in einem späteren Prozess nicht als Beweismittel eingeführt werden, sodass er sich nicht auf die schuldbefreiende Wirkung bereits getätigter Leistungen berufen kann[718]. Mit dem Gesetz Nr. 19.844, verkündet am 11.01.2003, wurden weitere Formvorschriften einer Ausgleichsquittung eingeführt[719]: Die Urkundsbeamten (gem. Art. 162 Abschn. 5 CT) haben vor der Bestätigung der Ausgleichsquittung den Nachweis der vollständigen Entrichtung der Pensions-, Krankenkassen- und ggf. Arbeitslosenversicherungsbeiträge bis zum letzten Tag des der Kündigung vorangegangenen Monats durch Bescheinigungen der zuständigen Stellen oder Kopien der entsprechenden Gehaltsnachweise seitens des Arbeitgebers anzufordern[720]. Sollte der Arbeitgeber die Sozialversicherungsbeiträge nicht vollständig entrichtet haben, werden die arbeitsvertraglichen Forderungen durch die Ausgleichsquittung nicht wirksam ausgeglichen[721].

---

716 Der Arbeitgeber ist gem. Art. 9 Abschn. 5 CT dazu verpflichtet, ein von beiden Arbeitsvertragsparteien unterschriebenes Exemplar der Ausgleichsquittung am Ort der Arbeitsstätte aufzubewahren, hierzu Lizama, Derecho del Trabajo, S. 218; Moraga, Código del Trabajo, Tomo I, S. 501; Sáez/Melis, Derecho del Trabajo, Tomo I, S. 304. Das Schriftformgebot kommt bei Verträgen mit einer Dauer von höchstens dreißig Tagen gem. Art. 177 Abschn. 7 CT nicht zur Anwendung, es sei denn, der Vertrag wird für weitere dreißig Tage verlängert oder der Arbeitnehmer ist nach Ablauf dieser Höchstfrist weiterhin beim Arbeitgeber mit dessen Kenntnis beschäftigt, vgl. Olate/Montecinos/Muñoz, Código del Trabajo, S. 403 f.; Benavides, Despido, S. 208; Nadal, Despido, S. 56. Siehe auch Fußnote 774.

717 Zum Arbeitsaufsichtsamt, dem die Arbeitsinspektoren unterstellt sind, siehe Fußnote 221.

718 Lizama, Derecho del Trabajo, S. 217 f.; Benavides, Despido, S. 202; Sáez/Melis, Derecho del Trabajo, Tomo I, S. 303; Nadal, Despido, S. 571 und S. 576; Walker, Relaciones Laborales, S. 389; Olate/Montecinos/Muñoz, Código del Trabajo, S. 413; Corte Suprema, Rol Nr. 2.898/2003 v. 10.08.2004.

719 Walker, Relaciones Laborales, S. 381; Nadal, Despido, S. 575; Benavides, Despido, S. 199.

720 Die zuständige Sozialkasse hat auf Antrag des Arbeitgebers die sog. „Bescheinigung über geleistete Sozialversicherungsbeiträge“ spätestens innerhalb von drei Werktagen auszustellen. Bei fälligen, aber offenen Beitragszahlungen wird die Bescheinigung nicht ausgestellt, wobei der Arbeitgeber über den Zeitraum und die Höhe der nicht beglichenen Abgaben unter Berücksichtigung der Zinsen und anfallenden Strafzahlungen zu informieren ist, Nadal, Despido, S. 575.

721 Moraga, Código del Trabajo, Tomo I, S. 502 und Dirección del Trabajo, Boletín Oficial Sept. 2011, S. 21.

Gem. Art. 63 bis CT ist der Arbeitgeber verpflichtet, das dem Arbeitnehmer zustehende Arbeitsentgelt zum Zeitpunkt der Ausfertigung der Ausgleichsquittung in Form einer Einmalzahlung auszuzahlen. Ungeachtet dessen können die Parteien eine Ratenzahlung unter Berücksichtigung der Formvorschriften des Art. 169a) CT vereinbaren[722]. Ist eine wirksame Ausgleichsquittung vereinbart, jedoch nicht vollzogen, kann der Arbeitnehmer ihre Erfüllung vor dem Arbeitsgericht einklagen. Zwar kann der Arbeitnehmer nicht mehr gegen die Kündigung als solche vorgehen, da er mit Unterzeichnung der Ausgleichsquittung den Kündigungsgrund anerkannt hat[723], jedoch die Erfüllung der Ausgleichsquittung geltend machen[724]. Stellt das Gericht fest, dass die in der Ausgleichsquittung vereinbarten Abfindungen nicht gezahlt wurden, kann es den Arbeitgeber zu einer Erhöhung des Abfindungsbetrages um bis zu 150 % verurteilen, wobei die konkrete prozentuale Erhöhung in richterlichem Ermessen steht[725]. Mit der Erhöhung der Abfindung soll der Arbeitgeber für die Nichtbeachtung der Abfindungsvereinbarung sanktioniert werden[726]. Aufgrund der zu berücksichtigenden Vertragsfreiheit können die in einer Ausgleichsquittung vereinbarten Verpflichtungen seitens des Gerichts nicht abgeändert werden, sodass eine nachträgliche Abänderung der Ausgleichsquittung nur durch übereinstimmende Willenserklärung der Arbeitsvertragsparteien möglich ist[727].

---

722 Haben die Parteien keine Ratenzahlung vereinbart, der Arbeitgeber aber die ausstehenden Zahlungen nicht durch eine Einmalzahlung erbracht, ist das Arbeitsaufsichtsamt zur Verhängung eines Bußgeldes wegen Verstoßes gegen Art. 63 bis CT berechtigt und der Rechtsweg ist eröffnet, Walker, Relaciones Laborales, S. 376; Olate/Montecinos/Muñoz, Código del Trabajo, S. 172; Moraga, Código del Trabajo, Tomo I, S. 503 f.; Dirección del Trabajo, Dictámen Ord. Nr. 3.172/056 v. 11.07.2006.

723 Olate/Montecinos/Muñoz, Código del Trabajo, S. 21 und S. 411; Nadal, Despido, S. 316; Corte Suprema, Rol Nr. 5.921/2004 v. 20.06.2006; CA Antofagasta, Rol Nr. 57/2006 v. 08.05.2006. Eine Ausnahme liegt vor, sollte sich der Arbeitnehmer den Rechtsweg im Rahmen der Ausgleichsquittung vorbehalten haben, Benavides, Despido, S. 206 f.

724 Walker, Relaciones Laborales, S. 389.

725 Nadal, Despido, S. 503; Moraga, Código del Trabajo, Tomo I, S. 437, S. 470; Walker, Relaciones Laborales, S. 376; Olate/Montecinos/Muñoz, Código del Trabajo, S. 350, S. 358 f., S. 374, S. 376 ff.; Lizama, Código del Trabajo, Tomo I, S. 451; Candia/Koch, Reforma procesal, S. 223; Corte Suprema, Rol Nr. 5.058/2003 v. 22.12.2004 und Rol Nr. 5.450/2003 v. 13.01.2005; Dirección del Trabajo, Dictámen Ord. Nr. 5.236/236 v. 03.12.2003.

726 Olate/Montecinos/Muñoz, Código del Trabajo, S. 351 und S. 378; Lizama, Código del Trabajo, Tomo I, S. 451; Corte Suprema, Rol Nr. 5.450/2003 v. 13.01.2005.

727 Die vom Arbeitnehmer vor dem Arbeitsinspektor bestätigte Ausgleichsquittung ist gem. Art. 177 Abschn. 8 CT i.V.m. Art. 464 Nr. 3 CT vollstreckbar. Siehe Vivanco, El despido laboral, S. 157; Nadal, Despido, S. 577; Olate/Montecinos/Muñoz, Código del Trabajo, S. 404; Walker, Relaciones Laborales, S. 389 und CA Santiago, Rol Nr. 3.133/99 vom 13.03.2000.

V. Weitere Beendigungstatbestände

Der Vollständigkeit halber werden weitere Beendigungsmöglichkeiten eines Arbeitsvertrages dargestellt, insbesondere um die in Chile mögliche sog. indirekte Kündigung zu beleuchten.

1. Deutschland

Das Arbeitsverhältnis kann durch eine einseitige Willenserklärung einer der Parteien, durch eine einvernehmliche Vereinbarung, durch einen Kollektivvertrag, aufgrund eines Gesetzes oder einer Arbeitnehmerkündigung beendet werden. In Ausnahmefällen kann ein Arbeitsverhältnis durch eine Gerichtsentscheidung beendet werden[728].

a) Beendigungsmöglichkeiten ohne Kündigung

Auch ohne eine Kündigung kann der Arbeitsvertrag beendet werden.

aa) Nichtigkeit

Jede Partei kann sich aus den allgemeinen Gründen der §§ 105 ff., 116 S. 2, 117 Abs. 1, 118, 134, 138, 177 ff., 311a BGB auf die Nichtigkeit des Vertrages berufen[729]. War das Arbeitsverhältnis in Vollzug gesetzt, wirkt die Erklärung nach den Grundsätzen des sog. faktischen Arbeitsverhältnisses nur für die Zukunft[730]. Dabei wird das Arbeitsverhältnis so behandelt, als sei es gültig gewesen, allerdings kann sich jede Partei für die Zukunft jederzeit einseitig vom Vertrag lossagen, ohne dass es einer Kündigung bedarf[731]. Bei einem bewussten Verstoß beider Parteien gegen

---

728 Sonderfälle der Auflösung des Arbeitsverhältnisses sind die gerichtliche Entscheidung nach § 9 KSchG (S. 157 ff.) und die sog. lösende Aussperrung, hierzu Thüsing/Laux/Lembke-Gabrys, § 1 KSchG, Rn. 104; HWK-Hergenröder, Art. 9 GG, Rn. 235; Gamillscheg, Beendigung des Arbeitsverhältnisses, S. 246 f.

729 Kittner/Däubler/Zwanziger-Däubler, Vorbem. BGB, Rn. 10; APS-Preis, Grundl. K, Rn. 17, Rn. 66; HWK-Thüsing, § 611 BGB, Rn. 70 ff.; Brox/Rüthers/Henssler, Rn. 163.

730 Gallner/Mestwerdt/Nägele-Mestwerdt, Einl., Rn. 9.

731 Bei einem fehlerhaften Arbeitsvertrag wird das Arbeitsverhältnis auch als faktisches Arbeitsverhältnis bezeichnet. Grundlage ist ein geschlossener und in Vollzug gesetzter Arbeitsvertrag, der von Anfang an nichtig (§§ 134, 138 BGB) oder rückwirkend wegen Anfechtung (§ 142 BGB) vernichtet worden ist. Die Nichtigkeitsfolgen werden teleologisch reduziert, sodass sie nicht rückwirkend, sondern lediglich ab Geltendmachung wirken. Die Grundsätze des sog. fehlerhaften Arbeitsvertrages wurden entwickelt, da eine Rückabwicklung nach den Regeln des Bereicherungsrechts nicht den zwingenden Sozialschutz infrage stellen darf, BAG, Urt. v. 07.12.1961, BAGE 12, S. 104; HWK-Thüsing, § 119 BGB, Rn. 15; ErfK-Preis, § 611 BGB, Rn. 145 ff.

Strafgesetze und krasser Sittenwidrigkeit des Arbeitsvertragsinhalts wird die Anwendung der Grundsätze über das fehlerhafte Arbeitsverhältnis verneint[732], sodass es keiner Erklärung zur Beendigung des unwirksamen Arbeitsverhältnisses bedarf; es verbleibt bei der Nichtigkeit[733].

bb) Anfechtung

Arbeitgeber und Arbeitnehmer können den Arbeitsvertrag wegen Willensmängeln anfechten[734]. Die Anfechtung setzt einen Irrtum, eine arglistige Täuschung oder eine Drohung und die Einhaltung der Frist nach §§ 121, 124 BGB voraus[735]. Solange der Arbeitsvertrag nicht in Vollzug gesetzt ist, führt eine Anfechtung zur Nichtigkeit der Willenserklärung und damit des Arbeitsvertrages von Anfang an (§ 142 Abs. 1 BGB)[736]. Sobald das Arbeitsverhältnis in Vollzug gesetzt ist, kann es nach den Grundsätzen des sog. faktischen Arbeitsverhältnisses nur für die Zukunft beendet werden[737]. Die Anfechtung hat praktisch die gleiche Wirkung wie eine außerordentliche Kündigung, wobei für sie nicht die kündigungsschutzrechtlichen Bestimmungen der außerordentlichen Kündigung gelten[738]: Es bedarf im Falle der Anfechtung des Arbeitsverhältnisses durch den Arbeitgeber keiner Betriebsratsanhörung[739] und den Arbeitsvertrag mit einer Schwangeren kann er nicht kündigen, jedoch anfechten[740].

cc) Befristung und Bedingung

Nach § 15 bzw. § 21 TzBfG endet ein befristeter bzw. bedingter Arbeitsvertrag mit Ablauf der vereinbarten Zeit bzw. mit Erreichen des Zwecks, frühestens jedoch zwei Wochen nach Zugang der schriftlichen Unterrichtung des Arbeitnehmers durch den

---

732 BAG, Urt. v. 07.12.1961, BAGE 12, S. 104.

733 SPV-Preis, Rn. 33; APS-Preis, Grundl. K, Rn. 17.

734 SPV-Preis, Rn. 57; HWK-Schmalenberg, § 620 BGB, Rn. 24; Dütz/Thüsing, Rn. 346.

735 Der Anfechtungsgrund muss zum Zeitpunkt des Vertragsabschlusses vorgelegen haben, Schaub, § 34, Rn. 37 und Rn. 43; Düwell/Rieble/Weyand, Teil 7, Kap. 1.1.1., S. 6 f.; HWK-Schmalenberg, § 620 BGB, Rn. 24; Kittner/Däubler/Zwanziger-Däubler, Vorbem. BGB, Rn. 11.

736 Gallner/Mestwerdt/Nägele-Mestwerdt, Einl., Rn. 8; Dütz/Thüsing, Rn. 346.

737 Vgl. Fußnote 731; Kittner/Däubler/Zwanziger-Däubler, §§ 142–144 BGB, Rn. 3; ErfK-Müller-Glöge, § 620 BGB, Rn. 33; HWK-Schmalenberg, § 620 BGB, Rn. 24.

738 Es gelten weder die Kündigungsschutzverbote noch das Schriftformgebot des § 623 BGB, Schaub, § 34, Rn. 26; Preis, Arbeitsrecht, § 56, S. 730; APS-Preis, Grundl. K, Rn. 66.

739 Schaub, § 34, Rn. 26; SPV-Preis, Rn. 58; Preis, Arbeitsrecht, § 23, S. 308.

740 ErfK-Müller-Glöge, § 620 BGB, Rn. 33; Kittner/Däubler/Zwanziger-Söhngen, § 9 MuSchG, Rn. 16; Gallner/Mestwerdt/Nägele-Böhm, § 9 MuSchG, Rn. 41; SPV-Vossen, Rn. 1368; Dütz/Thüsing, Rn. 346. Kritisch Gamillscheg, Beendigung des Arbeitsverhältnisses, S. 180 f.

Arbeitgeber über den Zeitpunkt der Zweckerreichung. Einer Kündigung bedarf es nicht[741].

dd) Aufhebungsvertrag

Die Arbeitsvertragsparteien können jederzeit einen Aufhebungsvertrag abschließen, dem in der Praxis eine hohe Bedeutung zukommt[742]. Die Parteien können sich grundsätzlich frei über den Inhalt eines Aufhebungsvertrages verständigen; insbesondere sind sie nicht an die für eine Kündigung geltenden Beschränkungen gebunden, da weder Kündigungsfristen einzuhalten sind noch der allgemeine oder besondere Kündigungsschutz gilt[743]. Lediglich die Einhaltung der Schriftform gem. §§ 623, 126, 125 S. 1 BGB ist zu beachten[744].

ee) Kollektivvertragliche Beendigung

Häufig vereinbaren die Tarifvertrags- oder Betriebsparteien Beendigungstatbestände, wonach das Arbeitsverhältnis bei Erreichen einer bestimmten Altersgrenze oder dem Eintritt der Erwerbsunfähigkeit endet[745].

---

741 Löwisch/Spinner/Wertheimer-Löwisch, Vor § 1 KSchG, Rn. 160; Preis, Arbeitsrecht, § 70, S. 920; Krause, § 19, Rn. 1. Vgl. BAG, Urt. v. 04.07.2001, NZA 2002, S. 288, Urt. v. 12.08.2015, NZA 2016, S. 173 und Urt. v. 09.09.2015, NZA 2016, S. 169. Befristung und Bedingung müssen schriftlich vereinbart werden, hierzu BAG, Urt. v. 09.09.2015, NZA 2016, S. 232. Wird das Arbeitsverhältnis nach Zeitablauf oder Zweckerreichung mit Wissen des Arbeitgebers fortgesetzt, gilt es als auf unbestimmte Zeit eingegangen, sofern der Arbeitgeber nicht unverzüglich widerspricht oder dem Arbeitnehmer die Zweckerreichung nicht unverzüglich mitteilt.

742 ErfK-Müller-Glöge, § 620 BGB, Rn. 5; KR-Spilger, AufhebungsV, Rn. 1; Preis, Arbeitsrecht, § 71, S. 962; Krause, § 20, Rn. 1; Waltermann, Rn. 289; Tilse/Wolgast, Beendigung des Arbeitsverhältnisses, S. 149 und Lembke, Widerrufsrecht des Arbeitnehmers, NJW 2004, S. 2941.

743 Bamberger/Roth-Fuchs, § 620 BGB, Rn. 63; APS-Rolfs, AufhebVtr, Rn. 1 f. und Rn. 36; Preis, Arbeitsrecht, § 71, S. 962; SPV-Preis, Rn. 34; MüArbR-Wank, § 94, Rn. 10; KR-Spilger, AufhebungsV, Rn. 1; Tilse/Wolgast, Beendigung des Arbeitsverhältnisses, S. 127 und S. 149; Dütz/Thüsing, Rn. 347; Brox/Rüthers/Henssler, Rn. 579; Krause, § 18, Rn. 58 und Rn. 60; Möschel, Kündigungsschutz, JZ 2006, S. 114; BAG, Urt. v. 12.01.2000, NZA 2000, S. 718, Urt. v. 07.03.2002, NZA 2002, S. 1000 und Urt. v. 18.08.2005, NJW 2006, S. 938.

744 SPV-Preis, Rn. 40 ff.; APS-Rolfs, AufhebVtr, Rn. 17; MüArbR-Wank, § 94, Rn. 3; Dütz/Thüsing, Rn. 347.

745 Arbeitsverhältnisse enden nicht automatisch bei Erreichen des Rentenalters. Grundsätzlich ist die Regelungssperre des § 77 Abs. 3 BetrVG zu beachten, ErfK-Kania, § 77 BetrVG, Rn. 38; ebda.-Franzen, § 1 TVG, Rn. 44; Kramer, Kündigung, S. 73; BAG, Urt. v. 13.10.2015, NZA 2016, S. 54, Urt. v. 05.03.2013, NZA 2013, S. 916. Vgl. § 41 S. 2 SGB VI und § 33 Abs. 1a) TVöD. Dabei dürfen Altersgrenzen, die unter der Regelaltersgrenze liegen, nicht gegen das Verbot der Altersdiskriminierung

ff) Tod des Arbeitnehmers

Nach § 613 BGB hat der zur Dienstleistung Verpflichtete die Dienste persönlich zu erbringen. Das Arbeitsverhältnis endet mit dem Tod des Arbeitnehmers mit sofortiger Wirkung, ohne dass es einer Kündigung bedarf[746].

gg) Wegfall der Geschäftsgrundlage

Haben sich Umstände nach Abschluss des Vertrages schwerwiegend geändert und hätten die Parteien, dies vorausschauend, den Vertrag nicht oder mit anderem Inhalt geschlossen, kann bei einer Unzumutbarkeit des Festhaltens am Vertrag nach § 313 BGB eine Vertragsanpassung verlangt werden[747]. Unter außergewöhnlichen Umständen wie Kriegsfolgen, einer Verhaftung und Abschiebung kann ein Arbeitsverhältnis ohne Kündigung enden, wenn der Zweck des Arbeitsverhältnisses erkennbar endgültig unerreicht worden ist und die Umstände eine Kündigung unmöglich machen[748].

b) Arbeitnehmerkündigung

Der Arbeitnehmer genießt das Recht der Kündigungsfreiheit[749].

---

verstoßen, ErfK-Schlachter, § 10 AGG, Rn. 12 ff.; Küttner, Personalbuch, Altersgrenze, Rn. 10. Der EuGH entschied mit Urt. v. 13.09.2011, NZA 2011, S. 1039, dass die Zwangsverrentung von Piloten mit Ablauf des 60. Lebensjahres nicht mit der Richtlinie 2000/78/EG vereinbar ist, hierzu APS-Backhaus, § 14 TzBfG, Rn. 120. Zur Unwirksamkeit einer tariflichen Altersgrenze von sechzig Jahren für Flugbegleiter BAG, Urt. v. 23.06.2010, NZA 2010, S. 1248. Zudem EuGH, Urt. v. 12.01.2010, NJW 2010, S. 587; BAG, Beschl. v. 07.11.1989, NZA 1990, S. 816. Zur Rechtsnatur von Altersgrenzen als Befristung siehe APS-Backhaus, § 3 TzBfG, Rn. 26; BAG, Urt. v. 21.09.2011, NZA 2012, S. 271.

746 Kittner/Däubler/Zwanziger-Däubler, Einl., Rn. 163; APS-Preis, Grundl. K, Rn. 5; ErfK-Müller-Glöge, § 620 BGB, Rn. 35; KR-Griebeling/Rachor, § 1 KSchG, Rn. 185; HWK-Schmalenberg, § 620 BGB, Rn. 32; Zöllner/Loritz/Hergenröder, § 24, Rn. 1; Preis, Arbeitsrecht, § 71, S. 971; BAG, Urt. v. 16.05.2000, DB 2001, S. 50. Zum Beendigungstatbestand des § 164 Abs. 4 S. 1 SGB V siehe BAG, Urt. v. 21.11.2013, BAGE 146, S. 353.

747 Zu den Voraussetzungen siehe nur Palandt-Grüneberg, § 313 BGB, Rn. 25 ff.

748 APS-Preis, Grundl. K, Rn. 72; SPV-Preis, Rn. 59; Küttner, Personalbuch, Kündigung allgemein, Rn. 11; Thüsing/Laux/Lembke-Gabrys, § 1 KSchG, Rn. 91; Hromadka/Maschmann, § 10, Rn. 33; BAG, Urt. v. 21.05.1963, BB 1963, S. 1018 und Urt. v. 24.08.1995, NZA 1996, S. 29. Grundsätzlich kann das Arbeitsverhältnis durch dieses Institut nicht beendet werden, da die Kündigung gem. § 313 Abs. 3 S. 2 BGB dem Rücktritt vorgeht, ErfK-Müller-Glöge, § 620 BGB, Rn. 40; HWK-Schmalenberg, § 620 BGB, Rn. 28; Preis, Arbeitsrecht, § 71, S. 970; BAG, Urt. v. 08.10.2009, NZA 2010, S. 465, Urt. v. 09.02.1995, NZA 1995, S. 249 ff.

749 Der Kündigungsschutz greift nur, wenn der Gekündigte Arbeitnehmer ist. Siehe Gallner/Mestwerdt/Nägele-Mestwerdt, Einl., Rn. 3; Dornbusch/Wolff-Wolff, § 1

aa) Ordentliche Kündigung

Im Regelfall kündigt der Arbeitnehmer ordentlich unter Einhaltung einer Kündigungsfrist von vier Wochen zum Fünfzehnten oder zum Ende des Kalendermonats[750]. Ein Kündigungsgrund ist nicht erforderlich[751].

bb) Außerordentliche Kündigung

Der Arbeitnehmer kann aus wichtigem Grund ohne Einhaltung einer Kündigungsfrist innerhalb von zwei Wochen ab Kenntnis über die maßgebenden Tatsachen schriftlich kündigen[752]. Der Arbeitnehmer ist hierzu berechtigt, wenn der Arbeitgeber trotz Abmahnung wiederholt die geschuldete Vergütung nicht leistet[753], der Arbeitgeber oder seine Vertreter sich ihm gegenüber grobe Beleidigungen zu Schulden kommen lassen oder sein Leben oder seine Gesundheit durch die Fortsetzung des Arbeitsverhältnisses ernsthaft bedroht ist[754]. Liegt kein außerordentlicher Kündigungsgrund vor und erbringt der Arbeitnehmer seine Arbeitsleistung während des Laufs der Kündigungsfrist nicht, macht er sich gegenüber dem Arbeitgeber ggf. schadensersatzpflichtig (§§ 280 Abs. 1, 282 BGB)[755]. Diese Schadensersatzpflicht wird mit einer Verletzung des Wettbewerbsverbots während des rechtlichen Bestehens des Arbeitsverhältnisses, hergeleitet aus § 242 BGB bzw. §§ 60, 61 HGB (analog), begründet[756].

cc) Änderungskündigung

Die Änderungskündigung des Arbeitnehmers beinhaltet eine (ordentliche oder außerordentliche) Kündigung des Arbeitsverhältnisses, in deren Zusammenhang die Fortsetzung des Arbeitsverhältnisses zu geänderten Arbeitsbedingungen angeboten wird[757]. Nimmt der Arbeitgeber das neue Angebot nicht an, ist das Arbeitsverhältnis beendet.

KSchG, Rn. 1; Löwisch/Spinner/Wertheimer-Löwisch, Vor § 1 KSchG, Rn. 37; LAG Hamm, Urt. v. 22.10.1981, BB 1983, S. 61.

750 APS-Preis, Grundl. D, Rn. 19; Düwell/Rieble/Weyand, Teil 7, Kap. 1.1.1., S. 1; Mues/Eisenbeis/Laber, Teil 1, Rz. 16; BAG, Urt. v. 20.09.2006, NZA 2007, S. 377. Zum Schriftformerfordernis BAG, Urt. v. 17.12.2015, NJW-Spezial 2016, S. 146.

751 Kramer, Kündigung, S. 13.

752 Mues/Eisenbeis/Laber, Teil 1, Rz. 73 und Rz. 82; APS-Preis, Grundl. D, Rn. 20. Zur Abmahnung Pauly/Osnabrügge-Pauly, § 2, Rn. 35; HWK-Sandmann, § 626 BGB, Rn. 96; BAG, Urt. v. 17.01.2002, NZA 2003, 816, Urt. v. 19.11.2015, NZA 2016, S. 540 und LAG Köln, Urt. v. 21.07.2006, NZA-RR 2007, S. 134.

753 BAG, Urt. v. 17.01.2002, NZA 2003, S. 816 und Urt. v. 26.07.2007, NZA 2007, S. 1419.

754 Diese und weitere Bsp. bei Pauly/Osnabrügge-Pauly, § 2, Rn. 40; Thüsing/Laux/Lembke-Wege, § 626 BGB, Rn. 55 ff.; Preis, Arbeitsrecht, § 66, S. 885; Löwisch/Caspers/Klumpp, Rn. 633; Hanau/Adomeit, Rn. 976.

755 Palandt-Weidenkaff, § 626 BGB, Rn. 5; SPV-Preis, Rn. 822, Rn. 826.

756 Schaub, § 54, Rn. 1 f., Rn. 5.

757 Gallner/Mestwerdt/Nägele-Mestwerdt, Einl., Rn. 95; Junker, Arbeitsrecht, Rn. 416; Dütz/Thüsing, Rn. 490; BAG, Urt. v. 31.01.1996, DB 1996, S. 990.

dd) Sonderkündigungsrechte

Dem Arbeitnehmer stehen bestimmte Sonderkündigungsrechte zu:

(1) § 12 KSchG

Hat das Gericht festgestellt, dass die Kündigung das Arbeitsverhältnis nicht wirksam beendet hat und ist der Arbeitnehmer zwischenzeitlich ein neues Arbeitsverhältnis mit einem anderen Arbeitgeber eingegangen, muss er sich von einem der beiden Arbeitsverhältnisse lösen können. Dem Arbeitnehmer steht ein Wahlrecht zwischen beiden Arbeitsverträgen zu[758]. Gem. § 12 S. 1 KSchG kann er binnen einer Woche durch eine schriftliche Erklärung gegenüber dem alten Arbeitgeber die Fortsetzung des Arbeitsverhältnisses mit diesem verweigern; mit dem Zugang erlischt das Arbeitsverhältnis[759].

(2) § 22 BBiG

Ein Auszubildender kann gem. § 22 Abs. 2 Nr. 2 BBiG mit einer Kündigungsfrist von vier Wochen kündigen, wenn er die Berufsausbildung aufgeben oder aber sich für eine andere Berufstätigkeit ausbilden lassen will. Gem. § 22 Abs. 3 BBiG muss die Kündigung schriftlich unter Angabe der Kündigungsgründe erfolgen.

2. Chile

Auch in Chile bestehen weitere Möglichkeiten, das Arbeitsverhältnis zu beenden.

a) Beendigungsmöglichkeiten ohne Kündigung

Das Arbeitsverhältnis kann ohne Kündigung enden.

aa) Befristung

Bereits bei Vertragsschluss kann der Beendigungszeitpunkt vereinbart werden[760]: Gem. Art. 159 Nr. 4 CT endet ein Arbeitsvertrag durch Zeitablauf der vereinbarten Frist. Eine weitere Erklärung der Parteien in Form einer Kündigung ist nicht erforderlich[761]. Der Arbeitgeber kann den Arbeitnehmer auch nicht vor Ablauf der

---

758 V. Hoyningen-Huene/Linck, § 12, Rn. 1. Dies gilt nicht bei Aufnahme einer selbstständigen Tätigkeit des Arbeitnehmers, so BAG, Urt. v. 25.10.2007, NJW 2008, S. 1466.

759 V. Hoyningen-Huene/Linck, § 12, Rn. 9; APS-Biebl, § 12 KSchG, Rn. 15; SPV-Preis, Rn. 23; Mues/Eisenbeis/Laber, Teil 12, Rz. 494.

760 Nadal, Despido, S. 75; vgl. OECD, Reviews of Labour Market: Chile, S. 68 f.

761 Thayer/Novoa, Derecho del Trabajo, Tomo II, S. 372; Lizama, Derecho del Trabajo, S. 165; Olate/Montecinos/Muñoz, Código del Trabajo, S. 292.

Befristung ordentlich kündigen[762]. Gem. Art. 159 Nr. 4 Abschn. 1 CT beträgt die zulässige Höchstdauer der Befristung ein Jahr. Wurde der Arbeitnehmer aufgrund von mehr als zwei befristeten Verträgen in einem Zeitraum von fünfzehn Monaten ab der ersten Anstellung für mindestens zwölf Monate mit Unterbrechungen beschäftigt, liegt gem. Art. 159 Nr. 4 Abschn. 2 CT ein unbefristetes Beschäftigungsverhältnis vor. Im Falle von Geschäftsführern[763] oder aber Arbeitnehmern, die über einen Berufstitel oder Fachabschluss einer staatlichen oder staatlich anerkannten Institution der höheren Bildung verfügen, darf die Vertragsdauer eines befristeten Arbeitsvertrages nicht mehr als zwei Jahre betragen (Art. 159 Nr. 4 Abschn. 3 CT). Wird das Arbeitsverhältnis nach Ablauf der Vertragsfrist mit Kenntnis des Arbeitgebers fortgesetzt, liegt ein unbefristeter Vertrag vor. Gleiche Wirkung hat die zweite Verlängerung eines befristeten Vertrages (Art. 159 Nr. 4 Abschn. 4 CT)[764]. Die zeitlich befristeten Verträge werden abgeschlossen, um kurzzeitig die Personaldecke anzuheben, bspw. im Einzelhandel für den Zeitraum vor und nach Nationalfeiertagen oder zu Weihnachten. Weiter kennt das chilenische Recht keine Probezeit, sodass diese Verträge zur „Erprobung" des Arbeitnehmers abgeschlossen werden[765].

Nach Art. 159 Nr. 5 CT wird der Arbeitsvertrag durch den Abschluss der Arbeit oder der Dienstleistung, die dem Vertrag zu Grunde liegt, beendet. Die Parteien müssen sich darauf einigen, dass ein bestimmtes Werk fertig gestellt bzw. eine bestimmte Dienstleistung erbracht wird. Soll ein breites Spektrum an Aufgaben durchgeführt werden, welches im Zweifel sogar verschiedene Werke betrifft, kann keine wirksame Zweckbefristung vereinbart werden[766]. Einer vorzeitige ordentliche Kündigung aus betriebsbedingten Gründen oder eine Kündigung des Arbeitnehmers

762 Vivanco, El despido laboral, S. 39; Walker, Relaciones Laborales, S. 271, S. 400; Nadal, Despido, S. 27, S. 77 und S. 88 f. War ein befristeter Vertrag vereinbart und kündigt der Arbeitgeber vor Fristablauf ohne einen wirksamen Kündigungsgrund, hat der Arbeitnehmer die Wahl zwischen einer Abfindung wie im Falle einer unwirksamen Kündigung ohne Kündigungsgrund, d.h. einer Erhöhung des Abfindungsbetrages um 50 % gem. Art. 168b) CT oder der Zahlung des vereinbarten Gehalts für die verbleibende Vertragslaufzeit. Läuft der Vertrag dagegen regulär aus, steht dem Arbeitnehmer keine Abfindung nach Beschäftigungsjahren zu. Hierzu Lizama, Derecho del Trabajo, S. 165 f.; Olate/Montecinos/Muñoz, Código del Trabajo, S. 356; Corte Suprema, Rol Nr. 4.240/94 v. 24.11.1994, Rol Nr. 30.009/96 v. 05.09.1996, Rol Nr. 2.295/02 v. 02.09.2002; Dirección del Trabajo, Dictámen Ord. Nr. 2.715/203 v. 17.07.1998.

763 Zur Definiton siehe Fußnote 570.

764 Humeres, Derecho del Trabajo, S. 103 f.; Morgado, Labour Law in Chile, S. 94.

765 Thayer/Novoa, Derecho del Trabajo, Tomo III, S. 36; Dirección del Trabajo, Dictámen Ord. Nr. 2.533/154 v. 20.05.1993. Bei Hausangestellten gelten die ersten zwei Wochen als Probezeit, hierzu Morgado, Labour Law in Chile, S. 106.

766 Nadal, Despido, S. 106 f., S. 108; Moraga, Código del Trabajo, Tomo I, S. 383, S. 385; Walker, Relaciones Laborales, S. 400.

ohne Kündigungsgrund („desahucio") ist nicht möglich[767]. Dagegen kann aus verhaltens- bzw. personenbedingten Gründen auch vor Ablauf des zweckbefristeten Arbeitsvertrages gekündigt werden[768]. Auch diese Verträge werden zur kurzzeitigen Personalaufstockung abgeschlossen, bspw. im Einzelhandel für den Verkauf zwischen Weihnachten und Silvester, in der Industrie zur Reinigung von Maschinen oder in der Landwirtschaft zum Zwecke der Aussaat, der Ernte oder der Verpackung von Früchten zum Transport[769].

Der Arbeitgeber hat die Beendigung des Arbeitsvertrages dem Arbeitnehmer gem. Art. 162 Abschn. 1 CT schriftlich unter Angabe von Gründen innerhalb von drei Werktagen mitzuteilen[770]. Eine Kopie dieser Mitteilung ist innerhalb derselben Frist an das zuständige Arbeitsaufsichtsamt zu senden[771].

bb) Aufhebungsvertrag

Das Arbeitsverhältnis kann jederzeit einvernehmlich mittels eines Aufhebungsvertrages gem. Art. 159 Nr. 1 CT beendet werden. Diese Vorschrift wird der bestehenden Vertragsfreiheit der Parteien gerecht, da im Sinne des Art. 1545 CC Vertragsinhalte und damit die Bedingungen einer Arbeitsvertragsbeendigung übereinstimmend frei festgelegt werden können[772]. Der Aufhebungsvertrag muss gem. Art. 177 Abschn. 1 CT schriftlich vereinbart und von den Betroffenen und dem Betriebsgewerkschaftsvorsitzenden bzw. -vertreter unterzeichnet werden oder aber vom Arbeitnehmer vor dem sog. Arbeitsinspektor („inspector del trabajo") bzw. einem Notar, dem zuständigen Standesbeamten („oficial del registro civil") oder dem entsprechenden Gemeindesekretär („secretario municipal") unterzeichnet worden sein[773]. Der

767 Vivanco, El despido laboral, S. 45; Lizama, Derecho del Trabajo, S. 166 f.; Nadal, Despido, S. 117, S. 120, S. 123; Olate/Montecinos/Muñoz, Código del Trabajo, S. 355 f.; Walker, Relaciones Laborales, S. 273, S. 401; Corte Suprema, Rol Nr. 1.789/01 v. 05.06.2001 und Rol Nr. 1.701/00 v. 06.11.2000; Dirección del Trabajo, Dictámen Ord. Nr. 2.886/158 v. 04.06.1999: Der Arbeitnehmer hat keinen Anspruch auf eine Abfindung der Beschäftigungsjahre. Wird ihm vor Ablauf des befristeten Vertrages ohne wirksamen Kündigungsgrund gekündigt, steht ihm eine Abfindung in Höhe des ausstehenden Gehalts bis zum regulären Ablauf des Vertrages zu.

768 Walker, Relaciones Laborales, S. 273; Nadal, Despido, S. 28 und S. 118.

769 Vivanco, El despido laboral, S. 44; Moraga, Código del Trabajo, Tomo I, S. 381.

770 Nadal, Despido, S. 120; Olate/Montecinos/Muñoz, Código del Trabajo, S. 292; vgl. CA San Miguel, Rol Nr. 308/2010 v. 10.11.2010.

771 Miranda/Aitken, Chile, S. 132.

772 Walker, Relaciones Laborales, S. 254; Thayer/Novoa, Derecho del Trabajo, Tomo II, S. 369, Tomo III, S. 27 und S. 35; Lizama, Derecho del Trabajo, S. 163; Nadal, Despido, S. 47; Vivanco, El despido laboral, S. 30; Moraga, Código del Trabajo, Tomo I, S. 373; Olate/Montecinos/Muñoz, Código del Trabajo, S. 291 f.; Benavides, Despido, S. 21.

773 Lizama, Derecho del Trabajo, S. 163; Walker, Relaciones Laborales, S. 398; Morgado, Labour Law in Chile, S. 160.

Arbeitgeber kann sich vor dem Arbeitsgericht auf einen Aufhebungsvertrag nur berufen, soweit die Formvorschriften des Art. 177 CT eingehalten sind[774].

cc) Kollektivvertragliche Beendigung

In Chile ist die Vereinbarung von Beendigungstatbeständen in Kollektivverträgen nicht vorgesehen. Art. 159 CT normiert die Beendigungsmöglichkeiten eines Arbeitsvertrages, ohne einen Kollektivvertrag zu umfassen. Nach Art. 306 Abschn. 1 CT gehören zum Regelungsgegenstand von Kollektivverträgen die Vergütung, sonstige Vergünstigungen sowie allgemeine Vertragsbedingungen, sodass Vertragsbeendigungen nicht durch einen Kollektivvertrag geregelt werden[775].

dd) Einberufung des Besatzungsmitglieds zum Militär

Wird ein Besatzungsmitglied zum Militärdienst einberufen, endet der Arbeitsvertrag gem. Art. 122 CT[776]. Der Arbeitgeber ist verpflichtet, die Kosten für die Verbringung des einberufenen Besatzungsmitglieds zum nächsten an der Kaserne gelegenen Hafen zu übernehmen[777].

ee) Tod des Arbeitnehmers

Die Erbringung der Arbeitsleistung ist eine höchstpersönliche Verpflichtung des Arbeitnehmers, weshalb das Arbeitsverhältnis gem. Art. 159 Nr. 3 CT durch seinen Tod endet[778]. Der Arbeitgeber ist nach Art. 60 CT verpflichtet, das dem verstorbenen Arbeitnehmer zustehende Gehalt in Höhe der entstandenen Auslagen demjenigen auszuzahlen, der die Beerdigungskosten übernommen hat; alle weiteren Lohnansprüche stehen den Erben nach gesetzlicher Erbfolge zu[779].

---

774 Thayer/Novoa, Derecho del Trabajo, Tomo II, S. 369, Tomo III, S. 35; Nadal, Despido, S. 47 und Corte Suprema, Rol Nr. 5.619/2008 v. 24.12.2008. Gem. Art. 177 Abschn. 7 CT kommen bei Verträgen mit einer Dauer von höchstens dreißig Tagen das Schriftformgebot und die weiteren Formvorschriften des Art. 177 Abschn. 1 CT nicht zur Anwendung, hierzu Fußnote 718.

775 Dirección del Trabajo, Encla 2011, S. 269.

776 Humeres, Derecho del Trabajo, S. 269.

777 Nadal, Despido, S. 333; Lizama, Código del Trabajo, Tomo I, S. 265.

778 Lizama, Derecho del Trabajo, S. 167; Walker, Relaciones Laborales, S. 399; Vivanco, El despido laboral, S. 36; Thayer/Novoa, Derecho del Trabajo, Tomo III, S. 45, Tomo II, S. 385; Benavides, Despido, S. 27; Olate/Montecinos/Muñoz, Código del Trabajo, S. 292; Nadal, Despido, S. 69; Moraga, Código del Trabajo, Tomo I, S. 379.

779 Lizama, Derecho del Trabajo, S. 167; ders., Código del Trabajo, Tomo I, S. 196 f., S. 343 f.; Walker, Relaciones Laborales, S. 347; Nadal, Despido, S. 70; Vivanco, El despido laboral, S. 35 f.

b) *Arbeitnehmerkündigung*

In Chile genießt der Arbeitnehmer das Recht der Kündigungsfreiheit, er kann das Arbeitsverhältnis jederzeit einseitig beenden[780]. Kündigt der Arbeitnehmer ordentlich, fristlos oder aufgrund eines Sonderkündigungsrechts, kann er vor Gericht nicht mehr gegen die Kündigung vorgehen. Hat der Arbeitnehmer jedoch wegen Pflichtverletzungen des Arbeitgebers eine sog. indirekte Kündigung aufgrund der in Art. 160 Nr. 1, Nr. 5 und Nr. 7 CT normierten Gründe ausgesprochen, kann er dennoch eine Kündigungsschutzklage einreichen[781].

aa) *Fristgerechte Kündigung*

Gem. Art. 159 Nr. 2 CT wird das Arbeitsverhältnis durch eine Kündigung des Arbeitnehmers („renuncia") unter Einhaltung einer Mindestkündigungsfrist von dreißig Tagen beendet. Diese Kündigungsfrist kann nur unterlaufen werden, sollte dies zuvor durch übereinstimmende Willenserklärung der Vertragsparteien vertraglich vereinbart worden sein[782]. Der Arbeitnehmer kann ohne Angabe von Gründen kündigen[783]. Die Kündigung unterliegt gem. Art. 177 CT der Schriftform, zudem muss sie seitens des Betriebsgewerkschaftsvorsitzenden oder -vertreters unterzeichnet oder vom Arbeitnehmer vor dem Arbeitsinspektor bestätigt werden[784]. Mit dieser Formvorschrift soll die Freiwilligkeit des Kündigungsausspruchs gewährleistet werden[785].

---

780 Nadal, Despido, S. 60 betont, dass die Kündigungsfreiheit des Arbeitnehmers auch besteht, wenn dieser dem besonderen Kündigungsschutz („fuero", siehe S. 112 ff.) unterliegt.

781 Nadal, Despido, S. 430; Barahona, Despido indirecto, S. 20 f., S. 23, S. 83 und S. 174.

782 Olate/Montecinos/Muñoz, Código del Trabajo, S. 292; Nadal, Despido, S. 562. Auch die Vereinbarung einer längeren als der dreißigtägigen Kündigungsfrist ist gem. Art. 9 CT vereinbar, Moraga, Código del Trabajo, Tomo I, S. 377.

783 Nadal, Despido, S. 53; Olate/Montecinos/Muñoz, Código del Trabajo, S. 292.

784 Gem. Art. 177 Abschn. 2 CT kommt als Urkundsperson statt des Arbeitsinspektors ein Notar, ein Standesbeamter oder der zuständige Gemeindesekretär in Betracht, Morgado, Labour Law in Chile, S. 160; Olate/Montecinos/Muñoz, Código del Trabajo, S. 404; Dirección del Trabajo, Dictámen Ord. Nr. 577/14 v. 04.02.2005 und Ord. Nr. 13/06 v. 05.01.2004. Die Formvorschriften finden gem. Art. 177 Abschn. 7 CT keine Anwendung, wenn der Arbeitsvertrag weniger als dreißig Tage bestand, hierzu Fußnote 718.

785 Nadal, Despido, S. 55. Bei Nichtbeachtung ist es dem Arbeitgeber gem. Art. 177 Abschn. 1 CT verwehrt, die Kündigung in einem späteren Arbeitsgerichtsprozess als Beweis einführen, hierzu Lizama, Derecho del Trabajo, S. 169; ders., Código del Trabajo, Tomo I, S. 341 f.; Sáez/Melis, Derecho del Trabajo, Tomo I, S. 255; Thayer/Novoa, Derecho del Trabajo, Tomo III, S. 90 f.; Olate/Montecinos/Muñoz, Código del Trabajo, S. 295; Corte Suprema, Rol Nr. 7.120/2008 v. 31.12.2008 und CA La Serena, Rol Nr. 221/2005 v. 13.02.2006.

Die Kündigung stellt eine einseitige, empfangsbedürftige Willenserklärung dar, die nach ihrem Zugang nicht einseitig widerrufen werden kann[786]. Der Arbeitnehmer kann lediglich einen unbefristeten Arbeitsvertrag kündigen, denn ein befristeter Arbeitsvertrag endet erst mit Ablauf der vereinbarten Zeit oder mit Fertigstellung des Werkes bzw. der Dienstleistung[787].

bb) Fristlose Kündigung

Der Arbeitnehmer kann fristlos kündigen. Die fristlose Kündigung ist gesetzlich nicht normiert, der Arbeitnehmer kündigt schlicht ohne Einhaltung der vertraglich vereinbarten bzw. gesetzlichen dreißigtägigen Mindestkündigungsfrist[788]. Auch bei Ausspruch einer fristlosen Kündigung hat der Arbeitnehmer, solange er seine Arbeitsleistung erbringt, Anspruch auf sein Gehalt[789]. Insbesondere kann der Arbeitgeber den Arbeitnehmer nicht seinerseits gem. Art. 160 Nr. 3 oder Nr. 4 CT wegen unbegründeten Nichterscheinens am Arbeitsplatz oder unbegründeten Entfernens vom Arbeitsplatz kündigen; ferner darf das Arbeitsaufsichtsamt bei Ausspruch einer fristlosen Arbeitnehmerkündigung keine Verwaltungsstrafe verhängen[790]. Nur für den Fall, dass dem Arbeitgeber durch die fristlose Kündigung ein konkret zu beziffernder Schaden entsteht, kann er gegenüber dem Arbeitnehmer Schadensersatz geltend machen[791]; es berechtigt ihn allerdings nicht zur Vereinbarung einer Entschädigungszahlung[792].

---

786 Nadal, Despido, S. 55. Der Arbeitnehmer hat bei Ausspruch einer Eigenkündigung keinen Anspruch auf Erhalt einer Abfindung der Beschäftigungsjahre, Moraga, Código del Trabajo, Tomo I, S. 375; Olate/Montecinos/Muñoz, Código del Trabajo, S. 293 und S. 354; Dirección del Trabajo, Dictámen Ord. Nr. 4.385/169 v. 27.09.2004.

787 Vivanco, El despido laboral, S. 32.

788 Sáez/Melis, Derecho del Trabajo, Tomo I, S. 255; Benavides, Despido, S. 23; Nadal, Despido, S. 57; Moraga, Código del Trabajo, Tomo I, S. 375 und Thayer/Novoa, Derecho del Trabajo, Tomo III, S. 91.

789 Sáez/Melis, Derecho del Trabajo, Tomo I, S. 255; Walker, Relaciones Laborales, S. 399; Nadal, Despido, S. 58 f.; Lizama, Derecho del Trabajo, S. 169; Dirección del Trabajo, Dictámen Ord. Nr. 4.748/148 v. 08.07.1991; Ord. Nr. 6.480/211 v. 30.09.1991; Ord. Nr. 2.790/133 v. 05.03.1995 und Nr. 7.092/350 v. 21.11.1997.

790 Nadal, Despido, S. 56; Sáez/Melis, Derecho del Trabajo, Tomo I, S. 256; Benavides, Despido, S. 23; Dirección del Trabajo, Dictámen Ord. Nr. 6.480/211 v. 30.09.1991.

791 Nadal, Despido, S. 58; Sáez/Melis, Derecho del Trabajo, Tomo I, S. 256; Dirección del Trabajo, Dictámen Ord. Nr. 289/16 v. 11.01.1996.

792 Nadal, Despido, S. 58; Dirección del Trabajo, Dictámen Ord. Nr. 2.790/133 v. 05.03.1995; anders jedoch Benavides, Despido, S. 25.

Die fristlose Kündigung muss unter Berücksichtigung des Schriftform- und Beglaubigungsgebots des Art. 177 Abschn. 1 CT ausgesprochen werden[793]. Sie wird mit ihrem Zugang unabhängig einer Annahme seitens des Arbeitgebers wirksam[794].

cc) Sonderkündigungsrechte

Haushaltshilfen steht gem. Art. 152 Abschn. 2 CT im Falle einer klinisch festgestellten ansteckenden Krankheit des Arbeitgebers oder eines der Haushaltsmitglieder ein Sonderkündigungsrecht zu[795].

Ferner kann ein Besatzungsmitglied ohne Kündigungsgrund mit einer Frist von mindestens vier Tagen vor Auslaufen des Schiffes gem. Art. 121 CT kündigen, wenn das Schiff mindestens einen Monat nach Beendigung des Arbeitsvertrages auf hoher See verbleibt[796].

dd) Indirekte Kündigung

Der Arbeitnehmer kann eine in Art. 171 CT normierte sog. indirekte Kündigung („despido indirecto" oder „autodespido"[797]) aussprechen[798]. Hierunter wird die Beendigung des Arbeitsvertrages aufgrund einer Willensentscheidung des Arbeitnehmers verstanden, welche auf ein schuldhaftes Verhalten des Arbeitgebers, welches einen Verstoß gegen die Bestimmungen des Art. 160 Nr. 1, 5 oder 7 CT darstellen muss, zurückzuführen ist. Demnach kann der Arbeitnehmer bei Pflichtverletzungen des Arbeitgebers eine sog. indirekte Kündigung (ausschließlich) aus den in Art. 160 Nr. 1, Nr. 5 und Nr. 7 CT angegebenen Rechtsgründen erklären[799]:

Eine Pflichtverletzung nach Art. 160 Nr. 1 CT liegt bei einem nachgewiesenen schwer widerrechtlichen Verhalten des Arbeitgebers in Form mangelnder

---

793 Nadal, Despido, S. 59. Wird das Schriftform- und Beglaubigungsgebot nicht beachtet, führt dies nicht zur Unwirksamkeit der Kündigung, aber der Arbeitgeber kann die Kündigung nicht als Beweis in einen Prozess einführen, Moraga, Código del Trabajo, Tomo I, S. 375; Sáez/Melis, Derecho del Trabajo, Tomo I, S. 255; Benavides, Despido, S. 23.

794 Nadal, Despido, S. 58 f., S. 63; Dirección del Trabajo, Dictámen Ord. Nr. 617/35 v. 06.02.1997.

795 Nadal, Despido, S. 335; Walker, Relaciones Laborales, S. 356 und Moraga, Código del Trabajo, Tomo I, S. 335 ff.

796 Nadal, Despido, S. 333; Lizama, Código del Trabajo, Tomo I, S. 265.

797 Barahona, Despido indirecto, S. 10 und S. 13.

798 In Spanien kann der Arbeitnehmer – ähnlich der sog. indirekte Kündigung in Chile – das Arbeitsverhältnis gem. Art. 50 ET wegen grober Verletzung vertraglicher Pflichten seitens des Arbeitgebers beenden und vor dem Sozialgericht die Auflösung verlangen, hierzu Selenkewitsch, Spanisches Arbeitsrecht, S. 109 f., Fn. 294, Fn. 296; Flägel, Beendigung von Arbeitsverhältnissen, RIW 1998, S. 446; García/Goerlich u.a., Derecho del Trabajo, S. 460 f.; STS v. 21.06.1986, RJ 3696; SSTS v. 25.09.1995, Ar. 6892 und SSTS v. 13.07.1998, Ar. 5711.

799 Nadal, Despido, S. 430.

Gewissenhaftigkeit bei der Ausübung seiner Funktionen (Art. 160 Nr. 1a) CT), sexueller Belästigung[800] (Art. 160 Nr. 1b) CT), gegen den Arbeitnehmer begangenen Tätlichkeiten[801] (Art. 160 Nr. 1c) CT), gegenüber dem Arbeitnehmer ausgesprochenen Beleidigungen[802] (Art. 160 Nr. 1d) CT), unsittlichem Verhalten (Art. 160 Nr. 1e) CT) oder Mobbing[803] (Art. 160 Nr. 1f) CT) vor. Der Tatbestand des Art. 160 Nr. 1 CT gilt bspw. als erfüllt, wenn der Arbeitgeber den Arbeitnehmer zur Unterzeichnung eines nicht vollständigen Arbeitsvertrages, einer Gehaltsbestätigung oder sonstigen Dokumenten in Blanko nötigt[804].

Art. 160 Nr. 5 CT erfasst Handlungen und Unterlassungen (auch bei grober Fahrlässigkeit), die die Sicherheit oder den Ablauf des Betriebes, die Sicherheit oder die Tätigkeit des Arbeitnehmers oder seiner Gesundheit beeinträchtigen. Der Arbeitgeber ist verpflichtet, für die Sicherheit in seinem Unternehmen und insbesondere die seiner Arbeitnehmer zu sorgen. Er muss die Einhaltung der entsprechenden Ordnungs-, Sicherheits-, Gesundheits- und Hygienevorschriften gewährleisten, insbesondere in Bezug auf Minderjährige und Frauen wie bspw. der Mutterschutzvorschriften[805].

Art. 160 Nr. 7 CT normiert Pflichtverletzungen in Form grober Verstöße gegen vertraglich festgelegte Verpflichtungen. Diese Verletzung vertraglicher Verpflichtungen wie die Entlohnung des Arbeitnehmers[806], die Beschäftigung des Arbeitnehmers mit angemessenen Aufgaben[807], keine einseitige Abänderung der arbeitsvertraglich

800 Die sexuelle Belästigung erfasst Übergriffe seitens des Arbeitgebers oder ihm unterstellten Personen, hierzu Benavides, Despido, S. 132; Barahona, Despido indirecto, S. 60 ff.; Moraga, Código del Trabajo, Tomo I, S. 395. Der Tatbestand der sexuellen Belästigung ist in Art. 2 Abschn. 2 CT legaldefiniert, die dem Arbeitgeber unterstellten Personen sind in Art. 4 CT erfasst. Vgl. Irureta, Principio de la buena fe, Ius et Praxis 2011, S. 171; Palavecino, Acoso sexual, Revista de derecho 2006, S. 114 und oben S. 101 f.

801 Barahona, Despido indirecto, S. 62 f.

802 CA Arica, Rol Nr. 7/2012 v. 23.03.2012.

803 Dirección del Trabajo, Dictámen Ord. Nr. 3.519/034 v. 09.08.2012. Zur früheren Subsumierung des Mobbings unter den Tatbestand der in Art. 160 Nr. 1a) CT normierten mangelnden Gewissenhaftigkeit bei Ausübung der Arbeitgeberpflichten vgl. Benavides, Despido, S. 130 f.; Barahona, Despido indirecto, S. 52 f., S. 171; Palavecino, Acoso psíquico laboral, Revista de derecho 2004, S. 64 ff.

804 Nadal, Despido, S. 162 f.; Barahona, Despido indirecto, S. 52.

805 Nadal, Despido, S. 241; Barahona, Despido indirecto, S. 65 f.; Benavides, Despido, S. 134 f.; CA Arica, Rol Nr. 7/2012 v. 23.03.2012.

806 Nadal, Despido, S. 215 und S. 430; Barahona, Despido indirecto, S. 72 ff.; Vivanco, El despido laboral, S. 84; Moraga, Código del Trabajo, Tomo I, S. 429; Sáez/Melis, Derecho del Trabajo, Tomo I, S. 297; Benavides, Despido, S. 137; CA Arica, Rol Nr. 23/2011 v. 16.08.2011.

807 Benavides, Despido, S. 139; Barahona, Despido indirecto, S. 87 ff.

vereinbarten Bedingungen[808] oder aber die regelmäßige Entrichtung der Sozialversicherungsbeiträge[809], stellt den Regelfall des Ausspruchs einer sog. indirekten Kündigung dar[810]. Der Arbeitnehmer ist auch berechtigt, eine indirekte Kündigung auszusprechen, sollte der Arbeitgeber ihn wider besseren Wissens nicht vor sexuellen Übergriffen eines anderen Arbeitnehmers oder Kunden schützen. In diesem Fall unterlässt es der Arbeitgeber pflichtwidrig, das Recht des betroffenen Arbeitnehmers auf physische und psychische Integrität und Ehre gem. Art. 19 Nr. 1 und Nr. 4 der chilenischen Verfassung (CPR) zu schützen[811].

Nach Art. 162 CT hat der Arbeitnehmer dem Arbeitgeber die indirekte Kündigung innerhalb von drei Werktagen schriftlich unter Angabe des Grundes entweder durch persönliche Übergabe oder per Einschreiben zukommen zu lassen und eine Kopie an das zuständige Arbeitsaufsichtsamt zu senden[812]. Eine Nichtbeachtung dieser Mitteilungspflicht führt in entsprechender Anwendung des Art. 162 CT nicht zu einer Unwirksamkeit der Kündigung oder zum Wegfall der Abfindungsansprüche[813].

Lange war umstritten, ob eine nicht ordnungsgemäße Zahlung der Sozialversicherungsbeiträge auch bei der sog. indirekten Kündigung zur Nichtigkeit der

---

808 Zulässige einseitige Vertragsänderungen durch den Arbeitgeber sind in Art. 12 CT normiert, so die Verlegung des Arbeitsplatzes innerhalb der gleichen Stadt, Zuweisung einer anderen, aber ähnlichen Arbeitsaufgabe, Verlegung des Beginns der Arbeitszeit im zeitlichen Rahmen einer Stunde unter Berücksichtigung einer Vorankündigungsfrist von dreißig Tagen. Hierzu Walker, Relaciones Laborales, S. 269 f.; Nadal, Despido, S. 430; Barahona, Despido indirecto, S. 81 ff.; Moraga, Código del Trabajo, Tomo I, S. 475 f.; Lizama, Código del Trabajo, Tomo I, S. 57 ff.; Palavecino, Acoso psíquico laboral, Revista de derecho 2004, S. 71. Siehe aber Olate/Montecinos/Muñoz, Código del Trabajo, S. 384 f.; Corte Suprema, Rol Nr. 1.530/2001 v. 31.07.2001.

809 Sáez/Melis, Derecho del Trabajo, Tomo I, S. 298; Barahona, Despido indirecto, S. 77 ff.; Benavides, Despido, S. 137; Olate/Montecinos/Muñoz, Código del Trabajo, S. 383; Lizama, Código del Trabajo, Tomo I, S. 461; CA Concepción, Rol Nr. 127/2006 v. 31.07.2006.

810 Thayer/Novoa, Derecho del Trabajo, Tomo III, S. 111, Tomo II, S. 441; Barahona, Despido indirecto, S. 70, S. 171; Sáez/Melis, Derecho del Trabajo, Tomo I, S. 297 f.; Benavides, Despido, S. 137 ff.; Nadal, Despido, S. 162 und Irureta, Principio de la buena fe, Ius et Praxis 2011, S. 180.

811 Ugarte, Derecho del Trabajo, S. 123; Benavides, Despido, S. 131 ff.; Corte Suprema, Rol Nr. 2.704/2002 vom 09.04.2003. Vgl. Walker, Relaciones Laborales, S. 251 und Palavecino, Acoso psíquico laboral, Revista de derecho 2004, S. 68; ders., Acoso sexual, Revista de derecho 2006, S. 114.

812 Olate/Montecinos/Muñoz, Código del Trabajo, S. 381; Nadal, Despido, S. 432 und S. 434; Barahona, Despido indirecto, S. 98 ff.

813 Nadal, Despido, S. 434; Benavides, Despido, S. 129 f.; Olate/Montecinos/Muñoz, Código del Trabajo, S. 346 f., S. 383; Barahona, Despido indirecto, S. 46 f., S. 100; Corte Suprema, Rol Nr. 2.622/2003 v. 25.05.2004, Rol Nr. 229/2005 v. 07.03.2005, Rol Nr. 2.431/2005 v. 07.12.2005, Rol Nr. 2.626/2004 v. 29.11.2005, Rol Nr. 3.275/2005 v. 29.03.2006 und Rol Nr. 4.126/2008 v. 27.10.2008.

Kündigung führt. Dies wurde mangels ausdrücklicher gesetzlicher Normierung abgelehnt[814] und der Arbeitnehmer durch die Möglichkeit der Geltendmachung der ihm zustehenden Abfindungen nebst Erhöhungen als hinreichend geschützt angesehen[815]. Nunmehr wird der Anwendungsbereich des Art. 162 Abschn. 6 CT auch bei der indirekten Kündigung mit der Begründung bejaht, der Gesetzgeber habe den zur indirekten Kündigung gezwungenen Arbeitnehmer nicht benachteiligen wollen[816].

---

814 Barahona, Despido indirecto, S. 164 ff. und S. 172; Lizama, Código del Trabajo, Tomo I, S. 420; Corte Suprema, Rol Nr. 998/2008 v. 08.05.2008, Rol Nr. 2.825/2007 v. 29.11.2007 und Rol Nr. 672/2004 v. 24.05.2005.

815 Barahona, Despido indirecto, S. 167 f.

816 Barahona, Despido indirecto, S. 160 ff. m.w.N.; Olate/Montecinos/Muñoz, Código del Trabajo, S. 346 f.; Corte Suprema, Rol Nr. 4.079/2013 v. 26.09.2013, Rol Nr. 2.431/2005 v. 07.12.2005, Rol Nr. 2.626/2004 v. 29.11.2005 und Rol Nr. 2.622/2003 v. 25.05.2004.

D. Der Kündigungsschutzprozess

Der Arbeitnehmer kann sich gegen die Kündigung mit einer Kündigungsschutzklage wehren.

I. Deutschland

Hinsichtlich des Bestands- und des Vertragsinhaltschutzes des Arbeitsverhältnisses sind vorrangig die Regelungen des KSchG von Bedeutung[817]. Das ArbGG verweist auf die ZPO, sodass das Urteilsverfahren weitgehend dem vor den ordentlichen Gerichten entspricht[818]. Dabei ist das arbeitsgerichtliche Verfahren nach § 9 Abs. 1 ArbGG zu beschleunigen und die Verfahren über die Kündigung eines Arbeitsverhältnisses sind vorrangig zu erledigen (§ 61a ArbGG)[819]. Im Interesse des Arbeitnehmers sind die Gerichtskosten niedriger als vor den ordentlichen Gerichten, Kostenvorschüsse werden nicht erhoben[820]. Jede Partei trägt grundsätzlich die ihr entstandenen Kosten des Rechtsstreits selbst, da dem wirtschaftlich schwächeren Arbeitnehmer die Rechtsverfolgung erleichtert werden soll[821].

1. Rechtsweg zum Arbeitsgericht

Nach §§ 2 Abs. 1 Nr. 3b) i.V.m. 8 Abs. 1 ArbGG entscheiden die Arbeitsgerichte über das Bestehen des Arbeitsverhältnisses[822]. An dem Rechtsstreit muss ein

---

817 Löwisch/Spinner/Wertheimer-Löwisch, Vor § 1 KSchG, Rn. 14.

818 Vgl. GWBG-Benecke, ArbGG, § 46, Rn. 3 ff.; MüArbR-Jacobs, § 343, Rn. 1; Löwisch/Caspers/Klumpp, Rn. 1707; Dütz/Thüsing, Rn. 1028; Zöllner/Loritz/Hergenröder, § 58, Rn. 2; Hamann, Kündigung, JA 1987, S. 544.

819 Zöllner/Loritz/Hergenröder, § 58, Rn. 3 ff.; siehe Grotmann-Höfling, Kurz-Lange-Überlange Verfahren, AuR 2012, S. 350.

820 Löwisch/Caspers/Klumpp, Rn. 1738; Waltermann, Rn. 923; Pauly/Osnabrügge-Sadtler, § 40, Rn. 6; Junker, Arbeitsrecht, Rn. 881; Möschel, Kündigungsschutz, JZ 2006, S. 115 f.

821 Im ersten Rechtszug besteht kein Anspruch der obsiegenden Partei auf Erstattung der Kosten des Prozessbevollmächtigten, GWBG-Waas, ArbGG, § 12a, Rn. 1 ff.; AR-Heider, § 12a ArbGG, Rn. 1 f.; Löwisch/Caspers/Klumpp, Rn. 1739; Hanau/Adomeit, Rn. 1047.

822 Die Zuständigkeit des angerufenen Gerichts ist Sachurteilsvoraussetzung und von Amts wegen zu prüfen, hierzu GWBG-Waas, ArbGG, § 2, Rn. 54 ff.; AR-Heider, § 2 ArbGG, Rn. 30. Zu sog. sic-non-, aut-aut- und et-et-Fällen Pauly/Osnabrügge-Friedhofen, § 20, Rn. 72 ff.; Löwisch/Caspers/Klumpp, Rn. 1703 f.; BAG, Beschl. v. 08.11.2006, NJW 2007, S. 1227, Beschl. v. 17.01.2001, NZA 2001, S. 341, Beschl. v. 19.12.2000, NZA 2001, S. 285, Beschl. v. 09.10.1996, NJW

Arbeitnehmer im Sinne des § 5 ArbGG beteiligt sein, wobei sich der Begriff des Arbeitnehmers nach materiellem Recht richtet und es auf die persönliche Abhängigkeit und die Einordnung in den Betrieb ankommt[823].

2. Die Kündigungsschutzklage

Im Rahmen des Kündigungsschutzprozesses wird geklärt, ob die Kündigung wirksam, unwirksam oder nichtig ist[824]. Macht der Arbeitnehmer die Unwirksamkeit der Kündigung nicht mit einer Kündigungsschutzklage geltend, gilt die Kündigung gem. § 7 KSchG als von Anfang an rechtswirksam.

a) Klagefrist

Der Arbeitnehmer muss die Kündigungsschutzklage innerhalb von drei Wochen nach Zugang der Kündigung erheben[825]. Diese Klagefrist gilt für die ordentliche und die außerordentliche Kündigung und unabhängig von der Tatsache, ob das KSchG Anwendung findet[826].

b) Klageantrag

Das für die Kündigungsschutzklage erforderliche besondere Feststellungsinteresse ergibt sich aus § 7 KSchG, da die Unwirksamkeit der Kündigung nur durch die fristgerechte Klageerhebung geltend gemacht werden kann[827]. Nach § 4 S. 1 KSchG wird mittels des sog. punktuellen Kündigungsschutzantrags beantragt festzustellen, dass das Arbeitsverhältnis zwischen den Parteien nicht durch eine bestimmte, genau zu

---

1997, S. 542 und Beschl. v. 24.04.1996, NZA 1996, S. 1005; OLG Köln, Beschl. v. 23.05.1996, NJW 1997, S. 470.

823 Tilse/Wolgast, Beendigung des Arbeitsverhältnisses, S. 57; Kittner/Däubler/Zwanziger-Deinert, Einl., Rn. 47; Mues/Eisenbeis/Laber, Teil 12, Rz. 387; BAG, Urt. v. 26.09.2002, AP Nr. 83 zu § 2 ArbGG 1979 und Fußnote 326. Für Streitigkeiten von Organvertretern ist das Arbeitsgericht regelmäßig nicht zuständig, ErfK-Koch, § 2 ArbGG, Rn. 32; vgl. aber BAG, Beschl. v. 22.10.2014, NZA 2015, S. 60, wonach Geschäftsführer nach ihrer Abberufung das Arbeitsgericht anrufen können und BAG, Beschl. v. 23.08.2011, DB 2011, S. 2386.

824 Kramer, Kündigung, S. 24; BAG, Urt. v. 02.04.1987, NZA 1988, S. 18.

825 MüArbR-Jacobs, § 343, Rn. 87; Zöllner/Loritz/Hergenröder, § 26, Rn. 69; Rolfs/Giesen u.a.-Kerwer, § 4 KSchG, Rn. 51; Dornbusch/Wolff-Conradi, § 1 KSchG, Rn. 61; Kramer, Kündigung, S. 107.

826 ErfK-Kiel, § 4 KSchG, Rn. 1; Rolfs/Giesen u.a.-Kerwer, § 4 KSchG, Rn. 61 ff.; MüArbR-Jacobs, § 343, Rn. 86; Kramer, Kündigung, S. 107; vgl. BAG, Urt. v. 03.07.2003, NZA 2003, S. 1335.

827 Rolfs/Giesen u.a.-Kerwer, § 4 KSchG, Rn. 25; HWK-Quecke, § 4 KSchG, Rn. 11; Dütz/Thüsing, Rn. 436; Junker, Arbeitsrecht, Rn. 389.

bezeichnende Kündigung aufgelöst worden ist. Damit wird festgestellt, dass zum Zeitpunkt der Kündigungserklärung ein Arbeitsverhältnis bestand[828].

c) *Überprüfung der Kündigungsgründe*

Die seitens des Arbeitgebers vorzubringenden Gründe müssen die Kündigung rechtfertigen. In der Regel muss der Arbeitgeber die Tatsachen darlegen und beweisen, die die Kündigung als sozial gerechtfertigt erscheinen lassen und keine anderweitige Beschäftigungsmöglichkeit für den gekündigten Arbeitnehmer zu haben, der Arbeitnehmer die Tatsachen, die die Kündigung als sozial ungerechtfertigt erscheinen lassen[829].

3. Beendigung des Kündigungsschutzprozesses

Das Gericht kann die Klage abweisen, dem Klagebegehren des Arbeitnehmers stattgeben oder ein Gestaltungsurteil erlassen.

a) *Klageabweisung*

Hält das Gericht die Kündigung für wirksam, weist es die Kündigungsschutzklage ab. Damit steht rechtskräftig fest, dass das Arbeitsverhältnis durch die Kündigung

828 BAG, Urt. v. 12.06.1986, NZA 1987, S. 273, Urt. v. 26.09.2013, NZA 2014, S. 443, Urt. v. 20.03.2014, NZA 2014, S. 1131. Bei einer wiederholt ausgesprochenen Kündigung muss jede einzelne Kündigung einzeln angegriffen werden, sodass häufig ein kombinierter Kündigungsschutzantrag gestellt wird, dass das Arbeitsverhältnis nicht durch die Kündigung aufgelöst wurde, sondern darüber hinaus fortbesteht, hierzu SPV-Vossen, Rn. 2022 ff.; AR-Lukas, § 4 KSchG, Rn. 34; Thüsing/Laux/Lembke-Wiehe, § 4 KSchG, Rn. 124, Rn. 133 f.; Dütz/Thüsing, Rn. 434; Otto, Rn. 409; Junker, Arbeitsrecht, Rn. 874; BAG, Urt. v. 21.01.1988, AP Nr. 19 zu § 4 KSchG 1969, Urt. v. 27.01.1994, NZA 1994, S. 812, Urt. v. 16.03.1994, NZA 1994, S. 860 und Urt. v. 07.12.1995, NZA 1996, S. 334. Nunmehr wird vertreten, dass vom Feststellungsantrag regelmäßig das Begehren umfasst ist, dass das Arbeitsverhältnis bis zum vorgesehenen Auflösungszeitpunkt noch bestand und in der Klage ein fristwahrender Angriff gegen spätere Folgekündigungen zu sehen ist, die dem Arbeitnehmer noch während des Laufs der von der ersten Kündigung ausgelösten Frist zugehen, wenn die fragliche Kündigung bis zum Schluss der mündlichen Verhandlung in den Prozess eingeführt und diesbezüglich ein konkreter Schutzantrag gestellt wird (sog. erweiterter punktueller Streitgegenstandsbegriff), hierzu ErfK-Kiel, § 4 KSchG, Rn. 31; AR-Lukas, § 4 KSchG, Rn. 34; BAG, Urt. v. 18.12.2014, NZA 2015, S. 635.

829 SPV-Preis, Rn. 901; AR-Kaiser, § 1 KSchG, Rn. 166, Rn. 229; Mues/Eisenbeis/Laber, Teil 12, Rz. 386, Rz. 396; v. Hoyningen-Huene/Linck, § 1, Rn. 1013 ff.; ErfK-Oetker, § 1 KSchG, Rn. 369 ff.; Dütz/Thüsing, Rn. 437; BAG, Urt. v. 18.10.2012, NZA 2013, S. 1007 und Urt. v. 25.11.1982, DB 1983, S. 1047.

aufgelöst worden ist[830]. Selbst wenn nachträglich Umstände bekannt werden, die die Unwirksamkeit der Kündigung begründen können, kann sie der Arbeitnehmer nicht mehr geltend machen, denn die Rechtskraft des klageabweisenden Urteils erfasst nach § 4 S. 1 KSchG auch bislang nicht geltend gemachte Unwirksamkeitsgründe[831]. Aufgrund der Klageabweisung besteht mit dem Ablauf der Kündigungsfrist kein Lohnanspruch des Arbeitnehmers[832].

b) Klagestattgabe

Bejaht das Gericht die Unwirksamkeit der Kündigung, urteilt es antragsgemäß aus, dass das Arbeitsverhältnis durch die Kündigung nicht aufgelöst worden ist[833]. Mit Eintritt der Rechtskraft des Urteils ist der Arbeitgeber verpflichtet, den Arbeitnehmer wie bisher weiter zu beschäftigen und ihm den vereinbarten Lohn zu zahlen. Gleichzeitig ist der Arbeitnehmer verpflichtet, die vertraglich festgelegte Arbeitsleistung zu erbringen[834]. Hat der Arbeitnehmer zugleich mit der Kündigungsschutzklage Klage auf vorläufige Weiterbeschäftigung bis zum Abschluss des Rechtsstreits erhoben, wird der Arbeitgeber zudem zur vorläufigen Weiterbeschäftigung verurteilt[835]. Falls der Arbeitgeber den Arbeitnehmer zwischenzeitlich nicht beschäftigt hat, obwohl dieser ihn zur Fortsetzung der Arbeit aufgefordert hat oder diese Aufforderung unterlassen durfte[836], muss er ihm grundsätzlich den Annahmeverzugslohn nach §§ 615 S. 1, 293 ff. BGB zahlen[837].

---

830 Rolfs/Giesen u.a.-Kerwer, § 4 KSchG, Rn. 73; Pauly/Osnabrügge-Friedhofen, § 21, Rn. 81; HWK-Quecke, § 4 KSchG, Rn. 48; Brox/Rüthers/Henssler, Rn. 565; Junker, Arbeitsrecht, Rn. 389; Dütz/Thüsing, Rn. 438; Löwisch/Caspers/Klumpp, Rn. 774; Berkowsky, Betriebsbedingte Kündigung, § 25, Rn. 221.

831 Löwisch/Caspers/Klumpp, Rn. 1394; Berkowsky, Betriebsbedingte Kündigung, § 25, Rn. 221; Darsow-Faller, Kündigungsschutz, S. 91.

832 Dütz/Thüsing, Rn. 442.

833 Rolfs/Giesen u.a.-Kerwer, § 4 KSchG, Rn. 74; Pauly/Osnabrügge-Friedhofen, § 21, Rn. 84; Brox/Rüthers/Henssler, Rn. 566; Löwisch/Caspers/Klumpp, Rn. 774; Dütz/Thüsing, Rn. 438; Berkowsky, Betriebsbedingte Kündigung, § 25, Rn. 223.

834 Mues/Eisenbeis/Laber, Teil 12, Rz. 431.

835 Mues/Eisenbeis/Laber, Teil 12, Rz. 470 ff.; Darsow-Faller, Kündigungsschutz, S. 71.

836 Waas, Rechtsfragen des Annahmeverzugs, NZA 1994, S. 151 ff.; Darsow-Faller, Kündigungsschutz, S. 71; LAG Niedersachsen, Urt. v. 30.09.2003, AP Nr. 9 zu § 615 BGB Böswilligkeit; BAG, Urt. v. 07.11.2002, AP Nr. 100 zu § 615 BGB und Urt. v. 19.01.1999, AP Nr. 79 zu § 615 BGB.

837 Dütz/Thüsing, Rn. 442; BAG, Beschl. v. 27.02.1985, AP Nr. 14 zu § 611 BGB Beschäftigungspflicht, Urt. v. 13.06.2002, NZA 2003, S. 44. Die Höhe des Lohnes bestimmt sich nach §§ 11, 12 S. 4 f. KSchG; § 615 S. 2 BGB wird insoweit verdrängt, Löwisch/Caspers/Klumpp, Rn. 775. Der Annahmeverzugslohn ist ein Schadensersatzanspruch, für den der Arbeitnehmer darlegungs- und beweisbelastet ist. § 1 Abs. 2 S. 4 KSchG gilt nicht, BAG, Urt. v. 27.05.2015, ArbRB 2015, S. 363.

c) *Gestaltungsurteil*

Das Arbeitsgericht kann das Arbeitsverhältnis auf Parteiantrag gegen Zahlung einer Abfindung auflösen[838]. Dies ist aufgrund der Ausgestaltung des KSchG als Bestandsschutz- und nicht als Abfindungsgesetz nur ausnahmsweise zulässig[839]:

aa) *Auflösungsantrag des Arbeitnehmers, Arbeitgebers oder beider Parteien*

Das Arbeitsverhältnis muss durch Umstände vor oder nach der Kündigung objektiv so belastet sein, dass die notwendige kooperative Zusammenarbeit nicht mehr gewährleistet ist[840].

Der Arbeitnehmer kann einen Auflösungsantrag stellen, wenn ihm die Fortsetzung des Arbeitsverhältnisses nicht zuzumuten ist[841]. Die Kündigung muss unwirksam und zumindest auch sozialwidrig im Sinne des § 1 Abs. 2 und 3 KSchG sein[842]. Daher kann er den Auflösungsantrag stellen, wenn die Kündigung nicht nur sozialwidrig, sondern auch noch aus anderen Gründen, z.B. wegen eines Verstoßes gegen §§ 85–92 SGB IX, 17 MuSchG oder § 102 BetrVG unwirksam ist[843]; dem Arbeitgeber dagegen ist der Auflösungsantrag in diesen Fällen verwehrt[844].

Der Arbeitgeber kann bei Unzumutbarkeit der weiteren Zusammenarbeit einen Auflösungsantrag bspw. stellen, wenn der Arbeitnehmer ihn tangierende unzutreffende Tatsachenbehauptungen in der Öffentlichkeit ausspricht und ihn dadurch in Misskredit bringt[845]. Der Arbeitgeber kann den Auflösungsantrag nur

---

838 Mues/Eisenbeis/Laber, Teil 12, Rz. 514 ff.; Duvigneau, Auflösung des Arbeitsverhältnisses, S. 84; Dütz/Thüsing, Rn. 443; Leising, Abfindung, StBW 2010, S. 236.

839 Darsow-Faller, Kündigungsschutz, S. 77 f.; BAG, Urt. v. 30.09.1976, BAGE 28, S. 196, Urt. v. 26.11.1981, NJW 1982, S. 2015 und Urt. v. 07.03.2002, NZA 2003, S. 261; zur Verfassungsmäßigkeit des § 9 KSchG siehe BVerfG, Beschl. v. 22.10.2004, NZA 2005, S. 41 und BAG, Urt. v. 16.05.1984, BB 1985, S. 659.

840 Busemann/Schäfer, Kündigung und Kündigungsschutz, Rn. 696; Duvigneau, Auflösung des Arbeitsverhältnisses, S. 164 f.; Leising, Abfindung, StBW 2010, S. 236; BAG, Urt. v. 25.11.1982, DB 1984, S. 883 und Urt. v. 07.03.2002, NZA 2003, S. 261.

841 Zur Unzumutbarkeit Löwisch/Spinner/Wertheimer-Spinner, § 9 KSchG, Rn. 31 ff.; KR-Spilger, § 9 KSchG, Rn. 45 ff.; Duvigneau, Auflösung des Arbeitsverhältnisses, S. 166 ff.

842 Dütz/Thüsing, Rn. 445; BAG, Urt. v. 29.01.1981, DB 1981, S. 2438.

843 AR-Lukas, § 9 KSchG, Rn. 10; BAG, Urt. v. 10.11.1994, DB 1995, S. 735; BVerwG, Beschl. v. 11.05.2006, Behindertenrecht 2007, S. 107.

844 Brox/Rüthers/Henssler, Rn. 570.

845 V. Hoyningen-Huene/Linck, § 9, Rn. 9, Rn. 52 ff., Rn. 67 ff.; ErfK-Kiel, § 9 KSchG, Rn. 14 ff.; Löwisch/Spinner/Wertheimer-Spinner, § 9 KSchG, Rn. 56; Löwisch/Caspers/Klumpp, Rn. 778; Dütz/Thüsing, Rn. 447; Duvigneau, Auflösung des Arbeitsverhältnisses, S. 169 ff.; BAG, Urt. v. 14.01.1993, NZA 1994, S. 309, Urt. v. 07.03.2002, NZA 2003, S. 261, Urt. v. 23.06.2005, DB 2005, S. 2642 sowie BVerfG, Beschl. v. 22.10.2004, NZA 2005, S. 41.

nach einer sozialwidrigen ordentlichen Kündigung stellen. Ist die Kündigung bereits aus anderen Gründen unwirksam, muss er, wenn nicht der Arbeitnehmer den Auflösungsantrag stellt, die Fortsetzung des Arbeitsverhältnisses hinnehmen[846]. Diese Beschränkung auf eine ordentliche (lediglich sozialwidrige) Kündigung erfolgt, da in der nicht gerechtfertigten bzw. außerordentlichen Kündigung ein besonders schwerwiegender Rechtsverstoß liegt, der nicht durch die Möglichkeit eines Auflösungsantrags belohnt werden soll[847].

Stellen sowohl Arbeitnehmer als auch Arbeitgeber den Auflösungsantrag, muss das Gericht die Auflösung entsprechend des Parteiwillens aussprechen[848].

Auflösungszeitpunkt ist der Termin, zu dem das Arbeitsverhältnis bei einer sozial gerechtfertigten Kündigung beendet worden wäre[849]. Die Abfindung ist nach dem Ermessen des Gerichts auf einen Betrag in Höhe von bis zu zwölf bzw. achtzehn Monatsverdiensten festzusetzen[850]. Bei der Abfindung nach § 9 KSchG steht dem

---

846 ErfK-Kiel, § 9 KSchG, Rn. 10; Busemann/Schäfer, Kündigung und Kündigungsschutz, Rn. 696; Löwisch/Spinner/Wertheimer-Spinner, § 9 KSchG, Rn. 46; Löwisch/Caspers/Klumpp, Rn. 780; BAG, Urt. v. 10.11.1994, DB 1995, S. 735.

847 V. Hoyningen-Huene/Linck, § 9, Rn. 16 ff.; Löwisch/Spinner/Wertheimer-Spinner, § 9 KSchG, Rn. 46; Mues/Eisenbeis/Laber, Teil 12, Rz. 522; Busemann/Schäfer, Kündigung und Kündigungsschutz, Rn. 699; Duvigneau, Auflösung des Arbeitsverhältnisses, S. 100 ff.; LAG Düsseldorf, Urt. v. 04.11.2014, AuA 2014, S. 724.

848 Kramer, Kündigung, S. 116 und Brox/Rüthers/Henssler, Rn. 569.

849 Die Auflösungsfrist ist zwingend vorgeschrieben, Mues/Eisenbeis/Laber, Teil 12, Rz. 565; Löwisch/Spinner/Wertheimer-Spinner, § 9 KSchG, Rn. 72; Löwisch/Caspers/Klumpp, Rn. 782; Duvigneau, Auflösung des Arbeitsverhältnisses, S. 93 f.; BAG, Urt. v. 25.11.1982, DB 1984, S. 883. Wegen der in der Regel rückwirkenden Auflösung des Arbeitsverhältnisses kann es für den Arbeitnehmer bei einer langen Prozessdauer günstiger sein, auf eine Auflösung gegen Zahlung einer nach § 10 KSchG begrenzten Abfindung zu verzichten und stattdessen den ihm zustehenden Anspruch auf Lohn geltend zu machen und eine Eigenkündigung auszusprechen, hierzu Dütz/Thüsing, Rn. 448.

850 In der Regel wird für zwei Beschäftigungsjahre ein Monatseinkommen angesetzt. Hierzu Kittner/Däubler/Zwanziger-Zwanziger, § 10 KSchG, Rn. 5; AR-Lukas, § 10 KSchG, Rn. 1; Thüsing/Laux/Lembke-Arnold, § 10 KSchG, Rn. 27; Jahn, Zur ökonomischen Theorie, S. 35; Kramer, Kündigung, S. 125; Duvigneau, Auflösung des Arbeitsverhältnisses, S. 226 f.; Leising, Abfindung, StBW 2010, S. 236. Zu empirischen Untersuchungen hinsichtlich der Abfindungshöhe Gensicke/Pfarr u.a., Beendigung von Arbeitsverhältnissen, AuR 2008, S. 437 f.; Schneider/Ullmann, Abfindungszahlungen in der Praxis, BB 2006, Beil. zu Heft 20, S. 19 ff.; Pfarr/Bothfeld u.a., Kündigungs-, Klage- und Abfindungspraxis, BB 2004, S. 108; Weißflog, Abfindungsansprüche, S. 82 ff.; Hümmerich, Die arbeitsgerichtliche Abfindung, NZA 1999, S. 342 ff. sowie IZA Research Report Nr. 36, Juni 2011, S. 8 f.

Arbeitnehmer nicht noch zusätzlich die Abfindung nach einem Sozialplan oder einem Nachteilsausgleich zu[851]. Ebenso wenig kann neben §§ 9, 10 KSchG ein Abfindungsanspruch nach § 1a KSchG entstehen[852].

bb) Auflösungsantrag bei leitenden Angestellten

Der Arbeitgeber kann sich von seinem leitenden Angestellten[853] in jedem Fall durch Zahlung einer Abfindung trennen, da der Auflösungsantrag auch im Fall der Rechtswidrigkeit der Kündigung keiner Begründung bedarf[854]. Diese nach den Maßstäben des KSchG relativ einfache Trennungsmöglichkeit wird damit begründet, dass das aufgrund der besonderen Stellung des leitenden Angestellten erforderliche erhöhte Vertrauensverhältnis regelmäßig nicht wieder herstellbar ist[855].

d) Gerichtlicher Vergleich

Die Parteien können, um das Verfahren ganz oder zum Teil zu erledigen, gem. § 83a Abs. 1 ArbGG zur Niederschrift des Gerichts einen Vergleich schließen. Regelmäßig erklärt sich der Arbeitnehmer gegen Zahlung eines Entgelts mit der Auflösung des Arbeitsverhältnisses zu einem bestimmten Zeitpunkt einverstanden[856]. Der

---

851 Thüsing/Laux/Lembke-Arnold, § 9 KSchG, Rn. 72 f.; KR-Spilger, § 9 KSchG, Rn. 93.

852 KR-Spilger, § 1a KSchG, Rn. 149 und § 9 KSchG, Rn. 96.

853 Der Begriff des leitenden Angestellten ist in § 5 Abs. 3 BetrVG legaldefiniert. Dabei muss die Personalkompetenz einen wesentlichen Teil der Tätigkeit ausmachen und, um die Begründungspflicht nach § 9 Abs. 1 S. 2 KSchG nicht obsolet zu machen, de facto ausgeübt werden. Hierzu AR-Lukas, § 14 KSchG, Rn. 12 ff.; Vogel, Kündigungsschutz leitender Angestellter, NZA 2002, S. 314 f.; BAG, Urt. v. 14.04.2011, DB 2011, S. 2496 und Urt. v. 10.10.2002, AP Nr. 123 zu § 1 KSchG 1969 Betriebsbedingte Kündigung.

854 Brox/Rüthers/Henssler, Rn. 472; Waltermann, Rn. 385. Voraussetzung ist, dass das Gericht die Sozialwidrigkeit der Kündigung feststellt. Der Arbeitgeber ist aber von der Beweislast befreit, dass eine den Betriebszwecken dienliche weitere Zusammenarbeit nicht mehr erwartet werden kann, ErfK-Kiel, § 14 KSchG, Rn. 19; Junker in FS Birk, S. 269; Vogel, Kündigungsschutz leitender Angestellter, NZA 2002, S. 316. Zu dem Fall einer Beförderung mit der Folge erleichterter Kündigungsmöglichkeit vgl. BAG, Urt. v. 12.03.1987, NZA 1987, S. 845, nunmehr aber BAG, Urt. v. 08.06.2000, NZA 2000, S. 1013.

855 Brox/Rüthers/Henssler, Rn. 569; Löwisch/Caspers/Klumpp, Rn. 792. Der damit erheblich geminderte Bestandsschutz eines leitenden Angestellten wird durch eine deutliche Erhöhung der Bezüge ausgeglichen, BAG, Urt. v. 12.03.1987, NZA 1987, S. 845 und Urt. v. 08.06.2000, NZA 2000, S. 1013.

856 Pauly/Osnabrügge-Rinck, § 28, Rn. 18; Haft/Schlieffen-Prütting, Handbuch Mediation, § 33, Rn. 51; Zöllner/Loritz/Hergenröder, § 26, Rn. 82; Berkowsky, Betriebsbedingte Kündigung, § 25, Rn. 335; vgl. Leising, Abfindung, StBW 2010, S. 237.

Inhalt des Vergleichs ist für beide Parteien wie ein Urteil vollstreckbar[857]. In der Praxis werden Kündigungsschutzprozesse überwiegend durch einen Abfindungsvergleich beendet, wobei die Vergleichsbereitschaft von der Konjunktur und damit der Möglichkeit des Arbeitnehmers, schnell wieder einen neuen Arbeitsplatz zu finden, abhängig ist[858].

4. Weiterbeschäftigungsanspruch

Während der Kündigungsfrist ist der Arbeitnehmer grundsätzlich beim Arbeitgeber zu beschäftigen, da das Arbeitsverhältnis noch besteht. Als Rechtsgrundlage hierfür wird §§ 611 i.V.m. 242 BGB herangezogen, wobei die Generalklausel durch die Wertentscheidung der Art. 1 und Art. 2 Abs. 2 GG ausgefüllt wird[859]. Allein der Kündigungsausspruch führt nicht zur Annahme von überwiegenden Interessen des Arbeitgebers an der Nichtbeschäftigung des Arbeitnehmers[860]. Jedoch kommt eine Freistellung des Arbeitnehmers in Betracht, wenn die schutzwürdigen Interessen des Arbeitgebers bezüglich der Nichtbeschäftigung überwiegen, z.B. durch vom Arbeitnehmer ausgelösten Betriebsablaufstörungen oder den Verdacht einer strafbaren Handlung[861]. In der Praxis wird überwiegend vertreten, dass grundsätzlich ein berechtigtes Interesse des Arbeitgebers an der sofortigen Freistellung des Arbeitnehmers besteht[862].

Ob der Arbeitnehmer nach Ablauf der Kündigungsfrist während des laufenden Kündigungsschutzprozesses zu beschäftigen ist, ist gesetzlich nicht abschließend geregelt[863]. Dabei ist seine Beschäftigung während des im Zweifel langwierigen Prozesses eine wichtige, den Bestandsschutz flankierende Maßnahme, da die Chance einer Rückkehr in den Betrieb, auch bei rechtswidriger Kündigung, mit der Dauer der faktischen Trennung vom Arbeitsplatz sinkt[864]. Die Weiterbeschäftigung ist

857 Gem. § 85 Abs. 1 S. 3 ArbGG gelten die Vorschriften der §§ 704 ff. ZPO entsprechend.

858 Kittner/Zwanziger/Deinert-Zwanziger, § 149, Rn. 50; Otto, Rn. 420; Berkowsky, Betriebsbedingte Kündigung, § 25, Rn. 317; Zöllner/Loritz/Hergenröder, § 26, Rn. 82; Mozet, Kündigungsschutz, NZA 1998, S. 129.

859 Dütz/Thüsing, Rn. 450; BAG, Beschl. v. 27.02.1985, NZA 1985, S. 702 und Urt. v. 28.06.2000, NZA 2000, S. 1097; LAG Hamm, Urt. v. 18.09.2003, NZA-RR 2004, S. 244.

860 APS-Koch, § 102 BetrVG, Rn. 232b; ErfK-Preis, § 611 BGB, Rn. 570; Schaub, § 109, Rn. 6.

861 SPV-Vossen, Rn. 2217; AR-Kamanabrou, § 611 BGB, Rn. 282; BAG, Urt. v. 15.06.1972, DB 1972, S. 1878; LAG Hamm, Urt. v. 18.09.2003, NZA-RR 2004, S. 244.

862 Vgl. ErfK-Preis, § 611 BGB, Rn. 570.

863 Brox/Rüthers/Henssler, Rn. 577.

864 SPV-Vossen, Rn. 2216; Kittner/Zwanziger/Deinert-Appel, § 83, Rn. 2; Preis, Arbeitsrecht, § 69, S. 915; Boecken/Topf, Zurück zum Bestandsschutz, RdA 2004, S. 22. Zu empirischen Untersuchungen vgl. Höland/Kahl/Zeibig, Kündigungspraxis und Kündigungsschutz, S. 198 f.

aufgrund einer Vereinbarung mit dem Arbeitgeber möglich, wonach ein auflösend bedingtes bzw. zweckbefristetes Arbeitsverhältnis eingegangen wird, das mit einem zu Ungunsten des Arbeitnehmers ausgehenden Prozess endet[865]. Weiter kann ein Weiterbeschäftigungsanspruch aufgrund der §§ 102 Abs. 5 BetrVG, 79 Abs. 2 BPersVG bestehen. Dieser Anspruch betrifft nur diejenigen Fälle, in denen der Betriebsrat form- und fristgerecht Widerspruch gegen die beabsichtigte ordentliche Kündigung eingelegt hat[866]. Der Arbeitnehmer muss zudem dem KSchG unterliegen, fristgerecht die Kündigungsschutzklage erhoben und die Weiterbeschäftigung verlangt haben[867]. Darüber hinaus wird ein allgemeiner Weiterbeschäftigungsanspruch aus § 242 BGB abgeleitet und durch die Wertentscheidung des allgemeinen Persönlichkeitsrechts (Art. 1 f. GG) ausgefüllt[868]. Das BAG bejaht einen solchen Anspruch, wenn die Kündigung offensichtlich unwirksam ist und überwiegende schützenswerte Interessen des Arbeitgebers einer solchen Beschäftigung nicht entgegenstehen[869]. Dies ist der Fall, wenn ein Verstoß gegen § 102 BetrVG oder § 17 MuSchG vorliegt oder sofern ein erst- oder zweitinstanzliches Urteil der Kündigungsschutzklage stattgegeben und dieses Urteil noch Bestand hat[870]. Ist die Kündigung dagegen nicht offensichtlich unwirksam, überwiegt grundsätzlich das Interesse des Arbeitgebers an der Nichtbeschäftigung[871].

865 APS-Backhaus, § 21 TzBfG, Rn. 41 ff.; Kittner/Zwanziger/Deinert-Appel, § 83, Rn. 24; Lieb/Jacobs, Rn. 392; Kramer, Kündigung, S. 114; Zöllner/Loritz/Hergenröder, § 26, Rn. 88; Krause, § 18, Rn. 83; Hromadka/Maschmann, § 10, Rn. 355a.

866 ErfK-Kiel, § 4 KSchG, Rn. 42 und ebda.-Kania, § 102 BetrVG, Rn. 32; SPV-Vossen, Rn. 2220; BAG, Urt. v. 11.05.2000, DB 2000, S. 1969; LAG Berlin-Brandenburg, Beschl. v. 25.03.2010, ArbR 2010, S. 349.

867 ErfK-Kania, § 102 BetrVG, Rn. 31 ff.; APS-Koch, § 102 BetrVG, Rn. 205 f.; Hanau/Adomeit, Rn. 958 f.; Hromadka/Maschmann, § 10, Rn. 348.

868 BAG, Beschl. v. 27.02.1985, AP Nr. 14 zu § 611 BGB Beschäftigungspflicht; BAG, Urt. v. 27.02.1997, NZA 1997, S. 757 und Urt. v. 24.06.2015, NZA 2016, S. 108.

869 BAG, Beschl. v. 27.02.1985, AP Nr. 14 zu § 611 BGB Beschäftigungspflicht.

870 Kittner/Däubler/Zwanziger-Deinert, § 102 BetrVG, Rn. 263; Brox/Rüthers/Henssler, Rn. 577; Hanau/Adomeit, Rn. 962; Hromadka/Maschmann, § 10, Rn. 350 ff.; Waltermann, Rn. 388; BAG, Urt. v. 27.02.1997, NZA 1997, S. 757, Urt. v. 17.06.1999, NZA 1999, S. 1328, Urt. v. 28.06.2000, NZA 2000, S. 1097, Urt. v. 27.06.2001, MDR 2001, S. 1414. Wird der Arbeitnehmer während des Prozesses weiterbeschäftigt, aber die Wirksamkeit der Kündigung festgestellt, ergeben sich häufig Probleme bei der Rückabwicklung, Preis, Arbeitsrecht, § 69, S. 917 ff.; ErfK-Preis, § 611 BGB, Rn. 148 f.; Dütz/Thüsing, Rn. 454; Lieb/Jacobs, Rn. 391; BAG, Urt. v. 10.03.1987, BAGE 54, S. 232, Urt. v. 07.03.1996, NZA 1996, S. 930.

871 Waltermann, Rn. 388; Schaub, § 125, Rn. 16; BAG, Beschl. v. 27.02.1985, AP Nr. 14 zu § 611 BGB Beschäftigungspflicht und Urt. v. 29.10.1987 NZA 1988, S. 465.

II. Chile

Der chilenische Kündigungsschutzprozess ist im V. Buch des CT, den Art. 415 ff. CT normiert[872]. Gem. Art. 432 CT findet die chilenische Zivilprozessordnung („Código de Procedimiento Civil", CPC[873]) ergänzend Anwendung[874]. Hinsichtlich der Besetzung und Tätigkeit der Arbeitsgerichte wird gem. Art. 417 CT das chilenische Gerichtsgesetz („Código Orgánico de Tribunales", COT) subsidiär zum CT angewandt[875]. CT und COT normieren die örtliche und sachliche Zuständigkeit der Arbeitsgerichte[876], die Besetzung des Spruchkörpers, den Gang des Verfahrens sowie die Partei- und Postulationsfähigkeit der Parteien.

Die Verfahrensgrundsätze umfassen gem. Art. 425 CT die Beschleunigung, die Mündlichkeit und die Kostenfreiheit[877]: Zur Verwirklichung eines beschleunigten Verfahrens sind die Verfahrenfristen regelmäßig als Notfristen anzusehen (Art. 435

---

872 Mit Gesetz Nr. 20.087 vom 03.01.2006, welches ergänzende Regelungen zu den mit Gesetzen Nr. 20.022 vom 30.05.2005, Änderungen der Arbeitsgerichtsbarkeit, und Nr. 20.023 vom 31.05.2005 eingeführten Reformen enthält, wurde das bislang bestehende arbeitsrechtliche Prozessrecht grundlegend geändert, vgl. Morgado, Labour Law in Chile, S. 174; Orellana, Nuevo proceso laboral, S. 11, S. 253; Benavides, Despido, S. 341 ff.; Tapia in Derecho del Trabajo en América Latina, S. 255 f. und Gamonal, Procedimiento de Tutela, S. 1. Die Reform des arbeitsrechtlichen Prozessrechts wurde seit 2008 schrittweise in den verschiedenen Regionen Chiles eingeführt, hierzu Moraga, Código del Trabajo, Tomo I, S. XIV; ders., Tomo II, S. 947, Fn. 1; Barahona, Despido indirecto, S. 106 f., Fn. 142.

873 Gesetz Nr. 1.552 v. 30.08.1902.

874 Morgado, Labour Law in Chile, S. 174; Peña, La Nulidad Procesal, S. 105 f.; Candia/Koch, Reforma procesal, S. 48; Thayer/Novoa, Derecho del Trabajo, Tomo III, S. 267 ff.; Moraga, Código del Trabajo, Tomo II, S. 967 f.; Orellana/Pérez, Derecho procesal, S. 129; Orellana, Nuevo proceso laboral, S. 12, S. 95 sowie Benavides, Despido, S. 349 f.

875 Orellana/Pérez, Derecho procesal, S. 51 f.; Orellana, Nuevo proceso laboral, S. 18, S. 31 f. und S. 34; Moraga, Código del Trabajo, Tomo II, S. 953; Peña, La Nulidad Procesal, S. 107 f.

876 Existiert in der örtlich zuständigen Kommune kein Arbeitsgericht, ist gem. Art. 422 CT das örtliche Zivilgericht auch sachlich zuständig. In Spanien regeln das ET und das Gesetz zur Sozialrechtsprechung (LRJS) vom 10.10.2011 grundsätzlich das Kündigungsschutzverfahren, vgl. Adomeit/Frühbeck, Einführung in das spanische Recht, S. 156; Selenkewitsch, Spanisches Arbeitsrecht, S. 90; ders., Kündigungsschutz, ZIAS 2005, S. 24, S. 37, Fn. 75; Darsow-Faller, Kündigungsschutz, S. 109; Hofedank, Kündigungsschutz, S. 124, S. 190 f.; Rebhahn, Kündigungsschutz des Arbeitnehmers, ZfA 2003, S. 219 f.

877 Thayer/Novoa, Derecho del Trabajo, Tomo III, S. 255 ff.; Lizama, Código del Trabajo, Tomo II, S. 884 f.; Tapia in Derecho del Trabajo en América Latina, S. 255; Gamonal, Fundamentos de Derecho Laboral, S. 86; ders., Chilean Labour Law 1990–2010, IJCLLIR 2011, S. 93 und Candia/Koch, Reforma procesal, S. 37 ff.

Abschn. 1 CT)[878]. Das Gericht ist nach Art. 457 Abschn. 1 CT verpflichtet, das Urteil innerhalb von fünfzehn Tagen nach der mündlichen Verhandlung zu erlassen[879]. Das Prinzip der Mündlichkeit prägt erst seit der Prozessrechtsreform im Jahr 2006 verstärkt das arbeitsgerichtliche Verfahren. Seither sind nach Art. 425 Abschn. 2 CT grundsätzlich alle Verfahrenshandlungen mündlich durchzuführen[880]. Das Prinzip der Kostenfreiheit sieht für Parteien, die die Vergütung eines Rechtsbeistandes aus persönlichen oder wirtschaftlichen Gründen nicht aus eigenen Mitteln aufbringen können, da sie das *Privileg der Armut genießen* („gocen de privilegio de pobreza"), einen kostenfreien Rechtsbeistand vor (Art. 431 Abschn. 2 CT)[881]. Die im Prozess unterliegende Partei hat auch für die Rechtsverfolgungskosten der Gegenseite aufzukommen[882].

1. Verfahrensarten

Seit 2006 sind vier verschiedene Verfahren zu unterscheiden, erstens das Verfahren zur Geltendmachung von Grundrechten („procedimiento de tutela de derechos fundamentales"), zweitens der reguläre Kündigungsschutzprozess, drittens das Mahnverfahren („procedimiento monitorio") und viertens das Widerspruchsverfahren gegen Verwaltungsentscheidungen („procedimiento de reclamación en contra de las resoluciones administrativas").

a) Verfahren zur Geltendmachung von Grundrechtsverletzungen und schwerwiegenden Verstößen gegen Diskriminierungsverbote

Werden in Zusammenhang mit einer Kündigung gem. Art. 159, 160, 161 oder 161 bis CT Grundrechte des Arbeitnehmers verletzt, kommt ein gesondertes Klageverfahren

878 Orellana, Nuevo proceso laboral, S. 106; Orellana/Pérez, Derecho procesal, S. 139 f.; Candia/Koch, Reforma procesal, S. 64 f.; Olate/Montecinos/Muñoz, Código del Trabajo, S. 753, S. 757 und Benavides, Despido, S. 351.

879 Benavides, Despido, S. 370; Moraga, Código del Trabajo, Tomo II, S. 1000; Candia/Koch, Reforma procesal, S. 133; Orellana/Pérez, Derecho procesal, S. 237.

880 Es sei denn, eine Norm des CT sieht Gegenteiliges vor, hierzu Benavides, Despido, S. 343; Orellana/Pérez, Derecho procesal, S. 32 f., S. 95 und S. 102; Orellana, Nuevo proceso laboral, S. 68 f., Moraga, Código del Trabajo, Tomo II, S. 960; vgl. OECD, Reviews of Labour Market: Chile, S. 83 f.; CA Valdivia, Rol Nr. 191/2010 v. 16.11.2010.

881 Das Privileg der Armut genießt derjenige, dessen Monatseinkommen rund EUR 550,00 nicht übersteigt. Vgl. Orellana, Nuevo proceso laboral, S. 73 und S. 108 ff.; Orellana/Pérez, Derecho procesal, S. 100; Lizama, Código del Trabajo, Tomo II, S. 890 f.; Moraga, Código del Trabajo, Tomo II, S. 967; Olate/Montecinos/Muñoz, Código del Trabajo, S. 755; Candia/Koch, Reforma procesal, S. 41; Benavides, Despido, S. 346.

882 Wird ein obsiegender Arbeitnehmer nach Art. 431 CT vertreten, steht seinem Rechtsanwalt gem. Art. 445 Abschn. 2 CT ein Zahlungsanspruch in Höhe der Vertretungsgebühr gegenüber dem unterlegenen Arbeitgeber zu.

gem. Art. 485 CT zur Anwendung[883]. Es findet nach Art. 485 Abschn. 1 CT Anwendung bei der Verletzung von Grundrechten gem. Art. 19 der chilenischen Verfassung (CPR), welcher das Recht auf Leben, körperliche und seelische Integrität, das allgemeine Persönlichkeitsrecht, welches das Recht auf Wahrung eines Privatlebens und Intimbereichs umfasst, die Meinungs-, Glaubens- und Gewissensfreiheit oder das Recht am eigenen Bild, das Recht des Arbeitnehmers auf freie Wahl eines Arbeitsplatzes, eine angemessene Entlohnung, der Möglichkeit einer gewerkschaftlichen Betätigung oder der Durchführung kollektiver Vertragsverhandlungen unter besonderen Schutz stellt[884]. Insofern ist dieses Verfahren zur Geltendmachung der Rechte nach Art. 292 und 294 CT anzuwenden[885].

Gem. Art. 485 Abschn. 2 CT findet dieses Verfahren zudem Anwendung bei Kündigungen, die einen schwerwiegenden Verstoß gegen das Diskriminierungsverbot des Art. 2 CT beinhalten[886]. Unterschieden wird daher zwischen Kündigungen, die Grundrechte verletzen und solchen, die gleichzeitig einen schwerwiegenden Verstoß gegen ein Diskriminierungsverbot beinhalten[887].

Die Verletzung von Grundrechten und schwerwiegende Verstöße gegen ein Diskriminierungsverbot sind gem. Art. 489 Abschn. 7 CT vorrangig der allgemeinen Unwirksamkeitsgründe geltend zu machen. Dies wird damit begründet, dass eine Kündigung in jedem Fall ungerechtfertigt, unrechtmäßig oder rechtswidrig sein kann, ohne dass eine Grundrechtsverletzung damit einhergehen muss – wohingegen aber jede Kündigung, welche eine Verletzung von Grundrechten beinhaltet, ungerechtfertigt, unrechtmäßig oder rechtswidrig ist[888]. Allerdings können die Grundrechtsverletzung bzw. die schwere Diskriminierung und die allgemeinen Unwirksamkeitsgründe in einer Klage geltend gemacht werden[889]. Im Übrigen kann das Verfahren zur Geltendmachung der Verletzung von Grundrechten oder einer

883 Dieses Verfahren wurde durch das Gesetz Nr. 20.087 v. 03.01.2006 eingeführt, zuletzt geändert durch die Gesetze Nr. 20.260 v. 29.03.2008 und Nr. 20.287 v. 17.09.2008. Hierzu Tapia in Derecho del Trabajo en América Latina, S. 255 f.; Moraga, Código del Trabajo, Tomo II, S. 1029, Fn. 44; Candia/Koch, Reforma procesal, S. 237 ff., S. 241; OECD, Reviews of Labour Market: Chile, S. 84; Orellana/Pérez, Derecho procesal, S. 347; Orellana, Nuevo proceso laboral, S. 264; Gamonal, Procedimiento de Tutela, S. 34 und S. 37; Benavides, Despido, S. 393.

884 Olate/Montecinos/Muñoz, Código del Trabajo, S. 6, S. 782; Candia/Koch, Reforma procesal, S. 237 f.; Benavides, Despido, S. 390 f.; Moraga, Código del Trabajo, Tomo II, S. 1025 f.

885 Moraga, Código del Trabajo, Tomo II, S. 748; Orellana/Pérez, Derecho procesal, S. 346. Zu den Schutzbereichen der Art. 292 und 294 CT siehe S. 121 f.

886 Zum Schutzbereich des Art. 2 CT siehe S. 122.

887 Gamonal, Procedimiento de Tutela, S. 34; Lizama, Código del Trabajo, Tomo II, S. 970.

888 Gamonal, Procedimiento de Tutela, S. 36 ff.; Ugarte, Tutela laboral, Revista de Derecho 2009, S. 227; Lizama, Código del Trabajo, Tomo II, S. 964 und S. 970; siehe CA Valparaiso, Rol Nr. 264/2009 v. 12.08.2009.

889 Lizama, Código del Trabajo, Tomo II, S. 970 f.

schweren Diskriminierung auch bei Ausspruch einer sog. indirekten Kündigung angewandt werden[890].

b) Konventionelles Kündigungsschutzverfahren

Hält der Arbeitnehmer die Kündigung aufgrund der in Art. 159, 160 und 161 CT normierten Kündigungstatbestände für ungerechtfertigt, unrechtmäßig oder rechtswidrig[891], muss er eine reguläre Kündigungsschutzklage gem. Art. 168 CT einreichen[892].

c) Mahnverfahren

Das Mahnverfahren („procedimiento monitorio") kommt gem. Art. 496 CT bei einem Streitwert von bis zu zehn Mindestlöhnen (im Mai 2011 lag der Mindestlohn bei CLP 172.000,00 p.M.[893], entspricht etwa EUR 275,00) zur Anwendung[894]. Im Rahmen des Mahnverfahrens ist ein der Kündigungsschutzklage vorgelagertes Verwaltungsverfahren durchzuführen, das gem. Art. 497 Abschn. 1 CT mit der Einreichung einer Beschwerde bei der zuständigen Inspektion des Arbeitsaufsichtsamts beginnt. Das Arbeitsaufsichtsamt beruft die Parteien nach Art. 497 Abschn. 4 CT zu verpflichtenden Vergleichsverhandlungen[895]. Finden die Parteien keine Einigung oder erscheint der Beschwerdegegner nicht, kann der Arbeitnehmer die Durchsetzung seines Anspruchs gem. Art. 499 CT vor dem zuständigen Arbeitsgericht weiter verfolgen[896].

---

890 Gamonal, Procedimiento de Tutela, S. 36.

891 Die Kündigung unter Anführung einer der Gründe des Art. 159 CT ist im Zweifel ungerechtfertigt („injustificado"), der Gründe des Art. 160 CT unrechtmäßig („indebido") und der Gründe des Art. 161 CT rechtswidrig („improcendente"), Nadal, Despido, S. 417 und S. 450.

892 Hierzu S. 168 ff.

893 Dirección del Trabajo, Encla 2011, S. 123 f.; ausführlich zum Mindestlohn Morgado, Labour Law in Chile, S. 134.

894 In die Berechnung des Streitwertes fließen nicht die in Art. 162 Abschn. 5 und 7 CT genannten Erhöhungen ein. Gem. Art. 497 Abschn. 2 CT ist die vorherige Anrufung des Arbeitsaufsichtsamtes nicht erforderlich bzgl. der Sachverhalte, die den Regelungsgegenstand des Art. 201 CT betreffen, so Benavides, Despido, S. 400; Moraga, Código del Trabajo, Tomo II, S. 1036; Lizama, Código del Trabajo, Tomo II, S. 978, S. 983 und Candia/Koch, Reforma procesal, S. 216.

895 Orellana, Nuevo proceso laboral, S. 268 f.; Candia/Koch, Reforma procesal, S. 216 f.; Benavides, Despido, S. 271 ff.

896 Moraga, Código del Trabajo, Tomo II, S. 1037 f.; OECD, Reviews of Labour Market: Chile, S. 84; Candia/Koch, Reforma procesal, S. 217 f.; Orellana, Nuevo proceso laboral, S. 269; Tapia in Derecho del Trabajo en América Latina, S. 256; OIT, Inspección del Trabajo para el siglo XXI, S. 18.

d) *Widerspruchsverfahren gegen Verwaltungsentscheidungen*

Das Widerspruchsverfahren gegen Verwaltungsentscheidungen („procedimiento de reclamación en contra de las resoluciones administrativas“[897]) ist gegen Entscheidungen des Arbeitsaufsichtsamtes, wie bspw. die Verhängung von Verwaltungsstrafen, durchzuführen und entspricht verfahrenstechnisch dem Mahnverfahren[898].

2. Vorgeschaltetes Verwaltungsverfahren

Der CT sieht vor der Erhebung einer Kündigungsschutzklage (aufgrund einer Grundrechtsverletzung, schweren Diskriminierung oder der Unwirksamkeit der Kündigung) kein Verwaltungsverfahren vor der zuständigen Arbeitsinspektion des Arbeitsaufsichtsamts vor[899]. Vielmehr obliegt den Gerichten nach Art. 168 Abschn. 1 CT die Entscheidung, ob die Kündigung gerechtfertigt ist[900]. Auch hinsichtlich der Zahlung der Sozialversicherungsbeiträge kann nur das Gericht die Kündigung bzw. die darauf beruhende Ausgleichsquittung für nichtig erklären[901]. Steht dagegen die Wirksamkeit einer Kündigung außer Frage und bedarf es lediglich der Klärung von Zahlungsansprüchen wie des Gehalts, der Gratifikationen oder ausstehender Urlaubstage, steht dem Arbeitsaufsichtsamt Entscheidungskompetenz zu und es muss ein vorgeschaltetes Verwaltungsverfahren vor dem Arbeitsaufsichtsamt („reclamo administrativo ante la Inspección de Trabajo“) durchgeführt werden[902].

---

897 Tapia in Derecho del Trabajo en América Latina, S. 255.

898 Benavides, Despido, S. 405; Lizama, Código del Trabajo, Tomo II, S. 989 f.; Orellana/Pérez, Derecho procesal, S. 366 f.; Moraga, Código del Trabajo, Tomo II, S. 1041 ff. und Walker, Relaciones Laborales, S. 124.

899 Orellana/Pérez, Derecho procesal, S. 187; Orellana, Nuevo proceso laboral, S. 154; Nadal, Despido, S. 352 f. und S. 356.

900 Olate/Montecinos/Muñoz, Código del Trabajo, S. 334, S. 364; Sáez/Melis, Derecho del Trabajo, Tomo I, S. 277, S. 312; Nadal, Despido, S. 354 f., S. 418, S. 424 f.; Benavides, Despido, S. 17 f.; Dirección del Trabajo, Dictámen Ord. Nr. 2.566/117 v. 06.07.2001, Dictámen Ord. Nr. 1.422/115 v. 10.04.2000, Dictámen Ord. Nr. 482/41 v. 01.02.2000, Dictámen Ord. Nr. 4.415/253 v. 26.08.1999, Dictámen Ord. Nr. 4.944/342 v. 16.10.1998, Dictámen Ord. Nr. 3.724/144 v. 01.07.1996 und Dictámen Ord. Nr. 521/27 v. 25.01.1995.

901 Olate/Montecinos/Muñoz, Código del Trabajo, S. 327 und S. 404, S. 406; Dirección del Trabajo, Dictámen Ord. Nr. 3.746/136 v. 16.08.2004.

902 Sáez/Melis, Derecho del Trabajo, Tomo I, S. 292 f., S. 312; Orellana, Nuevo proceso laboral, S. 154, Fn. 31 und S. 268; Benavides, Despido, S. 184, S. 207, S. 210 ff.; Moraga, Código del Trabajo, Tomo I, S. 509 f.; Olate/Montecinos/Muñoz, Código del Trabajo, S. 408; Lizama, Código del Trabajo, Tomo I, S. 451 f., S. 493; Dirección del Trabajo, Dictámen Ord. Nr. 3.172/56 v. 11.07.2006, Dictámen Ord. Nr. 3.746/136 v. 16.08.2004, Dictámen Ord. Nr. 824/21 v. 26.02.2003 und Dictámen Ord. Nr. 4.761/219 v. 13.12.2001.

Schließlich kann der Arbeitnehmer vor Erhebung einer Kündigungsschutzklage freiwillig das Arbeitsaufsichtsamt anrufen, um im Rahmen eines Mediationsverfahrens eine gütliche Streitbeilegung zu erreichen[903]. Diese Mediation sieht einen ersten, im Falle der Nichtwahrnehmung dieses Termins einen zweiten Verhandlungstermin vor. Können sich die Parteien mangels Konkordanz oder aufgrund ihres Nichterscheinens nicht einigen und ist die Frage der Wirksamkeit der Kündigung zu klären, verweist das Arbeitsaufsichtsamt den Streit an das zuständige Arbeitsgericht[904]. Dabei ist die Entscheidung des Arbeitsaufsichtsamts, welches nicht über die Wirksamkeit der Kündigung entscheiden darf, für das Arbeitsgericht nicht bindend[905].

3. Rechtsweg zum Arbeitsgericht

Die Arbeitsgerichte sind zuständig für Streitigkeiten zwischen Arbeitgeber und Arbeitnehmer aufgrund der Interpretation und Anwendung der Arbeitsgesetze und des Arbeits- bzw. Kollektivvertrages (Art. 420a) CT)[906]. Arbeitgeber ist nach Art. 3a) CT jede natürliche oder juristische Person, die aufgrund eines Arbeitsvertrages intellektuelle oder materielle Dienste einer oder mehrerer Personen in Anspruch nimmt. Arbeitnehmer ist nach Art. 3b) CT jede natürliche Person, welche aufgrund eines Arbeitsvertrages persönlich intellektuelle oder materielle Dienste in Abhängigkeit oder Unterordnung erbringt[907]. Der Arbeitsvertrag verpflichtet den Arbeitnehmer

---

903 bfai, Wirtschaftsführer Chile, S. 211; vgl. OECD, Reviews of Labour Market: Chile, S. 84; OIT, Inspección del Trabajo para el siglo XXI, S. 101 sowie Barahona, Despido indirecto, S. 83. Dagegen muss der Arbeitnehmer in Spanien vor Erhebung der Kündigungsschutzklage gem. Art 63 LRJS zwingend einen Gütetermin vor der Arbeitsverwaltung wahrnehmen. Einigen sich die Parteien im Rahmen dieses Verwaltungsverfahrens, kann der Vergleich wie ein Urteil gem. Art. 68 LRJS vollstreckt werden. Finden die Parteien nicht zu einer Einigung, kann der Arbeitnehmer unter Beifügung der erhaltenen Gütebescheinigung Klage einreichen. Hierzu Selenkewitsch, Spanisches Arbeitsrecht, S. 83; ders., Kündigungsschutz, ZIAS 2005, S. 32; Darsow-Faller, Kündigungsschutz, S. 178; Hofedank, Kündigungsschutz, S. 116 f.; García/Goerlich u.a., Derecho del Trabajo, S. 565 f.; Bauer, Abfindungsregelungen, S. 221; Heinlein, Arbeitsprozess in Spanien, AuR 1998, S. 308; Mozet, Kündigungsschutz, NZA 1998, S. 133.

904 Orellana, Nuevo proceso laboral, S. 268 ff.

905 Gamonal, Fundamentos de Derecho Laboral, S. 91; Olate/Montecinos/Muñoz, Código del Trabajo, S. 364 f.; Dirección del Trabajo, Dictámen Ord. Nr. 2.566/117 v. 06.07.2001, Dictámen Ord. Nr. 482/41 v. 01.02.2000, Dictámen Ord. Nr. 4.415/253 v. 26.08.1999.

906 Orellana, Nuevo proceso laboral, S. 46. Dagegen ist in Spanien die Sozialgerichtsbarkeit für Rechtsstreitigkeiten im Arbeitsrecht zuständig, siehe García/Goerlich u.a., Derecho del Trabajo, S. 553 ff.; Thibault, Reforma laboral, S. 679 ff., S. 724 ff.; Ulrich, Arbeitnehmerstatut, S. 191 ff.; v. Radziewski, Bagatellkündigung, S. 190.

907 So auch Morgado, Labour Law in Chile, S. 86, S. 88 f.

zur Erbringung einer Arbeitsleistung in Unterordnung und Abhängigkeit des Arbeitgebers, diesen im Gegenzug zur finanziellen Abgeltung (Art. 7 CT)[908].

Ist kein örtliches Arbeitsgericht vorhanden, steht den örtlich zuständigen Zivilgerichten nach Art. 422 CT die sachliche Entscheidungskompetenz in Arbeitsrechtstreitigkeiten zu[909]. Gem. Art. 423 Abschn. 1 CT hat der klagende Arbeitnehmer die Wahl zwischen dem Gerichtsstand des Wohnsitzes des Arbeitgebers oder der Betriebsstätte[910]. Schließlich kann sich die örtliche Zuständigkeit nach dem Wohnsitz des Arbeitnehmers richten, wenn der Arbeitnehmer gem. Art. 423 Abschn. 3 CT seinen Wohnsitz aufgrund des Arbeitsverhältnisses ändern musste und dies aus dem Arbeitsvertrag oder sonstigen Arbeitsunterlagen hervorgeht[911].

4. Die Kündigungsschutzklage

Die Kündigungsschutzklage kann auf eine Grundrechtsverletzung bzw. einen schweren Verstoß gegen ein Diskriminierungsverbot oder – subsidiär – auf die allgemeinen und besonderen Unwirksamkeitsgründe gestützt werden. Mit der Kündigungsschutzklage macht der Arbeitnehmer in der Regel die gesetzliche Abfindung zzgl. einer richterlich anzuordnenden Erhöhung geltend. Insofern wird regelmäßig der Erhalt einer gerichtlich festzusetzenden Abfindung („Indemnización por reclamo del trabajador“) nach Art. 168 CT verfolgt[912]. Die Abfindung muss zwingend seitens des Gerichts festgesetzt werden, auch wenn ihre Zahlung nicht ausdrücklich mit einem (gesonderten) Klageantrag geltend gemacht wurde, da ihre Anordnung in Art. 168 CT verankert ist[913]. Beinhaltet die Kündigung einen schwerwiegenden Verstoß gegen ein Diskriminierungsverbot bzw. bedurfte sie der richterlichen Genehmigung, kann der Arbeitnehmer ausnahmsweise die Weiterbeschäftigung erwirken.

---

908 Ausführlich Nadal, Despido, S. 8 f. und S. 12 ff.

909 OECD, Reviews of Labour Market: Chile, S. 83; Moraga, Código del Trabajo, Tomo I, S. 475; ders., Tomo II, S. 958; Walker, Relaciones Laborales, S. 90 und Barahona, Despido indirecto, S. 105.

910 Orellana/Pérez, Derecho procesal, S. 23 f. und S. 74 f.

911 Candia/Koch, Reforma procesal, S. 47; Orellana/Pérez, Derecho procesal, S. 75; Moraga, Código del Trabajo, Tomo I, S. 465 und S. 491 f.; ders., Tomo II, S. 958: Aus prozesstaktischen Gründen ist die Wahl des Gerichtsstandes nach Art. 423 CT (wenn nicht das Zivilgericht nach Art. 422 CT zuständig ist) auch für die Einholung der richterlichen Genehmigung nach Art. 174 CT („fuero laboral“) wichtig.

912 Vgl. nur bfai, Wirtschaftsführer Chile, S. 210; Olate/Montecinos/Muñoz, Código del Trabajo, S. 370; Nadal, Despido, S. 446; Corte Suprema, Rol Nr. 5.795/2004 v. 20.03.2006. Zur Abfindung bei der sog. indirekten Kündigung siehe Benavides, Despido, S. 141 f.; Barahona, Despido indirecto, S. 25, S. 101 f.

913 Olate/Montecinos/Muñoz, Código del Trabajo, S. 320, S. 359 f. und S. 371; Corte Suprema, Rol Nr. 4.901/2004 v. 27.06.2006 und Rol Nr. 2.495/2004 v. 27.09.2005.

a) *Form und Frist der Kündigungsschutzklage*

Die Kündigungsschutzklage ist gem. Art. 446 Abschn. 1 CT schriftlich einzureichen[914]. Die Klagefrist beträgt gem. Art. 168 Abschn. 1 CT sechzig Werktage und beginnt mit tatsächlicher Beendigung des Arbeitsverhältnisses[915]. Zu Werktagen zählen die Wochentage von Montag bis einschließlich Samstag, Ausnahmen sind gesetzliche Feiertage[916]. Schaltet der Arbeitnehmer vor Anrufung des Arbeitsgerichts das Arbeitsaufsichtsamt ein, verlängert sich die Klagefrist gem. Art. 168 Abschn. 6 CT auf maximal neunzig Werktage[917]. Nach Abschluss des Verfahrens vor dem Arbeitsaufsichtsamt läuft die Frist weiter, welche über neunzig Werktage seit Beendigung der Arbeitstätigkeit nicht hinausgehen darf[918]. Gleiches gilt für eine Kündigungsschutzklage im Falle der sog. indirekten Kündigung[919] und bei dem Verfahren zur Geltendmachung von Grundrechtsverletzungen oder schweren Diskriminierungen nach Art. 489 Abschn. 2 CT[920]. Die Frist ist gewahrt mit schriftlicher Klageeinreichung beim zuständigen Arbeitsgericht[921].

---

914 Dieses Schriftformgebot stellt eine Ausnahme des in Art. 425 Abschn. 2 CT verankerten Mündlichkeitsgebots dar, Orellana, Nuevo proceso laboral, S. 155.

915 Olate/Montecinos/Muñoz, Código del Trabajo, S. 364; Thayer/Novoa, Derecho del Trabajo, Tomo III, S. 106; Orellana, Nuevo proceso laboral, S. 160; Lizama, Código del Trabajo, Tomo II, S. 599 ff.; Barahona, Despido indirecto, S. 101; Corte Suprema, Rol Nr. 1.497/2007 v. 13.12.2007; CA Concepción, Rol Nr. 2.115/2005 v. 17.01.2006; Dirección del Trabajo, Dictámen Ord. Nr. 5.236/236 v. 03.12.2003. Ist der Arbeitnehmer arbeitsunfähig, beginnt die Frist mit dem Zugang des Kündigungsschreibens zu laufen, Nadal, Despido, S. 365 f., S. 418 ff., S. 421 f.; Moraga, Código del Trabajo, Tomo I, S. 418; Corte Suprema, Rol Nr. 857/2004 v. 26.05.2004 und Rol Nr. 2.652/1999 v. 27.04.2000. Fristbeginn ist der darauf folgende Tag, das Fristende berechnet sich nach Art. 49 CC, Vivanco, El despido laboral, S. 118.

916 Sáez/Melis, Derecho del Trabajo, Tomo I, S. 287; Moraga, Código del Trabajo, Tomo I, S. 466; Candia/Koch, Reforma procesal, S. 63 und S. 65.

917 Diese Fristverlängerung wurde durch Gesetz Nr. 19.447 v. 08.02.1996 eingeführt, hierzu Sáez/Melis, Derecho del Trabajo, Tomo I, S. 287; Orellana, Nuevo proceso laboral, S. 154; Nadal, Despido, S. 418; Olate/Montecinos/Muñoz, Código del Trabajo, S. 364 und S. 372; Corte Suprema, Rol Nr. 4.907/2003 v. 25.11.2004.

918 Nadal, Despido, S. 418 f.; Olate/Montecinos/Muñoz, Código del Trabajo, S. 372 f.; Walker, Relaciones Laborales, S. 258; Lizama, Código del Trabajo, Tomo I, S. 446 f.; Corte Suprema, Rol Nr. 4.907/2003 v. 25.11.2004 und Rol Nr. 3.853/2003 v. 12.05.2003.

919 So die h. M. mit Nadal, Despido, S. 421 f. und S. 431 f.; Barahona, Despido indirecto, S. 102 ff.; Benavides, Despido, S. 140; Lizama, Código del Trabajo, Tomo I, S. 461; Corte Suprema, Rol Nr. 41/2002 v. 19.06.2002 und CA Concepción, Rol Nr. 3.111/2005 v. 23.02.206.

920 Orellana/Pérez, Derecho procesal, S. 353; Gamonal, Procedimiento de Tutela, S. 35; Moraga, Código del Trabajo, Tomo II, S. 1030 und Candia/Koch, Reforma procesal, S. 241 f.

921 Olate/Montecinos/Muñoz, Código del Trabajo, S. 371 ff.; Candia/Koch, Reforma procesal, S. 89; Lizama, Código del Trabajo, Tomo I, S. 445 f. und Tomo II, S. 966;

Die Frist zur Geltendmachung der Nichtigkeit einer Kündigung aufgrund der Nichtzahlung der Sozialversicherungsbeiträge beträgt sechs Monate, beginnend mit tatsächlicher Beendigung der Arbeitstätigkeit (Art. 510 Abschn. 2 CT)[922]. Gem. Art. 510 Abschn. 5 CT hemmt das Verwaltungsverfahren vor dem Arbeitsaufsichtsamt jedoch den Fristablauf, längstens bis zu einem Jahr nach Beschäftigungsbeendigung[923]. Insofern kann die Kündigungsschutzklage zur Geltendmachung der Unwirksamkeit der Kündigung verfristet, die Klage zur Geltendmachung der Nichtigkeit noch fristgemäß sein[924]. Dabei kann sich der Arbeitnehmer in seiner Kündigungsschutzklage darauf berufen, dass die Kündigung mangels Kündigungsgrund unwirksam und mangels Abführung der Sozialversicherungsbeiträge nichtig ist. Eine gleichzeitige Geltendmachung von Unwirksamkeit und Nichtigkeit der Kündigung ist möglich, da sich ersteres auf die Beschäftigungsstabilität, letzteres auf die lückenlose Leistung von Sozialversicherungsbeiträgen bezieht[925]. Lediglich bei der sog. indirekten Kündigung kann der Arbeitnehmer nicht gleichzeitig inhaltlich gegen die Kündigung vorgehen und die Nichtigkeit mangels Zahlung der Sozialversicherungsbeiträge geltend machen[926].

Corte Suprema, Rol Nr. 2.683/2003 v. 25.05.2004; CA Santiago, Rol Nr. 7.009/2004 v. 30.08.2005. In Spanien muss die Kündigungsschutzklage gem. Art. 59.3. ET, Art. 121.1. LRJS innerhalb einer Frist von zwanzig Werktagen ab Zugang der Kündigung eingereicht werden. Nach Art. 65.1. LRJS wird die Klagefrist durch die Einleitung des vorgeschalteten Verwaltungsverfahrens gehemmt, vgl. Selenkewitsch, Spanisches Arbeitsrecht, S. 84 und S. 97; ders., Kündigungsschutz, ZIAS 2005, S. 32; García/Goerlich u.a., Derecho del Trabajo, S. 433, S. 563 f.; Flägel, Beendigung von Arbeitsverhältnissen, RIW 1998, S. 450; Darsow-Faller, Kündigungsschutz, S. 178.

922 Nadal, Despido, S. 419 f.; Walker, Relaciones Laborales, S. 255 ff.; Sáez/Melis, Derecho del Trabajo, Tomo I, S. 295; Orellana, Nuevo proceso laboral, S. 160 und Palavecino, Despido nulo, Ius et Praxis 2002, S. 564. Gesetzliche Abfindungsansprüche verjähren innerhalb von zwei Jahren, vertragliche Ansprüche innerhalb von sechs Monaten, Olate/Montecinos/Muñoz, Código del Trabajo, S. 804 f. und S. 809; Candia/Koch, Reforma procesal, S. 90; Corte Suprema, Rol Nr. 830/2001 v. 17.04.2001; CA Concepción, Rol Nr. 3.228/2005 v. 08.05.2006.

923 Orellana, Nuevo proceso laboral, S. 154; Olate/Montecinos/Muñoz, Código del Trabajo, S. 807; Candia/Koch, Reforma procesal, S. 143 f.; CA Santiago, Rol Nr. 973/2005 v. 10.11.2005.

924 Olate/Montecinos/Muñoz, Código del Trabajo, S. 341 f.; Lizama, Código del Trabajo, Tomo I, S. 414 f.; Corte Suprema, Rol Nr. 3.500/2004 v. 20.09.2005.

925 Olate/Montecinos/Muñoz, Código del Trabajo, S. 339 ff.; Lizama, Código del Trabajo, Tomo I, S. 412 ff.; Moraga, Código del Trabajo, Tomo II, S. 983; Corte Suprema, Rol Nr. 6.397/2005 v. 08.06.2006, Rol Nr. 3.156/2004 v. 28.12.2005, Rol Nr. 3.329/2003 v. 11.12.2003; CA Santiago, Rol Nr. 7.422/2008 v. 08.06.2009, Rol Nr. 956/2007 v. 02.11.2007, Rol Nr. 2.278/2005 v. 28.11.2005 und Rol Nr. 8.883/2004 v. 21.09.2005; CA Antofagasta, Rol Nr. 100/2006 v. 13.07.2006.

926 Olate/Montecinos/Muñoz, Código del Trabajo, S. 365 f. und S. 382 f.; Lizama, Código del Trabajo, Tomo I, S. 413; CA San Miguel, Rol Nr. 325/2006 v. 23.08.2006.

b) Überprüfung der Kündigungstatbestände

Der Arbeitgeber sollte einen schriftlichen Arbeitsvertrag vorgelegen können. Nach Art. 9 Abschn. 4 CT werden bei Nichtvorlage eines schriftlichen Arbeitsvertrages im Falle des Bestreitens die seitens des Arbeitnehmers behaupteten arbeitsvertraglichen Vereinbarungen angenommen, sodass die Einhaltung des Schriftformgebots primär dem Arbeitgeberinteresse entspringt. Anderenfalls läuft er Gefahr, dass die arbeitnehmerseitigen Darlegungen gesetzlich als Vertragsbestandteil anzusehen sind[927]. Grundsätzlich haben die chilenischen Arbeitsgerichte Vorschriften und Normen im Zweifel zugunsten des Arbeitnehmers auszulegen[928].

Im Kündigungsschutzrechtsstreit kann jede Partei Beweisangebote machen. Gem. Art. 454 Nr. 1 Abschn. 1 CT sind zunächst die seitens des Klägers vorgebrachten Beweise und anschließend die der Beklagtenseite einzubringen. Unabhängig hiervon wird im Falle einer Kündigung gem. Art. 454 Nr. 1 Abschn. 2 CT dem Arbeitgeber die Pflicht auferlegt, die die Kündigung rechtfertigenden Tatsachen und insbesondere die Inhalte der in Art. 162 Abschn. 1 und Abschn. 4 CT bezeichneten Kündigungsschreiben zu beweisen[929]. Der Arbeitgeber kann sich nicht auf andere als die der Kündigung zugrunde liegende Gründe berufen (Art. 454 Nr. 1 Abschn. 2 CT)[930]. Darüber hinaus kann das Gericht jeder Partei von Amts wegen die Erbringung eines Beweises nach Art. 429 CT auferlegen, falls es diesen für erforderlich erachtet[931]. Hinsichtlich der Beweisart sind die Parteien frei, jedes im CT normierte Beweismittel kann angeboten werden. Zudem kann jedes andere sachdienliche und zweckmäßige Element, das zur Überzeugung des Gerichts dienen kann, in den Prozess eingeführt werden, sollte das erkennende Gericht dies zulassen (Art. 454

---

927 Walker, Relaciones Laborales, S. 266; Nadal, Despido, S. 18 f.; Moraga, Código del Trabajo, Tomo I, S. 40 und S. 45; Olate/Montecinos/Muñoz, Código del Trabajo, S. 39; Lizama, Derecho del Trabajo, S. 34. Gem. Art. 9 Abschn. 1 CT haben die Parteien den Arbeitsvertrag schriftlich festzuhalten, jeweils zu unterzeichnen und eine Ausfertigung zu erhalten.

928 Ausführlich Gamonal, Fundamentos de Derecho Laboral, S. 106 ff.; Orellana/Pérez, Derecho procesal, S. 34 und S. 101; Olate/Montecinos/Muñoz, Código del Trabajo, S. 340; CA Santiago, Rol Nr. 1.318/2005 v. 14.10.2005.

929 Moraga, Código del Trabajo, Tomo II, S. 995; Orellana, Nuevo proceso laboral, S. 183 f.

930 Auch in Spanien ist der kündigungsbegründende Sachverhalt auf den in der Kündigung angeführten Tatbestand begrenzt, die Beweislast trifft den Arbeitgeber (Art. 105.2. LRJS), hierzu v. Radziewski, Bagatellkündigung, S. 187, S. 194; Darsow-Faller, Kündigungsschutz, S. 180; Hofedank, Kündigungsschutz, S. 117; Amlang, Unternehmerische Entscheidungsfreiheit, S. 93 ff.; Lotz, Kündigungsschutz, S. 113; Lincke/Knaebel, Reform des spanischen Arbeitsrechts, ZESAR 2011, S. 219.

931 Orellana/Pérez, Derecho procesal, S. 219; Orellana, Nuevo proceso laboral, S. 183 und Moraga, Código del Trabajo, Tomo II, S. 964.

Nr. 8 CT)[932]. Hingegen darf nach Art. 454 Nr. 5 CT jede Partei regelmäßig höchstens vier Zeugen benennen[933].

5. Beendigung des Kündigungsschutzprozesses

Der Kündigungsschutzprozess endet mit einer Klageabweisung, einer Klagestattgabe oder einer gütlichen Einigung.

a) Klageabweisung

Klagt der Arbeitnehmer gegen die Kündigung aufgrund einer Grundrechtsverletzung oder einem schwerwiegenden Verstoß gegen ein Diskriminierungsverbot und weist das Gericht diese Klage ab, entsteht mit Klageabweisung das Recht des Arbeitnehmers auf Geltendmachung der Unwirksamkeit der Kündigung mittels einer konventionellen Kündigungsschutzklage[934]. Wurde die Unwirksamkeit der Kündigung mit der gleichen Klage geltend gemacht, entscheidet das Gericht nach (Teil-)Abweisung der Klage aufgrund einer Grundrechtsverletzung bzw. einer schwerwiegenden Verletzung eines Diskriminierungsverbots über die Wirksamkeit der Kündigung[935].

Bei Klageabweisung aufgrund der Wirksamkeit der Kündigung ist nach dem Kündigungsgrund zu unterscheiden: Hält das Gericht die betriebsbedingte Kündigung für wirksam, steht dem Arbeitnehmer, falls das Arbeitsverhältnis seit mindestens einem Jahr bestand, ein Anspruch auf die Abfindung der Beschäftigungsjahre zu. Die betriebsbedingte Kündigung beinhaltet demnach die Verpflichtung des Arbeitgebers zur Zahlung einer Abfindung für jedes Jahr der Beschäftigung[936]. Liegt keine wirksame individual- oder tarifvertragliche Abfindungsvereinbarung vor, hat der Arbeitgeber eine Abfindung zu zahlen, die dreißig Tagessätzen des letzten Monatslohnes für jedes Beschäftigungsjahr und einen sechs Monate übersteigenden Zeitraum ununterbrochener Beschäftigung entspricht. Die Höchstgrenze beträgt dreihundertdreißig Tagessätze, sodass höchstens elf Beschäftigungsjahre abgegolten werden[937]. Zusätzlich hat der

932 Orellana/Pérez, Derecho procesal, S. 223; Orellana, Nuevo proceso laboral, S. 187 ff.; Benavides, Despido, S. 364 und S. 369; Candia/Koch, Reforma procesal, S. 98 und S. 123; Moraga, Código del Trabajo, Tomo II, S. 997.

933 Hierzu und der Erweiterung der Zeugenanzahl Benavides, Despido, S. 367 f., Moraga, Código del Trabajo, Tomo II, S. 996 f.; Orellana/Pérez, Derecho procesal, S. 228 und Candia/Koch, Reforma procesal, S. 111 f.

934 Candia/Koch, Reforma procesal, S. 246; Ugarte, Tutela laboral, Revista de Derecho 2009, S. 227 f. und CA Santiago, Rol Nr. 65/2010 v. 14.06.2010.

935 Lizama, Código del Trabajo, Tomo II, S. 970 f.

936 Vgl. nur Nadal, Despido, S. 297 und Dirección del Trabajo, ¿Cómo se despide en Chile?, Pulso Oktober 2006 Nr. 3, S. 1.

937 Humeres, Derecho del Trabajo, S. 283; bfai, Wirtschaftsführer Chile, S. 209.

Arbeitnehmer, sollte ihm die Kündigung und eine Kopie hiervon dem zuständigen Arbeitsaufsichtsamt nicht mit mindestens dreißig Tagen Vorlauf zugegangen sein, einen Anspruch auf die Abfindung aufgrund der Nichtbeachtung der Kündigungsfrist[938]. Mithin stehen dem Arbeitnehmer gem. Art. 169b) S. 2 CT die Abfindung wegen Nichtbeachtung der Kündigungsfrist gem. Art. 162 Abschn. 4 CT und die Abfindung der Beschäftigungsjahre gem. Art. 163 Abschn. 1 bzw. 2 CT zzgl. der in Art. 173 CT verankerten Angleichung ohne Zinsen zu[939]. Wird die Abfindung nicht im gleichen Monat der Beendigung des Arbeitsvertrages ausgezahlt, muss gem. Art. 173 CT eine Anpassung der Abfindung an den Verbraucherpreisindex stattfinden und eine Zinsberechnung berücksichtigt werden, um den Arbeitnehmer bei zeitlich langwierigen Prozessen finanziell nicht zu benachteiligen[940].

Gleiches gilt für einen leitenden Angestellten oder einen Arbeitnehmer in Vertrauensstellung bei Abweisung einer Klage gegen eine Kündigung ohne Kündigungsgrund[941].

---

938 Sáez/Melis, Derecho del Trabajo, Tomo I, S. 280; Benavides, Despido, S. 112; Humeres, Derecho del Trabajo, S. 283. In Spanien endet das Arbeitsverhältnis bei einer Klageabweisung gegen eine Kündigung aus objektiven Gründen ohne einen weiteren Abfindungsanspruch. Jedoch steht dem Arbeitnehmer die gesetzliche Abfindung der Beschäftigungsjahre (zwanzig Tagessätze je Beschäftigungsjahr bei einem Höchstsatz von zwölf Monatsgehältern) und die Abfindung der Nichtbeachtung der Vorankündigungsfrist (Zahlung des Gehalts von fünfzehn Werktagen) zu, vgl. Henssler/Braun-Calle/Prehm, Spanien, Rn. 119; Selenkewitsch, Spanisches Arbeitsrecht, S. 98; ders., Kündigungsschutz, ZIAS 2005, S. 44; Darsow-Faller, Kündigungsschutz, S. 151; Lincke/Knaebel, Reform des spanischen Arbeitsrechts, ZESAR 2011, S. 219.

939 Nadal, Despido, S. 539 und Dirección del Trabajo, ¿Cómo se despide en Chile?, Pulso Oktober 2006 Nr. 3, S. 2.

940 Das Kündigungsschreiben muss gem. Art. 169a) CT die konkrete Abfindungshöhe mit einem Zahlungsangebot enthalten. Grundsätzlich muss der Arbeitgeber die vollständige Abfindung in Form einer Einmalzahlung zum Zeitpunkt der abschließenden Abrechnung leisten, Olate/Montecinos/Muñoz, Código del Trabajo, S. 375 f., S. 396; Dirección del Trabajo, Dictámen Ord. Nr. 3.172/056 v. 11.07.2006 und Dictámen Ord. Nr. 5.599/128 v. 07.12.2005. Die Parteien können aber eine verzinsliche Ratenzahlung vereinbaren; eine solche Vereinbarung ist vor dem Arbeitsaufsichtsamt zu bestätigen. Hierzu Walker, Relaciones Laborales, S. 387; Moraga, Código del Trabajo, Tomo I, S. 489 f.; Nadal, Despido, S. 502 f.; Lizama, Código del Trabajo, Tomo I, S. 474 f.; Dirección del Trabajo, Dictámen Ord. Nr. 2.703/67 v. 10.07.2003.

941 Thayer/Novoa, Derecho del Trabajo, Tomo III, S. 90; Dirección del Trabajo, Dictámen Ord. Nr. 5.236/236 v. 03.12.2003, Dictámen Or. Nr. 4.799/337 v. 09.10.1998, Dictámen Ord. Nr. 5.911/259 v. 20.09.1995, Dictámen Ord. Nr. 154/05 v. 10.01.1994 und Dictámen Ord. Nr. 3.701/109 v. 23.05.1991.

Auch Haushaltshilfen steht bei Klageabweisung eine Abfindung zu, da sie unabhängig (der Wirksamkeit) des Rechtsgrundes der Vertragsbeendigung gem. Art. 163a) CT Anspruch auf eine Abfindung in Form eines Arbeitgeberbeitrags in Höhe von 4,11% der steuerpflichtigen Monatsvergütung haben[942]. Die Höhe der Abfindung ergibt sich aus den Beitragszahlungen zzgl. der erzielten Rendite. Hat der Arbeitgeber die Vorankündigungsfrist nicht eingehalten, muss er diese abgelten[943].

Weist das Gericht dagegen die Klage gegen eine Kündigung aufgrund eines unvorhergesehenen Umstandes oder höherer Gewalt gem. Art. 159 Nr. 6 CT ab, steht dem Arbeitnehmer regelmäßig keine Abfindung zu[944]. Auch bei einer personen- bzw. verhaltensbedingte Kündigung endet der Arbeitsvertrag gem. Art. 160 Abschn. 1 CT ohne einen Anspruch auf Abfindung[945]. Wird der Arbeitnehmer bspw. wegen Nichterscheinens zur Arbeit gekündigt und erklärt das Arbeitsgericht die Kündigung für wirksam, wird die Klage ohne einen Abfindungsanspruch nach Beschäftigungsjahren oder wegen Nichtbeachtung der Kündigungsfrist abgewiesen[946]. Dennoch kann dem Arbeitnehmer die sog. allgemeine ersetzende Abfindung („Indemnización sustitutiva a todo evento") im Falle des Vorliegens einer solchen Vereinbarung zustehen[947]. Ungeachtet dessen hat der Arbeitgeber nach Art. 162 Abschn. 7 CT das Gehalt und alle übrigen im Arbeitsvertrag enthaltenen Leistungen für den Zeitraum zwischen dem Zugang der Kündigung und der Beendigung des Arbeitsvertrages zu zahlen[948].

Bei Klageabweisung bzgl. einer sog. indirekten Kündigung wird eine freiwillige Eigenkündigung des Arbeitnehmers gem. Art. 171 Abschn. 5 CT gesetzlich

---

942 Nach Art. 163b) CT gilt die Verpflichtung der Beitragsleistung für die Dauer von elf Jahren.

943 Dirección del Trabajo, Dictámen Ord. Nr. 4.464/306 v. 21.09.1998.

944 Walker, Relaciones Laborales, S. 378; Dirección del Trabajo, ¿Cómo se despide en Chile?, Pulso Oktober 2006 Nr. 3, S. 2; dies., Dictámen Ord. Nr. 1412/021 v. 19.03.2010 und Dictámen Ord. Nr. 4.055/297 v. 27.09.2000.

945 Auch in Spanien endet der Vertrag bei einer rechtmäßigen Kündigung aus disziplinarischen Gründen gem. Art. 55.7. ET ohne Anspruch des Arbeitnehmers auf eine Abfindung oder das Gehalt während der Dauer des Gerichtsverfahrens, hierzu García/Goerlich u.a., Derecho del Trabajo, S. 433; Henssler/Braun-Calle/Prehm, Spanien, Rn. 127; v. Radziewski, Bagatellkündigung, S. 195; Selenkewitsch, Spanisches Arbeitsrecht, S. 85; ders., Kündigungsschutz, ZIAS 2005, S. 33; Darsow-Faller, Kündigungsschutz, S. 146, S. 150; Hofedank, Kündigungsschutz, S. 125; Leising, Abfindung, StBW 2010, S. 238; Lotz, Kündigungsschutz, S. 51.

946 Nadal, Despido, S. 149 f., S. 214 f. und S. 233; Moraga, Código del Trabajo, Tomo I, S. 394; Palavecino, Acoso sexual, Revista de derecho 2006, S. 113; Corte Suprema, Rol Nr. 2.110/2000 v. 14.08.2000, Rol Nr. 2.286/2001 v. 05.07.2001 und Dirección del Trabajo, ¿Cómo se despide en Chile?, Pulso Oktober 2006 Nr. 3, S. 1 f.

947 Moraga, Código del Trabajo, Tomo I, S. 457.

948 Olate/Montecinos/Muñoz, Código del Trabajo, S. 330 f.; Dirección del Trabajo, Dictámen Ord. Nr. 672/55 v. 14.02.2000.

fingiert[949]. Damit steht dem Arbeitnehmer kein Abfindungsanspruch zu[950]. Führt der Arbeitnehmer als Grund für seine sog. indirekte Kündigung bspw. die in Art. 160 Nr. 1b) CT normierte sexuelle Belästigung unzutreffend oder in der Absicht an, das Ansehen und die Ehre des Arbeitgebers zu verletzen, macht er sich zudem schadensersatzpflichtig[951].

b) Klagestattgabe

Gibt das Gericht der Klage des Arbeitnehmers statt, ist zu unterscheiden, ob der Arbeitnehmer eine Grundrechtsverletzung, einen schwerwiegenden Verstoß gegen ein Diskriminierungsverbot oder die Unwirksamkeit der Kündigung geltend gemacht hat.

aa) Grundrechtsverletzung bzw. schwerwiegender Verstoß gegen ein Diskriminierungsverbot

Bei Klagestattgabe aufgrund einer mit der Kündigung erfolgten Grundrechtsverletzung ordnet das Gericht gem. Art. 489 Abschn. 3 CT die Zahlung einer Abfindung gem. Art. 162 Abschn. 4 CT wegen Nichtbeachtung der Vorankündigungsfrist, gem. Art. 163 CT für die Beschäftigungsjahre mit der entsprechenden Erhöhung des Art. 168 CT an, zzgl. einer im Ermessen des Gerichts stehenden weiteren Abfindung, die nicht weniger als sechs und nicht mehr als elf Monatsgehälter in Höhe des zuletzt erhaltenen Gehalts betragen darf[952]. Bspw. kann ein Arbeitnehmer, der durch eine Kündigung gem. Art. 160 Nr. 1 CT in seinen Grundrechten verletzt wurde, bei einer Betriebszugehörigkeit von elf Jahren eine Abfindung in Höhe von vierunddreißig Monatsgehältern zugesprochen bekommen. Diese Abfindungssumme setzt sich aus einem Monatsgehalt für die Nichtbeachtung der Vorankündigungsfrist, elf Monatsgehältern für die Abfindung der Beschäftigungsjahre, elf Monatsgehältern aufgrund einer Erhöhung der Abfindung um 100 % gem. Art. 168 CT und elf weiteren Monatsgehältern für die zusätzliche Abfindung gem. Art. 489 Abschn. 4 CT aufgrund der Grundrechtsverletzung zusammen[953].

---

949 Morgado, Labour Law in Chile, S. 159; Barahona, Despido indirecto, S. 23 und S. 113 f.; Sáez/Melis, Derecho del Trabajo, Tomo I, S. 296; Benavides, Despido, S. 152; Vivanco, El despido laboral, S. 130; Walker, Relaciones Laborales, S. 386; CA Chillán, Rol Nr. 10/2009 v. 13.04.2009.

950 Nadal, Despido, S. 432; Vivanco, El despido laboral, S. 130; Walker, Relaciones Laborales, S. 399; Thayer/Novoa, Derecho del Trabajo, Tomo III, S. 110.

951 Benavides, Despido, S. 145.

952 Candia/Koch, Reforma procesal, S. 245 f.; Lizama, Código del Trabajo, Tomo II, S. 970; Morgado, Labour Law in Chile, S. 182 f.; Orellana/Pérez, Derecho procesal, S. 353 f.; Palavecino, Acoso sexual, Revista de derecho 2006, S. 115 und Ugarte, Tutela laboral, Revista de Derecho 2009, S. 227 f.; Corte Suprema, Rol Nr. 52/2009 v. 12.01.2009 und Rol Nr. 26/2009 v. 10.06.2009.

953 Gamonal, Procedimiento de Tutela, S. 38; siehe Moraga, Código del Trabajo, Tomo II, S. 1030; Benavides, Despido, S. 394 und Candia/Koch, Reforma procesal, S. 246.

Stuft das Gericht die Kündigung als diskriminierend ein, da die Regelungen des Art. 2 Abschn. 4 CT schwerwiegend verletzt wurden, steht dem Arbeitnehmer gem. Art. 489 Abschn. 4 CT ein Wahlrecht zwischen der Weiterbeschäftigung im Betrieb oder dem Erhalt der Abfindungen nach Art. 489 Abschn. 3 CT zu. Wurde also im Zusammenhang mit der Kündigung ein schwerer Verstoß gegen das Diskriminierungsverbot des Art. 2 Abschn. 4 CT begangen, ist die Kündigung nichtig, sodass der Arbeitnehmer gem. Art. 489 Abschn. 4 CT die Weiterbeschäftigung im Betrieb des Arbeitgebers oder aber die zusätzliche Abfindungszahlung des Art. 489 Abschn. 3 CT zwischen sechs und elf Monatsgehältern verlangen kann[954]. Insofern ist hervorzuheben, dass bei einem schwerwiegenden Verstoß gegen ein Diskriminierungsverbot nicht nur der Erhalt der Abfindungen, sondern vielmehr die Weiterbeschäftigung erreicht werden kann. Entscheidet sich der Arbeitnehmer für den Erhalt der Abfindung, urteilt das Gericht diese unter Berücksichtigung der Gründe aus[955].

So kann der gekündigte Arbeitnehmer auch im Falle des Art. 294 CT gem. Art. 489 Abschn. 4 CT zwischen einer Weiterbeschäftigung oder dem Erhalt der in Art. 489 Abschn. 3 CT normierten Abfindung wählen. Optiert der Arbeitnehmer für die Abfindung, wird diese vom Gericht unter Berücksichtigung des Art. 489 Abschn. 3 CT und des Kündigungsgrundes festgelegt[956]. Auch im Falle des Art. 292 CT kann sich der Arbeitnehmer zwischen einer Abfindung oder der Weiterbeschäftigung

954 Gamonal, Procedimiento de Tutela, S. 39 f.; ders., Fundamentos de Derecho Laboral, S. 22; Candia/Koch, Reforma procesal, S. 70 f.; Moraga, Código del Trabajo, Tomo II, S. 1030 f.; Orellana/Pérez, Derecho procesal, S. 353; Morgado, Labour Law in Chile, S. 195 f.

955 Morgado, Labour Law in Chile, S. 183; Orellana/Pérez, Derecho procesal, S. 353 f.; Orellana, Nuevo proceso laboral, S. 265; Tapia in Derecho del Trabajo en América Latina, S. 256; Corte Suprema, Rol Nr. 52/2009 v. 12.01.2009 und Rol Nr. 26/2009 v. 10.06.2009. In Spanien ist die Kündigung bei einer Verletzung von Freiheits- oder Grundrechten oder des Kündigungsschutzes gem. Art. 55.5. ET i.V.m. Art. 108.2., 113 und 122.2. LRJS nichtig und der Arbeitnehmer kann mit seiner Klage eine Weiterbeschäftigung erreichen. Möchte der Arbeitnehmer auf eigenen Wunsch nicht in den Betrieb zurückkehren, wird ihm eine Abfindung gem. Art. 56.1. ET in Höhe von dreiunddreißig Tagessätzen Gehalt je Beschäftigungsjahr (maximal vierundzwanzig Monatsgehältern) zugesprochen. Hierzu García/Goerlich u.a., Derecho del Trabajo, S. 437; Henssler/Braun-Calle/Prehm, Spanien, Rn. 119, Rn. 127; Selenkewitsch, Spanisches Arbeitsrecht, S. 88 f., Fn. 202; ders., Kündigungsschutz, ZIAS 2005, S. 35 f., S. 46; Darsow-Faller, Kündigungsschutz, S. 130 ff., S. 140 ff., S. 236; Hofedank, Kündigungsschutz, S. 119 ff.; Lotz, Kündigungsschutz, S. 49 f.; Sandmaier, Kündigungsschutzmodelle, S. 91; v. Radziewski, Bagatellkündigung, S. 198.

956 Cook, The Politics of Labor Reform in Latin America, S. 139; Walker, Relaciones Laborales, S. 513; Olate/Montecinos/Muñoz, Código del Trabajo, S. 610 f.; Humeres, Derecho del Trabajo, S. 289 f.; CA Santiago, Rol Nr. 5.721/2004 v. 05.03.2004; Dirección del Trabajo, Dictámen Ord. Nr. 4.675/196 v. 05.11.2003.

entscheiden. Bei einer Kündigung aufgrund einer antigewerkschaftlichen Handlung eines dem besonderen Kündigungsschutz der Art. 221, 224, 229, 238, 243 und 309 CT unterliegenden Arbeitnehmers kann das Gericht gem. Art. 292 Abschn. 5 CT[957] die sofortige Weiterbeschäftigung und die Zahlung des ausstehenden Gehalts zwischen Kündigung und Weiterbeschäftigung festsetzen.

bb) Besondere Unwirksamkeitsgründe

Der Klage kann aufgrund eines besonderen Unwirksamkeitsgrundes stattgegeben werden.

(1) Mangelnde richterliche Erlaubnis

Kann sich der Arbeitnehmer auf den besonderen Kündigungsschutz des Art. 174 CT („fuero laboral") berufen und liegt keine richterliche Genehmigung der Kündigung vor, ist die Kündigung unwirksam und der Arbeitsvertrag bleibt wirksam bestehen[958]. Erteilt das Arbeitsgericht keine Genehmigung zur Beendigung des Vertrags, wird eine unmittelbare Weiterbeschäftigung des gekündigten bzw. suspendierten Arbeitnehmers sowie die Zahlung des ausstehenden Gehalts für den Zeitraum zwischen Kündigung und Urteilsverkündung zzgl. Zinsen unter Anrechnung erhaltener Sozialleistungen angeordnet[959].

Weigert sich der Arbeitgeber, den Arbeitnehmer wieder in seinen Betrieb einzugliedern, hat der Arbeitnehmer einen Anspruch auf Abfindung. Mit Zustimmung des Arbeitnehmers kann sich der Arbeitgeber daher trotz des besonderen Kündigungsschutzes gegen Zahlung einer Abfindung von seiner Beschäftigungspflicht befreien[960]. In der Praxis entscheidet sich der Arbeitnehmer regelmäßig für den Abfindungserhalt.

Nicht unumstritten sind allerdings Art und Höhe dieser Abfindung. Nach überwiegender Ansicht hat der Arbeitnehmer Anspruch auf Zahlung des Gehalts bis zum Ablauf des besonderen Kündigungsschutzes und der Abfindung der Beschäftigungsjahre in Höhe von (mindestens) dreißig Tagessätzen für jedes Jahr der Beschäftigung[961]. Die Abfindung beinhaltet das Gehalt bis zum Ablauf des besonderen Kündigungsschutzes, die Abfindung wegen Nichtbeachtung der Kündigungsfrist als

957 Olate/Montecinos/Muñoz, Código del Trabajo, S. 609; Gamonal, Chilean Labour Law 1990–2010, IJCLLIR 2011, S. 92.

958 Sáez/Melis, Derecho del Trabajo, Tomo I, S. 301; Benavides, Despido, S. 225; Lizama, Código del Trabajo, Tomo I, S. 482.

959 Humeres, Derecho del Trabajo, S. 289; Nadal, Despido, S. 379 und S. 383; Benavides, Despido, S. 225; vgl. Dirección del Trabajo, Dictámen Ord. Nr. 1.373/65 v. 10.04.2001.

960 Walker, Relaciones Laborales, S. 413.

961 Nadal, Despido, S. 360 f., S. 371.

auch die Abfindung der Beschäftigungsjahre zzgl. der gesetzlichen Erhöhungen[962]. Teilweise wird jedoch vertreten, dass die Abfindung aufgrund eines besonderen Kündigungsschutzes („fuero laboral") unvereinbar mit der Abfindung wegen Nichtbeachtung der Kündigungsfrist und der Beschäftigungsjahre ist[963]. Diese Unvereinbarkeit wird damit begründet, dass beide Abfindungsarten gleichen Ursprungs sind, Ursache und Wirkung sich entsprechen[964]. Zudem soll der Arbeitgeber im Falle des Ausspruchs einer betriebsbedingten Kündigung oder einer Kündigung ohne Kündigungsgrund nicht mit weiteren, parallel zu zahlenden Abfindungen belastet werden[965]. Weigert sich der Arbeitgeber im Falle des Ausspruchs einer betriebsbedingten Kündigung oder einer Kündigung ohne Kündigungsgrund trotz des Vorliegens eines besonderen Kündigungsschutzes („fuero laboral"), den Arbeitnehmer wieder einzustellen, hat dieser nach teilweise vertretener Ansicht daher ein Wahlrecht zwischen der Abfindung der Beschäftigungsjahre und der wegen Verletzung des besonderen Kündigungsschutzes[966].

(2) Verstoß gegen ein Kündigungsverbot

Kündigt der Arbeitgeber z.B. wegen vollständiger oder teilweiser Arbeitsunfähigkeit des Arbeitnehmers, ist die Kündigung nach Art. 161 bis CT unwirksam. Daher hat der Arbeitnehmer Anspruch auf die Abfindung der Beschäftigungsjahre mit der in Art. 168 Abschn. 2 b) CT normierten Erhöhung um 50 %[967]. Dies gilt auch bei einer unwirksamen Kündigung aufgrund eines unvorhergesehenen Umstandes oder höherer Gewalt oder einer unwirksamen verhaltens- bzw. personenbedingten Kündigung[968].

Kündigt der Arbeitgeber aus betriebsbedingten Gründen oder ohne Kündigungsgrund trotz des Kündigungsverbots des Art. 161 Abschn. 3 CT (der Vorlage einer Arbeitsunfähigkeitsbescheinigung), ist die Kündigung unwirksam. Der Arbeitnehmer hat nach Art. 168 CT einen Anspruch auf Erhöhung der Abfindung der Beschäftigungsjahre um 30 %[969]. Hinzu kommt die Abfindung der Nichtbeachtung

962 Moraga, Código del Trabajo, Tomo I, S. 498, Tomo II, S. 683; CA Santiago, Rol Nr. 2.105/2005 v. 10.04.2006 und Rol Nr. 7.504/2001 v. 27.08.2002.

963 Siehe bspw. Nadal, Despido, S. 506; Lizama, Código del Trabajo, Tomo I, S. 407; Corte Suprema, Rol Nr. 5.201/2004 v. 01.06.2006.

964 Olate/Montecinos/Muñoz, Código del Trabajo, S. 334; Lizama, Código del Trabajo, Tomo I, S. 479; Corte Suprema, Rol Nr. 5.201/2004 v. 01.06.2006; a.A. CA Santiago, Rol Nr. 7.504/2001 v. 27.08.2002.

965 Nadal, Despido, S. 504.

966 Nadal, Despido, S. 505.

967 Humeres, Derecho del Trabajo, S. 280 f.; Lizama, Derecho del Trabajo, S. 168; ders., Código del Trabajo, Tomo I, S. 395; Olate/Montecinos/Muñoz, Código del Trabajo, S. 323; Nadal, Despido, S. 327; Humeres, Derecho del Trabajo, S. 280 f.; Benavides, Despido, S. 126; Moraga, Código del Trabajo, Tomo I, S. 443.

968 Moraga, Código del Trabajo, Tomo I, S. 443; Walker, Relaciones Laborales, S. 378.

969 Benavides, Despido, S. 120 ff.; Corte Suprema, Rol Nr. 4.110/2005 v. 17.04.2007.

der Kündigungsfrist, hält der Arbeitgeber die Vorankündigungsfrist von dreißig Tagen nicht ein[970].

(3) Keine (vollständige) Zahlung der Sozialversicherungsbeiträge

Führt der Arbeitgeber die Sozialversicherungsabgaben nicht oder nicht vollständig bis zum Zeitpunkt des letzten Tages des Vormonats der Kündigung ab, erklärt das Gericht die Kündigung für nichtig[971]. Der Arbeitsvertrag besteht fort und der Arbeitnehmer hat Anspruch auf Zahlung seines Gehalts, ohne seinerseits seinen arbeitsvertraglichen Pflichten nachkommen zu müssen[972]. Da der Arbeitgeber durch eine Nachzahlung der Sozialversicherungsbeiträge die angegriffene Kündigung heilen kann, wird das Gericht im Zweifel unabhängig von der Nichtigkeit der Kündigung mangels Zahlung der Sozialversicherungsbeiträge auch über die materielle Wirksamkeit der Kündigung entscheiden (sollte diesbezüglich die Klagefrist gewahrt sein)[973].

cc) Allgemeine Unwirksamkeitsgründe

Bei Klagestattgabe aufgrund des Nichtvorliegens eines Kündigungstatbestandes wird der Arbeitgeber zur Zahlung der gesetzlichen Abfindungen als auch einer bestimmten, vom jeweiligen Kündigungstatbestand abhängigen prozentualen Erhöhung der Abfindung verurteilt. Zweck der Erhöhung der Abfindung durch richterliche Entscheidung ist, den Arbeitgeber für die zu Unrecht ausgesprochene Kündigung zu sanktionieren[974].

---

970 Humeres, Derecho del Trabajo, S. 281.

971 Lizama, Derecho del Trabajo, S. 191; Olate/Montecinos/Muñoz, Código del Trabajo, S. 327; Benavides, Despido, S. 180; Dirección del Trabajo, Dictámen Ord. Nr. 3.124/83 v. 21.07.2005 und Dictámen Ord. Nr. 3.746/136 v. 16.08.2004.

972 Olate/Montecinos/Muñoz, Código del Trabajo, S. 327 und S. 331; Sáez/Melis, Derecho del Trabajo, Tomo I, S. 290; Barahona, Despido indirecto, S. 157; Nadal, Despido, S. 550; Sáez/Melis, Derecho del Trabajo, Tomo I, S. 290 f.; Olate/Montecinos/Muñoz, Código del Trabajo, S. 346; Lizama, Código del Trabajo, Tomo I, S. 426; Palavecino, Despido nulo, Ius et Praxis 2002, S. 560 f.; Corte Suprema, Rol Nr. 2.431/2005 v. 07.12.2005; Dirección del Trabajo, Dictámen Ord. Nr. 2.772/056 v. 27.07.2007, Dictámen Ord. Nr. 4.071/298 v. 28.09.2000 und Dictámen Ord. Nr. 5.372/314 v. 25.10.1999.

973 Nadal, Despido, S. 553; Olate/Montecinos/Muñoz, Código del Trabajo, S. 348 ff.; Lizama, Código del Trabajo, Tomo I, S. 412 ff.; Benavides, Despido, S. 190 ff.; Corte Suprema, Rol Nr. 2.958/2004 v. 16.12.2004; CA Antofagasta, Rol Nr. 112/2006 v. 30.06.2006; CA Concepción, Rol Nr. 3.228/2005 v. 08.05.2006; CA Santiago, Rol Nr. 7.422/2008 v. 08.06.2009, Rol Nr. 956/2007 v. 02.11.2007, Rol Nr. 1.318/2005 v. 14.10.2005 und Rol Nr. 8.883/2004 v. 21.09.2005.

974 Olate/Montecinos/Muñoz, Código del Trabajo, S. 364. In Spanien kann der Arbeitgeber, stellt das Gericht die Rechtswidrigkeit der Kündigung fest, gem. Art. 56.1. ET, Art. 110.3. LRJS innerhalb von fünf Tagen seit Zustellung des Urteils zwischen

(1) Betriebsbedingte Kündigung

Wurde der Arbeitsvertrag durch eine unwirksame betriebsbedingte Kündigung beendet, ordnet das Gericht die Zahlung der Abfindung wegen Nichtbeachtung der Kündigungsfrist nach Art. 162 Abschn. 4 CT und der Abfindung der Beschäftigungsjahre nach Art. 163 Abschn. 1 bzw. 2 CT an, wobei sich Letztere gem. Art. 168 Abschn. 2a) CT um 30 % erhöht[975]. Somit hat der Arbeitnehmer keinen Anspruch auf Weiterbeschäftigung, sondern auf Erhöhung der Abfindung der Beschäftigungsjahre um 30 %[976]. Zu beachten ist, dass der Abfindungsanspruch der Beschäftigungsjahre erst ab einer Betriebszugehörigkeit von einem Jahr entsteht. Damit steht Arbeitnehmern, die weniger als ein Jahr bei dem Arbeitgeber beschäftigt waren, bei Unwirksamkeit der Kündigung nur die Abfindung der Nichtbeachtung der Kündigungsfrist zu.

Die konkrete Höhe der zu zahlenden Abfindung bestimmt sich nach Art. 172 ff. CT. Gem. Art. 172 CT umfassen die Abfindungen hinsichtlich des letzten Monatseinkommens alle Bezüge, die der Arbeitnehmer zum Zeitpunkt der Vertragsbeendigung erhalten hat, einschließlich Steuern, Sozialversicherungsbeiträgen des Arbeitnehmers, Zuschlägen oder in Geld geschätzten Sachwerten mit Ausnahme des gesetzlichen Familienzuschlags, Zahlungen für Überstunden und Zulagen, die sporadisch oder einmal im Jahr gezahlt werden, wie Zuwendungen und das Weihnachtsgeld[977].

---

der Wiedereinstellung des Arbeitnehmers oder der Zahlung einer Abfindung in Höhe von dreiunddreißig Tagessätzen des Gehalts je Beschäftigungsjahr, maximal vierundzwanzig Monatsgehältern, wählen. Reagiert der Arbeitgeber nicht fristgerecht, wird gem. Art. 56.3. ET die Entscheidung zur Wiedereinstellung gesetzlich fingiert. Handelt es sich bei dem Gekündigten um einen Arbeitnehmer- oder Gewerkschaftsvertreter, steht gem. Art. 56.4. ET diesem das Wahlrecht zwischen Wiedereinstellung und Abfindung zu. Hierzu García/Goerlich u.a., Derecho del Trabajo, S. 436; Henssler/Braun-Calle/Prehm, Spanien, Rn. 119, Rn. 127; Sandmaier, Kündigungsschutzmodelle, S. 91 f.; Selenkewitsch, Spanisches Arbeitsrecht, S. 85 f.; ders., Kündigungsschutz, ZIAS 2005, S. 31, Fn. 45, S. 33 f., S. 45; Hofedank, Kündigungsschutz, S. 118, S. 125; v. Radziewski, Bagatellkündigung, S. 196; Darsow-Faller, Kündigungsschutz, S. 157, S. 180; Lotz, Kündigungsschutz, S. 98 f.; gtai, Recht kompakt: Spanien, S. 8; dies., Lohn- und Lohnnebenkosten Spanien, S. 18; Rebhahn, Kündigungsschutz des Arbeitnehmers, ZfA 2003, S. 164, Rn. 1; ders., Abfindung statt Kündigungsschutz?, RdA 2002, S. 274; Flägel, Beendigung von Arbeitsverhältnissen, RIW 1998, S. 448.

975 Moraga, Código del Trabajo, Tomo I, S. 469; Olate/Montecinos/Muñoz, Código del Trabajo, S. 320 f., S. 351 und S. 370 f.; Nadal, Despido, S. 420 und S. 450; vgl. Corte Suprema, Rol Nr. 4.220/2004 v. 16.05.2006.

976 Morgado, Labour Law in Chile, S. 158; Sáez/Melis, Derecho del Trabajo, Tomo I, S. 288; Walker, Relaciones Laborales, S. 384; Moraga, Código del Trabajo, Tomo I, S. 440; CA Santiago, Rol Nr. 2.419/2004 v. 17.03.2005.

977 Das Arbeitsentgelt ist in Art. 41 ff. CT legaldefiniert. Ob entgegen Art. 41 Abschn. 2 CT auch Fahrt- und Verpflegungskosten in die Berechnungsgrundlage einfließen, ist umstritten, siehe Benavides, Despido, S. 230 ff. Im Ergebnis bejahend Nadal, Despido, S. 462 ff. m.w.N., S. 490 f.; Dirección del Trabajo, Dictámen Ord.

So fließen garantierte, monatlich ausbezahlte Gratifikationen in die Abfindungshöhe ein, nicht aber einmalige Zahlungen[978]. Bei variablen Einkünften wird die Abfindung auf Grundlage der durchschnittlichen Bezüge der letzten drei Kalendermonate errechnet[979]. Unberücksichtigt bleibt jedoch das neunzig UF („Unidad de Fomento", inflationsgesicherte Werteinheit) übersteigende Monatseinkommen, ein darüber hinausgehendes Gehalt erhöht die Berechnungsgrundlage der Abfindung nicht[980].

(2) Kündigung ohne Kündigungsgrund

Wurde der Arbeitsvertrag eines leitenden Angestellten oder eines Arbeitnehmers in Vertrauensstellung ohne Kündigungsgrund gekündigt und erklärt das Gericht diese Kündigung für unwirksam, hat der Arbeitnehmer einen Anspruch auf Erhöhung der Abfindung der Beschäftigungsjahre um 30 %[981]. Die Abfindung der Beschäftigungsjahre des Art. 163 Abschn. 1 bzw. 2 CT ist ab einem Jahr der Betriebszugehörigkeit zu zahlen. Zusätzlich ist die Abfindung wegen Nichtbeachtung der Kündigungsfrist zu zahlen, falls die Vorankündigungsfrist von dreißig Tagen nicht eingehalten wurde.

Nr. 2.461/040 v. 17.06.2011, a.A. Dictámen Ord. Nr. 2.314/038 v. 06.06.2011, Dictámen Ord. Nr. 2.745/042 v. 09.07.2009 und Dictámen Ord. Nr. 3.011/055 v. 17.07.2008. Die aufgrund der Vertragsbeendigung gesetzlich oder in Tarifverträgen festgesetzten Abfindungen stellen gem. Art. 178 CT grundsätzlich kein Einkommen dar, d.h. sie sind weder rentenerhöhend, noch müssen sie steuerlich berücksichtigt werden. Hierzu und zu den Abfindungen, die sich entgegen diesem Grundsatz rentenerhöhend auswirken, ausführlich Nadal, Despido, S. 523 ff.; Olate/Montecinos/Muñoz, Código del Trabajo, S. 414 f.; Walker, Relaciones Laborales, S. 393 ff.; vgl. Dirección del Trabajo, Dictámen Ord. Nr. 1.456/46 v. 11.04.2005.

978 Sáez/Melis, Derecho del Trabajo, Tomo I, S. 307 f.; Olate/Montecinos/Muñoz, Código del Trabajo, S. 386 f.; Moraga, Código del Trabajo, Tomo I, S. 480 f. und S. 488; Nadal, Despido, S. 459 f. und S. 501; Dirección del Trabajo, Dictámen Ord. Nr. 0846/25 v. 28.02.2005, Dictámen Ord. Nr. 4.398/170 v. 27.09.2004, Dictámen Ord. Nr. 2.937/226 v. 14.07.2000, Dictámen Ord. Nr. 319/024 v. 19.01.1998 und Dictámen Ord. Nr. 3.344/199 v. 06.07.1993.

979 Walker, Relaciones Laborales, S. 383; Olate/Montecinos/Muñoz, Código del Trabajo, S. 389; Nadal, Despido, S. 494; Dirección del Trabajo, Dictámen Ord. Nr. 75/008 v. 05.01.1999.

980 Sáez/Melis, Derecho del Trabajo, Tomo I, S. 310; Olate/Montecinos/Muñoz, Código del Trabajo, S. 387; Benavides, Despido, S. 238 f.; Dirección del Trabajo, Dictámen Ord. Nr. 3.878/148 v. 23.08.2004, Dictámen Ord. Nr. 74/007 v. 05.01.1999, Dictámen Ord. Nr. 4.295/175 v. 29.07.1996. Diese Höchstgrenze von 90 UF gilt auch für Arbeitnehmer, die vor dem 14.08.1981 eingestellt wurden, Nadal, Despido, S. 451 ff., S. 492 und S. 497 und Dirección del Trabajo, Dictámen Ord. Nr. 2.494/180 v. 01.06.1998. Diese Höchstgrenze ist bei einer vertraglichen Abfindung nicht zu berücksichtigen, sodass die Berechnungsgrundlage dem tatsächlichen Gehalt auch bei Überschreiten der Höchstgrenze von 90 UF entsprechen kann, Moraga, Código del Trabajo, Tomo I, S. 481 und S. 485.

981 Art. 168 Abschn. 2a) CT, siehe auch Walker, Relaciones Laborales, S. 384.

Haushaltshilfen haben einen Anspruch auf die Abfindung gem. Art. 163a) CT in Form des Arbeitgeberbeitrags in Höhe von 4,11% der steuerpflichtigen Monatsvergütung. Insofern steht Haushaltshilfen keine Abfindung der Beschäftigungsjahre, sondern lediglich die Sonderabfindung („Indemnización a todo evento") zu[982]. Dies impliziert jedoch den Ausschluss einer prozentualen Erhöhung der Abfindung. Weiter steht ihnen aber, falls der Arbeitgeber die Vorankündigungsfrist nicht eingehalten hat, die Abfindung dieser zu[983]. Damit ist für Haushaltshilfen der Ausgang des Kündigungsschutzverfahrens bei einer (nur) unwirksamen Kündigung nicht entscheidend, da die Konsequenzen einer wirksamen Kündigung gleichgesetzt sind.

(3) Unvorhergesehene Umstände oder höhere Gewalt bzw. Nichtangabe des Kündigungsgrundes

Wurde eine Kündigung aufgrund eines unvorhergesehenen Ereignisses oder höherer Gewalt ungerechtfertigt oder eine unzulässige Kündigung ohne Angabe des Kündigungsgrundes ausgesprochen, fingiert das Gericht gem. Art. 168 Abschn. 5 CT eine Kündigung nach Art. 161 CT und ordnet die Zahlung der Abfindung wegen Nichtbeachtung der Kündigungsfrist nach Art. 162 Abschn. 4 CT und der Abfindung der Beschäftigungsjahre nach Art. 163 Abschn. 1 bzw. 2 CT an, wobei sich Letztere gem. Art. 168 Abschn. 2b) CT um 50 % erhöht. Kündigt der Arbeitgeber daher, ohne dass er sich auf unvorhergesehene Umstände oder höhere Gewalt berufen kann oder gibt er schlicht keinen Kündigungsgrund an, ohne dass ein Fall der zulässigen Kündigung ohne Kündigungsgrund bei leitenden Angestellten, Arbeitnehmern in Vertrauensstellung oder Haushaltshilfen vorläge, erhöht sich die Abfindung der Beschäftigungsjahre um 50 %[984]. Damit liegt die prozentuale Erhöhung einer zu Unrecht ausgesprochenen Kündigung aufgrund unvorhergesehener Umstände oder höherer Gewalt bei 50 %, die der betriebsbedingten Kündigung bei lediglich 30 %. Hierdurch soll verhindert werden, dass der Arbeitgeber im Falle einer (ggf. wirksamen) betriebsbedingten Kündigung der Einfachheit halber eine Kündigung aufgrund unvorhergesehener Umstände bzw. höherer Gewalt ausspricht oder schlicht keinen Kündigungsgrund angibt.

(4) Personen- bzw. verhaltensbedingte Kündigung

Wurde der Arbeitsvertrag durch eine unwirksame Kündigung aufgrund der personen- bzw. verhaltensbedingten Gründe des Art. 160 CT beendet, fingiert das Gericht gem. Art. 168 Abschn. 5 CT eine Kündigung nach Art. 161 CT[985] und ordnet die

---

982 Walker, Relaciones Laborales, S. 393; Thayer/Novoa, Derecho del Trabajo, Tomo III, S. 96; Humeres, Derecho del Trabajo, S. 283 f.; Nadal, Despido, S. 446 f.; Olate/Montecinos/Muñoz, Código del Trabajo, S. 353; Lizama, Código del Trabajo, Tomo I, S. 428; CA Rancagua, Rol Nr. 241/2008 v. 26.11.2008.

983 Dirección del Trabajo, Dictámen Ord. Nr. 4.464/306 v. 21.09.1998.

984 Nadal, Despido, S. 420, S. 450; Walker, Relaciones Laborales, S. 384 f.

985 Walker, Relaciones Laborales, S. 385 f.

Zahlung der Abfindung wegen Nichtbeachtung der Kündigungsfrist nach Art. 162 Abschn. 4 CT und der Abfindung der Beschäftigungsjahre nach Art. 163 Abschn. 1 bzw. 2 CT an, wobei sich Letztere gem. Art. 168 Abschn. 2c) CT um 80 %, bei den Kündigungstatbeständen der Art. 160 Nr. 1, 5 und 6 CT[986] gem. Art. 168 Abschn. 3 CT sogar um 100 % erhöht. Kündigt der Arbeitgeber daher z.B. gem. Art. 160 Nr. 5 CT aufgrund eines grob fahrlässigen Verhaltens des Arbeitnehmers, durch welches die Sicherheit des Betriebes beeinträchtigt gewesen sein soll, und stellt sich dieser Tatbestand als nicht hinreichend begründet heraus, hat der Arbeitnehmer einen Anspruch auf Erhöhung der Abfindung der Beschäftigungsjahre um 100 %[987]. Demgemäß erhöht sich die zu zahlende Abfindung der Beschäftigungsjahre um 80 % bzw. 100 % je nach Kündigungstatbestand des Art. 160 CT[988]. Zweck dieser erheblichen Erhöhung der Abfindung ist, den Arbeitgeber möglichst zu einer Kündigung zu bewegen, die dem Arbeitnehmer, im Gegensatz zu der personen- bzw. verhaltensbedingten Kündigung, grundsätzlich einen Anspruch auf Abfindung einräumt[989].

(5) Indirekte Kündigung

Gibt das Gericht der Klage des Arbeitnehmers bei einer indirekten Kündigung statt, wird der Arbeitgeber zur Zahlung der Abfindung wegen Nichtbeachtung der Kündigungsfrist und der Abfindung der Beschäftigungsjahre zzgl. einer Erhöhung letzterer um 50 % im Falle des Art. 160 Nr. 7 CT und um *bis zu* 80 % im Falle der Art. 160 Nr. 1 und Nr. 5 CT verurteilt. Der Gesetzgeber hat damit dem Arbeitnehmer die Möglichkeit eingeräumt, eine Abfindung als auch deren Erhöhung je nach Kündigungstatbestand einzuklagen, wobei im Falle einer indirekten Kündigung gem. Art. 160 Nr. 1 und Nr. 5 CT die Erhöhung um bis zu 80 % möglich ist, d.h. eine Erhöhung zwischen 50 % und 80 % im Ermessen des erkennenden Gerichts liegt[990]. Insbesondere kann die Abfindung der Beschäftigungsjahre nicht mit der

---

986 Siehe oben S. 100 ff.

987 Moraga, Código del Trabajo, Tomo I, S. 423.

988 Nadal, Despido, S. 420 und S. 450; Walker, Relaciones Laborales, S. 385; Corte Suprema, Rol Nr. 3.510/2003 v. 07.10.2004; CA Concepción, Rol Nr. 1.209/2003 v. 23.07.2003. Eine Ausnahme besteht nur bei Klagestattgabe gegen eine Kündigung in Zusammenhang mit Anzeigen wegen sexueller Belästigung, hier ist der Arbeitgeber gem. Art. 168 Abschn. 4 CT nicht zu einer erhöhten Abfindung verpflichtet, sollte er seinen gesetzlichen Verpflichtungen zur Sachverhaltsaufklärung und -ermittlung nachgekommen sein, hierzu Moraga, Código del Trabajo, Tomo I, S. 463; ausführlich Barahona, Despido indirecto, S. 92 ff.

989 Walker, Relaciones Laborales, S. 385.

990 Walker, Relaciones Laborales, S. 386; Barahona, Despido indirecto, S. 22, S. 122 f.; Nadal, Despido, S. 431; Benavides, Despido, S. 142; Palavecino, Acoso sexual, Revista de derecho 2006, S. 114; Corte Suprema, Rol Nr. 5.428/2006 v. 13.11.2006. In Spanien kann der Arbeitnehmer im Falle einer groben Pflichtverletzung des Arbeitgebers einen Auflösungsantrag aufgrund der in Art. 50.1. ET genannten Gründe vor dem Sozialgericht stellen. Sollte der Arbeitgeber die Auflösung des

Begründung versagt werden, der Arbeitnehmer habe die Vorankündigungsfrist nicht eingehalten[991].

Stützt der Arbeitnehmer die indirekte Kündigung auf Art. 160 Nr. 1a), b) und f) CT, kann er gleichzeitig ihm zustehende Schadensersatzzahlungen wie Schmerzensgeld für seelische Schäden („Indemnización del daño moral") geltend machen[992].

Obsiegt der Arbeitnehmer auch aufgrund der Tatsache, dass er einem besonderen Kündigungsschutz unterstand („fuero"), hat er einen Anspruch auf Zahlung der Abfindung wegen Nichtbeachtung der Kündigungsfrist, der Abfindung der Beschäftigungsjahre als auch der Abfindung des besonderen Kündigungsschutzes[993].

c) Gerichtlicher Vergleich

Gem. Art. 453 Nr. 2 CT können die Parteien, um das Verfahren ganz oder teilweise zu beenden, zu jedem Zeitpunkt des Verfahrens einen Vergleich („conciliación") schließen und sich damit auf die Beendigung des Arbeitsverhältnisses einigen. Insbesondere ist der Richter gehalten, sich aktiv um eine gütliche Einigung der Parteien zu bemühen[994]. Der Vergleich, mit dem die Parteien sich auf eine vollständige oder

---

Arbeitsvertrages durch eine Pflichtverletzung provoziert haben, hat der Arbeitnehmer Anspruch auf eine Abfindung in Höhe von dreiunddreißig Tagessätzen Gehalt je Beschäftigungsjahr bei einem Höchstsatz von vierundzwanzig Monatsgehältern (Art. 56.1. ET). Zudem kann die Zahlung von Schadensersatz oder Schmerzensgeld angeordnet werden. Siehe Henssler/Braun-Calle/Prehm, Spanien, Rn. 121; Selenkewitsch, Spanisches Arbeitsrecht, S. 109 f. und Fn. 299; Darsow-Faller, Kündigungsschutz, S. 176; García/Goerlich u.a., Derecho del Trabajo, S. 462 f.; STS v. 11.03.1998, Ar. 3696; TSJ País Vasco v. 14.10.2003, Recurso Nr. 1.885/2003; vgl. auch SSTS v. 18.09.1989, Ar. 6455; SSTS v. 06.07.1998, Ar. 6429.

991 Sáez/Melis, Derecho del Trabajo, Tomo I, S. 296 f.; Benavides, Despido, S. 129.

992 Barahona, Despido indirecto, S. 22, S. 43, S. 123 ff., S. 133 ff., S. 140 ff. und S. 171 f.; Benavides, Despido, S. 143 ff.; Palavecino, Acoso psíquico laboral, Revista de derecho 2004, S. 76 f.; ders., Acoso sexual, Revista de derecho 2006, S. 114; Dirección del Trabajo, Dictámen Ord. Nr. 3.519/034 v. 09.08.2012.

993 So Barahona, Despido indirecto, S. 147 ff.; Nadal, Despido, S. 362. A.A. Dirección del Trabajo, Dictámen Ord. Nr. 377/06 v. 25.01.2005, wonach ein Betriebgewerkschaftsvorsitzender mit Ausspruch der indirekten Kündigung seinen besonderen Kündigungsschutz verliert.

994 Orellana/Pérez, Derecho procesal, S. 209 f.; Orellana, Nuevo proceso laboral, S. 172 und S. 177; Candia/Koch, Reforma procesal, S. 97; Nadal, Despido, S. 552. In Spanien wird regelmäßig vor Gericht eine einvernehmliche Beendigung des Arbeitsverhältnisses vereinbart. Gem. Art. 49.1. c) ET steht dem Arbeitnehmer bei einem Beendigungsvergleich eine Abfindung zu, die sich pro Jahr der Betriebszugehörigkeit auf zwölf Tagesgehälter beläuft, wobei die Parteien grundsätzlich hinsichtlich des Inhalts des Vergleichs frei sind. Siehe Selenkewitsch, Kündigungsschutz, ZIAS 2005, S. 32; Lincke/Knaebel, Reform des spanischen Arbeitsrechts, ZESAR 2011, S. 218; Hofedank, Kündigungsschutz, S. 126; v. Radziewski, Bagatellkündigung, S. 149 f.

teilweise Erledigung des Rechtsstreits einigen, ist ebenso wie ein Urteil („sentencia") gem. Art. 464 Nr. 2 CT vollstreckbar[995].

6. Weiterbeschäftigungsanspruch

Der Arbeitnehmer muss während des Laufs der Kündigungsfrist aufgrund der Möglichkeit der finanziellen Abgeltung nicht beschäftigt werden. Auch während des Prozesses muss der Arbeitnehmer nicht beschäftigt werden, da grundsätzlich eine Abfindung festzusetzen ist. Sollte die Weiterbeschäftigung des Arbeitnehmers seitens des Gerichts angeordnet werden, wie im Falle des Art. 174 CT[996] und des Art. 489 Abschn. 4 CT[997], hat der Arbeitgeber ausnahmsweise Annahmeverzugslohn zu zahlen.

995 Orellana, Nuevo proceso laboral, S. 174, S. 178; Benavides, Despido, S. 363; Moraga, Código del Trabajo, Tomo II, S. 1003; Candia/Koch, Reforma procesal, S. 59, S. 97.
996 Siehe S. 112 ff.
997 Siehe S. 175 ff.

E. Vergleichende Betrachtung und rechtspolitische Erwägungen

Auf Grundlage einer vergleichenden Betrachtung wird der rechtspolitischen Debatte um den Kündigungsschutz in Deutschland nachgegangen.

I. Vergleichende Betrachtung

Im Folgenden werden ausgewählte Aspekte des deutschen und des chilenischen Kündigungsrechts gegenübergestellt.

1. Normierung des Kündigungsrechts

In Deutschland ist das Arbeitsrecht in verschiedene Einzelgesetze unterteilt. Allgemeine arbeitsrechtliche Grundsätze sind im BGB, der Kündigungsschutz ist überwiegend im KSchG und die besonderen Kündigungsschutzgesetze sind in weiteren, zeitlich jüngeren Einzelgesetzen geregelt[998]. Der chilenische CT stellt keine abschließende Kodifikation des Arbeitsrechts dar, allerdings sind nahezu alle ein Normalarbeitsverhältnis betreffende Regelungen und insbesondere der Kündigungsschutz im CT enthalten. Damit ist das Arbeitsrecht in Chile in einem Hauptwerk kodifiziert. In Deutschland erschien eine umfassende Kodifikation bislang – trotz diversen Anläufen unter Vorlage konkreter Arbeitsvertragsentwürfe und der Aufnahme dieses Umsetzungsziels im Einigungsvertrag – nicht politisch notwendig oder machbar, sodass eine Zersplitterung des Arbeitsrechts in viele Einzelgesetze entstand[999].

2. Kündigung und Kündigungsschutz

Die Kündigung ist in Deutschland und Chile nicht uneingeschränkt möglich.

---

998 Siehe Fußnote 325; Zachert, Arbeitsrechtskodifikationen in Europa, ArbuR 1993, S. 200; Lotz, Kündigungsschutz, S. 117 f. Preis, Arbeitsrecht, § 1, S. 7 weist darauf hin, dass unter dem Stichwort des Kündigungsrechts mindestens siebenundzwanzig Einzelgesetze relevant sind. Vgl. ders., Neuorientierung in der arbeitsrechtlichen Gesetzgebung, NZA 2000, S. 10; Beckmann, Kommt das Arbeitsvertragsgesetz?, AnwBl 2006, S. 394.

999 Dieser Zustand wird auch als „Lose-Blatt-Existenz" des Arbeitsrechts bezeichnet, Zachert, Arbeitsrechtskodifikationen in Europa, ArbuR 1993, S. 200; Rüthers, Beschäftigung durch Entrümpelung, NJW 2003, S. 546. Vorschläge eines Arbeitsvertragsgesetzes gab es in den Jahren 1923, 1938, 1942, 1977, 1992, 1995, 1996 und zuletzt 2007, hierzu Krause, § 3, Rn. 1 und Duvigneau, Auflösung des Arbeitsverhältnisses, S. 241 ff. Siehe Fußnote 325 und S. 243 ff.

a) Rechtsgeschäftliche Grundlagen

Die Kündigung muss in Deutschland und Chile schriftlich ausgesprochen werden, eine mündliche Kündigung ist unwirksam[1000]. In Chile müssen die konkreten Kündigungsgründe und nicht nur der Wortlaut des Kündigungstatbestandes angegeben werden, da der Arbeitnehmer und das Gericht die vorliegenden Gründe nachvollziehen können müssen[1001]. Kündigt der Arbeitgeber ohne konkrete Angabe der Kündigungsgründe, kann das Arbeitsaufsichtsamt Verwaltungsstrafen verhängen. In Deutschland dagegen ist die Angabe des Kündigungsgrundes bis auf wenige Ausnahmefälle nicht erforderlich[1002]. Auch darf zwar gem. § 1a Abs. 1 S. 2 KSchG in der Kündigungserklärung selbst der Hinweis nicht fehlen, dass die Kündigung auf dringende betriebliche Erfordernisse gestützt ist – allerdings ist eine über diesen Hinweis hinausgehende Begründung nicht erforderlich[1003]. Bei der außerordentlichen Kündigung hat der Arbeitnehmer einen Anspruch darauf, die Gründe für die Kündigung zu erfahren (§ 626 Abs. 2 S. 3 BGB), jedoch müssen diese nicht in der Kündigung selbst angegeben sein[1004]. Auch bei nicht schriftlicher oder nicht vollständiger Mitteilung der Kündigungsgründe wird die Kündigung nicht unwirksam[1005]. Dies führt dazu, dass der Arbeitnehmer im Zweifel erst im Kündigungsschutzprozess Kenntnis von den Kündigungsgründen erlangt[1006].

Zudem kann der Arbeitgeber in Deutschland bis zum Schluss der mündlichen Verhandlung Kündigungsgründe, die bereits vor Ausspruch der Kündigung vorlagen, unabhängig davon, ob er sie bereits vor oder aber erst nach Ausspruch der

---

1000 Für Deutschland Rebhahn, Kündigungsschutz des Arbeitnehmers, ZfA 2003, S. 175.

1001 Benavides, Despido, S. 105 ff.; Walker, Relaciones Laborales, S. 378 f.; Corte Suprema, Rol Nr. 3.349/2005 v. 26.09.2005; CA Rancagua, Rol Nr. 20/2007 v. 29.03.2007; CA Puerto Montt, Rol Nr. 179/2005 v. 09.02.2006.

1002 Lediglich im Falle der § 22 Abs. 3 BBiG, § 17 Abs. 2 S. 2 MuSchG oder bei Vorliegen eines qualifizierten Schriftformerfordernisses hat der Arbeitgeber die Gründe darzulegen, APS-Preis, Grundl. D, Rn. 23, Rn. 28; Gallner/Mestwerdt/Nägele-Pfeiffer, § 1 Teil C, Rn. 189 f.; HWK-Quecke, § 1 KSchG, Rn. 29; Heßler, Angabe des Kündigungsgrundes, S. 72 f., S. 76, S. 79 ff.; BAG, Urt. v. 25.08.1977, DB 1978, S. 258 und Urt. v. 10.02.1999, NZA 1999, S. 602.

1003 APS-Hesse, § 1a KSchG, Rn. 6; ErfK-Oetker, § 1a KSchG, Rn. 7 ff.

1004 Zöllner/Loritz/Hergenröder, § 25, Rn. 12; Löwisch/Caspers/Klumpp, Rn. 611; BAG, Urt. v. 21.03.1959, AP Nr. 55 zu § 1 KSchG.

1005 Der Arbeitgeber macht sich jedoch ggf. schadensersatzpflichtig, SPV-Preis, Rn. 92; MüArbR-Wank, § 98, Rn. 126; ErfK-Niemann, § 626 BGB, Rn. 244; Küttner, Personalbuch, Kündigung allgemein, Rn. 36; Löwisch/Spinner/Wertheimer-Löwisch, Vor § 1 KSchG, Rn. 77; Heßler, Angabe des Kündigungsgrundes, S. 156 ff., S. 189. Etwas anderes gilt nur bei Vorliegen einer konstitutiven Schriftformabrede, HWK-Sandmann, § 626 BGB, Rn. 394.

1006 APS-Vossen, § 1 KSchG, Rn. 115 f.; Rebhahn, Kündigungsschutz des Arbeitnehmers, ZfA 2003, S. 175.

Kündigung erfahren hat, nachschieben[1007]. Dieses Nachschieben ermöglicht es ihm, sich auf weitere Kündigungsgründe zu berufen, die zum Zeitpunkt des Ausspruchs der Kündigung (bis zu ihrem Zugang beim Arbeitnehmer) zwar vorlagen, ihm aber nicht bekannt waren. Denn nach hiesigem Rechtsverständnis kommt es nicht darauf an, ob die Kündigungsgründe den Anlass oder das Motiv der Kündigung gebildet haben, sondern lediglich darauf, ob sie objektiv geeignet sind, die Kündigung zu rechtfertigen[1008]. Eingeschränkt wird die Möglichkeit des Nachschiebens von Kündigungsgründen nur durch die Betriebsratsanhörung[1009]. Demgegenüber ist in Chile ein Nachschieben von Kündigungsgründen nicht bekannt, da die Kündigungsgründe abschließend der Kündigung zu entnehmen sein müssen. Damit schafft Chile Rechtsklarheit für die Parteien – die Kündigungsgründe müssen zum Zeitpunkt des Ausspruchs der Kündigung feststehen.

Kündigt der Arbeitgeber in Chile aus betriebsbedingten Gründen, muss der Kündigung neben den Kündigungsgründen der insgesamt zu zahlende Abfindungsbetrag in konkreter Höhe zu entnehmen sein. Damit soll klargestellt werden, mit welchem Abfindungsbetrag der Arbeitnehmer zu rechnen hat[1010]. Dem kann § 1a KSchG gegenübergestellt werden. Hiernach genügt aber ein Verweis auf § 1a KSchG oder auf eine Abfindungshöhe von 0,5 Monatsverdiensten je Beschäftigungsjahr und es bedarf keines gesonderten Hinweises auf die konkrete Abfindungssumme[1011].

Hinsichtlich der Formvorschriften ist hervorzuheben, dass in Chile eine Kopie des Kündigungsschreibens an das zuständige Arbeitsaufsichtsamt gesendet werden muss. Die Arbeitsaufsichtsämter führen ein Kündigungsregister. Ein solches Kündigungsregister ist in Deutschland nicht bekannt.

Eine vorherige Anhörung des Arbeitnehmers ist keine Wirksamkeitsvoraussetzung der Kündigung in Chile und auch in Deutschland ist sie nur bei einer Verdachtskündigung vorgesehen[1012].

1007 SPV-Preis, Rn. 95; MüArbR-Wank, § 98, Rn. 128 ff.; Gallner/Mestwerdt/Nägele-Pfeiffer, § 1 Teil C, Rn. 192; Dütz/Thüsing, Rn. 439; Kramer, Kündigung, S. 16 f.; BAG, Urt. v. 11.04.1985, DB 1986, S. 1726 und Urt. v. 04.06.1997, NZA 1997, S. 1158.

1008 Zöllner/Loritz/Hergenröder, § 25, Rn. 15.

1009 ErfK-Kania, § 102 BetrVG, Rn. 27; MüArbR-Wank, § 98, Rn. 135 f.; Dütz/Thüsing, Rn. 440; BAG, Urt. v. 18.06.2015, NZA 2016, S. 287, Urt. v. 21.09.2000, AP Nr. 111 zu § 1 KSchG 1969 Betriebsbedingte Kündigung, Urt. v. 04.06.1997, NZA 1997, S. 1158 und Urt. v. 11.04.1985, DB 1986, S. 1726; siehe zudem oben S. 35.

1010 Nadal, Despido, S. 538; Benavides, Despido, S. 156; Walker, Relaciones Laborales, S. 378.

1011 AR-Kaiser, § 1a KSchG, Rn. 7; APS-Hesse, § 1a KSchG, Rn. 6; BAG, Urt. v. 13.12.2007, AP Nr. 6 zu § 1a KSchG 1969.

1012 Für Chile Barrett, Labour Policy, Journal of Latin American Studies 2001, S. 567; für Deutschland Heßler, Angabe des Kündigungsgrundes, S. 132 ff.; BAG, Urt. v. 10.02.1977, AP Nr. 9 zu § 103 BetrVG 1972, Urt. v. 18.09.1997, AP Nr. 138 zu § 626 BGB und Urt. v. 18.11.1999, AP Nr. 32 zu § 626 BGB Verdacht strafbarer Handlung. Auch in Spanien ist eine Anhörung des Arbeitnehmers grundsätzlich nicht notwendig, vgl. Henssler/Braun-Calle/Prehm, Spanien, Rn. 125; Darsow-Faller,

In Deutschland sind die gesetzlichen Fristen einer ordentlichen Kündigung nicht einheitlich geregelt, je nach Bestand des Arbeitsverhältnisses betragen sie zwischen vier Wochen und sieben Monaten. Dabei stellt die ordentliche Kündigung unter Einhaltung einer Kündigungsfrist die Regel, die fristlose Kündigung die Ausnahme dar. Die Nichtbeachtung der Kündigungsfrist macht die Kündigung unwirksam, sie kann jedoch in eine fristgerechte Kündigung umgedeutet werden[1013]. Demgegenüber sind die Kündigungsfristen in Chile einhellig normiert und nicht nach Dauer der Betriebszugehörigkeit gestaffelt. In Chile gilt die dreißigtägige Kündigungsfrist bei einer betriebsbedingten Kündigung oder einer Kündigung ohne Kündigungsgrund bzw. eine Frist von drei bzw. sechs Werktagen bei einer personen- bzw. verhaltensbedingten Kündigung[1014]. Der Arbeitgeber kann jedoch die Einhaltung der dreißigtägigen Kündigungsfrist umgehen. Er kann dem Arbeitnehmer fristlos kündigen, indem er ihm das während der Kündigungsfrist zustehende Gehalt zahlt. In Deutschland hingegen kann die Einhaltung der Kündigungsfrist nicht einseitig durch eine finanzielle Abgeltung umgangen werden und auch eine sofortige Freistellung des Arbeitnehmers setzt grundsätzlich sein Einverständnis voraus und kann aufgrund der bestehenden Beschäftigungspflicht nicht seitens des Arbeitgebers angeordnet werden[1015].

Wird in Deutschland die Kündigung innerhalb einer vereinbarten Probezeit ausgesprochen, beträgt die Kündigungsfrist zwei Wochen. In Chile besteht eine solche Sonderkündigungsfrist mangels Existenz einer Probezeit nicht[1016]. Statt einer Probezeit schließen Arbeitgeber und Arbeitnehmer in der Regel einen befristeten Vertrag,

---

Kündigungsschutz, S. 133; v. Radziewski, Bagatellkündigung, S. 183 f.; Selenkewitsch, Kündigungsschutz, ZIAS 2005, S. 30 f., Fn. 40, Fn. 45; Flägel, Beendigung von Arbeitsverhältnissen, RIW 1998, S. 450.

1013 ErfK-Müller-Glöge, § 622 BGB, Rn. 12; APS-Linck, § 622 BGB, Rn. 66a; Schaub, § 126, Rn. 16.

1014 Walker, Relaciones Laborales, S. 378 f.

1015 Preis, Arbeitsrecht, § 31, S. 430; Kittner/Zwanziger/Deinert-Becker, § 54, Rn. 3; ArbG Frankfurt, Urt. v. 19.11.2003, NZA-RR 2004, S. 409; siehe oben S. 160 f. Ohne wirksame Freistellungsvereinbarung muss der Arbeitnehmer beschäftigt werden, wenn dieser seine Beschäftigung verlangt und sein Beschäftigungsinteresse überwiegt. Das Interesse des Arbeitgebers an der Freistellung überwiegt aber regelmäßig, bspw. wenn er wegen Beschäftigungsmangel über keine Arbeit verfügt, Auseinandersetzungen zwischen Kollegen vermeiden will, Anhaltspunkte für das Begehen einer Straftat durch den Arbeitnehmer bestehen oder das Vertrauensverhältnis massiv gestört ist, APS-Koch, § 102 BetrVG, Rn. 232; ErfK-Preis, § 611 BGB, Rn. 563 ff., Rn. 570; Schaub, § 109, Rn. 6; AR-Kamanabrou, § 611 BGB, Rn. 283; Dütz/Thüsing, Rn. 450; BAG, Beschl. v. 27.02.1985, NZA 1985, S. 702, Urt. v. 28.06.2000, NZA 2000, S. 1097 und Urt. 24.06.2015, NZA 2016, S. 108; LAG Hamm, Urt. v. 18.09.2003, NZA-RR 2004, S. 244.

1016 Thayer/Novoa, Derecho del Trabajo, Tomo III, S. 36; Dirección del Trabajo, Dictámen Ord. Nr. 2.533/154 v. 20.05.1993. Eine Ausnahme gilt für Hausangestellte, hier gelten die ersten zwei Wochen als Probezeit, hierzu Morgado, Labour Law in Chile, S. 106.

der nicht ordentlich kündbar ist[1017]. Diese Sachgrundbefristung ist auch in Deutschland möglich, allerdings wird zumeist keine Befristung zur Erprobung, sondern eine Probezeit vereinbart. Insofern ist der Arbeitnehmer in Chile in der Kennenlernphase zu Beginn des Arbeitsverhältnisses gut geschützt, da eine ordentliche Kündigung nicht möglich ist und das Arbeitsverhältnis zumindest bis zum Ende der Befristung besteht. Hiedurch steht dem Arbeitnehmer ein gewisser Zeitraum zur Verfügung, innerhalb dessen er sich bewähren und einen ggf. schlechten Eindruck korrigieren kann. Jedoch besteht keine Gewähr, dass die Parteien im Anschluss hieran ein unbefristetes Beschäftigungsverhältnis eingehen.

Der Kündigungsschutz durch Kündigungsfristen ist in Deutschland stark ausgeprägt, und der geringere Schutz in Chile kann zudem dadurch unterlaufen werden, dass die Nichtbeachtung der Kündigungsfrist finanziell abgegolten wird.

b) Arten der Kündigung

In Deutschland wird zwischen ordentlicher und außerordentlicher Arbeitgeberkündigung unterschieden. Das chilenische Recht differenziert nicht zwischen einer ordentlichen oder außerordentlichen Kündigung, welche beide auf dem gleichen Kündigungsgrund beruhen können, sondern bindet an den Kündigungstatbestand eine lange oder kurze Kündigungsfrist. Eine nach hiesigem Verständnis ordentliche Arbeitgeberkündigung besteht in Chile nur bei betriebsbedingten Gründen unter Einhaltung der dreißigtätigen Kündigungsfrist[1018]. Ist der entsprechende Personenkreis tangiert, kann eine Kündigung ohne Kündigungsgrund ausgesprochen werden[1019]. Ein schwerer Verhaltensverstoß wird in Chile von vorneherein als so gewichtig eingestuft, dass die Vertragsbeendigung mit einer sehr kurzen Frist von drei bzw. sechs Tagen möglich ist. Der Kündigungsgrund muss im Rahmen einer vorzunehmenden Abwägung derart gewichtig sein, dass die Kündigung verhältnismäßig erscheint[1020]. Demgegenüber ist in Deutschland eine außerordentliche fristlose Kündigung nur möglich bei Vorliegen eines wichtigen Grundes, wobei auch dieser unbestimmte Rechtsbegriff der Konkretisierung durch die Gerichte bedarf[1021]. Zudem muss dem Kündigenden die Fortsetzung des Arbeitsverhältnisses

---

1017 Vivanco, El despido laboral, S. 39; Walker, Relaciones Laborales, S. 271 und S. 400; Nadal, Despido, S. 27, S. 77 und S. 88; Dirección del Trabajo, Dictámen Ord. Nr. 2.389/100 v. 08.06.2004 und Dictámen Ord. Nr. 5.379/321 v. 05.10.1993.

1018 bfai, Wirtschaftsführer Chile, S. 209; OECD, Reviews of Labour Market: Chile, S. 68 und Cook, The Politics of Labor Reform in Latin America, S. 48.

1019 bfai, Wirtschaftsführer Chile, S. 209; Walker, Relaciones Laborales, S. 377.

1020 Thayer/Novoa, Derecho del Trabajo, Tomo III, S. 48, S. 50 f., Tomo II, S. 388 f.; Benavides, Despido, S. 17; Moraga, Código del Trabajo, Tomo I, S. 394; Vivanco, El despido laboral, S. 58.

1021 ErfK-Niemann, § 626 BGB, Rn. 14; APS-Vossen, § 626 BGB, Rn. 21; Krause, § 18, Rn. 12; Dütz/Thüsing, Rn. 14; Tilse/Wolgast, Beendigung des Arbeitsverhältnisses, S. 43 ff.; Darsow-Faller, Kündigungsschutz, S. 57.

unter Berücksichtigung aller Umstände des Einzelfalles und unter Abwägung der Interessen beider Parteien unzumutbar sein, nicht einmal bis zum Ablauf der Kündigungsfrist[1022]. Auch wenn das chilenische Recht zurückhaltend mit unbestimmten Rechtsbegriffen arbeitet und keine umfassende Interessenabwägung wie in Deutschland erforderlich ist, ähnelt die chilenische Kündigung nach Art. 160 CT der außerordentlichen Kündigung in Deutschland. Schließlich kennt das chilenische Recht keine Änderungskündigung.

c) Gestaltungsprinzipien des Kündigungsrechts

Ein wichtiger Pfeiler des präventiven Kündigungsschutzes in Deutschland ist die vorherige Anhörung des Betriebsrats. Eine solche präventiv kollektivrechtliche Schutzmaßnahme, durch welche der individuelle Kündigungsschutz ergänzt wird, ist in Chile nicht bekannt. Hinsichtlich des präventiven Kündigungsschutzes bspw. einer Schwangeren wird in Deutschland die Zustimmung zur Kündigung der für den Arbeitsschutz zuständigen obersten Landesbehörde nach § 17 Abs. 2 MuSchG, in Chile eine richterliche Zustimmung nach Art. 174 CT gefordert. Überwiegend findet jedoch in Deutschland und Chile eine repressive Wirksamkeitskontrolle der Kündigung statt, da der Arbeitnehmer frei entscheiden kann, ob er gegen die Kündigung vorgehen möchte. Bedeutsam ist in Chile der öffentlich-rechtliche Kündigungsschutz durch Verwaltungsentscheidungen des Arbeitsaufsichtsamts, welches einen wichtigen Beitrag zur Auslegung des CT leistet. Weiter kommt das Arbeitsaufsichtsamt seinen Kontroll- und Verwaltungsaufgaben nach (u.a. Führen des Kündigungsregisters, Einhaltung der Schriftform- und Beglaubigungsvorschriften des Art. 177 CT, insbesondere der Bestätigung der Unterschrift des Arbeitnehmers vor dem Arbeitsinspektor), erlässt Verwaltungsstrafen und führt ein Mediationsverfahren durch. In Deutschland wird der öffentlich-rechtliche Kündigungsschutz regelmäßig durch ein Verbot der Kündigung mit Erlaubnisvorbehalt einer behördlichen oder rechtskräftig ersetzten Zustimmung gewährt. Die Zustimmung zur Kündigung stellt in Chile keine behördliche Entscheidung dar, sondern wird seitens der Judikative erteilt.

d) Gesetzlicher und außergesetzlicher Kündigungsschutz

Es gilt, den gesetzlichen und außergesetzlichen Kündigungsschutz in Deutschland und Chile gegenüberzustellen.

aa) Allgemeiner Kündigungsschutz

Sowohl in Deutschland als auch in Chile gilt das Recht der Kündigungsfreiheit, jedoch ist das Kündigungsrecht des Arbeitgebers zum Schutze des Arbeitnehmers beschränkt. Diese Beschränkung wurde unterschiedlich geregelt:

1022 Kramer, Kündigung, S. 46 f.; Tilse/Wolgast, Beendigung des Arbeitsverhältnisses, S. 38; Dütz/Thüsing, Rn. 470 ff.

(1) Anwendungsbereich

In Deutschland unterscheidet sich der Kündigungsschutz primär danach, ob die Vorschriften des KSchG anzuwenden sind, wonach die ordentliche Kündigung sozial gerechtfertigt sein muss[1023]. Dieser starke Kündigungsschutz findet nur eingeschränkt Anwendung, da der Arbeitnehmer in einem Betrieb mit mindestens zehn Arbeitnehmern seit mindestens sechs Monaten beschäftigt gewesen sein muss. In Chile dagegen existiert in Bezug auf den Kündigungsschutz weder eine Wartezeit noch eine Kleinbetriebsklausel[1024]. Der Arbeitnehmer kann sich unabhängig von der Beschäftigtenzahl und der Dauer seiner Beschäftigung auf den Kündigungsschutz des CT berufen. Auch wenn Arbeitnehmer in Deutschland außerhalb des Anwendungsbereichs des KSchG bei Weitem nicht so geschützt sind, wie wenn sie dem Schutzbereich des KSchG unterliegen, sind sie nicht völlig schutzlos gestellt[1025]. Dabei wird ein Sachgrund für die Kündigung außerhalb des Anwendungsbereichs des KSchG nicht verlangt, lediglich die Einhaltung eines gebotenen Mindestmaßes an sozialer Rücksichtnahme[1026].

(2) Kündigungstatbestände

Während in Deutschland die Kündigung nur dann unwirksam ist, wenn sie sozial ungerechtfertigt ist, geht Chile einen anderen Weg. Nach chilenischem Recht kann eine Kündigung nur aufgrund eines im Gesetz normierten Tatbestands ausgesprochen werden, d.h. die Möglichkeiten der arbeitgeberseitigen Vertragsbeendigung sind abschließend aufgeführt[1027]. Für die Kündigung ist das Vorliegen einer der in den Art. 159, 160 und 161 CT normierten Kündigungstatbestände erforderlich[1028].

1023 SPV-Preis, Rn. 880; siehe zudem S. 63 f.

1024 Art. 19 Abschn. 2 CT sieht eine Kleinbetriebsklausel vor. Hiernach müssen Arbeitgeber, die nicht mehr als fünfundzwanzig Arbeitnehmer beschäftigen, der Regelung des Art. 19 Abschn. 1 CT nicht nachkommen, wonach mindestens 85 % der Beschäftigten chilenischer Nationalität (vgl. Art. 20 CT) sein müssen. Hierzu Lizama, Código del Trabajo, Tomo I, S. 72 f. Nach Art. 505 bis f. CT differenziert das Arbeitsaufsichtsamt bei der zu verhängenden Verwaltungsstrafe hinsichtlich der Höhe nach der Mitarbeiterzahl des Betriebes.

1025 Hanau/Adomeit, Rn. 923; Urban, Kündigungsschutz, S. 133 und 180 f.; Darsow-Faller, Kündigungsschutz, S. 55, S. 57 und S. 100; Rebhahn, Kündigungsschutz des Arbeitnehmers, ZfA 2003, S. 191 ff. und oben S. 63, S. 73 ff. und S. 92 ff.

1026 Dütz/Thüsing, Rn. 365 f.; BVerfG, Beschl. v. 21.06.2006, NZA 2006, S. 913; BAG, Urt. v. 14.12.2009, NZA 2005, S. 637 und Urt. v. 21.02.2001, NZA 2001, S. 833. So ist eine Kündigung, sollte sie diskriminierend sein, während der Wartezeit und in Kleinbetrieben unmittelbar am Maßstab des AGG zu messen, BAG, Urt. v. 23.07.2015, ArbRB 2015, S. 360 und Urt. v. 19.12.2013, NZA 2014, S. 372 sowie oben S. 92 ff.

1027 Für Deutschland siehe nur Lettl, Kündigungsschutz, NZA-RR 2004, S. 60; für Chile Miranda/Aitken, Chile, S. 131; Dirección del Trabajo, Dictámen Ord. Nr. 3.283/96 v. 12.08.2003.

1028 Nadal, Despido, S. 36 ff. und S. 41 f.

Weiter richten sich diese Kündigungstatbestände nicht nach der im deutschen Kündigungsrecht vorgenommenen Aufteilung, d.h. es wird nicht ausdrücklich zwischen Kündigungsgründen unterschieden, die im Verhalten oder aber in der Person des zu Kündigenden liegen. Jedoch können Parallelen zwischen den jeweiligen betriebsbedingten Kündigungen sowie der deutschen verhaltensbedingten Kündigung und der chilenischen Kündigung gem. Art. 160 CT gezogen werden. In Deutschland entstammt die personen- als auch die verhaltensbedingte Kündigung der Sphäre des Arbeitnehmers, lediglich die betriebsbedingte Kündigung der des Arbeitgebers. In Chile dagegen entstammt nicht nur die betriebsbedingte Kündigung, sondern auch die sog. indirekte Kündigung der Sphäre des Arbeitgebers.

In Deutschland ist der Kündigungsgrund nicht entscheidend für die Kündigungsfrist oder den Ausgang der Klage. In Chile sind an den Kündigungstatbestand die Kündigungsfrist und der Abfindungsanspruch geknüpft. Grundsätzlich kann dem Arbeitnehmer nur gegen Zahlung einer Abfindung gekündigt werden – lediglich im Falle eines nicht ordnungsgemäßen Verhaltens soll ihm ausnahmsweise ohne Abfindung gekündigt werden können[1029].

(a) Personenbedingte Kündigung

Die personenbedingte Kündigung wird in Deutschland zumeist aufgrund einer Erkrankung des Arbeitnehmers ausgesprochen[1030]. In Chile sind die Kündigungsgründe, die wie die personenbedingte Kündigung der Sphäre des Arbeitnehmers entstammen, in Art. 160 CT normiert, wobei die überwiegenden Tatbestände nach hiesigem Verständnis als verhaltensbedingte Gründe einzustufen sind. Eine Ausnahme stellt Art. 160 Nr. 1a) CT dar – der Arbeitnehmer erfüllt seine Aufgaben mit mangelnder Gewissenhaftigkeit („falta de probidad"), so bspw. ein Alkoholiker, dessen Arbeitsleistung aufgrund des Krankheitsbildes leidet[1031]. In Deutschland kann eine unterdurchschnittliche Leistung des Arbeitnehmers („low performance") bei mangelnder Anstrengung oder Sorgfalt zu einer verhaltensbedingten, bei fehlender Eignung zu einer personenbedingten Kündigung führen[1032].

1029 Ugarte, Derecho del Trabajo, S. 172; Walker, Relaciones Laborales, S. 403 und S. 412.

1030 Kittner/Däubler/Zwanziger-Deinert, § 1 KSchG, Rn. 89 f.; Preis, Arbeitsrecht, § 64, S. 839; Lieb/Jacobs, Rn. 354; BAG, Urt. v. 16.02.1989, EzA § 1 KSchG Krankheit Nr. 25 und Urt. v. 10.05.1990, EzA § 1 KSchG Krankheit Nr. 31.

1031 Walker, Relaciones Laborales, S. 404; Nadal, Despido, S. 162 ff.

1032 Löwisch/Spinner/Wertheimer-Löwisch, § 1 KSchG, Rn. 167; KR-Griebeling/Rachor, § 1 KSchG, Rn. 384 und Rn. 448; Pauly/Osnabrügge-Ruge, § 3, Rn. 232; MüKo-Hergenröder, § 1 KSchG, Rn. 273; Dornbusch/Wolff-Zimmer/Hempel, § 1 KSchG, Rn. 245 ff.

(b) Verhaltensbedingte Kündigung

Der verhaltensbedingten Kündigung in Deutschland muss grundsätzlich eine Abmahnung wegen eines gleichartigen vorherigen Fehlverhaltens vorausgegangen sein[1033]. Im chilenischen Recht stellen die Kündigungsgründe des Art. 160 CT überwiegend verhaltensbedingte Kündigungsgründe dar. Vor Ausspruch einer solchen Arbeitgeberkündigung bedarf es in Chile keiner Abmahnung. Teilweise wird jedoch, wie im Falle der Kündigung wegen eines schwerwiegenden Verstoßes gegen vertraglich vereinbarte Verpflichtungen gem. Art. 160 Nr. 7 CT, eine schriftliche Abmahnung des Arbeitnehmers empfohlen[1034]. Unter Berücksichtigung der Tatsache, dass eine Abmahnung als das vielleicht grundlegendste Recht eines Arbeitnehmers bezeichnet wird, da er so vor einer anstehenden Kündigung gewarnt ist und sein Fehlverhalten einstellen kann[1035], ist es sehr zu begrüßen, dass diese in Deutschland, anders als in Chile, zur Kündigungsvoraussetzung gemacht wurde.

In Chile sind in Art. 160 CT eine Reihe von abschließenden Kündigungstatbeständen normiert, während die deutsche verhaltensbedingte Kündigung als unbestimmter Rechtsbegriff formuliert und die Konkretisierung der Rechtsprechung überlassen ist[1036]. So ist der Arbeitgeber in Chile bspw. nach Art. 160 Nr. 3 CT im Falle eines unbegründeten Nichterscheinens des Arbeitnehmers zur Arbeit an zwei aufeinanderfolgenden Tagen oder an zwei Montagen im Monat zur Kündigung berechtigt. Hierbei muss das Nichterscheinen zur Arbeit jedoch unbegründet sein, sodass eine krankheitsbedingte Arbeitsunfähigkeit nicht hierunter fällt. Auch in Deutschland sind naturgemäß Fehlzeiten und Fälle sich wiederholender „Montags-Erkrankungen“ bekannt, allerdings stellt dies keinen ausdrücklich normierten Kündigungsgrund dar. Da Fehlzeiten zumeist mit krankheitsbedingter Abwesenheit in Zusammenhang stehen, fallen diese hier unter die personenbedingte Kündigung, sodass eine gesonderte Regelung nicht erforderlich ist[1037]. Dagegen kann eine verhaltensbedingte Kündigung ausgesprochen werden, wenn der Arbeitnehmer trotz Abmahnung wiederholt unpünktlich zur Arbeit erscheint, den Arbeitsplatz wiederholt kurzzeitig verlässt, eigenmächtig Pausen verlängert oder unentschuldigt fehlt[1038].

Allerdings erfordern auch die verhaltensbedingten Kündigungsgründe des Art. 160 CT in Chile ein widerrechtliches Verhalten schwerwiegender Natur. Der

---

1033 Brox/Rüthers/Henssler, Rn. 488; Dütz/Thüsing, Rn. 406; Lieb/Jacobs, Rn. 359; BAG, Urt. v. 10.11.1988, NZA 1989, S. 633 und Urt. v. 12.01.2006, NZA 2006, S. 917.

1034 Gleichzeitig wird dem Arbeitgeber geraten, eine Kopie dieser Abmahnung an das zuständige Arbeitsaufsichtsamt zu senden, Vivanco, El despido laboral, S. 82.

1035 So Davies, Perspectives on Labour Law, S. 161. Vgl. Kittner/Zwanziger/Deinert-Appel, § 78, Rn. 1, Rn. 16. Kritisch zur Abmahnung als Erfindung der Rechtsprechung v. Klitzing, Ordnungsökonomische Analyse, S. 110 f., S. 247 ff.

1036 ErfK-Oetker, § 1 KSchG, Rn. 62; Darsow-Faller, Kündigungsschutz, S. 57.

1037 Lincke/Knaebel, Reform des spanischen Arbeitsrechts, ZESAR 2011, S. 219.

1038 AR-Kaiser, § 1 KSchG, Rn. 46; APS-Vossen, § 1 KSchG, Rn. 290; BAG, Urt. v. 27.02.1997, AP Nr. 36 zu § 1 KSchG 1969 Verhaltensbedingte Kündigung und Urt. v. 15.11.2001, BAGE 99, S. 340.

Kündigungsgrund muss hinreichend schwer wiegen, d.h. im Rahmen einer vorzunehmenden Abwägung derart gewichtig sein, dass die Kündigung verhältnismäßig erscheint[1039].

Hinsichtlich der Überlegung, ob die verhaltensbedingte Kündigung fristgerecht oder fristlos ausgesprochen werden kann, muss in Deutschland die Frage nach der Schwere und Intensität des Verstoßes beantwortet werden; in Chile dagegen die des Kündigungsgrundes selbst und der Motive des Arbeitgebers.

Interessant ist, dass der Arbeitgeber in Chile ohne Verpflichtung zur Zahlung einer Abfindung kündigen kann, wenn der Arbeitnehmer sich weigert, den Arbeitsvertrag zu unterzeichnen[1040], es sei denn, der Arbeitnehmer kann beweisen, zu anderen als den im schriftlichen Arbeitsvertrag enthaltenen Bedingungen eingestellt worden zu sein. Ein solches Kündigungsrecht ist in Deutschland nicht bekannt. Hier hat der Arbeitgeber dem Arbeitnehmer gem. § 2 Abs. 1 NachwG die wesentlichen Vertragsbedingungen schriftlich niedergelegt und unterzeichnet auszuhändigen, wobei jedoch nicht vorausgesetzt wird, dass der Arbeitnehmer diese auch unterzeichnet.

(c) Betriebsbedingte Kündigung

In Deutschland ist der Arbeitgeber aufgrund des unbestimmten Rechtsbegriffs der betriebsbedingten Kündigung bis zur Grenze der Willkür frei, die Parameter hierfür festzulegen[1041]. In Chile kann der Arbeitgeber die betriebsbedingte Kündigung aufgrund der Bedarfslage des Unternehmens aussprechen, wenn diese *zum Beispiel* durch eine Rationalisierung oder Modernisierung des Betriebes, einen Produktionsrückgang oder durch veränderte wirtschaftliche Gegebenheiten bedingt ist. Aufgrund des eindeutigen Gesetzeswortlautes sind diese Tatbestandsvoraussetzungen nicht abschließend, sodass der Arbeitgeber seine unternehmerische Entscheidung und die Parameter einer Umstrukturierung sehr flexibel festlegen und betriebsbedingte Kündigungen aussprechen kann, solange nur wirtschaftliche oder technische Gesichtspunkte diese bedingen[1042]. Dabei wird deutlich, dass – anders als in Deutschland – nicht zwischen außer- und innerbetrieblichen Umständen unterschieden wird. Allerdings sind Arbeitgeber in Deutschland und Chile in ihrer Unternehmenspolitik nicht durch einen eng gefassten Tatbestand der betriebsbedingten Kündigung begrenzt.

1039 Thayer/Novoa, Derecho del Trabajo, Tomo III, S. 48, S. 50 f., Tomo II, S. 388 f.; Benavides, Despido, S. 17; Moraga, Código del Trabajo, Tomo I, S. 394; Vivanco, El despido laboral, S. 58.

1040 Walker, Relaciones Laborales, S. 266; Nadal, Despido, S. 19 und S. 41.

1041 Rebhahn, Kündigungsschutz des Arbeitnehmers, ZfA 2003, S. 196; Darsow-Faller, Kündigungsschutz, S. 213.

1042 Nadal, Despido, S. 293; Olate/Montecinos/Muñoz, Código del Trabajo, S. 315, S. 318 f. und S. 322; Moraga, Código del Trabajo, Tomo I, S. 435; Benavides, Despido, S. 105; Corte Suprema, Rol Nr. 757/2005 v. 07.09.2006.

Darüber hinaus ist in Deutschland die Durchführung einer Sozialauswahl erforderlich[1043]. Im Ergebnis muss der Arbeitgeber die sozial schwächeren Arbeitnehmer weiterbeschäftigen, da sie schutzbedürftiger sind und darf nur die sozial stärkeren Arbeitnehmer kündigen, von denen angenommen wird, dass sie schneller wieder eine neue Beschäftigung finden und finanziell weniger unter der Kündigung leiden. Das chilenische Arbeitsrecht kennt diese Auswahl nicht[1044]. Der Arbeitgeber in Chile kann jeden beliebigen Arbeitnehmer kündigen und wird daher zunächst denjenigen entlassen, der am wenigsten Leistung erbringt. Der soziale Schutzgedanke, einen sozial schwächeren Arbeitnehmer vor dem Verlust seines Arbeitsplatzes zu schützen und zunächst sozial stärkere Arbeitnehmer zu entlassen, spielt keine Rolle. Ebenso wenig muss zwischen Arbeitnehmern mit bzw. ohne Kündigungsschutz (je nachdem, ob sie die sechsmonatige Wartezeit erfüllt haben) unterschieden werden[1045]. Insofern ist der Arbeitgeber in Chile hinsichtlich der Auswahl des zu kündigenden Arbeitnehmers frei.

In Deutschland darf die zur betriebsbedingten Kündigung führende unternehmerische Entscheidung seitens des Gerichts nicht auf ihre Erforderlichkeit oder Zweckmäßigkeit hin überprüft werden, sondern lediglich eine Missbrauchskontrolle stattfinden[1046]. Liegt der Kündigung eine Sozialauswahl anhand einer Auswahlrichtlinie oder ein Interessenausgleich mit Namensliste zugrunde, überprüft das Gericht diese auch nur auf grobe Fehlerhaftigkeit. Immerhin darf das Gericht die Rechtmäßigkeit der Arbeitgeberentscheidung untersuchen und die Einschränkung des individuellen Kündigungsschutzes wird allein aufgrund eines an seine Stelle tretenden betrieblich-kollektiven Schutzes gewährt[1047]. Dagegen existiert in Chile kein betrieblich-kollektiver Kündigungsschutz. Grundsätzlich gilt – da das Ultima-Ratio-Prinzip bei Kündigungsausspruch nicht beachtet werden muss und auch das

1043 Hierzu oben S. 77 ff.; Preis, Arbeitsrecht, § 63, S. 810 ff.; Tilse/Wolgast, Beendigung des Arbeitsverhältnisses, S. 99 ff.; Darsow-Faller, Kündigungsschutz, S. 52. Auch im Falle einer Auswahlrichtlinie oder Namensliste besteht ein ausgeprägter Kündigungsschutz. Die faktische Beschränkung des individuellen Kündigungsschutzes wird durch einen betrieblich-kollektiven Schutz kompensiert und es findet eine Mitprüfung der tatsächlichen Gegebenheiten durch den Betriebsrat statt. So für die Namensliste nach § 1 Abs. 5 KSchG das BAG, Urt. v. 06.09.2007, NZA 2008, S. 633.

1044 OECD, Economic Surveys: Chile 2003, S. 87.

1045 AR-Kaiser, § 1 KSchG, Rn. 186; Löwisch/Caspers/Klumpp, Rn. 740; MüArbR-Berkowsky, § 113, Rn. 53; BAG, Urt. v. 25.04.1985, BAGE 48, S. 314.

1046 BAG, Urt. v. 30.04.1987, NZA 1987, S. 776, Urt. v. 17.06.1999, BAGE 92, S. 61, Urt. v. 25.04.2002, AP Nr. 121 zu § 1 KSchG 1969 Betriebsbedingte Kündigung, Urt. v. 05.12.2002, AP Nr. 126 zu § 1 KSchG 1969 Betriebsbedingte Kündigung und Urt. v. 02.06.2005, NJW 2006, S. 315; Ascheid, Betriebsbedingte Kündigung, DB 1987, S. 1146; Bitter/Kiel, Rechtsprechung des BAG, RdA 1994, S. 347.

1047 BAG, Urt. v. 06.09.2007, NZA 2008, S. 633.

Verhältnismäßigkeitsprinzip keine durchgängige Anwendung findet – das Prinzip der Unantastbarkeit der Unternehmerentscheidung[1048].

In diesem Zusammenhang ist zu betonen, dass der Arbeitgeber in Deutschland, auch wenn der Anwendungsbereich des KSchG nicht eröffnet ist, bei betriebsbezogenen Umständen zu einer Auswahlentscheidung unter mehreren Arbeitnehmern verpflichtet ist und nicht nach Belieben – wie in Chile – einen Arbeitnehmer kündigen kann. Zwar sind nach § 242 BGB nicht die strengen Erfordernisse des § 1 Abs. 3 KSchG einzuhalten, dennoch muss eine Sozialauswahl vorgenommen werden. Im Rahmen dieser Sozialauswahl ist zu prüfen, ob die Austauschbarkeit des Arbeitnehmers offensichtlich ausgeschlossen ist, eine erheblich höhere soziale Schutzbedürftigkeit des gekündigten Arbeitnehmers bzw. schutzwürdige Interessen des Arbeitgebers bestehen und es muss eine Interessenabwägung stattfinden[1049]. Zwar kann einerseits der Standpunkt vertreten werden, dass der verständige Arbeitgeber hierdurch nicht unangemessen benachteiligt wird, weil er eine Kündigung stets auf einen einleuchtenden Grund stützt und kein Interesse daran hat, das Arbeitsverhältnis nach Belieben beenden zu können[1050]. Andererseits liegt jedoch eine Einschränkung des Dispositionsinteresses des Arbeitgebers vor, welche mit dem neoliberalen Ansatz des chilenischen Kündigungsrechts nicht vereinbar wäre. Insofern sind in Deutschland selbst diejenigen Arbeitnehmer, die sich nicht auf den Schutz des KSchG berufen können, deutlich besser vor betriebsbedingten Kündigungen geschützt als Arbeitnehmer in Chile, wo Kriterien der Austauschbarkeit, der sozialen Schutzbedürftigkeit des Arbeitnehmers und der Schutzwürdigkeit des Arbeitgeberinteresses keine Rolle spielen und eine Abwägung widerstreitender Interessen nicht stattfindet.

Oftmals steht dem Arbeitnehmer in Chile bei einer betriebsbedingten Kündigung eine Abfindung zu. Die vorbehaltslose Annahme der Abfindung hat rechtsgestaltende Wirkung gem. Art. 169b) CT, da die Kündigung als angenommen gilt. Der Arbeitnehmer kann sodann nur noch die Höhe der Abfindung gerichtlich überprüfen lassen[1051]. In Deutschland regelt § 1a KSchG, dass der Abfindungsanspruch erst mit Verstreichenlassen der Kündigungsfrist entsteht. Entscheidet sich der Arbeitnehmer für die Abfindung, kann er die Wirksamkeit der Kündigung nicht mehr gerichtlich überprüfen lassen[1052].

1048 Lizama, Código del Trabajo, Tomo I, S. 391; vgl. v. Potobsky in FS Däubler, S. 1008.

1049 Lettl, Kündigungsschutz, NZA-RR 2004, S. 63; BAG, Urt. v. 06.02.2003, NZA 2003, S. 717 und Urt. v. 21.02.2001, BB 2001, S. 1683.

1050 Diese Ansicht vertritt Lettl, Kündigungsschutz, NZA-RR 2004, S. 60.

1051 Moraga, Código del Trabajo, Tomo I, S. 438; Corte Suprema, Rol Nr. 5.921/2004 v. 20.06.2006.

1052 § 1a KSchG soll die außergerichtliche Streiterledigung fördern, Kittner/Däubler/Zwanziger-Zwanziger, § 1a KSchG, Rn. 13; APS-Hesse, § 1a KSchG, Rn. 8; BAG, Urt. v. 13.07.2012, NZA 2008, S. 696.

(d) Kündigung aufgrund unvorhergesehener Umstände oder höherer Gewalt

Der Arbeitgeber in Chile ist aufgrund des Tatbestands der unvorhergesehenen Umstände oder höherer Gewalt gem. Art. 159 Nr. 6 CT berechtigt, den Arbeitsvertrag ohne Verpflichtung zur Zahlung einer Abfindung zu kündigen[1053]. Er muss den Arbeitnehmer lediglich hierüber schriftlich unter Angabe von Gründen innerhalb von sechs Werktagen unterrichten. In Deutschland stellt höhere Gewalt keinen Kündigungsgrund dar. Vielmehr hat nach der sog. Betriebsrisikolehre (unter Anwendung des § 615 S. 3 BGB) grundsätzlich der Arbeitgeber das Risiko von Betriebsstörungen zu tragen[1054]. Es verbleibt bei dauerhaft unmöglicher Leistungserbringung des Arbeitnehmers nur die Möglichkeit der ordentlichen betriebsbedingten Kündigung, die außerordentliche Kündigung wird regelmäßig abgelehnt[1055]. Insofern kann der Arbeitgeber in Deutschland in solchen Fällen grundsätzlich keine außerordentliche Kündigung aussprechen, wohingegen er in Chile lediglich unter Berücksichtigung der kurzen Kündigungsfrist von sechs Werktagen kündigen kann. Daher wird in Chile, anders als in Deutschland, dem Arbeitnehmer das Risiko höherer Gewalt wie etwa durch Unwetter oder extremer Kälte aufgebürdet. Unter Berücksichtigung der Tatsache, dass der Tatbestand der höheren Gewalt nicht selten eintritt (man bedenke nur alltägliche Brände, alljährliche Überschwemmungen, andere Naturkatastrophen wie – in Chile nicht selten auftretende – Erdbeben oder die im Jahre 2010 aufgetretene Aschewolke, welche nahezu den kompletten Flugverkehr in Europa zeitweilig lahm legte), stellt diese Risikoübertragung eine nicht zu unterschätzende Belastung der Arbeitnehmer dar.

(e) Kündigung ohne Kündigungsgrund

In Chile ist gegenüber drei Arbeitnehmergruppen die Kündigung ohne Kündigungsgrund normiert: Der Arbeitgeber kann leitenden Angestellten, die über allgemeine Verwaltungsvollmachten verfügen, Haushaltshilfen und Arbeitnehmern, die eine besondere Vertrauensstellung genießen, ohne Kündigungsgrund kündigen. Fristgemäß unter Einhaltung einer Vorankündigungsfrist von dreißig Tagen oder aber fristlos durch Zahlung einer Abfindung in Höhe des letzten fälligen Monatslohns. In Deutschland ist eine gesetzlich normierte Kündigung ohne Kündigungsgrund gegenüber bestimmten Personengruppen nicht bekannt. Allerdings kann der Arbeitgeber

---

1053 Dirección del Trabajo, Dictámen Ord. Nr. 1412/021 v. 19.03.2010; dies., ¿Cómo se despide en Chile?, Pulso Oktober 2006 Nr. 3, S. 2.

1054 Preis, Arbeitsrecht, § 44, S. 606 ff.; Kittner/Zwanziger/Deinert-Stumpf, § 37, Rn. 3; Krause, § 11, Rn. 44 f.; Zöllner/Loritz/Hergenröder, § 21, Rn. 60 ff.; Brox/Rüthers/Henssler, Rn. 391; Lieb/Jacobs, Rn. 187 ff.; Hromadka/Maschmann, § 8, Rn. 36; Darsow-Faller, Kündigungsschutz, S. 205, BAG, Urt. v. 28.09.1972, AP Nr. 28 zu § 615 BGB Betriebsrisiko, vgl. auch Urt. v. 09.03.1983, AP Nr. 31 zu § 615 BGB Betriebsrisiko.

1055 Brox/Rüthers/Henssler, Rn. 393; Lotz, Kündigungsschutz, S. 162; BAG, Urt. v. 28.09.1972, AP Nr. 28 zu § 615 BGB Betriebsrisiko.

den Arbeitnehmer, der nicht dem Anwendungsbereich des KSchG unterliegt, auch ohne Angabe eines Kündigungsgrundes kündigen. Auch in Deutschland kann sich der Arbeitgeber von seinem leitenden Angestellten durch Zahlung einer Abfindung trennen, da der Antrag auf Auflösung des Arbeitsverhältnisses nach §§ 14 Abs. 2 S. 2 i.V.m. 9 Abs. 1 S. 2 KSchG selbst im Falle der Rechtswidrigkeit der Kündigung keiner Begründung bedarf[1056].

Insbesondere kann in Chile Haushaltshilfen ohne Kündigungsgrund gekündigt werden. Die Tatsache, dass für Haushaltshilfen besondere Regelungen eingeführt worden sind, liegt in der gesellschaftlichen Sozialstruktur begründet, da die Beschäftigung von Haushaltshilfen weit verbreitet ist. Nunmehr werden auch in Deutschland zunehmend Haushaltshilfen beschäftigt[1057], allerdings besteht bislang keine Notwendigkeit, gesetzgeberisch in Bezug auf Sonderkündigungsrechte tätig zu werden.

(3) Prinzipien zur Ausfüllung der Kündigungsgründe

Zur Beschränkung des Kündigungsrechts kommen in Deutschland die Prinzipien zur Ausfüllung der Kündigungsgründe zur Anwendung. Dies insbesondere, da das deutsche Kündigungsrecht keine „absoluten" Kündigungsgründe (mehr) kennt, denn ob eine Kündigung gerechtfertigt ist, muss in jedem Einzelfall nach umfassender, auf den Einzelfall bezogener Prüfung und Interessenabwägung entschieden werden[1058]. Mithin stellt die Interpretation der Kündigungsgründe das Zentrum des materiellen Kündigungsschutzes in Deutschland dar[1059]. Hierbei spielen die Prinzipien zur Ausfüllung der Kündigungsgründe wie das Prognoseprinzip, die Verhältnismäßigkeit und die Interessenabwägung eine entscheidende Rolle[1060]. Dagegen stellt die Interpretation der Kündigungstatbestände in Chile durch Ausfüllung von Prinzipien nicht den Kern des Kündigungsschutzes dar. So ist das in Deutschland zu beachtende Prognoseprinzip, wonach der Kündigungsgrund künftig Auswirkungen auf das Arbeitsverhältnis haben muss, in Chile nicht bekannt. Muss in Deutschland auf Grundlage einer im Einzelfall vorzunehmenden Prognose für die Zukunft

---

1056 Brox/Rüthers/Henssler, Rn. 472; Waltermann, Rn. 385; Vogel, Kündigungsschutz leitender Angestellter, NZA 2002, S. 316.

1057 Nach DIW Berlin, Pressemitteilung v. 07.03.2012 werden Haushaltshilfen vermehrt, überwiegend von Frauen in höheren Positionen mit Kindern (2001 waren es 19 %, 2010 bereits 29 %), in Anspruch genommen.

1058 Preis, Arbeitsrecht, § 62, S. 783; APS-Preis, Grundl. H, Rn. 2 ff.; BAG, Urt. v. 10.06.2010, NZA 2010, S. 1227. Noch in § 64 SeemG war ein absoluter Kündigungsgrund normiert, wonach sich eine Interessenabwägung erübrigte. Diese Regelung ist allerdings durch das SeeArbG vom 20.04.2013 (BGBl. I S. 868) abgeschafft worden und der ersetzende § 67 SeeArbG setzt nunmehr eine umfassende Interessenabwägung voraus, KR-Weigand, SeeArbG, Rn. 1, Rn. 105.

1059 APS-Preis, Grundl. H, Rn. 1.

1060 APS-Preis, Grundl. H, Rn. 42 ff.; Tilse/Wolgast, Beendigung des Arbeitsverhältnisses, S. 64 ff.; Dütz/Thüsing, Rn. 402 f.

beurteilt werden, ob die Kündigung begründet ist[1061], wird in Chile aufgrund eines vergangenheitsbezogenen Sachverhalts geprüft, ob dieser einen Kündigungstatbestand erfüllt, unabhängig einer Gewichtung dieser Gründe für die Zukunft. Auch das Verhältnismäßigkeitsprinzip ist in Chile, im Gegensatz zu Deutschland, nicht als durchgängiges Prinzip bei jeder Kündigungsart zu beachten. Zwar muss bei einer personen- bzw. verhaltensbedingten Kündigung nach Art. 160 CT der Kündigungsgrund hinreichend schwer wiegen, d.h. im Rahmen einer vorzunehmenden Abwägung derart gewichtig sein, dass die Kündigung verhältnismäßig erscheint[1062], jedoch spielt das Verhältnismäßigkeitsprinzip bei der betriebsbedingten Kündigung oder der Kündigung ohne Kündigungsgrund keine Rolle.

In Deutschland kommt die ordentliche und die außerordentliche Arbeitgeberkündigung unter Einhaltung des Ultima-Ratio-Prinzips lediglich als letztes Mittel in Betracht, wenn alle milderen Mittel ausgeschöpft sind[1063]. Es ist immer eine umfassende Interessenabwägung erforderlich, wonach die Fortsetzung des Arbeitsverhältnisses unter Berücksichtigung der Umstände des Einzelfalles unzumutbar erscheint[1064]. In Chile dagegen ist die Beachtung des Ultima-Ratio-Prinzips nicht vorgesehen und wird auch in der Praxis nicht angewandt. Damit muss die Kündigung in Chile nicht das letzte, unausweichliche Mittel sein. Auch eine umfassende Abwägung der Interessen beider Vertragsteile unter Berücksichtigung der konkreten Umstände des Einzelfalles findet nicht statt. Somit genießt der Arbeitgeber eine große Kündigungsfreiheit.

bb) Besonderer Kündigungsschutz

Der besondere Kündigungsschutz kann grundsätzlich nach status- und umstandsbezogenem Kündigungsschutz unterschieden werden.

(1) Statusbezogener Kündigungsschutz

Inhaltlich unterliegen Personengruppen, die aufgrund ihres Status eines besonderen Schutzes bedürfen, sowohl in Deutschland als auch in Chile einem besonderen Kündigungsschutz. Bestehen in Deutschland Kündigungsverbote mit Erlaubnisvorbehalt wie bspw. §§ 17 Abs. 2 MuSchG, 18 Abs. 1 S. 2 BEEG, 85 ff. SGB IX, bedarf die Kündigung der vorherigen behördlichen Genehmigung, welche in besonderen

---

1061 SPV-Preis, Rn. 892; BVerfG, Beschl. v. 21.02.1995, NZA 1995, S. 619.

1062 Thayer/Novoa, Derecho del Trabajo, Tomo III, S. 48, S. 50 f., Tomo II, S. 388 f.; Benavides, Despido, S. 17; Moraga, Código del Trabajo, Tomo I, S. 394; Vivanco, El despido laboral, S. 58; Lizama, Código del Trabajo, Tomo I, S. 374 f., S. 377; CA Concepción, Rol Nr. 535/2007 v. 04.01.2008 und CA Santiago, Rol Nr. 3.705/2005 v. 05.04.2006.

1063 APS-Preis, Grundl. H, Rn. 65 ff.; Junker, Arbeitsrecht, Rn. 364 und Rn. 404; Tilse/Wolgast, Beendigung des Arbeitsverhältnisses, S. 64 f.; Darsow-Faller, Kündigungsschutz, S. 57.

1064 Junker, Arbeitsrecht, Rn. 404; SPV-Preis, Rn. 894.

Fällen bei Vorliegen außergewöhnlicher Umstände erteilt werden kann[1065]. Jedoch sagt die behördliche Zustimmungserklärung nichts über die arbeitsrechtliche Wirksamkeit der Kündigung aus und auch eine diesbezügliche Vermutung wird nicht begründet[1066]. Insbesondere deckt sich der Prüfungsbereich des Integrationsamtes bzw. des Verwaltungsgerichts nicht mit dem des Arbeitsgerichts[1067]. In diesem Zusammenhang ist zu betonen, dass Behinderte oder Behinderten gleichgestellte Personen in Chile keinem besonderen Kündigungsschutz unterliegen[1068]. Dagegen ist in Deutschland der Kündigungsschutz von Schwerbehinderten sehr ausgeprägt[1069].

Der behördlichen Zustimmung in Deutschland kann die in Chile erforderliche richterliche Genehmigung gegenübergestellt werden. Ähnlich wie in Deutschland existiert bspw. bei einer Schwangeren ein Kündigungsverbot mit Erlaubnisvorbehalt. Gemeinsam haben die Kündigungsgenehmigungen in Chile und Deutschland, dass sie nicht zwingend erteilt werden müssen, sondern ihre Erteilung im Ermessen der entscheidungsberechtigten Stelle liegt. In Chile hat das erkennende Gericht in jedem Einzelfall zu prüfen, ob die Voraussetzungen der Kündigungsgründe gem. Art. 159 Nr. 4, Nr. 5 oder Art. 160 CT als gegeben anzusehen und die schutzwürdigen Belange des Arbeitgebers höher als die des Arbeitnehmers einzustufen sind[1070]. Auch in Deutschland liegt die Zulässigkeitsentscheidung im pflichtgemäßen Ermessen der Behörde[1071]. Interessant ist jedoch, dass die Kündigungsgenehmigung in Chile dem Gericht obliegt, wohingegen es sich in Deutschland um eine Verwaltungsentscheidung handelt, welche für die Arbeitsgerichtsbarkeit nicht bindend ist und auch keinen indiziellen Charakter hat. Da in Chile der Arbeitsrichter über die

---

1065 Kittner/Däubler/Zwanziger-Brecht-Heitzmann, Einl., Rn. 242 ff.; Krause, § 18, Rn. 58 ff.; AR-Vossen, § 9 MuSchG, Rn. 27; Hromadka/Maschmann, § 10, Rn. 246 und oben S. 86.

1066 ErfK-Schlachter, § 9 MuSchG, Rn. 13; KR-Gallner, § 9 MuSchG, Rn. 151.

1067 Preis, Prinzipien des Kündigungsrechts, S. 84; Pauly/Osnabrügge-Pawlak, § 7, Rn. 78; Dornbusch/Wolff-Conradi, § 9 MuSchG, Rn. 30; Schaub, § 179, Rn. 22a.

1068 Im Jahre 1994 wurde mit Gesetz Nr. 19.284 ein Gesetz zur Integration behinderter Menschen eingeführt, welches 2010 durch das Gesetz Nr. 20.422 und zuletzt 2017 durch das Gesetz Nr. 21.015 geändert wurde. Besondere Kündigungsschutzvorschriften Schwerbehinderter existieren jedoch nicht.

1069 Kritisch Bauer, Arbeitsrechtlicher Wunschkatalog, NZA 2005, S. 1047 sowie Preis, Reform des Bestandsschutzrechts, RdA 2003, S. 67 f.; ders. in FS Birk, S. 634, S. 638 f., der m.w.N. ausführt, der starke Kündigungsschutz führe zu Vermeidungsstrategien, einer kontinuierlich sinkenden Beschäftigungsquote seit 1982 und einer sehr niedrigen Einstellungsquote. Siehe Weißflog, Abfindungsansprüche, S. 118 f.

1070 Walker, Relaciones Laborales, S. 293 und S. 413; Nadal, Despido, S. 352, S. 356 und S. 378; Thayer/Novoa, Derecho del Trabajo, Tomo III, S. 115; Sáez/Melis, Derecho del Trabajo, Tomo I, S. 300.

1071 AR-Vossen, § 9 MuSchG, Rn. 26; Pauly/Osnabrügge-Pawlak, § 7, Rn. 77; ErfK-Schlachter, § 9 MuSchG, Rn. 12; Kittner/Däubler/Zwanziger-Söhngen, § 9 MuSchG, Rn. 46; Preis, Prinzipien des Kündigungsrechts, S. 80; BVerwG, Urt. v. 18.08.1977, AP Nr. 5 zu § 9 MuSchG 1968.

Kündigungsgenehmigung entscheidet, wird ein Arbeitnehmer, dessen Kündigung vorab genehmigt wurde, einem gerichtlichen Vorgehen gegen die Kündigung im Zweifel keine großen Erfolgsaussichten beimessen. Im Übrigen erteilen die chilenischen Gerichte in den meisten Fällen die Kündigungsgenehmigung, lediglich in Ausnahmefällen wie einer extrem schwierigen finanziellen Situation des Arbeitnehmers wird diese ausnahmsweise nicht erteilt[1072].

Weiter unterliegen in Deutschland und Chile Mitglieder der Arbeitnehmervertretung besonderem Kündigungsschutz, der allerdings unterschiedlich ausgestaltet ist. In Deutschland ist gegenüber Betriebsräten oder Mitgliedern der Personalvertretung die ordentliche Kündigung ausgeschlossen, bei der außerordentlichen Kündigung muss der Betriebs- bzw. Personalrat zustimmen[1073]. In Chile ist vor Ausspruch der Kündigung eines Arbeitnehmervertreters wie bspw. eines Betriebsgewerkschaftsvorsitzenden eine richterliche Kündigungsgenehmigung einzuholen, welche im Falle einer betriebsbedingten Kündigung oder einer Kündigung aufgrund höherer Gewalt nicht erteilt werden darf[1074]. Insofern bietet das deutsche Recht einen weiten Schutz, da die ordentliche Kündigung grundsätzlich ausgeschlossen ist und die außerordentliche Kündigung der Zustimmung bedarf; in Chile ist lediglich die betriebsbedingte Kündigung und die Kündigung aufgrund höherer Gewalt ausgeschlossen.

In Chile unterliegen Gewerkschaftsmitglieder dem besonderen Schutz des Art. 174 CT, wonach ihre Kündigung der richterlichen Genehmigung bedarf, als auch dem besonderen Diskriminierungsschutz. In Deutschland ist die gewerkschaftliche Betätigung vom Schutzbereich des § 612a BGB umfasst[1075].

Den Rechtsordnungen Deutschlands und Chiles ist ein reduzierter Kündigungsschutz von leitenden Angestellten gemein, der aufgrund ihrer spezifischen Situation zu rechtfertigen[1076], allerdings in beiden Ländern unterschiedlich ausgestaltet ist. In Chile kann leitenden Angestellten grundsätzlich ohne Kündigungsgrund gegen Zahlung einer Abfindung gekündigt werden. In Deutschland sieht der Sonderschutz leitender Angestellter einen gerichtlichen Auflösungsantrag gegen Zahlung einer Abfindung vor, wenn der Arbeitgeber eine lediglich sozialwidrige ordentliche Kündigung ausgesprochen hat; ist die Kündigung jedoch sozial gerechtfertigt und auch nicht aus anderen Gründen rechtsunwirksam, schuldet der Arbeitgeber keine Abfindung[1077].

1072 Walker, Relaciones Laborales, S. 413.

1073 Vgl. nur Kittner/Däubler/Zwanziger-Deinert, § 15 KSchG, Rn. 36 ff.

1074 Thayer/Novoa, Derecho del Trabajo, Tomo III, S. 116; Nadal, Despido, S. 363 f.; zur höheren Gewalt siehe Dirección del Trabajo, Dictámen Ord. Nr. 1412/021 v. 19.03.2010.

1075 Siehe oben S. 93.

1076 Der Arbeitgeber ist auf ihre „unternehmerische Tüchtigkeit“ in besonderem Maße angewiesen, so Junker in FS Birk, S. 268.

1077 Junker in FS Birk, S. 269; siehe oben S. 159.

(2) Diskriminierungs- und Benachteiligungsverbote

Der Arbeitnehmer ist sowohl in Deutschland als auch in Chile durch Diskriminierungs- und Benachteiligungsverbote geschützt. In Deutschland sind bei Kündigungen, die unter das KSchG fallen, die Diskriminierungsverbote des AGG als Konkretisierung der Sozialwidrigkeit zu beachten. Bei Nichtanwendbarkeit des KSchG sind diskriminierende Kündigungen gem. § 134 BGB i.V.m. § 7 Abs. 1, §§ 1, 3 AGG unwirksam[1078]. Den Regelungen des AGG kann Art. 2 Abschn. 4 CT gegenübergestellt werden. Zudem kann der Kündigungsschutz derjenigen Arbeitnehmer, die nicht dem Anwendungsbereich des KSchG unterliegen und deren Arbeitsverhältnis gem. § 134 BGB i.V.m. § 7 Abs. 1, §§ 1, 3 AGG auch in seinem Bestand geschützt ist, mit dem Anspruch des Arbeitnehmers bei einer schwer diskriminierenden Kündigung in Chile verglichen werden, wonach der Arbeitnehmer gem. Art. 489 Abschn. 4 CT zwischen einer Abfindung und einer Weiterbeschäftigung wählen kann[1079]. Auffällig ist, dass der Bestandsschutz in Deutschland bei einer diskriminierenden Kündigung sogar Arbeitnehmern zugutekommt, die nicht dem Anwendungsbereich des KSchG unterliegen, wohingegen der Bestand des Arbeitsverhältnisses in Chile nur ausnahmsweise und nur bei einer sehr schwerwiegenden Diskriminierung geschützt ist.

Des Weiteren enthält der CT mit Art. 215, 292 und 294 CT statusbezogene Diskriminierungs- und Benachteiligungsverbote, wonach eine Benachteiligung oder eine Kündigung aufgrund der Gewerkschaftszugehörigkeit verboten ist[1080]. Dem kann wiederum § 612a BGB gegenübergestellt werden, wonach eine Benachteiligung und auch die Kündigung eines Arbeitnehmers unzulässig ist, weil er sich in zulässiger Form gewerkschaftlich betätigt hat[1081].

(3) Umstandsbezogener Kündigungsschutz

In Chile existieren keine besonderen Kündigungsschutzvorschriften, wie sie in Deutschland an eine Kündigung im Rahmen von Massenentlassungen gestellt werden. Hier sind zusätzlich zu den Voraussetzungen einer Individualkündigung weitere Verfahrensanforderungen wie die Anzeige bei der Agentur für Arbeit als auch die

---

1078 BAG, Urt. v. 06.11.2008, BAGE 128, S. 238 ff., Urt. v. 20.06.2013, NZA 2014, S. 208, Urt. v. 19.12.2013, NZA 2014, S. 372, Urt. v. 26.03.2015, ArbRB 2015, S. 196 und Urt. v. 23.07.2015, ArbRB 2015, S. 360.

1079 Gamonal, Procedimiento de Tutela, S. 39 f.; ders., Fundamentos de Derecho Laboral, S. 22; Candia/Koch, Reforma procesal, S. 70 f.; Moraga, Código del Trabajo, Tomo II, S. 1030 f. und oben S. 175 ff.

1080 Olate/Montecinos/Muñoz, Código del Trabajo, S. 505, S. 601, S. 612; Lizama, Código del Trabajo, Tomo II, S. 628, S. 728, S. 734; Moraga, Código del Trabajo, Tomo II, S. 751.

1081 Schaub, § 108, Rn. 14; APS-Linck, § 612a BGB, Rn. 15; BAG, Urt. v. 09.02.1995, NZA 1996, S. 249; LAG Hamm, Urt. v. 18.12.1987, NZA 1988, S. 586.

Mitwirkung des Betriebsrats zu beachten[1082]. Hingegen sind im chilenischen Recht zusätzlich zu erfüllende Anforderungen bei Massenkündigungen (bewusst) nicht (mehr) normiert[1083]. Die betriebsbedingte Kündigung sieht in Art. 161 Abschn. 1 CT schlicht ausdrücklich die Entlassung *von einem oder mehreren Arbeitnehmern* vor. Entsprechend des den chilenischen CT prägenden neoliberalen Ansatzes soll der Arbeitgeber nicht in seiner Entscheidungsfreiheit beschränkt werden.

Interessant ist, dass in Chile der besondere Kündigungsschutz des richterlichen Erlaubnisvorbehalts gem. Art. 66 CT auch demjenigen zusteht, dessen Ehegatte oder dessen Kind verstorben ist. Ein solches Kündigungsverbot mit Erlaubnisvorbehalt während der Trauerzeit aufgrund des Ablebens eines nahen Angehörigen kennt das deutsche Recht nicht.

In Chile ist die ordentliche Kündigung, anders als in Deutschland, im Falle der Arbeitsunfähigkeit des Arbeitnehmers ausgeschlossen. Da sich der Kündigungsschutz des Art. 161 Abschn. 3 CT lediglich auf eine Kündigung aus betriebsbedingten Gründen oder ohne Kündigungsgrund („desahucio") des Art. 161 CT bezieht, ist es dem Arbeitgeber aber unbenommen, einen Arbeitnehmer, der arbeitsunfähig geschrieben ist, gem. Art. 159 und Art. 160 CT, insbesondere aus personen- bzw. verhaltensbedingten Gründen zu kündigen[1084]. In Deutschland unterliegt die rechtsunkundige Bevölkerung dem weitverbreiteten Irrglauben, wer krank sei, könne nicht gekündigt werden. Allerdings schützt hier eine Arbeitsunfähigkeitsbescheinigung nicht vor einer Kündigung; vielmehr kann eine Krankheit den Kündigungsgrund liefern[1085].

(4) Zahlung der Sozialversicherungsbeiträge

In Chile ist die Zahlung der Sozialversicherungsbeiträge als besondere Wirksamkeitsvoraussetzung der Arbeitgeberkündigung normiert[1086]. Unabhängig von einem

---

1082 ErfK-Kiel, § 17 KSchG, Rn. 1 ff.; APS-Moll, Vor § 17 KSchG, Rn. 17; Rebhahn, Kündigungsschutz des Arbeitnehmers, ZfA 2003, S. 176 und S. 196; Lincke/Knaebel, Reform des spanischen Arbeitsrechts, ZESAR 2011, S. 219; BAG, Urt. v. 20.09.2012, ZIP 2012, S. 2412.

1083 Walker, Relaciones Laborales, S. 368 f., S. 372, S. 374; Cook, The Politics of Labor Reform in Latin America, S. 119; OECD, Reviews of Labour Market: Chile, S. 68; dies., Economic Surveys: Chile 2005, S. 119; Ugarte, Derecho del Trabajo, S. 172.

1084 Moraga, Código del Trabajo, Tomo I, S. 495; Olate/Montecinos/Muñoz, Código del Trabajo, S. 322 f.; Nadal, Despido, S. 295; Benavides, Despido, S. 122; Lizama, Derecho del Trabajo, S. 185; Corte Suprema, Rol Nr. 3.327/2003 v. 01.10.2003.

1085 Pauly/Osnabrügge-Ruge, § 3, Rn. 182; Krause, § 18, Rn. 36; Gamillscheg, Beendigung des Arbeitsverhältnisses, S. 96; Tilse/Wolgast, Beendigung des Arbeitsverhältnisses, S. 68.

1086 Humeres, Derecho del Trabajo, S. 281 und Fn. 4; Nadal, Despido, S. 541; Benavides, Despido, S. 179 f.; Olate/Montecinos/Muñoz, Código del Trabajo, S. 326 f. und S. 336 f.; Sáez/Melis, Derecho del Trabajo, Tomo I, S. 289; Corte Suprema, Rol

materiellen Kündigungstatbestand führt die Nichtzahlung von Sozialversicherungsbeiträgen zur Nichtigkeit der Kündigung[1087]. In Deutschland kann das Vorenthalten von Arbeitnehmeranteilen zur Sozialversicherung auch zu Konsequenzen für den Arbeitgeber führen. Diese sind jedoch nicht (wie in Chile im CT) im KSchG geregelt, sondern, da hier keine arbeits-, sondern strafrechtliche Folgen relevant sind, in § 266a StGB[1088].

cc) Allgemeine Unwirksamkeitsgründe

Neben dem Maßregelungsverbot des § 612a BGB unterliegen alle Arbeitnehmer in Deutschland bei Nichtanwendbarkeit des KSchG und soweit die Kündigung ein Mindestmaß an sozialer Rücksichtnahme nicht beachtet, einem Bestandsschutz über §§ 138, 242 BGB[1089]. So wird bei Kündigungen, die ein Mindestmaß an sozialer Rücksichtnahme nicht beachten, über §§ 138, 242 BGB Kündigungsschutz in Form eines Bestandschutzes gewährleistet. Dagegen ist der Bestand des Arbeitsverhältnisses in Chile nur bei einer schweren Diskriminierung bzw. einem Verstoß gegen den richterlichen Erlaubnisvorbehalt geschützt. Insofern reichen die allgemeinen Unwirksamkeitsgründe in Deutschland aufgrund des geforderten Mindestmaßes an sozialer Rücksichtnahme weiter als der grundsätzlich im chilenischen CT verankerte Kündigungsschutz.

dd) Kollektivrechtlicher Kündigungsschutz

In Deutschland muss der Arbeitgeber den Betriebsrat vor jeder Kündigung anhören und ihm die Kündigungsgründe mitteilen[1090]. Durch die Anhörungspflicht des Betriebsrates findet eine starke innerbetriebliche Kontrolle und Steuerung statt, d.h. der Arbeitgeber kann seine Entscheidung, welchen Arbeitnehmer er kündigt, nicht frei treffen, sondern muss sich mit den Einwänden und Bedenken des Betriebsrates auseinandersetzen, auch wenn er an die Entscheidung des Betriebsrats nicht gebunden ist[1091]. Bei einer außerordentlichen Kündigung eines

---

Nr. 3.558/2004 v. 23.03.2006; CA Concepción, Rol Nr. 369/2006 v. 04.07.2006 und CA Antofagasta, Rol Nr. 201/2005 v. 12.12.2005. Siehe bfai, Wirtschaftsführer Chile, S. 211.

1087 Ugarte, Derecho del Trabajo, S. 172; Olate/Montecinos/Muñoz, Código del Trabajo, S. 327.

1088 MüArbR-Krause, § 55, Rn. 110.

1089 Dütz/Thüsing, Rn. 365 f.; BVerfG, Beschl. v. 21.06.2006, NZA 2006, S. 913; BAG, Urt. v. 14.12.2009, NZA 2005, S. 637 und Urt. v. 21.02.2001, NZA 2001, S. 833.

1090 Vgl. nur Preis, Arbeitsrecht, § 59, S. 763; Krause, § 18, Rn. 66; Hromadka/Maschmann, § 10, Rn. 283; Donges u.a., Flexibler Kündigungsschutz, S. 13.

1091 Preis, Arbeitsrecht, § 59, S. 763; Kittner/Däubler/Zwanziger-Deinert, § 102 BetrVG, Rn. 245 f.; Krause, § 18, Rn. 71; Darsow-Faller, Kündigungsschutz, S. 65 und Duvigneau, Auflösung des Arbeitsverhältnisses, S. 31. Der Betriebs- bzw. Personalrat hat 2007 lediglich in 18 % der Fälle, in denen er angehört wurde, der Kündigung

Arbeitnehmervertretungsorgans ist eine Zustimmung der Arbeitnehmervertretung erforderlich. Dagegen ist in Chile eine Betriebsgewerkschaftsanhörung vor Ausspruch der Kündigung nicht bekannt. Zwar bestehen Arbeitnehmervertretungen in Form von Betriebsgewerkschaften oder nicht gewerkschaftlich organisierten Arbeitnehmervereinigungen innerhalb des Betriebes, allerdings stehen diesen keine Anhörungsrechte zu[1092]. Nach chilenischem Recht obliegt die Unternehmensführung und ihre Verwaltung ausschließlich dem Arbeitgeber[1093].

ee) Abdingbarkeit des Kündigungsschutzes

Der Kündigungsschutz kann in Deutschland, aber auch in Chile individual- oder kollektivvertraglich zugunsten des Arbeitnehmers erweitert werden. Eine vertragliche Beschränkung des Kündigungsschutzes ist in Deutschland nur sehr eingeschränkt im Falle gesetzlicher Öffnungsklauseln möglich, da vorherige abweichende Vereinbarungen zum Nachteil des Arbeitnehmers unwirksam sind[1094]. In Chile ist eine vorherige Beschränkung des Kündigungsschutzes vor Zugang der Kündigung aufgrund der Unabdingbarkeit des Art. 5 Abschn. 2 CT nicht vorgesehen[1095]. Allerdings kann in Deutschland und Chile der Kündigungsschutz nach Zugang der Kündigung durch einen Individualvertrag beschränkt werden. So wird in Chile oftmals bei der Beendigung eines Arbeitsvertrages eine Ausgleichsquittung vereinbart[1096]. Mit der chilenischen Ausgleichsquittung wird, wie in Deutschland, eine schuldbefreiende Vereinbarung zwischen den Parteien getroffen, mit der die Beendigung des Arbeitsvertrages bestätigt, gegenseitige Forderungen anerkannt, vorbehalten oder hierauf verzichtet und sich zumeist der sofortigen Vollstreckung unterworfen wird[1097].

---

widersprochen, dagegen (gesetzlich nicht vorgesehen) in 58 % der Fälle der Kündigung zustimmt, so Gensicke/Pfarr u.a., Beendigung von Arbeitsverhältnissen, AuR 2008, S. 436.

1092 Thiery, Transformation in Chile, S. 221; Walker, Relaciones Laborales, S. 159; Miranda/Aitken, Chile, S. 121. Siehe Dirección del Trabajo, Encla 2011, S. 301 f., wonach in der Praxis in 72,6 % der Fälle die Betriebsgewerkschaft weder informiert noch beteiligt wird.

1093 Walker, Relaciones Laborales, S. 158, der darauf verweist, dass sich in Chile trotz der seit 1990 durchgeführten Reformen eine in Europa vorherrschende Beteiligung von Arbeitnehmern innerhalb des Betriebs nicht durchgesetzt hat.

1094 APS-Vossen, § 1 KSchG, Rn. 5; siehe S. 95 ff.

1095 Nadal, Despido, S. 357, S. 381; Sáez/Melis, Derecho del Trabajo, Tomo I, S. 301; siehe oben S. 129 ff.

1096 Dirección del Trabajo, Boletín Oficial Sept. 2011, S. 25.

1097 Lizama, Derecho del Trabajo, S. 216 und S. 218; Sáez/Melis, Derecho del Trabajo, Tomo I, S. 302; Thayer/Novoa, Derecho del Trabajo, Tomo II, S. 451; Olate/Montecinos/Muñoz, Código del Trabajo, S. 403; Vivanco, El despido laboral, S. 158; Nadal, Despido, S. 571 S. 579 f.; Corte Suprema, Rol Nr. 4.954/2004 v. 30.05.2006; CA Santiago, Rol Nr. 1.823/2005 v. 18.11.2005; Dirección del Trabajo, Dictámen Ord. Nr. 484/43 v. 01.02.2000 und dies., Boletín Oficial Sept. 2011, S. 18 f.

Regelungsgegenstand sind die Beendigung des Vertrages, die Zahlung des ausstehenden Gehalts, der Abfindungen und die Anerkennung des Kündigungsgrundes mit der Folge, dass der Arbeitnehmer nicht mehr gegen die Kündigung vorgehen kann[1098]. Durch die Ausgleichsquittung werden viele, sich aus der Beendigung des Arbeitsverhältnisses ergebende Fragen vertraglich gelöst, dadurch (gerichtliche) Auseinandersetzungen verhindert und klare Verhältnisse geschaffen[1099].

e) Weitere Beendigungstatbestände

Zudem sind die einvernehmliche Beendigung des Arbeitsverhältnisses und die Arbeitnehmerkündigung gegenüberzustellen:

aa) Beendigungsmöglichkeiten ohne Kündigung

In Deutschland kann, wie in Chile, der Beendigungszeitpunkt bereits zum Zeitpunkt des Abschlusses des Arbeitsvertrages vereinbart werden[1100]. In Deutschland ist im Falle der Zeit- als auch der Zweckbefristung zur Beendigung des Arbeitsvertrages eine Kündigung nicht erforderlich[1101]. Ebenso wenig ist in Chile bei einem befristeten Vertrag eine Kündigung erforderlich, der Vertrag läuft aus[1102]. Darüber hinaus kann der Arbeitgeber in Chile vor Ablauf der Befristung nicht ordentlich kündigen[1103]. Somit ist eine vorzeitige ordentliche Kündigung aus betriebsbedingten Gründen

---

1098 Olate/Montecinos/Muñoz, Código del Trabajo, S. 21, S. 171 und S. 411 f.; Nadal, Despido, S. 316; Corte Suprema, Rol Nr. 5.921/2004 v. 20.06.2006; CA Antofagasta, Rol Nr. 57/2006 v. 08.05.2006; CA Santiago, Rol Nr. 1.823/2005 v. 18.11.2005. Für Deutschland vgl. Palandt-Weidenkaff, Vorbem. v. § 620 BGB, Rn. 74 und ders.-Grüneberg, § 397 BGB, Rn. 11.

1099 ErfK-Preis, §§ 305–310 BGB, Rn. 77 und § 611 BGB, Rn. 514; Kittner/Zwanziger/Deinert-Bachner, § 85, Rn. 52; Kramer, Kündigung, S. 137 f.; Söhner, Verzicht auf Bestandsschutz, S. 159; Plander, Ausgleichsquittung, DB 1986, S. 1873; Schulte, Ausgleichsquittung, DB 1981, S. 937, S. 943. Für Chile vgl. CA Santiago, Rol Nr. 1.823/2005 v. 18.11.2005.

1100 Vgl. ErfK-Müller-Glöge, § 14 TzBfG, Rn. 16; für Chile Nadal, Despido, S. 75; OECD, Reviews of Labour Market: Chile, S. 68 f. In Deutschland beträgt die Höchstdauer der Befristung ohne Vorliegen eines sachlichen Grundes gem. § 15 Abs. 2 TzBfG zwei Jahre, für Befristungen mit Sachgrund ist keine Höchstgrenze in Anzahl und Dauer normiert. In Chile beträgt die zulässige Befristungshöchstdauer ein Jahr, bei Geschäftsführern und Arbeitnehmern, die über einen Berufstitel oder Fachabschluss der höheren Bildung verfügen, zwei Jahre.

1101 Löwisch/Spinner/Wertheimer-Löwisch, Vor § 1 KSchG, Rn. 160; Preis, Arbeitsrecht, § 70, S. 950; Krause, § 19, Rn. 1.

1102 Thayer/Novoa, Derecho del Trabajo, Tomo II, S. 372; Lizama, Derecho del Trabajo, S. 165; Olate/Montecinos/Muñoz, Código del Trabajo, S. 292.

1103 Vivanco, El despido laboral, S. 39; Walker, Relaciones Laborales, S. 271 und S. 400; Nadal, Despido, S. 27, S. 77 und S. 88; Dirección del Trabajo, Dictámen Ord. Nr. 2.389/100 v. 08.06.2004 und Dictámen Ord. Nr. 5.379/321 v. 05.10.1993.

oder eine Kündigung ohne Kündigungsgrund („desahucio") nicht möglich, dagegen aber eine verhaltens- bzw. personenbedingte Kündigung[1104]. Auch in Deutschland ist bei befristeten Verträgen die ordentliche Kündigung ausgeschlossen, es sei denn, die Parteien haben diese einzelvertraglich oder im anwendbaren Tarifvertrag für zulässig erklärt. Allerdings kann jederzeit die nicht abdingbare außerordentliche Kündigung ausgesprochen werden. So wird ein befristeter Vertrag vorab in der Regel aus personen- oder verhaltensbedingten Gründen gekündigt, da die betriebsbedingte Kündigung nur ausnahmsweise als außerordentliche Kündigung ausgesprochen werden kann[1105]. Insofern entspricht die vorzeitige Kündigungsmöglichkeit eines befristeten Vertrages in Deutschland dem chilenischen System, in welchem die verhaltens- bzw. personenbedingte Kündigung erlaubt, die betriebsbedingte Kündigung hingegen ausgeschlossen ist. Deutschland und Chile haben zudem gemein, dass sich das Arbeitsverhältnis nach Ablauf der vereinbarten Zeit oder nach Zweckerreichung in ein unbefristetes Arbeitsverhältnis wandelt, sollte der Arbeitnehmer seine Tätigkeit mit Wissen des Arbeitgebers fortsetzen.

Weiter kann in Deutschland und Chile nach Abschluss des Arbeitsvertrages eine einvernehmliche Beendigung des Arbeitsverhältnisses in Form eines Aufhebungsvertrages vereinbart werden. Geschützt wird der Arbeitnehmer durch formelle Voraussetzungen. So unterliegen diese Verträge in Chile dem Schriftform- und Beglaubigungsgebot des Art. 177 Abschn. 1 CT[1106]. Bei Nichtbeachtung kann der Aufhebungsvertrag vom Arbeitgeber in einem späteren Prozess nicht als Beweis eingebracht werden, sodass er sich nicht auf die schuldbefreiende Wirkung bereits geleisteter Zahlungen berufen kann[1107]. Folglich hat der Arbeitgeber ein hohes Interesse an der Einhaltung der Formvorschriften. In Deutschland ist lediglich die Einhaltung der Schriftform gem. §§ 623, 126, 125 S. 1 BGB zu beachten. Der Arbeitgeber muss den Arbeitnehmer nur in sehr begrenzter Form über ggf. bestehende Nachteile aufklären[1108], aber es bestehen keine Wirksamkeitsvoraussetzungen wie

---

1104 Vivanco, El despido laboral, S. 45; Lizama, Derecho del Trabajo, S. 166; Nadal, Despido, S. 28, S. 117 f. und S. 123; Olate/Montecinos/Muñoz, Código del Trabajo, S. 355 f.; Walker, Relaciones Laborales, S. 273; Corte Suprema, Rol Nr. 1.789/01 v. 05.06.2001; Dirección del Trabajo, Dictámen Ord. Nr. 2.886/158 v. 04.06.1999.

1105 Pauly/Osnabrügge-Pauly, § 2, Rn. 27; Preis, Arbeitsrecht, § 66, S. 873, S. 878 f.; Berkowsky, Betriebsbedingte Kündigung, § 8, Rn. 1; BAG, Urt. v. 07.03.2002 in NZA 2002, S. 963.

1106 Siehe Fußnote 716 und Fußnote 784.

1107 Lizama, Derecho del Trabajo, S. 217 f.; Benavides, Despido, S. 202; Sáez/Melis, Derecho del Trabajo, Tomo I, S. 303; Olate/Montecinos/Muñoz, Código del Trabajo, S. 413; Nadal, Despido, S. 571 und S. 576; Corte Suprema, Rol Nr. 2.898/2003 v. 10.08.2004.

1108 Der Arbeitgeber muss den Arbeitnehmer z.B. gem. §§ 2, 38 SGB III über die Verpflichtung zur rechtzeitigen Meldung bei der Agentur für Arbeit informieren, Hromadka/Maschmann, § 10, Rn. 12; Gamillscheg, Beendigung des Arbeitsverhältnisses, S. 210 ff. und S. 222; Söhner, Verzicht auf Bestandsschutz, S. 197 ff., S. 203;

die Leistung einer Unterschrift von oder vor Zeugen bzw. Amtsträgern. Zwar wird nicht negiert, dass der Arbeitnehmer dem Arbeitgeber strukturell unterlegen ist[1109], allerdings wird ihm zugemutet, sich gegen arbeitgeberseitigen Druck zu wehren.

bb) Arbeitnehmerkündigung

Der Arbeitnehmer kann sowohl in Deutschland als auch in Chile eine Eigenkündigung ohne Angabe von Gründen aussprechen. Ausgenommen ist in Deutschland die Kündigung eines Ausbildungsverhältnisses, wonach der Auszubildende die Kündigungsgründe in der Kündigung angeben muss. Bei einem Verstoß gegen das Schriftformerfordernis oder unzureichender Angabe der Kündigungsgründe ist die Kündigung nichtig[1110]. Auffallend ist, dass die ordentliche Arbeitnehmerkündigung in Chile wiederum nur unter Einhaltung der strengen Formvorschriften des Art. 177 CT erfolgen kann. Hiernach muss der Arbeitnehmer nicht nur, wie in Deutschland, die Schriftform beachten, sondern die Kündigung muss zudem seitens des zuständigen Betriebsgewerkschaftlers unterzeichnet oder vom Arbeitnehmer vor dem Arbeitsinspektor[1111] bestätigt werden. Werden diese Formvorschriften nicht eingehalten, kann der Arbeitgeber die Kündigung in einem späteren Gerichtsverfahren nicht als Beweis einführen[1112].

Die außerordentliche bzw. fristlose Arbeitnehmerkündigung setzt in Deutschland wesentlich höhere Hürden als in Chile voraus. Der Arbeitnehmer kann das Arbeitsverhältnis nach § 626 Abs. 1 BGB ohne Einhaltung einer Kündigungsfrist lediglich aus wichtigem Grund kündigen, d.h. es müssen Tatsachen vorliegen, aufgrund derer dem Kündigenden, unter Berücksichtigung aller Umstände des

---

Krause, § 20, Rn. 8; BAG, Urt. v. 18.09.1984, AP Nr. 6 zu § 1 BetrAVG Zusatzversorgungskassen, Urt. v. 13.11.1984, AP Nr. 5 zu § 1 BetrAVG Zusatzversorgungskassen, Urt. v. 10.03.1988, AP Nr. 99 zu § 611 BGB Fürsorgepflicht und Urt. v. 13.11.1996, AP Nr. 4 zu § 620 BGB Aufhebungsvertrag, Urt. v. 04.10.2005, NZA 2006, 545. Zu erhöhten Hinweis- und Aufklärungspflichten BAG, Urt. v. 17.10.2000, NZA 2001, S. 206.

1109 Gallner/Mestwerdt/Nägele-Mestwerdt, Einl., Rn. 3; Krause, § 1, Rn. 9; Kittner, Arbeitsrecht und Marktwirtschaft, AuR 1995, S. 386; Gamillscheg, Beendigung des Arbeitsverhältnisses, S. 220 ff.; Reinecke in FS Küttner, S. 328 ff.; Jahn, Zur ökonomischen Theorie, S. 130; BVerfG, Beschl. v. 26.06.1991, BVerfGE 84, S. 212, S. 229, Urt. v. 04.07.1995, DB 1995, S. 1464, Beschl. v. 29.12.2004, NZA 2005, S. 153 und Beschl. v. 23.11.2006, NZA 2007, S. 85 sowie BAG, Urt. v. 16.03.1994, NZA 1994, S. 937 und Urt. v. 25.04.2007, NZA 2007, S. 853. Kritisch v. Klitzing, Ordnungsökonomische Analyse, S. 158 f., S. 162 f.

1110 AR-Beckers, § 22 BBiG, Rn. 8; BAG, Urt. v. 22.02.1972, BAGE 24, S. 133.

1111 Siehe Fußnote 716 und Fußnote 784.

1112 Lizama, Derecho del Trabajo, S. 169; Sáez/Melis, Derecho del Trabajo, Tomo I, S. 255; Thayer/Novoa, Derecho del Trabajo, Tomo III, S. 90 f.; Olate/Montecinos/Muñoz, Código del Trabajo, S. 295; Nadal, Despido, S. 54 ff.; Corte Suprema, Rol Nr. 7.120/2008 v. 31.12.2008; CA La Serena, Rol Nr. 221/2005 v. 13.02.2006.

Einzelfalles und unter Abwägung der Interessen beider Vertragsteile, die Fortsetzung des Dienstverhältnisses bis zum Ablauf der Kündigungsfrist oder vereinbarten Ende des Dienstverhältnisses nicht zugemutet werden kann[1113]. Zudem muss einer außerordentlichen Arbeitnehmerkündigung grundsätzlich sogar eine Abmahnung vorausgehen[1114]. Dies bedeutet, dass der Arbeitnehmer bei der außerordentlichen Kündigung dieselben hohen Maßstäbe einzuhalten hat, wie der Arbeitgeber[1115]. In Chile dagegen ist eine außerordentliche Arbeitnehmerkündigung gesetzlich nicht normiert; der Arbeitnehmer kündigt lediglich ohne Einhaltung der Kündigungsfrist von dreißig Tagen[1116]. Die Nichtbeachtung der Kündigungsfrist führt nicht dazu, dass das Arbeitsaufsichtsamt eine Verwaltungsstrafe gegenüber dem Arbeitnehmer verhängen würde oder aber der Arbeitgeber den Arbeitnehmer seinerseits nach Art. 160 CT kündigen bzw. das Gehalt zurückbehalten könnte. Mithin spricht der Arbeitnehmer in Chile die fristlose Kündigung in der Praxis schlicht als solche aus[1117]. Insbesondere ist es nicht erforderlich, dass der Arbeitnehmer einen wichtigen Grund geltend machen kann, aufgrund dessen die Fortsetzung des Arbeitsverhältnisses unzumutbar wäre. Wie bei der ordentlichen Arbeitnehmerkündigung ist ein Kündigungsgrund schlichtweg nicht erforderlich, weshalb der Arbeitnehmer frei entscheiden kann, ob er die Kündigungsfrist einhält. Damit muss das Dispositionsinteresse des Arbeitgebers hinter den Freiheitsrechten des Arbeitnehmers zurücktreten. In Deutschland macht sich der Arbeitnehmer dagegen im Zweifel sogar schadensersatzpflichtig, sollte er, ohne einen außerordentlichen Kündigungsgrund, fristlos kündigen und seine Arbeitsleistung unmittelbar einstellen[1118].

Eine Besonderheit des chilenischen Arbeitsrechts ist die Möglichkeit der sog. indirekten Kündigung. Der Arbeitnehmer spricht eine Eigenkündigung aus, die auf einem unmittelbaren oder mittelbaren Fehlverhalten des Arbeitgebers beruht und damit der Sphäre des Arbeitgebers entspringt, weshalb dem Arbeitnehmer dennoch die Möglichkeit eingeräumt ist, die Arbeitsgerichtsbarkeit anzurufen. Art. 171 CT wurde eingeführt, um den strukturell unterlegenen Arbeitnehmer vor einem pflichtwidrigen Verhalten des Arbeitgebers zu schützen, ohne seinen Kündigungsschutz zu beschneiden – zumal er diese Kündigung aufgrund der Tatsache, dass er hierdurch seinen Arbeitsplatz verliert, lediglich als Ultima-Ratio aussprechen wird[1119]. In Deutschland hat der Arbeitnehmer im Falle einer Eigenkündigung aufgrund eines Fehlverhaltens des Arbeitgebers nicht die Möglichkeit, seine Kündigung gerichtlich überprüfen zu lassen. Spricht der Arbeitnehmer – bspw. aufgrund von Mobbing des

1113 Gallner/Mestwerdt/Nägele-Mayer, § 1 Teil B, Rn. 108; Junker, Arbeitsrecht, Rn. 400 ff.

1114 AR-Fischermeier, § 626 BGB, Rn. 161 f.; Pauly/Osnabrügge-Pauly, § 2, Rn. 35; BAG, Urt. v. 17.01.2002, NZA 2003, 816.

1115 Preis, Arbeitsrecht, § 66, S. 885.

1116 Siehe oben S. 66 und Nadal, Despido, S. 562.

1117 Vgl. nur Nadal, Despido, S. 56.

1118 Palandt-Weidenkaff, § 626 BGB, Rn. 5; Schaub, § 54, Rn. 1 f. und Rn. 5.

1119 Barahona, Despido indirecto, S. 20 f., S. 23, S. 83 und S. 174.

Arbeitgebers, mangelndem Schutz des Arbeitgebers vor Mobbing der Kollegen[1120] oder aber Nichtzahlung des Gehalts – eine Eigenkündigung aus, wird diese als freiwillige Kündigung angesehen. Nichtsdestotrotz ist der Arbeitnehmer in solchen Fällen nicht völlig schutzlos gestellt: Vor Kündigungsausspruch kann er den Arbeitgeber, um ihn zu einem vertragsgemäßen Verhalten zu bewegen, abmahnen und von seinem Zurückbehaltungsrecht gem. § 273 Abs. 1 BGB Gebrauch machen[1121]. Daneben stehen dem Arbeitnehmer Beschwerderechte gem. §§ 13 Abs. 1 AGG, 84 Abs. 1 und 2 BetrVG und 17 Abs. 2 S. 1 ArbSchG zu, welche jeweils durch Benachteiligungsverbote abgesichert sind[1122]. Darüber hinaus kann der Arbeitnehmer aus wichtigem Grund kündigen und den ihm daraus erwachsenden Schaden gem. § 628 Abs. 2 BGB einklagen, wobei die Wiedergutmachung gem. § 249 BGB darin besteht, den Arbeitnehmer so zu stellen, als würde er weiterbeschäftigt, d.h. die Ersatzpflicht besteht bis zu dem Zeitpunkt, an dem das Arbeitsverhältnis voraussichtlich ordnungsgemäß hätte beendet werden können[1123]. Der Arbeitnehmer kann den Ersatz der entgangenen Vergütung bis zum Ablauf einer fiktiven, alsbaldigen Arbeitgeberkündigung und daneben eine Abfindung für den Verlust des Arbeitsplatzes entsprechend §§ 9, 10 KSchG verlangen[1124]. Insofern kann in den Kündigungsschutzsystemen Deutschlands und Chiles eine Abfindung für den Verlust des Arbeitsplatzes geltend gemacht werden.

3. Der Kündigungsschutzprozess

In Deutschland wird im Rahmen des Kündigungsschutzprozesses die Frage geklärt, ob die Kündigung wirksam, unwirksam oder nichtig ist. In Chile wird je nach Kündigungstatbestand zwischen einer ungerechtfertigten Kündigung (Art. 159 CT – „despido injustificado"), einer unrechtmäßigen Kündigung (Art. 160 CT – „despido indebido") oder einer rechtswidrigen oder nichtigen Kündigung (Art. 161

1120 Zur Definition von Mobbing Kittner/Zwanziger/Deinert-Becker, § 54, Rn. 80 f.; Kreuzer, Mobbing, Bullying, Bossing, Personalführung 2/2000, S. 57 ff. und 3/2000, S. 61; BAG, Beschl. v. 15.01.1997, BAGE 85, S. 56.

1121 AR-Kaiser, § 1 KSchG, Rn. 49; APS-Vossen, § 626 BGB, Rn. 238c; Hromadka/Maschmann, § 7, Rn. 133; Dütz/Thüsing, Rn. 217 (nach § 320 BGB); Kreuzer, Mobbing, Bullying, Bossing, Personalführung 3/2000, S. 60, S. 62; BAG, Urt. v. 09.05.1996, ZIP 1996, S. 1841.

1122 Krause, § 15, Rn. 16; Kittner/Zwanziger/Deinert-Becker, § 54, Rn. 34 ff.; Kreuzer, Mobbing, Bullying, Bossing, Personalführung 3/2000, S. 62 f.

1123 Gamillscheg, Beendigung des Arbeitsverhältnisses, S. 83; Hromadka/Maschmann, § 7, Rn. 138; Dütz/Thüsing, Rn. 220 f. Auch in verschiedenen Entwürfen des Arbeitsvertragsgesetzes sind Beschwerderechte vorgesehen. So sieht der Entwurf des Deutschen Bundestages ein ausdrückliches Beschwerderecht des Arbeitnehmers bei Pflichtverletzungen oder Benachteiligungen vor (§ 83), hierzu BR-Drs. 293/95.

1124 ErfK-Müller-Glöge, § 628 BGB, Rn. 28 ff.; Kittner/Zwanziger/Deinert-Becker, § 54, Rn. 100; SPV-Preis, Rn. 818 f.; BAG, Urt. v. 26.07.2001, AP Nr. 13 zu § 628 BGB, Urt. v. 22.04.2004, AP Nr. 18 zu § 628 BGB, Urt. v. 26.07.2007, NZA 2007, S. 1419 und Urt. v. 21.05.2008, NZA-RR 2009, S. 75.

CT – „despido improcendente“ oder „despido nulo“) unterschieden[1125]. Zudem kann der Arbeitnehmer seine sog. indirekte Kündigung (Art. 171 CT) vor dem Arbeitsgericht überprüfen lassen[1126]. Dagegen kann der Arbeitnehmer in Deutschland seine Eigenkündigung nicht vom Arbeitsgericht nachprüfen lassen, unabhängig davon, aus welchen Motiven sie erfolgte[1127]. Eine Eigenkündigung wird hier vor dem Gesetz immer als freiwillige Kündigung angesehen, auch wenn die Kündigung durch den Arbeitgeber veranlasst wurde[1128]. Allenfalls vergleichbar mit der sog. indirekten Kündigung in Chile ist das Recht des Arbeitnehmers gem. § 9 Abs. 1 S. 1 KSchG. Während die sog. indirekte Kündigung im chilenischen Recht ein Gestaltungsrecht des Arbeitnehmers ist, sieht § 9 KSchG lediglich ein Antragsrecht des Arbeitnehmers vor und erst das Gericht entscheidet über die Auflösung des Arbeitsverhältnisses – allerdings während eines laufenden Kündigungsschutzprozesses[1129].

Die Kündigungsschutzprozesse beider Länder unterliegen dem Grundsatz des beschleunigten Verfahrens. Gemein haben sie auch, dass die finanzielle Hemmschwelle für den Arbeitnehmer gering gehalten ist. In Deutschland sind die Gerichtskosten niedrig, Kostenvorschüsse werden nicht erhoben[1130]. Jede Partei trägt die jeweiligen Kosten des Rechtsstreits selbst, sodass das Kostenrisiko überschaubar bleibt. In Chile unterliegt das Kündigungsschutzverfahren dem Prinzip der Kostenfreiheit[1131]. Kann eine Partei die Vergütung des Rechtsbeistandes nicht aus eigenen Mitteln aufbringen, besteht ein Anspruch auf kostenfreien Rechtsbeistand[1132].

a) Vorgeschaltetes Verwaltungsverfahren und Rechtsweg zum Arbeitsgericht

In Chile ist zwischen dem Arbeitsaufsichtsamt, welches dem Arbeitsministerium unterstellt ist und (Verwaltungs-) Entscheidungen erlässt und den Arbeits- bzw. Zivilgerichten zu unterscheiden. Vor Erhebung einer Kündigungsschutzklage kann

1125 Kritisch Palavecino, Despido nulo, Ius et Praxis 2002, S. 559 und S. 568 f. zur unterschiedlichen Rechtsfolge der Nichtigkeit bei Anwendbarkeit des besonderen Kündigungsschutzes („fuero“), wonach eine Weiterbeschäftigung möglich ist, und bei fehlender Abgabe der Sozialleistungen, wonach keine Weiterbeschäftigung vorgesehen ist. Zur Nichtigkeit Art. 1681 CC.

1126 Barahona, Despido indirecto, S. 20 f.

1127 Zöllner/Loritz/Hergenröder, § 26, Rn. 16.

1128 Gallner/Mestwerdt/Nägele-Mayer, § 1 Teil B, Rn. 106; Löwisch/Spinner/Wertheimer-Löwisch, Vor § 1 KSchG, Rn. 37; Kittner/Däubler/Zwanziger-Deinert, Einl., Rn. 2.

1129 Für Chile Barahona, Despido indirecto, S. 9, S. 23 f. und S. 112.

1130 Löwisch/Caspers/Klumpp, Rn. 1738; siehe oben S. 153.

1131 Olate/Montecinos/Muñoz, Código del Trabajo, S. 755; Benavides, Despido, S. 346; siehe oben S. 163.

1132 Orellana, Nuevo proceso laboral, S. 73; Olate/Montecinos/Muñoz, Código del Trabajo, S. 755 und Moraga, Código del Trabajo, Tomo II, S. 967.

der Arbeitnehmer freiwillig das Arbeitsaufsichtsamt anrufen, um im Rahmen einer Mediation eine einvernehmliche Streitbeilegung zu erreichen[1133]. Die Entscheidung des Arbeitsaufsichtsamts ist nicht bindend für das Arbeitsgericht und in Fällen, in denen keine gütliche Einigung möglich und die Frage der Wirksamkeit der Kündigung zu klären ist, ist der Arbeitnehmer auf den Gerichtsweg zu verweisen[1134]. Dementsprechend ist vor Erhebung der Kündigungsschutzklage kein vorheriges Verwaltungsverfahren durchzuführen, da ausschließlich die Gerichte die Wirksamkeit der Kündigung feststellen können[1135]. In Deutschland urteilen nur die Arbeitsgerichte über die Rechtmäßigkeit einer Arbeitgeberkündigung. Allgemein zuständige Schiedsstellen, die schnell und unbürokratisch über Bestandsstreitigkeiten entscheiden, sind nicht zugelassen[1136].

Das BAG nahm 1954 seine Rechtsprechungstätigkeit auf, mit gewissen Vorläufern besteht seit 1926 die eigenständige Arbeitsgerichtsbarkeit[1137]. Indessen wurden in Chile die Arbeitsgerichte Anfang der achtziger Jahre des 20. Jahrhunderts abgeschafft und Bestandteil der Zivilgerichte. Erst im Jahre 2005 wurden neue Arbeitsgerichte geschaffen, und in den Gemeinden, in denen bislang keine Arbeitsgerichte vorhanden sind, steht nach wie vor den örtlich zuständigen Zivilgerichten auch in

---

1133 bfai, Wirtschaftsführer Chile, S. 211; OECD, Reviews of Labour Market: Chile, S. 84 und oben S. 166 f.

1134 Gamonal, Fundamentos de Derecho Laboral, S. 91; Olate/Montecinos/Muñoz, Código del Trabajo, S. 364 f.; Dirección del Trabajo, Dictámen Ord. Nr. 2.566/117 v. 06.07.2001; Dictámen Ord. Nr. 482/41 v. 01.02.2000; Dictámen Ord. Nr. 4.415/253 v. 26.08.1999.

1135 Sáez/Melis, Derecho del Trabajo, Tomo I, S. 277, S. 312, Nadal, Despido, S. 354 f., S. 418, S. 424 f.; Benavides, Despido, S. 17 f.; Olate/Montecinos/Muñoz, Código del Trabajo, S. 364; Dirección del Trabajo, Dictámen Ord. Nr. 2.566/117 v. 06.07.2001, Dictámen Ord. Nr. 482/41 v. 01.02.2000, Dictámen Ord. Nr. 4.415/253 v. 26.08.1999, Dictámen Ord. Nr. 4.944/342 v. 16.10.1998, Dictámen Ord. Nr. 3.724/144 v. 01.07.1996 und Dictámen Ord. Nr. 521/27 v. 25.01.1995.

1136 Gem. §§ 4, 101 ff. ArbGG dürfen nur Tarifvertragsparteien für bestimmte, abschließend normierte Streitigkeiten aus dem Bereich des Urteilsverfahrens einen Schiedsvertrag vereinbaren, der die staatliche Arbeitsgerichtsbarkeit ausschließt, Dütz/Thüsing, Rn. 1015; Junker, Arbeitsrecht, Rn. 847 und Rn. 637 ff.; Löwisch/Caspers/Klumpp, Rn. 1689; Jahn, Zur ökonomischen Theorie, S. 36; Haft/Schlieffen-Prütting, Handbuch Mediation, § 33, Rn. 11. Zu Schlichtungsausschüssen nach § 111 Abs. 2 ArbGG zur Beilegung von Beendigungsstreitigkeiten bzgl. eines Ausbildungsverhältnisses Pauly/Osnabrügge-Friedhofen, § 20, Rn. 33; BAG, Urt. v. 18.09.1975, AP Nr. 2 zu § 111 ArbGG 1953. Siehe unten S. 267 ff.

1137 Krause, § 1, Rn. 23; Richardi, Arbeitsrecht als Teil freiheitlicher Ordnung, S. 80 ff.; Junker, Arbeitsrecht, Rn. 835 ff.; Dütz/Thüsing, Rn. 1006; Wiesenecker, Arbeitsrecht der Länder, S. 40 f.; Linsenmaier, Geschichte der deutschen Arbeitsgerichtsbarkeit, NZA 2004, S. 403 ff.

Arbeitsrechtsstreitigkeiten die Entscheidungskompetenz zu[1138]. Insofern konnten sich die Arbeitsgerichte in Deutschland bereits seit Jahrzehnten hochgradig spezialisieren. In Chile findet erst seit kurzem, soweit Arbeitsgerichte vorhanden sind, eine Spezialisierung statt[1139].

Des Weiteren richtet sich die örtliche Zuständigkeit der Arbeitsgerichte in Deutschland nach dem Bezirk, in dem der Arbeitnehmer gewöhnlich seine Arbeit verrichtet (§ 48 Abs. 1a ArbGG). Dagegen hat der Arbeitnehmer in Chile die Wahl zwischen dem Gerichtsstand des Sitzes des beklagten Arbeitgebers oder dem der Ausübung seiner Tätigkeit. Schließlich kann sich die örtliche Zuständigkeit nach dem Wohnsitz des Klägers richten, wenn der Arbeitnehmer den Wohnsitz aufgrund des Arbeitsverhältnisses ändern musste und dies aus den Arbeitsvertragsunterlagen hervorgeht[1140]. Somit ist die Bestimmung des örtlich zuständigen Gerichts in Deutschland einfacher, ermöglicht jedoch kein prozesstaktisches Vorgehen durch die Wahl des Gerichtsstandes.

b) Form und Frist der Kündigungsschutzklage

In Deutschland und Chile ist die Kündigungsschutzklage in Schriftform einzureichen. In Deutschland beträgt die Klagefrist drei Wochen seit Zugang der Kündigung[1141]. In Chile beläuft sich die Klagefrist auf sechzig Werktage seit Wirksamwerden der Kündigung, weshalb nicht der Zugang des Kündigungsschreibens, sondern die Beendigung der Arbeitstätigkeit erheblich ist[1142]. Wendet sich der Arbeitnehmer vor Klageeinreichung an das Arbeitsaufsichtsamt, wird die Klagefrist für die Dauer des Verwaltungsverfahrens gehemmt. Die Klagefrist verlängert sich höchstens auf neunzig Werktage. In Deutschland wird die Frist nach Wochen berechnet, weshalb Sonn- und Feiertage inkludiert sind, in Chile dagegen nach Werktagen[1143]. Eine kurze Frist für die Einreichung der Kündigungsschutzklage wirkt prohibitiv, denn nicht selten führt dies zur Fristversäumnis[1144]. Insofern

---

1138 Hierzu S. 54 f. und S. 167 f.; vgl. OECD, Reviews of Labour Market: Chile, S. 83; Moraga, Código del Trabajo, Tomo I, S. 475; ders., Tomo II, S. 958; Walker, Relaciones Laborales, S. 90.

1139 Kritisch sehen dies Gamonal, Chilean Labour Law 1990–2010, IJCLLIR 2011, S. 92 und Candia/Koch, Reforma procesal, S. 70.

1140 Vgl. S. 168; Moraga, Código del Trabajo, Tomo I, S. 465 und S. 491 f.; ders., Tomo II, S. 958.

1141 Zöllner/Loritz/Hergenröder, § 26, Rn. 69; Rolfs/Giesen u.a.-Kerwer, § 4 KSchG, Rn. 51; Kramer, Kündigung, S. 108.

1142 Vgl. nur Nadal, Despido, S. 418 und oben S. 169 f.

1143 Für Chile Sáez/Melis, Derecho del Trabajo, Tomo I, S. 287; Moraga, Código del Trabajo, Tomo I, S. 466.

1144 Zachert, Beendigungstatbestände im internationalen Vergleich, S. 73.

kommt die chilenische Regelung dem Arbeitnehmer mit der sehr langen Klagefrist von sechzig Werktagen entgegen, wohingegen in Deutschland eher die Gefahr einer Fristversäumnis besteht.

c) Beendigung des Kündigungsschutzprozesses

In Deutschland erreicht der Arbeitnehmer mit erfolgreicher Beendigung des Kündigungsschutzprozesses eine Weiterbeschäftigung und wahrt damit den Bestand seines Arbeitsverhältnisses, in Chile dagegen regelmäßig den Erhalt einer Abfindung.

aa) Bestandsschutz

In Deutschland hat der Arbeitnehmer, der die Unwirksamkeit der Arbeitgeberkündigung erstritten hat, einen Anspruch auf Weiterbeschäftigung. Dagegen kann der Arbeitnehmer in Chile vor Gericht grundsätzlich nur den Erhalt einer Abfindung erreichen. Lediglich im Falle dessen, dass der gekündigte Arbeitnehmer sich auf den besonderen Kündigungsschutz („fuero") gem. Art. 174 CT berufen kann oder aber in Zusammenhang mit der Kündigung ein schwerwiegender Verstoß gegen ein Diskriminierungsverbot begangen wurde, hat der Arbeitnehmer einen Anspruch auf Weiterbeschäftigung[1145]. Oftmals entscheidet sich der Arbeitnehmer aber trotz eines Weiterbeschäftigungsanspruchs für die Abfindung. Wird der Arbeitnehmer unter Verletzung des Art. 294 CT gekündigt[1146], kann er zwischen einer Wiedereinstellung oder dem Erhalt einer regulären und einer zusätzlichen, seitens des Gerichts aufgrund des Kündigungsgrundes festzusetzenden Abfindung zwischen sechs und elf Monatsgehältern wählen[1147], auch bei einer schwer diskriminierenden Kündigung kann sich der Arbeitnehmer gem. Art. 489 Abschn. 4 CT zwischen dieser Abfindung zzgl. Erhöhung oder einer Weiterbeschäftigung entscheiden[1148].

In Deutschland hat der Arbeitnehmer grundsätzlich während des Laufs der Kündigungsfrist einen Beschäftigungsanspruch und auch während des Kündigungsschutzprozesses ist eine Weiterbeschäftigungspflicht bekannt. Da in Chile in aller Regel über einen Abfindungsanspruch gestritten wird, besteht keine Weiterbeschäftigungspflicht. Mithin ist die Rechtslage während des Kündigungsschutzprozesses für die Arbeitnehmer in Deutschland vergleichsweise günstig, da sie teilweise ein

---

1145 Gamonal, Fundamentos de Derecho Laboral, S. 22; Lizama, Derecho del Trabajo, S. 222.

1146 Hierzu S. 121 f., S. 175 ff.

1147 Olate/Montecinos/Muñoz, Código del Trabajo, S. 610 f.; CA Santiago, Rol Nr. 5.721/2004 v. 05.03.2004; Dirección del Trabajo, Dictámen Ord. Nr. 4.675/196 v. 05.11.2003 und oben S. 176 f.

1148 Gamonal, Procedimiento de Tutela, S. 39 f.; ders., Fundamentos de Derecho Laboral, S. 22; Candia/Koch, Reforma procesal, S. 70 f.; Moraga, Código del Trabajo, Tomo II, S. 1030 f. und oben S. 176 f.

Recht auf Beschäftigung während des Verfahrens haben und aufgrund der hohen Anforderungen an eine rechtmäßige Kündigung ein starker Vergleichsdruck auf den Arbeitgeber wirkt[1149].

Entgegen der Regelung in Deutschland, ist in Chile der Annahmeverzugslohn nur in wenigen Ausnahmefällen explizit vorgesehen, sollte die Weiterbeschäftigung des Arbeitnehmers seitens des Gerichts angeordnet werden (wie im Falle der Nichtigkeit der Kündigung mangels ordnungsgemäßer Abführung der Sozialversicherungsbeiträge, des Art. 174 CT sowie des Art. 489 Abschn. 4 CT)[1150]. Allerdings stellt die in Chile zu zahlende Abfindung für die Nichteinhaltung der Kündigungsfrist eine Zahlung dar, welche sich nach hiesigem Rechtsverständnis als Annahmeverzugslohn (und nicht als Abfindung) bezeichnen ließe.

bb) Abfindungserhalt

In Chile kann mit der Kündigungsschutzklage die Zahlung der gesetzlichen, vertraglichen und gerichtlich anzuordnenden Abfindung eingeklagt werden[1151]. Im Allgemeinen ist mit einer Kündigung der Erhalt einer Abfindung verbunden, deren konkrete Höhe von der Art und Dauer des Beschäftigungsverhältnisses, dem Kündigungstatbestand, dem Vorliegen einer vertraglichen Vereinbarung sowie der Einschätzung des erkennenden Gerichts anhängt. Vor Gericht kann mithin Kündigungsschutz durch eine Erhöhung der Abfindung als auch durch das in Ausnahmefällen vorgesehene Wahlrecht des Arbeitnehmers zwischen Weiterbeschäftigung und Abfindung erreicht werden. Wenn sich der Arbeitgeber weigert, den Arbeitnehmer wieder in seinen Betrieb einzugliedern, obwohl er hierzu nach Art. 174 CT verpflichtet wäre, ist lediglich eine Erhöhung der Abfindung vorgesehen, welche die Lohnzahlung bis zum Ende der Schutzfrist beinhaltet. Zudem kann der Arbeitnehmer gem. Art. 489 Abschn. 4 CT nur im Falle des Vorliegens einer in Zusammenhang mit der Kündigung begangenen schweren Diskriminierung nach Art. 2 Abschn. 4 CT zwischen einer Weiterbeschäftigung oder aber dem Erhalt einer zusätzlichen Abfindung zwischen sechs und elf Monatsgehältern wählen[1152]. Überwiegend wird das Arbeitsverhältnis jedoch gegen Zahlung einer Abfindung aufgelöst.

In Deutschland herrscht per Gesetz der Bestandsschutz vor, eine Auflösung des Arbeitsverhältnisses ist nur ausnahmsweise in § 1a KSchG und §§ 9, 10 KSchG vorgesehen. Entgegen verbreiteter Meinung besteht daher grundsätzlich kein

---

1149 Rebhahn, Kündigungsschutz des Arbeitnehmers, ZfA 2003, S. 220.

1150 Lizama, Derecho del Trabajo, S. 222.

1151 Nadal, Despido, S. 450.

1152 Gamonal, Procedimiento de Tutela, S. 39 f.; ders., Fundamentos de Derecho Laboral, S. 22; Candia/Koch, Reforma procesal, S. 70 f.; Moraga, Código del Trabajo, Tomo II, S. 1030 f.

Anspruch auf eine Abfindung bei Beendigung des Arbeitsverhältnisses durch Kündigung[1153].

Hinsichtlich des Abfindungsbetrages ist in Deutschland in § 1a KSchG eine genaue Abfindungshöhe festlegt; hingegen finden sich in § 10 KSchG lediglich Rahmenbedingungen. § 10 KSchG sieht eine Unter- und Obergrenze der Abfindung vor, sodass es sich bei der Festlegung des exakten Abfindungsbetrages um eine Ermessensentscheidung des Gerichts handelt, welches in der Regel 0,5 Bruttomonatsgehalt pro Beschäftigungsjahr ansetzt[1154]. Als Berechnungsgrundlage wird demnach ein Monatsgehalt angenommen. In Chile wird der Arbeitgeber zur Zahlung einer genau vorgegebenen Abfindung und einer prozentualen Erhöhung des Abfindungsbetrages verurteilt. Die in Chile mögliche prozentuale Erhöhung ist teilweise gesetzlich konkret vorgegeben, teils liegt sie aber auch – innerhalb eines gesetzlichen Rahmens – im Ermessen des Gerichts. Daher wird dem Arbeitgeber eine prozentuale Erhöhung der Abfindung der Beschäftigungsjahre zwischen 20 % und 100 % auferlegt. Sinn und Zweck der Erhöhung der Abfindung durch richterliche Entscheidung ist die Sanktionierung des Arbeitgebers für die zu Unrecht ausgesprochene Kündigung[1155]. In Deutschland ist eine Erhöhung der Regelabfindung als Sanktion für eine zu Unrecht ausgesprochene Kündigung nicht bekannt. Im Gegenteil – der Auflösungsantrag des Arbeitgebers kann nur nach einer ordentlichen, lediglich sozialwidrigen Kündigung gestellt werden, da die ungerechtfertigte Kündigung nicht durch die Möglichkeit einer Vertragsauflösung belohnt werden soll[1156].

In Chile liegt die Höchstgrenze der Abfindung der Beschäftigungsjahre bei elf Monatsgehältern. Allerdings kann ein Abfindungsanspruch aufgrund mehrerer Anspruchsgrundlagen bestehen, sodass diese Abfindungen addiert werden. In Deutschland sieht § 1a KSchG keine Höchstgrenze vor, allerdings ist gem. § 10 KSchG ein Betrag von bis zu zwölf bzw. achtzehn Monatsverdiensten festzusetzen.

cc) Gerichtlicher Vergleich

Die Arbeitsvertragsparteien in Deutschland und Chile können sich jederzeit, auch während des laufenden Kündigungsschutzprozesses, durch eine vertragliche Vereinbarung voneinander lösen. In Deutschland werden Kündigungsschutzprozesse

---

1153 MüArbR-Berkowsky, § 129, Rn. 15.

1154 MüArbR-Berkowsky, § 129, Rn. 17; Mues/Eisenbeis/Laber, Teil 12, Rz. 569 und Rz. 576; Kramer, Kündigung, S. 125; Jahn, Wie wirkt der Kündigungsschutz?, ZAF 2005, S. 290; vgl. Hümmerich, Die arbeitsgerichtliche Abfindung, NZA 1999, S. 342 ff.

1155 Siehe S. 179 ff.; Olate/Montecinos/Muñoz, Código del Trabajo, S. 364.

1156 Siehe S. 157 ff.; v. Hoyningen-Huene/Linck, § 9, Rn. 16 ff.; Löwisch/Spinner/Wertheimer-Spinner, § 9 KSchG, Rn. 46; Mues/Eisenbeis/Laber, Teil 12, Rz. 522; Busemann/Schäfer, Kündigung und Kündigungsschutz, Rn. 699; LAG Düsseldorf, Urt. v. 04.11.2014, AuA 2014, S. 724.

überwiegend durch einen Vergleich (welcher in der Regel die Zahlung einer Abfindung beinhaltet) beendet[1157]. Auch in Chile ist die gerichtliche Vergleichsquote hoch[1158].

4. Kritische Würdigung

Die Entwicklung des Kündigungsschutzes in Deutschland und in Chile ist nur unter Berücksichtigung der historischen Ereignisse, vor dem politischen Hintergrund und der damit verbundenen gesellschaftspolitischen Zielsetzungen verständlich[1159]. In Chile fand allerdings eine gegenläufige Entwicklung zu der in Deutschland statt. Der Kündigungsschutz in Chile entwickelte sich von einem Bestandsschutzmodell hin zu einem, auch im heutigen CT normierten, abfindungsorientierten Kündigungsschutzmodell. In Chile wurden seit den siebziger Jahren des 20. Jahrhunderts die Strukturen und Funktionen des Staates konsequent dem neoliberalen Konzept des Minimalstaates angepasst, und bis heute wird der Grundgedanke „So viel Markt wie möglich, so wenig Staat wie nötig" verfolgt[1160].

Dagegen hat in Deutschland eine Entwicklung von einem abfindungsorientierten Kündigungsschutz hin zu einem im KSchG verankerten Bestandsschutz stattgefunden[1161]. Der gegenüber dem chilenischen Recht starke Kündigungsschutz ist Ausdruck des in den Art. 20 Abs. 1 und Art. 28 Abs. 1 GG verankerten Gebots des *sozialen* Staates – damit ist das deutsche Kündigungsschutzrecht sowohl nach seiner

---

1157 Pauly/Osnabrügge-Rinck, § 28, Rn. 1; Zöllner/Loritz/Hergenröder, § 26, Rn. 82; Otto, Rn. 420; Hromadka/Maschmann, § 10, Rn. 6; Berkowsky, Betriebsbedingte Kündigung, § 25, Rn. 317; Duvigneau, Auflösung des Arbeitsverhältnisses, S. 238; Rebhahn, Abfindung statt Kündigungsschutz?, RdA 2002, S. 272; Neef, Kündigungsschutzrecht, NZA 2000, S. 8; Mozet, Kündigungsschutz, NZA 1998, S. 129; Wank, Reform des Kündigungsrechts, RdA 1992, S. 228; Kraushaar, Kleinbetriebe, AuR 1988, S. 140; Hümmerich, Die arbeitsgerichtliche Abfindung, NZA 1999, S. 342.

1158 Vgl. nur Caamaño, Acoso moral laboral, Revista de Derecho 2011, S. 237. Dies liegt nicht zuletzt an den in der Regel abgeschlossenen Ausgleichsquittungen, hierzu Dirección del Trabajo, Boletín Oficial Sept. 2011, S. 25. Siehe OECD, Economic Surveys: Chile 2003, S. 87.

1159 Für Deutschland Brox/Rüthers/Henssler, Rn. 7 und Krause, § 1, Rn. 14.

1160 Imbusch/Messner/Nolte-Thiery, Chile heute, S. 413 f.; v. Potobsky in FS Däubler, S. 1006; Ugarte, Derecho del Trabajo, S. 27 f. und S. 170 f. Nach Bronstein in Derecho del Trabajo en América Latina, S. 35 und S. 101 verliert die neoliberale Politik jedoch zunehmend an Zustimmung, was zu einer Suche nach einem neuen Gleichgewicht zwischen Flexibilität und Arbeitnehmerschutz führt.

1161 Siehe S. 37 f.; v. Hoyningen-Huene/Linck, § 9, Rn. 4; KR-Spilger, § 9 KSchG, Rn. 8; Hromadka in Blank, Muss der Kündigungsschutz reformiert werden?, S. 15. Dabei bietet das KSchG einen relativen Bestandsschutz, da dem Arbeitnehmer kein absolutes Recht auf einen Arbeitsplatz zusteht, MüKo-Hergenröder, § 1 KSchG, Rn. 285.

gesetzlichen Ausgestaltung als auch seiner Zielsetzung nach ein „Bestandsschutzgesetz" und kein „Abfindungsgesetz"[1162].

Durch den konzeptionellen Unterschied der Kündigungsschutzsysteme werden verschiedene Anreize geschaffen. In Chile erreicht der gekündigte Arbeitnehmer vor Gericht in aller Regel nur den Erhalt einer Abfindung. Zwar besteht aufgrund der niedrigen Gerichtskosten keine große Hemmschwelle, Klage einzureichen. Gleichzeitig ist der Klageanreiz aber aufgrund der Tatsache, dass regelmäßig lediglich Geld erstritten und der Bestand des Arbeitsverhältnisses nicht gewahrt wird, nicht sehr hoch. Dagegen wird der Arbeitnehmer in Deutschland ohne Anspruch auf Abfindung gekündigt. Vor Gericht kann er die Weiterbeschäftigung, im Zweifel zumindest eine Abfindung, erstreiten. Dabei sind die Rechtsverfolgungskosten relativ gering, zumal viele Arbeitnehmer rechtsschutzversichert oder gewerkschaftlich vertreten sind. Weiter ist der Klageverzichtsanreiz des § 1a KSchG (insbesondere aufgrund seiner sehr niedrigen Abfindungshöhe) gering, da sich § 1a KSchG lediglich auf betriebsbedingte Kündigungen bezieht, der Arbeitgeber seiner schriftlichen Hinweispflicht nachkommen muss und der gekündigte Arbeitnehmer sowohl den Bestand des Arbeitsplatzes als auch eine höhere Abfindung erstreiten kann[1163]. Insofern ist der Klageanreiz in Deutschland vergleichsweise hoch[1164]. Insgesamt ist der Schutzstandard des deutschen Kündigungsschutzrechts im Vergleich mit dem chilenischen stärker, die Arbeitnehmer in Deutschland sind besser vor Kündigungen geschützt als in Chile[1165]. Der konzeptionelle Unterschied zwischen Deutschland und Chile relativiert sich nur in den Fällen, in denen eine Ausgleichsquittung vereinbart wird, da auch in Deutschland oftmals eine Aufhebungsvereinbarung getroffen wird.

Fraglich ist, ob der im Vergleich zu Deutschland niedrige Kündigungsschutz in Chile mit einer hohen Beschäftigungsquote einhergeht. Die Erfahrungen Chiles mit

---

1162 Gallner/Mestwerdt/Nägele-Mayer, § 1 Teil A, Rn. 3; v. Hoyningen-Huene/Linck, Einl., Rn. 80, § 1, Rn. 4, § 9, Rn. 6; KR-Spilger, § 9 KSchG, Rn. 8; Kittner/Däubler/Zwanziger-Deinert, Einl., Rn. 5; Kittner/Zwanziger/Deinert-Appel, § 84, Rn. 1; Brox/Rüthers/Henssler, Rn. 464; Hromadka/Maschmann, § 10, Rn. 136; Krause, § 18, Rn. 19; Leising, Abfindung, StBW 2010, S. 239; Tschöpe, Kündigungsschutz, NZA-RR 2003, S. 399 f.; BAG, Urt. v. 10.12.2009, NZA 2010, S. 698, Urt. v. 07.03.2002, NZA 2003, S. 261, Urt. v. 25.10.1989, AP Nr. 36 zu § 611 BGB Direktionsrecht, Urt. v. 26.11.1981, AP Nr. 8 zu § 9 KSchG 1969, Urt. v. 30.09.1976, AP Nr. 3 zu § 9 KSchG 1969 und Urt. v. 05.11.1964, AP Nr. 20 zu § 7 KSchG; BVerfG, Urt. v. 22.10.2004, NZA 2005, S. 41. A.A. Gamillscheg, Beendigung des Arbeitsverhältnisses, S. 65; Weißflog, Abfindungsansprüche, S. 82; Tilse/Wolgast, Beendigung des Arbeitsverhältnisses, S. 67; Willemsen, Kündigungsschutz, NJW 2000, S. 2780; Jahn, Wie wirkt der Kündigungsschutz?, ZAF 2005, S. 287; Boecken/Topf, Zurück zum Bestandsschutz, RdA 2004, S. 22; kritisch APS-Preis, Grundl. B, Rn. 27.

1163 Hofedank, Kündigungsschutz, S. 19 und S. 250; Darsow-Faller, Kündigungsschutz, S. 235; Richardi, Misslungene Reform, DB 2004, S. 488.

1164 So Jahn, Wie wirkt der Kündigungsschutz?, ZAF 2005, S. 290.

1165 Gamonal, Fundamentos de Derecho Laboral, S. 140 und v. Klitzing, Ordnungsökonomische Analyse, S. 96.

der sog. freien Arbeitgeberkündigung, welche mit dem Ziel einer Flexibilisierung des Arbeitsmarktes eingeführt wurde und zu einer Begünstigung der Einstellungsmoral der Arbeitgeber führen sollte, belegen keine sinkenden Arbeitslosenzahlen. Auch wenn zugestanden wird, dass die hohe Arbeitslosenzahl in Zeiten der Diktatur mehreren Faktoren zuzurechnen war, widerlegt die Praxis, dass die Flexibilisierungspolitik Pinochets zu einer höheren Einstellungsquote der Arbeitgeber führte[1166]. Die Erfahrungen Chiles belegen keinen unmittelbaren Zusammenhang zwischen einem restriktivem Kündigungsschutz und einer hohen Beschäftigungszahl.

Nichtsdestoweniger werden in Chile immer wieder Stimmen laut, die eine Reform des Kündigungsschutzrechts fordern, da aufgrund der Verteuerung der Kündigungen durch die regelmäßige Notwendigkeit einer Abfindungszahlung eine geringere Einstellungsquote, damit eine Beschränkung der wirtschaftlichen Möglichkeiten und eine Erhöhung der informellen Beschäftigungsverhältnisse eingetreten sei[1167]. Mithin wird nicht nur begrüßt, grundsätzlich keinen Weiterbeschäftigungsanspruch im Gesetz verankert zu haben, sondern darüber hinaus erscheint das bestehende Abfindungsmodell als zu kostenintensiv. Untermauert wird diese Forderung durch das Argument, eine hohe Abfindung schütze nicht vor den Auswirkungen einer Langzeitarbeitslosigkeit[1168]. Dementsprechend wird vorgeschlagen, den Arbeitsmarkt weiter zu flexibilisieren und die zu zahlenden Abfindungsbeträge zu reduzieren[1169] bzw. – weitergehend – mit einem „flexicurity package" die Abfindungszahlungen ganz aufzuheben und im Gegenzug die Arbeitslosenunterstützung zu verbessern[1170].

In positiver Hinsicht ist anzuführen, dass die Kosten einer Kündigung für den Arbeitgeber in Chile kalkulierbar sind und er aufgrund dessen ein hohes Maß an Rechtssicherheit genießt. Befürworter des chilenischen Abfindungsmodells bezeichnen das Argument, die Arbeitgeberkündigung sei aufgrund der zu zahlenden Abfindung mit hohem finanziellen Aufwand verbunden, als Gerücht, zumal das Gesetz regelmäßig nur im Falle einer Kündigung aus betriebsbedingten Gründen bei einem seit über einem Jahr bestehenden Arbeitsverhältnis und damit nur in sehr wenigen, ausdrücklich normierten Fällen einen Abfindungsanspruch vorsieht[1171].

1166 Tapia in Derecho del Trabajo en América Latina, S. 244, Fn. 10; Morgado, Las reformas laborales, S. 22. Vgl. auch Piñera, La revolución laboral en Chile, S. 144 ff.

1167 Tapia in Derecho del Trabajo en América Latina, S. 252; OECD, Reviews of Labour Market: Chile, S. 20; bfai, Wirtschaftstrends Chile, S. 16 f.

1168 OECD, Reviews of Labour Market: Chile, S. 20.

1169 gtai, Wirtschaftsentwicklung Chile, S. 10; OECD, Economic Surveys: Chile 2003, S. 87; hierzu i.E. auch Pagés/Montenegro, Job security, Estudios de Economía 2007, S. 137 und Chile – Country Report March 2011, S. 5.

1170 OECD, Reviews of Labour Market: Chile, S. 18, S. 24, S. 31, S. 69 f., wonach Chile eine Reform nach österreichischem Vorbild empfohlen wird. Hierzu S. 45 und Fußnote 169. Zu Flexicurity vgl. Preis in FS Birk, S. 625 f.; Sesselmeier/Funk/Waas, Arbeitsmarkttheorien, S. 316 f.

1171 Dirección del Trabajo, ¿Cómo se despide en Chile?, Pulso Oktober 2006 Nr. 3, S. 1, S. 4.

Zahlen aus der Praxis bestätigen, dass selten eine Abfindung zu zahlen ist. Die Umfrage des Arbeitsaufsichtsamtes („ENCLA") aus dem Jahr 2008 ergab, dass den Arbeitnehmern bei nur 7 % der Vertragsbeendigungen ein Abfindungsanspruch zustand, dagegen bei 93 % der Vertragsbeendigungen keine Abfindung zu zahlen war[1172]. Laut einer früheren Umfrage des chilenischen Arbeitsaufsichtsamtes im Zeitraum 2004 bis 2006 beinhalteten 85 % der ausgesprochenen Kündigungen keinen Anspruch auf Abfindung nach Beschäftigungsjahren, in der Regel weil es sich um befristete Beschäftigungsverhältnisse handelte. Weitere 5 % der Kündigungen stellten abfindungsfreie verhaltens- bzw. personenbedingte Kündigungen dar[1173].

Abgesehen hiervon führt die gesetzliche Regelung, nach der Abfindungen erst ab einer Betriebszugehörigkeit von zwölf Monaten zu zahlen sind, zu einem Anreiz der Arbeitgeber, den Arbeitnehmer vor Erreichen dieser Betriebszugehörigkeitsdauer zu kündigen[1174]. Das chilenische Abfindungssystem berücksichtigt lediglich diejenigen Arbeitnehmer, die unbefristet mindestens zwölf Monate beschäftigt waren und aus betriebsbedingten Gründen gekündigt werden – und diese Kündigungen werden hinsichtlich aller *formellen und informellen* Beschäftigungsverhältnisse lediglich gegenüber 6 % der Arbeitnehmer ausgesprochen, die arbeitslos werden[1175].

Darüber hinaus erhalten die Arbeitnehmer oftmals nicht die ihnen gesetzlich zustehende Abfindung, da sie der Arbeitgeber zur Hinnahme einer niedrigeren Abfindungssumme drängt oder aber die Zahlung schlicht verweigert[1176]. So vereinbaren die Arbeitsvertragsparteien häufig den Ausspruch einer Arbeitnehmerkündigung gegen Zahlung eines Abfindungsbetrages, der geringer ist, als der gesetzlich vorgesehene, damit der Arbeitgeber Kosten spart und der Arbeitnehmer eine Rechtsverfolgung vermeiden kann[1177]. Diese fingierte Arbeitnehmerkündigung führt aber dazu, dass die Rechtsverfolgung für den Arbeitnehmer ausgeschlossen ist. Daher wird kritisiert, dass die Umsetzung der geltenden Arbeitnehmerschutzrechte in

1172 Dirección del Trabajo, Encla 2008, S. 49. Die Umfrage der Arbeitsdirektion 2011 ergab, dass lediglich 7,1 % der Arbeitsverträge aus betriebsbedingten Gründen gekündigt wurden, Dirección del Trabajo, Encla 2011, S. 86 ff.

1173 Gamonal, Procedimiento de Tutela, S. 66, Fn. 94; Dirección del Trabajo, ¿Cómo se despide en Chile?, Pulso Oktober 2006 Nr. 3, S. 2, zudem endeten lediglich 10 % der Arbeitsverhältnisse aus betriebsbedingten Gründen. Laut einer Umfrage der Arbeitsdirektion 2002 endeten 21,1 % der Arbeitsverhältnisse aufgrund einer betriebsbedingten Kündigung, ohne hierbei die Anzahl der Arbeitnehmer zu berücksichtigen, die keinen Anspruch auf Erhalt einer Abfindung mangels Betriebszugehörigkeit oder lediglich Vollstreckungsschwierigkeiten hatten, so Dirección del Trabajo, Encla 2002, S. 19 f.; Ugarte, Derecho del Trabajo, S. 172, Fn. 301. Auch hieraus ergibt sich, dass nur ein sehr geringer Anteil der Arbeitgeberkündigungen abfindungspflichtig ist.

1174 OECD, Reviews of Labour Market: Chile, S. 69, Fn. 15.

1175 OECD, Reviews of Labour Market: Chile, S. 69.

1176 OECD, Reviews of Labour Market: Chile, S. 69.

1177 Dirección del Trabajo, ¿Cómo se despide en Chile?, Pulso Oktober 2006 Nr. 3, S. 3.

der Realität an den tatsächlichen Gegebenheiten scheitert[1178]. Problematisch ist jedenfalls, dass dieses Vorgehen zu einer erhöhten Inanspruchnahme der Arbeitsgerichtsbarkeit und einer Belastung der Sozialkassen führt[1179].

Interessant ist, dass Chile mit dem Gesetz Nr. 20.087 vom 03.01.2006 bei schwerwiegenden Verstößen der Kündigung gegen Diskriminierungsverbote einen Bruch mit dem bislang herrschenden „reinen" Abfindungssystem vollzog und der Arbeitnehmer seither die Möglichkeit hat, sich nicht für den Erhalt einer Abfindung, sondern für eine Weiterbeschäftigung zu entscheiden[1180]. Insofern wurde in Chile erkannt, dass im Falle eines schwerwiegenden Rechtsverstoßes gegen ein Diskriminierungsverbot dem Arbeitnehmer mit dem Erhalt einer Abfindung keine ausreichende Rechtssicherheit gewährt wird und ihm vielmehr der Bestand des Arbeitsverhältnisses erhalten bleiben muss. In der Praxis zeigt sich allerdings, dass Arbeitnehmer selbst in Fällen, in denen sie statt einer Abfindung eine Weiterbeschäftigung erreichen könnten, oftmals für die Abfindung optieren. Einer der Gründe hierfür ist, dass die Abfindung in der Regel sofort zur Verfügung gestellt wird, während es bei einem langwierigen Prozess oft unsicher ist, ob der Weiterbeschäftigungsanspruch tatsächlich durchgesetzt werden kann, sodass die Arbeitnehmer häufig den sicheren und unverzüglichen Abfindungserhalt bevorzugen[1181].

Das chilenische Arbeitsvertragsgesetz wird als in vielerlei Hinsicht flexibel verstanden, wobei jedoch gerade die Abfindungszahlungen zu einem erhöhten Kostenfaktor für Arbeitgeber führen und eine Umgehung der gesetzlichen Vorschriften begünstigen. Insbesondere führt die geringe Durchsetzung der Arbeitnehmerrechte zu einem Minderwert des Gesetzes für die Arbeitnehmer. Der Arbeitgeber wird nur widerwillig Arbeitnehmer unbefristet länger als zwölf Monate beschäftigen, da solche Beschäftigungsverhältnisse Risiken hoher Kosten oder aber zumindest teurer Rechtsstreitigkeiten mit sich bringen[1182]. Hinzu kommt, dass eines der Probleme Chiles nach wie vor ist, Arbeitnehmer aus dem informellen Beschäftigungssektor herauszuholen und die Arbeitsvertragsparteien zum Abschluss eines Arbeitsvertrages zu bewegen. Selbst im Jahre 2006 hatte ein Fünftel aller Beschäftigten in Chile keinen formellen Arbeitsvertrag und damit keinen Zugang zu den bestehenden Sozialversicherungssystemen[1183]. Damit ist trotz des relativ freien Kündigungsrechts des

1178 Ugarte, Derecho del Trabajo, S. 25, S. 114 f. und S. 129.

1179 OECD, Reviews of Labour Market: Chile, S. 20 und S. 69.

1180 Candia/Koch, Reforma procesal, S. 70 f.; Tapia in Derecho del Trabajo en América Latina, S. 255; Gamonal, Chilean Labour Law 1990–2010, IJCLLIR 2011, S. 91 f.

1181 Cook, The Politics of Labor Reform in Latin America, S. 48.

1182 OECD, Reviews of Labour Market: Chile, S. 70.

1183 OECD, Reviews of Labour Market: Chile, S. 16; dies., Economic Surveys: Chile 2005, S. 119 f., wonach fast ein Viertel der Beschäftigten keinen formellen Arbeitsvertrag hatte. Auch in Deutschland gilt der Kündigungsschutz nur für rechtlich erfasste Arbeit, siehe Rebhahn, Kündigungsschutz des Arbeitnehmers, ZfA 2003, S. 228 und Handelskammer Hamburg, Mehr Markt für den Arbeitsmarkt, S. 16 f. Morgado, Labour Law in Chile, S. 49 weist darauf hin, dass die gesellschaftspolitische

Arbeitgebers keine Erhöhung der Beschäftigungsquote erreicht worden. Insgesamt führt das Abfindungssystem in Chile aufgrund der zu zahlenden Abfindungen zu einem erhöhten Kostenrisiko des Arbeitgebers. Gleichzeitig führt die Beschränkung der Abfindungen und die geringe Durchsetzung des Erhalts der Abfindung zu einem ineffektiven Schutz vor dem Verlust des Arbeitsplatzes und damit des Einkommens[1184].

II. Reformdebatte um den Kündigungsschutz in Deutschland

In Deutschland wurde die Debatte bezüglich flexiblerer Kündigungsschutzgesetze durch das Grünbuch der Europäischen Kommission Ende 2006 erneut angeregt. Hierin stellt die Kommission eine Rückführung der Schutzstandards bei Beendigung von Arbeitsverhältnissen in den Raum, da sich den europäischen Arbeitsmärkten die Aufgabe stelle, größere Flexibilität mit größtmöglicher Sicherheit für alle zu verbinden („Flexicurity")[1185]. Diese Forderung zeigt, dass die Vorbehalte gegen eine Reform des bestehenden Bestandsschutzsystems hin zu einem abfindungsorientierten Kündigungsschutzmodell trotz der Tatsache, dass es sich hierbei um ein politisch und ideologisch besetztes Rechtsgebiet handelt, geringer werden[1186].

Aufmerksamkeit nicht primär auf die Probleme der (formellen oder informellen) Arbeitsverhältnisse, sondern auf die sozialen Bedürfnisse in den Bereichen Bildung und Gesundheitswesen fokussiert ist.

1184 So auch OECD, Reviews of Labour Market: Chile, S. 69.

1185 Grünbuch Ein modernes Arbeitsrecht für die Herausforderungen des 21. Jahrhunderts, S. 1 ff. Hierzu Bayreuther, Grünbuch, NZA 2007, S. 371 ff.; Preis in FS Birk, S. 625 ff., S. 642; Waas, Grünbuch der Kommission, ZESAR 2007, S. 197 ff., S. 202, der in seinen Ausführungen zur Fortentwicklung des deutschen Arbeitsrechts, RdA 2007, S. 81 gleichzeitig darauf hinweist, dass nach den Erfahrungen der Vergangenheit davon auszugehen ist, dass der politische Wille zu Reformen des deutschen Kündigungsschutzes, welche über die Reform des Jahres 2004 hinausgehen, auf absehbare Zeit verbraucht sei. Vgl. Keine Änderungen mehr im Arbeitsrecht (BT-Drs. 16/2151), NJW-Spezial 2007, S. 326; Waltermann, Rn. 43; ders., Gutachten zum 68. DJT, B 109 und Dietermann, Das Arbeitsvertragsgesetz, ZRP 2007, S. 99 f.

1186 Rieble-Klumpp, Transparenz und Reform, S. 19; Donges, Deregulierung, S. 17; Jahn, Zur ökonomischen Theorie, S. 22; Sandmaier, Kündigungsschutzmodelle, S. 15; Schramm/Zachert, Arbeitsrecht in der betrieblichen Anwendung, S. 38 f.; Brox/Rüthers/Henssler, Rn. 4, Rn. 15 und Rn. 465 ff.; Höland in Blank, Muss der Kündigungsschutz reformiert werden?, S. 23; Kraus, Abfindungen, S. 80; Preis, Neuorientierung in der arbeitsrechtlichen Gesetzgebung, NZA 2000, S. 10; Däubler/Hanau, Einschränkung des Kündigungsschutzes?, ZRP 2003, S. 108; vgl. Boecken/Topf, Zurück zum Bestandsschutz, RdA 2004, S. 20.

1. Rechts- und wirtschaftspolitische Aspekte des Bestandsschutzes

Die überwiegende Zahl der Befürworter einer Reform des KSchG ist sich einig, dass das Bestandsschutzprinzip zu überdenken ist. Eines der Hauptargumente für eine Reduzierung des bisherigen Kündigungsschutzes ist die Beschäftigungsförderung, da das bestehende KSchG als Einstellungsbremse und Beschäftigungshindernis verstanden wird[1187]. Infolge des ausgeprägten Kündigungsschutzes nähmen Unternehmen unbefristete Einstellungen nur noch vor, wenn sie sich sicher sein könnten, richtig investiert zu haben. Die hohen und teilweise versteckten Kosten einer Kündigung führten zu einem Einstellungshemmnis auf Arbeitgeberseite, da bereits die Einstellungsentscheidung auf ihre wirtschaftlichen Kosten hin überdacht werde[1188]. Auch durch die Ungewissheit, ob der gegen eine Kündigung Rechtsschutz suchende Arbeitnehmer nun in den Betrieb des Arbeitgebers zurückkehrt, werde die Personalplanung erschwert[1189]. Arbeitgeber entwickelten daher Vermeidungs- und Umgehungsstrategien, welche zu Überstunden, zum Abschluss von befristeten Arbeitsverträgen und Leiharbeitsverhältnissen, freier Mitarbeiterschaft, zu Outsourcing und prekärer Selbstständigkeit führten[1190]. Aus ökonomischer Sicht sprächen daher überwiegende Argumente für Zusammenhänge zwischen der auf hohem Niveau stehenden Kündigungsschutzregulierung und einem strukturell bedingten negativen Beschäftigungsstand[1191], sodass das Kündigungsrecht als gesetzgeberisches Gestaltungsinstrument zur Realisierung eines möglichst hohen

---

1187 Balders/Strybny, Reform für mehr Beschäftigung, ZRP 2005, S. 250; Adenauer, Arbeitsmarkt, AuA 2005, S. 517; Busch, Reform des Arbeitsrechts, BB 2003, S. 471; Bauer, Kündigungsschutzrecht, NZA 2002, S. 530; ders., Arbeitsrechtlicher Wunschkatalog, NZA 2005, S. 1046; Hromadka in Blank, Muss der Kündigungsschutz reformiert werden?, S. 11 und S. 14; Sandmaier, Kündigungsschutzmodelle, S. 69 ff. und Weißflog, Abfindungsansprüche, S. 66 ff. Auch Höland/Kahl/Zeibig, Kündigungspraxis und Kündigungsschutz, S. 38 und S. 199 ff. bestätigen, dass der Kündigungsschutz subjektiv als Einstellungshemmnis wahrgenommen wird.

1188 Rieble-Kamanabrou, Transparenz und Reform, S. 80 f., Rn. 7; Donges, Deregulierung, S. 31; ders. u.a., Flexibler Kündigungsschutz, S. 16; v. Klitzing, Ordnungsökonomische Analyse, S. 183 ff.; Handelskammer Hamburg, Mehr Markt für den Arbeitsmarkt, S. 23.

1189 Sandmaier, Kündigungsschutzmodelle, S. 47 f. und S. 56.

1190 Hromadka in Blank, Muss der Kündigungsschutz reformiert werden?, S. 11; Rüthers, Sinn und Unsinn des geltenden Kündigungsschutzrechts, NJW 2002, S. 1604; Koch, Kündigungsschutz, ZfA 2002, S. 449; Sandmaier, Kündigungsschutzmodelle, S. 71 ff.

1191 V. Bülow, Bestandsschutz, S. 198; vgl. Höland/Kahl/Zeibig, Kündigungspraxis und Kündigungsschutz, S. 25, S. 28 und Ehrig/Kalmbach-dies., Weniger Arbeitslose, S. 10.

Beschäftigungsstands eingesetzt[1192], hierdurch den Marktkräften mehr Freiraum verschafft und das Beschäftigungswachstum gefördert werden sollte. Durch eine Reform des KSchG würde das Dispositionsinteresse des Arbeitgebers gerade in wirtschaftlich schwierigen Zeiten gestärkt und zu einem positiven Beschäftigungsimpuls führen[1193].

Als ein wichtiges Argument für eine Reform des Arbeitsrechts wird weiter vorgetragen, durch das sog. Annahmeverzugslohnrisiko und die lange Verfahrensdauer vor den Arbeitsgerichten, im Zweifel durch mehrere Instanzen, werde der Vergleichsdruck auf den Arbeitgeber erhöht[1194]. Das hierdurch bedingte hohe Prozessrisiko wirke als indirekter Kündigungsschutz für den Arbeitnehmer, da der Arbeitgeber in jedem Fall vor Ausspruch einer Kündigung kalkuliere und diese erst dann ausspreche, wenn sie sich wirtschaftlich rentiere, sodass der Kündigungsschutz nicht durch die geltenden Gesetze, sondern indirekt durch das wirtschaftliche Prozessrisiko bestimmt werde[1195]. Insbesondere aufgrund des Annahmeverzugslohnrisikos gerate der Arbeitgeber während des Kündigungsschutzverfahrens in eine Zwickmühle: Beschäftigt er den Arbeitnehmer nicht, geht er das Risiko der Zahlung des Annahmeverzugslohns ein, ohne eine Gegenleistung hierfür zu erhalten; beschäftigt er ihn dagegen während des laufenden Prozesses weiter, macht er damit deutlich, dass ihm eine Weiterbeschäftigung möglich und zumutbar sei[1196]. Insofern sei das Prozessrisiko für den Arbeitgeber ungleich höher als für den Arbeitnehmer[1197].

Schließlich soll nicht zuletzt die gängige Vergleichspraxis vor den deutschen Arbeitsgerichten für ein Bedürfnis nach Abfindungsregelungen sprechen[1198]. In

---

1192 Becker/Rommelspacher, Reform des Kündigungsrechts, ZRP 1976, S. 40. Vgl. Lindner, Grundrechtsfestigkeit des arbeitsrechtlichen Kündigungsschutzes, RdA 2005, S. 170 und Rüthers, Kündigungsschutz, NJW 2006, S. 1642.

1193 Sandmaier, Kündigungsschutzmodelle, S. 47 f., S. 56; Rüthers, Kündigungsschutz, NJW 2006, S. 1642. Vgl. Höland/Kahl/Zeibig, Kündigungspraxis und Kündigungsschutz, S. 38; v. Hoyningen-Huene in FS 50 Jahre Arbeitsgerichtsbarkeit, S. 218; Jahn, Kündigungsschutz, S. 16 f.; v. Klitzing, Ordnungsökonomische Analyse, S. 75; Lettl, Kündigungsschutz, NZA-RR 2004, S. 57.

1194 Sandmaier, Kündigungsschutzmodelle, S. 46 ff.; Hromadka in Blank, Muss der Kündigungsschutz reformiert werden?, S. 13 f.; Boecken/Topf, Zurück zum Bestandsschutz, RdA 2004, S. 24; vgl. Buchner, Deregulierung, NZA 2002, S. 534 und Rebhahn, Kündigungsschutz des Arbeitnehmers, ZfA 2003, S. 220.

1195 Hromadka in Blank, Muss der Kündigungsschutz reformiert werden?, S. 13 f.; Bauer, Kündigungsschutzrecht, NZA 2002, S. 529; Koch, Kündigungsschutz, ZfA 2002, S. 448; Sandmaier, Kündigungsschutzmodelle, S. 49, S. 57 ff.

1196 Sandmaier, Kündigungsschutzmodelle, S. 46 f.

1197 So Sandmaier, Kündigungsschutzmodelle, S. 48; Schiefer, Kündigungsschutz, NZA 2002, S. 771.

1198 V. Bülow, Bestandsschutz, S. 203; Oymann, Auslegung des KSchG, S. 134; Neef, Kündigungsschutzrecht, NZA 2000, S. 8; Bauer, Kündigungsschutzrecht, NZA 2002, S. 529; Buchner, Deregulierung, NZA 2002, S. 534. Laut Rüthers, Sinn und

Deutschland werden eine Vielzahl an Kündigungsschutzprozessen geführt, bei denen es tatsächlich nicht um den Fortbestand des Arbeitsverhältnisses, sondern um den Erhalt einer Abfindung gehe[1199]. Insgesamt sollen die Abfindungszahlungen sowohl ihrer Anzahl als auch ihrer jeweiligen Höhe nach zugenommen haben[1200]. Des Weiteren gewährleiste das KSchG schon heute keinen unmittelbaren, sondern lediglich mittelbaren Bestandsschutz bei betriebsbedingten Kündigungen, denn immerhin koste eine betriebsbedingte Kündigung den Arbeitgeber in vielen Fällen Geld[1201]. Daher habe sich das KSchG aufgrund des Verzugslohnrisikos und der damit einhergehenden Bereitschaft des Arbeitgebers, an den Arbeitnehmer eine Abfindung zwecks endgültiger Beendigung des Arbeitsverhältnisses zu zahlen, trotz seiner Zielsetzung und Ausgestaltung zu einem Abfindungsgesetz entwickelt[1202]. Dies führe dazu, dass die Realität (häufiger Abschluss von Vergleichen zur Auflösung des Arbeitsverhältnisses gegen Zahlung einer Abfindung) an dem heutigen KSchG mit seinem Bestandsschutzgedanken vorbeigehe[1203]. Der Arbeitnehmer gehe bei einem Abfindungsvergleich immer das Risiko ein, seitens der Bundesagentur für Arbeit eine Sperrzeit verhängt zu bekommen, welche zu einem Ruhen seines Arbeitslosengeldanspruchs führt[1204]. So werde der Bestandsschutz den Parteiinteressen nicht gerecht, wohingegen eine gesetzlich normierte Abfindung die Kosten einer Kündigung kalkulierbar machen würde[1205].

Unsinn des geltenden Kündigungsschutzrechts, NJW 2002, S. 1602 (ohne näheren Nachweis) führen 90 % der Arbeitgeberkündigungen zu einem Abfindungsvergleich. In ihrer empirischen Untersuchung kamen Höland/Kahl/Zeibig, Kündigungspraxis und Kündigungsschutz, S. 183 zu dem Ergebnis, dass rund 50 % der klagenden Arbeitnehmer 2003 einen Abfindungsvergleich schlossen.

1199 Hanau/Adomeit, Rn. 964; Darsow-Faller, Kündigungsschutz, S. 246; Hofedank, Kündigungsschutz, S. 20; Leising, Abfindung, StBW 2010, S. 240; Schiefer, Kündigungsschutz, NZA 2002, S. 777; Rüthers, Sinn und Unsinn des geltenden Kündigungsschutzrechts, NJW 2002, S. 1608; Becker/Rommelspacher, Reform des Kündigungsrechts, ZRP 1976, S. 41; vgl. Sandmaier, Kündigungsschutzmodelle, S. 49.

1200 Darsow-Faller, Kündigungsschutz, S. 95; bereits Schwerdtner, Anm. zu BAG, Urt. v. 28.09.1972, JZ 1973, S. 379.

1201 Rieble-Kamanabrou, Transparenz und Reform, S. 79, Rn. 4 f.

1202 Boecken/Topf, Zurück zum Bestandsschutz, RdA 2004, S. 22; vgl. Sandmaier, Kündigungsschutzmodelle, S. 49 und S. 57 ff.

1203 So Willemsen, Kündigungsschutz, NJW 2000, S. 2779 f.; Weißflog, Abfindungsansprüche, S. 96; Kraus, Abfindungen, S. 70; siehe auch Höland in Blank, Muss der Kündigungsschutz reformiert werden?, S. 25.

1204 § 159 Abs. 1 S. 2 Nr. 1 SGB III. Eine Sperrzeit tritt nach der Durchführungsanweisung der Bundesagentur für Arbeit ein, wenn der Arbeitslose sich versicherungswidrig verhalten hat, ohne hierzu einen wichtigen Grund zu haben. Vgl. IZA Research Report Nr. 36, Juni 2011, S. 3.

1205 Willemsen, Kündigungsschutz, NJW 2000, S. 2784; Rebhahn, Arbeitsrechtsvergleichung in Europa, ZEuP 2002, S. 464.

Kritiker des bestehenden Kündigungsschutzsystems formulieren sogar, Kündigungsschutzklagen in Deutschland besäßen „Lotteriecharakter" oder stellten einen „Abfindungspoker" dar[1206]. Dies liege an den im Gesetz verankerten unbestimmten Rechtsbegriffen und Generalklauseln, des dadurch bedingten Richterrechts und führe zu einer großen Rechtsunsicherheit, da die Entscheidung in Kündigungsschutzfällen oft von der sozialpolitischen Einstellung des jeweiligen Arbeitsrichters abhänge[1207]. Dabei ist unbestritten, dass der Arbeitsgerichtsbarkeit rechtspolitisch aufgrund des Übergangs umfassender Normsetzungsaufgaben eine hohe Bedeutung zukommt und das Arbeitsrecht zum überwiegenden Teil Richterrecht darstellt[1208].

Nicht zu unterschlagen sind die erheblichen praktischen Schwierigkeiten des Arbeitnehmers im Falle seines Obsiegens im Kündigungsrechtsstreit. Auch das BAG führt aus, der gekündigte und nicht weiterbeschäftigte Arbeitnehmer müsse sich sofort um eine neue Arbeitsstelle bemühen. Wenn er bei einem anderen Arbeitgeber einen angemessenen Arbeitsplatz gefunden habe, ziehe er es nach gewonnenem Kündigungsschutzprozess häufig vor, auf dem neuen Arbeitsplatz zu bleiben und nicht in seinen früheren Beschäftigungsbetrieb, von dem er sich inzwischen entfremdet hat, zurückzukehren. Aber auch wenn der gekündigte Arbeitnehmer arbeitslos geblieben ist, scheitert seine Rückkehr in den Betrieb nicht selten an der zwischenzeitlich eingetretenen Entfremdung zwischen ihm und seinem Arbeitgeber, seinem alten Betrieb und seinen Arbeitskollegen oder daran, dass sein Arbeitsplatz mittlerweile von einem anderen Arbeitnehmer besetzt oder durch Rationalisierungsmaßnahmen weggefallen ist[1209].

1206 Brox/Rüthers/Henssler, Rn. 117; Schwerdtner, Probleme des Kündigungsschutzes, ZIP 1984, S. 12; Rüthers, Sinn und Unsinn des geltenden Kündigungsschutzrechts, NJW 2002, S. 1603; Willemsen, Kündigungsschutz, NJW 2000, S. 2783; Tschöpe, Kündigungsschutz, NZA-RR 2003, S. 399; Balders/Strybny, Reform für mehr Beschäftigung, ZRP 2005, S. 250; Leising, Abfindung, StBW 2010, S. 237; Oymann, Auslegung des KSchG, S. 20; Darsow-Faller, Kündigungsschutz, S. 251; Hofedank, Kündigungsschutz, S. 7 ff., S. 276 f.; Sandmaier, Kündigungsschutzmodelle, S. 13, S. 31 f., S. 36 f.; Bitter/Kiel, Rechtsprechung des BAG, RdA 1994, S. 334.

1207 Leising, Abfindung, StBW 2010, S. 237; ausführlich Rüthers, Sinn und Unsinn des geltenden Kündigungsschutzrechts, NJW 2002, S. 1603 ff.; ders., Kündigungsschutz, NJW 2006, S. 1640; v. Hoyningen-Huene in FS 50 Jahre Arbeitsgerichtsbarkeit, S. 219; Donges u.a., Flexibler Kündigungsschutz, S. 21 f.; Weißflog, Abfindungsansprüche, S. 62 f.; Oymann, Auslegung des KSchG, S. 19 f.; Duvigneau, Auflösung des Arbeitsverhältnisses, S. 266; IZA Research Report Nr. 36, Juni 2011, S. 1, S. 12; vgl. Nägele, Arbeitsrecht als Investitionsmotor?, BB 2003, S. 740.

1208 Waas, Fortentwicklung des deutschen Arbeitsrechts, RdA 2007, S. 79; Richardi, Arbeitsgesetzgebung, NZA 2008, S. 1; Brox/Rüthers/Henssler, Rn. 16 und Rn. 21 f.; Dütz/Thüsing, Rn. 14; v. Klitzing, Ordnungsökonomische Analyse, S. 80 f., S. 220 ff.; Darsow-Faller, Kündigungsschutz, S. 57.

1209 BAG, Beschl. v. 27.02.1985, AP Nr. 14 zu § 611 BGB Beschäftigungspflicht. Bauer, Kündigungsschutzrecht, NZA 2002, S. 529 spricht von der Rückkehr in den Betrieb als „Spießrutenlauf", Becker/Rommelspacher, Reform des Kündigungsrechts, ZRP

Zudem führe der Kündigungsschutz grundsätzlich zu einem Insider-Outsider-Problem, da der Schutz der Arbeitsplatzinhaber (Insider) auf Kosten der arbeitslosen und veränderungswilligen Arbeitsplatzsuchenden (Outsider) bestehe[1210].

Hinzu komme die hohe Belastung der Arbeitsgerichte, da Kündigungsschutzklagen die häufigste Verfahrensart vor Arbeitsgerichten darstellen und diese Klagen aufgrund der Kostenprivilegierung von der Allgemeinheit finanziell mitzutragen sind[1211].

Dabei müssen sich die Befürworter eines Abfindungssystems keine Verfassungswidrigkeit entgegen halten lassen. Abfindungen stellen sich als vorwirkender Bestandsschutz dar, da sich die Erwartung des Arbeitgebers, einen Arbeitsvertrag nur gegen Abfindung beenden zu können, im Vorfeld einer Kündigung arbeitsplatzschützend auswirkt. Der Arbeitgeber nimmt die finanziellen Aufwendungen nur in Kauf, wenn sie ihm besonders dringend erscheinen[1212], sodass einem abfindungsorientierten Kündigungsschutz keine verfassungsrechtlichen Bedenken gegenüberstehen[1213].

Aber auch wenn sich die Stimmen derer mehren, die eine Abkehr vom Bestandsschutz fordern, wird gemahnt, eine solche Reform zu überdenken. Befürworter des

---

1976, S. 41 weisen auf die „normative Kraft des Faktischen“ hin. Vgl. Duvigneau, Auflösung des Arbeitsverhältnisses, S. 235 ff. und Wolter, Reformbedarf, NZA 2003, S. 1071 f.

1210 Rebhahn, Kündigungsschutz des Arbeitnehmers, ZfA 2003, S. 188; Rüthers, Beschäftigung durch Entrümpelung, NJW 2003, S. 549; ders., Sinn und Unsinn des geltenden Kündigungsschutzrechts, NJW 2002, S. 1605; v. Klitzing, Ordnungsökonomische Analyse, S. 37 f., S. 205 f., S. 231 f.; Weißflog, Abfindungsansprüche, S. 91; Bayreuther, Grünbuch, NZA 2007, S. 371; Schiefer, Kündigungsschutz, NZA 2002, S. 770; Höland in Blank, Muss der Kündigungsschutz reformiert werden?, S. 31 f.; Koch, Kündigungsschutz, ZfA 2002, S. 452; Franz, Flexibilisierung, ZfA 1994, S. 446; Donges, Deregulierung, S. 14; ders. u.a., Flexibler Kündigungsschutz, S. 27 ff.; BVerfG, Beschl. v. 13.01.1982, BVerfGE 59, S. 231, S. 266. Ausführlich Sesselmeier/Funk/Waas, Arbeitsmarkttheorien, S. 231 ff.

1211 Darsow-Faller, Kündigungsschutz, S. 252; Hofedank, Kündigungsschutz, S. 25; Leising, Abfindung, StBW 2010, S. 237; Becker/Rommelspacher, Reform des Kündigungsrechts, ZRP 1976, S. 40 f.

1212 BVerfG, Beschl. v. 27.01.1998, BVerfGE 97, S. 169, S. 180; hierzu Höland in Blank, Muss der Kündigungsschutz reformiert werden?, S. 51; Sandmaier, Kündigungsschutzmodelle, S. 85; Willemsen, Kündigungsschutz, NJW 2000, S. 2786 f.; Buchner, Deregulierung, NZA 2002, S. 535.

1213 Nach ausführlicher Prüfung Sandmaier, Kündigungsschutzmodelle, S. 79 ff., S. 85; Darsow-Faller, Kündigungsschutz, S. 261 ff., S. 266; Kraus, Abfindungen, S. 44 ff.; Hergenröder, Kündigung und Kündigungsschutz, ZfA 2002, S. 375; Kamanabrou, Verfassungsrechtliche Aspekte eines Abfindungsschutzes, RdA 2004, S. 340; Lindner, Grundrechtsfestigkeit des arbeitsrechtlichen Kündigungsschutzes, RdA 2005, S. 169; vgl. Sesselmeier/Funk/Waas, Arbeitsmarkttheorien, S. 238. Kritisch Weißflog, Abfindungsansprüche, S. 467 ff.; Bauer, Abfindungsregelungen, S. 351 ff.

bestehenden Bestandsschutzsystems betonen, dass mit Einführung des KSchG 1951 im Gegensatz zum BRG und AOG nicht mehr in das Ermessen des Arbeitgebers gestellt werden sollte, ob der Arbeitnehmer weiterbeschäftigt wird, sondern der Arbeitnehmer aufgrund seiner spezifischen Schutzbedürftigkeit einem verstärkten Arbeitsplatzschutz unterliegt[1214]. Das Bestandsschutzprinzip führt dazu, dass der Arbeitnehmer seinen Arbeitsplatz nur verliert, wenn tatsächlich ausreichende Gründe hierfür vorliegen, sodass er ein hohes Maß an sozialer Sicherheit genießt und seine Existenzängste minimiert werden[1215]. Insofern ist die Formulierung zutreffend: „Die Freiheit im Arbeitsverhältnis bestimmt sich von seinem Ende her“[1216]. Der Arbeitgeber profitiert von der vertrauensbildenden Funktion des Bestandsschutzes durch eine Reduzierung der Transaktionskosten und ein hohes Innovationspotenzial, da sich Mitarbeiter frei und ungezwungen mit Ideen und Vorschlägen einbringen; der Arbeitnehmer genießt ein gewisses Maß an Freiheit ohne Risiko eines überobligationsmäßigen Verhaltens[1217]. Nicht zuletzt ist die Gesellschaft Nutznießer eines stabilen Kündigungsschutzes, denn im Konjunkturverlauf soll in der Rezession der Abbau von Arbeitsplätzen reduziert und gleichzeitig der vorherrschende Anstieg an Unsicherheit und Unrast verlangsamt werden, um so zunehmende psychosomatische und psychische Krankheiten zu verhindern, deren Behandlung durch die Krankenversicherung die Lohnnebenkosten erhöhen und in der Regel die Produktivität beeinträchtigen[1218].

1214 Boecken/Topf, Zurück zum Bestandsschutz, RdA 2004, S. 21.

1215 Darsow-Faller, Kündigungsschutz, S. 244 f.; Hofedank, Kündigungsschutz, S. 26 f.; Rebhahn, Kündigungsschutz des Arbeitnehmers, ZfA 2003, S. 184; Däubler, Beschäftigungssicherung durch Kündigungsschutz, AiB 2002, S. 457. Huber, Wunschkatalog, NZA 2005, S. 1340 f. weist darauf hin, dass eine Reduzierung des Kündigungsschutzes wegen des Verunsicherungseffektes zu einem Anstieg der Arbeitslosigkeit führen könne.

1216 Hromadka in Blank, Muss der Kündigungsschutz reformiert werden?, S. 15; zustimmend Preis, Reform des Bestandsschutzrechts, RdA 2003, S. 70; Pfarr/Ullmann, Kündigungsschutz unter Reformdruck, WSI Mitteilungen 2003, S. 211; Pfarr/Zeibig, Abfindung statt Kündigungsschutz?, WSI Mitteilungen 2006, S. 421; Stein, Mindestkündigungsschutz, DB 2005, S. 1219.

1217 APS-Preis, Grundl. B, Rn. 35; Kittner/Däubler/Zwanziger-Däubler, Einl., Rn. 540; Sesselmeier/Funk/Waas, Arbeitsmarkttheorien, S. 140 f., S. 190; Darsow-Faller, Kündigungsschutz, S. 244 f.; Hofedank, Kündigungsschutz, S. 26 f.; Rebhahn, Kündigungsschutz des Arbeitnehmers, ZfA 2003, S. 184; Däubler, Abfindung statt Kündigungsschutz?, NJW 2002, S. 2292 f.; ders., Beschäftigungssicherung durch Kündigungsschutz, AiB 2002, S. 459; Dorndorf, Abfindung statt Kündigungsschutz?, BB 2000, S. 1942; Wolter, Reformbedarf, NZA 2003, S. 1070; Kittner, Arbeitsrecht und Marktwirtschaft, AuR 1995, S. 388; Franz, Flexibilisierung, ZfA 1994, S. 444 f. Zur Transaktionskostentheorie siehe Sesselmeier/Funk/Waas, Arbeitsmarkttheorien, S. 252 ff.; Jahn, Zur ökonomischen Theorie, S. 113 ff.

1218 Rebhahn, Kündigungsschutz des Arbeitnehmers, ZfA 2003, S. 185; Däubler/Hanau, Einschränkung des Kündigungsschutzes?, ZRP 2003, S. 108; Huber, Wunschkatalog, NZA 2005, S. 1340 f.

Weiter hat das deutsche Kündigungsschutzmodell den Vorteil, dass die Kosten der Kündigung an sich gering sind, da der Arbeitgeber nicht in jedem Fall eine Abfindung zahlen muss, sondern das Arbeitsverhältnis bei Vorliegen eines Kündigungsgrundes kostenfrei auflösen kann[1219]. In Deutschland werden nur bei jeder zehnten Beendigung des Arbeitsverhältnisses Abfindungen geleistet, bei 90 % der Beendigungen erhält der Arbeitnehmer keine Abfindung[1220]. Auch die Abfindungshöhe liegt, gerade wenn das Beschäftigungsverhältnis nur wenige Jahre gedauert hat, im Durchschnitt weit unter einem halben Monatsgehalt pro Beschäftigungsjahr[1221]. Des Weiteren fallen Abfindungszahlungen im Verhältnis zu den gesamten Personalkosten nicht ins Gewicht: Die unmittelbaren Kosten des gesetzlichen Kündigungsschutzes sind im Durchschnitt aller Beschäftigungsverhältnisse als sehr gering anzusehen, denn sie betragen lediglich 1,2 % der gesamten Personalkosten[1222]. Insgesamt muss berücksichtigt werden, dass durch die Einführung eines Abfindungsmodells die Kosten einer Kündigung zwar besser kalkulierbar, aber teurer würden, als sie es momentan sind. Aufgrund einer zwar berechenbaren, aber erhöhten Kostenlast ist nicht gesagt, dass ein Abfindungsmodell zu einer verstärkten Einstellungsbereitschaft und damit zu mehr Arbeitsplätzen führen würde[1223].

Selbst wenn man berücksichtigt, dass in Kündigungsschutzverfahren oftmals weniger um die Fortsetzung des Arbeitsverhältnisses als über eine Abfindung verhandelt wird, wird die Zielsetzung des KSchG nicht verfehlt. Im Abfindungsvergleich wird der vom Gesetz in erster Linie erstrebte Bestandsschutz von den Parteien in einen Geldausgleich umgemünzt, dessen Höhe der übereinstimmenden Bewertung der Prozessaussichten entspricht – auch darin schlägt sich der Bestandsschutz des KSchG nieder[1224].

1219 Darsow-Faller, Kündigungsschutz, S. 245.

1220 Bielinski/Hartmann u.a., Beendigung von Arbeitsverhältnissen, AuR 2003, S. 88; Schneider/Ullmann, Abfindungszahlungen in der Praxis, BB 2006, Beil. zu Heft 20, S. 14, S. 21; Höland/Kahl/Zeibig, Kündigungspraxis und Kündigungsschutz, S. 155; Darsow-Faller, Kündigungsschutz, S. 245; Hofedank, Kündigungsschutz, S. 20 und S. 247.

1221 Schneider/Ullmann, Abfindungszahlungen in der Praxis, BB 2006, Beil. zu Heft 20, S. 19 ff.; Pfarr/Bothfeld u.a., Kündigungs-, Klage- und Abfindungspraxis, BB 2004, S. 108 und S. 110. Nach Höland/Kahl/Zeibig, Kündigungspraxis und Kündigungsschutz, S. 116 f. liegt die Abfindungshöhe vor den Arbeitsgerichten zwischen 0,57 und 0,89 Bruttomonatsgehältern.

1222 Bamberger/Bielig, Mehr Beschäftigung mittels weniger Kündigungsschutz?, S. 30 f.; Jahn, Kündigungsschutz, S. 11 f. geht von (nur) 0,6 % bzw. durchschnittlich EUR 303,00 je Beschäftigtem aus. A.A. Ehrig/Kalmbach-Walwei, Weniger Arbeitslose, S. 155.

1223 Höland in Blank, Muss der Kündigungsschutz reformiert werden?, S. 52; vgl. Dorndorf, Abfindung statt Kündigungsschutz?, BB 2000, S. 1940.

1224 V. Hoyningen-Huene in FS 50 Jahre Arbeitsgerichtsbarkeit, S. 237; KR-Spilger, § 9 KSchG, Rn. 11; BVerfG, Beschl. v. 27.01.1998, BVerfGE 97, S. 169, S. 180.

Ferner habe das KSchG präventive Wirkung, da es seinen Schutz durch offene Tatbestandsformulierungen, die bewusst Unsicherheit erzeugen, entfalte[1225]. Gerade die Unsicherheit hinsichtlich der Entscheidung der Arbeitsgerichte sei ein wichtiger Anlass für beide Parteien, überhaupt über einen gemeinsamen Vergleich und damit ein gegenseitiges Nachgeben nachzudenken[1226]. Dass im Kündigungsschutzverfahren dann auf den Bestandsschutz verzichtet werde, lasse nicht den Schluss auf den geringeren Wert der Rechtsposition zu, da der Verzicht seinen Preis in der Rechtsposition des Arbeitnehmers habe, bestimmt durch das KSchG mit seinen abwägungsoffenen Rechtsbegriffen[1227].

Der Kritik der Rechtsunsicherheit von Rechtsanwendern aufgrund der vielen unbestimmten Rechtsbegriffe und Generalklauseln wird zudem entgegengehalten, dass diese eine wenig aufwendige, fortlaufende und situationsspezifische Anpassung des Rechts an sich ändernde Wirklichkeitslagen ermöglichen, naturgemäß zu dem Preis einer Verlagerung der Rechtsanwendungsverantwortung auf die Richter als unabhängige Gewalt[1228]. Dabei sind Arbeitsgerichte, unabhängig von möglichen Auswirkungen ihrer Rechtsprechung, keine Institutionen des Arbeitsmarktes; sie haben die Beschäftigung weder zu fördern noch zu behindern, sondern haben im Rahmen des Rechtsstaates die Aufgabe, in Übereinstimmung mit dem geltenden Recht, Streitigkeiten zwischen Arbeitgebern und Arbeitnehmern zu entscheiden[1229].

Dem Argument, weniger Kündigungsschutz führe zu einer Entlastung der Arbeitsgerichte und damit zu einer Beschleunigung der arbeitsgerichtlichen Verfahren, kann entgegen gehalten werden, dass die Arbeitsgerichtsbarkeit im Vergleich zu anderen Gerichtsbarkeiten schnell ist und die anhängigen Verfahren zügig bearbeitet[1230]. So wird die überwiegende Mehrheit der Rechtsstreitigkeiten über das Bestehen oder die Kündigung eines Arbeitsverhältnisses recht zügig innerhalb der

---

1225 Höland in Blank, Muss der Kündigungsschutz reformiert werden?, S. 50 f.; Duvigneau, Auflösung des Arbeitsverhältnisses, S. 31; Huber, Wunschkatalog, NZA 2005, S. 1340; Rühle, Sinn und Unsinn, DB 1991, S. 1379.

1226 Däubler, Abfindung statt Kündigungsschutz?, NJW 2002, S. 2293; Höland/Kahl/Zeibig, Kündigungspraxis und Kündigungsschutz, S. 257.

1227 Höland in Blank, Muss der Kündigungsschutz reformiert werden?, S. 51; Dorndorf, Abfindung statt Kündigungsschutz?, BB 2000, S. 1938.

1228 Höland in Blank, Muss der Kündigungsschutz reformiert werden?, S. 43 f.

1229 Höland/Kahl/Zeibig, Kündigungspraxis und Kündigungsschutz, S. 250; Richardi, Arbeitsrecht als Teil freiheitlicher Ordnung, S. 240; BAG, Urt. v. 13.03.1987, NZA 1987, S. 629; a.A. Rüthers, Beschäftigung durch Entrümpelung, NJW 2003, S. 547, wonach Grundsatzentscheidungen der Arbeitsgerichtsbarkeit richterrechtliche Beiträge zur Arbeitsmarkt- und Wirtschaftspolitik darstellen. Nach Oymann, Auslegung des KSchG, S. 134 gewährt die Rechtsprechungspraxis des BAG ein stärkeres Maß an Bestandsschutz, als dies unter Wahrung der aus dem KSchG resultierenden Gesetzesbindung erforderlich ist.

1230 Höland/Kahl/Zeibig, Kündigungspraxis und Kündigungsschutz, S. 197; dies., Wirklichkeit und Wahrnehmung des Kündigungsschutzes, WSI Mitteilungen 2005, S. 565 f.; Höland in Blank, Muss der Kündigungsschutz reformiert werden?, S. 41.

ersten drei Monate abgewickelt[1231]. Die Zahl der Kündigungsschutzklagen ist in den letzten fünfzehn Jahren grundsätzlich rückläufig[1232]. Für 2011 ist zu konstatieren, dass mehr Einstellungen und weniger Vertragsauflösungen durch Kündigungen die Klagequote sinken ließen[1233].

Hinsichtlich der Kündigungs- und Klagepraxis belegen Studien, dass die meisten Kündigungen nicht von Arbeitgebern, sondern von Arbeitnehmern ausgesprochen werden. So werden 31 % (39 %) der Arbeitsverhältnisse von Arbeitnehmern gekündigt, 28 % (32 %) von Arbeitgebern, 15 % (10 %) sind Aufhebungsverträge und 26 % (rund 20 %) der Beendigungen resultieren aus dem Auslaufen befristeter Verträge[1234]. Von den seitens des Arbeitgebers gekündigten Personen geben nur rund 15 % der Arbeitnehmer an, eine Abfindung erhalten zu haben[1235], weshalb bei einer Arbeitgeberkündigung nur ein geringer Anteil eine solche Zahlung erhält. Des Weiteren erheben nur ca. 15 % der betroffenen Arbeitnehmer Klage vor dem Arbeitsgericht[1236], sodass lediglich eine Minderheit gegen die Kündigung vorgeht.

1231 BMAS, Statistik der Arbeitsgerichtsbarkeit 2002–2014, jeweils S. 1; Statistisches Bundesamt, Rechtspflege – Arbeitsgerichte 2011, S. 46; Grotmann-Höfling, Die Arbeitsgerichtsbarkeit 2011, AuR 2012, S. 476; ders., Kurz-Lange-Überlange Verfahren, AuR 2012, S. 348; ders., Die Arbeitsgerichtsbarkeit 2004, AuR 2005, S. 400; Höland, Kündigungspraxis und Kündigungsschutz, S. 41; Oymann, Auslegung des KSchG, S. 135; Weißflog, Abfindungsansprüche, S. 77; Sandmaier, Kündigungsschutzmodelle, S. 65 f.; Linsenmaier, Geschichte der deutschen Arbeitsgerichtsbarkeit, NZA 2004, S. 402; Estermann in Rottleuthner, Rechtssoziologische Studien zur Arbeitsgerichtsbarkeit, S. 86 ff.

1232 Siehe BMAS, Statistik der Arbeitsgerichtsbarkeit 2002–2014, jeweils S. 1; Statistisches Bundesamt, Rechtspflege – Arbeitsgerichte 2011, S. 14 ff. und Grotmann-Höfling, Die Arbeitsgerichtsbarkeit 2011, AuR 2012, S. 476.

1233 Grotmann-Höfling, Die Arbeitsgerichtsbarkeit 2011, AuR 2012, S. 476.

1234 Die Zahlen beziehen sich auf Beendigungsbefragungen aus dem Jahre 2007 bzw. in Klammern aus dem Jahre 2001. Hierzu Gensicke/Pfarr u.a., Beendigung von Arbeitsverhältnissen, AuR 2008, S. 434; Bielinski/Hartmann u.a., Beendigung von Arbeitsverhältnissen, AuR 2003, S. 84 f.; Peuker/Ullmann, Kündigungsschutz unter Druck, AiB 2003, S. 263; Rieble-Klumpp, Transparenz und Reform, S. 25, Fn. 44.

1235 Gensicke/Pfarr u.a., Beendigung von Arbeitsverhältnissen, AuR 2008, S. 436 f.; Bielinski/Hartmann u.a., Beendigung von Arbeitsverhältnissen, AuR 2003, S. 88; Pfarr/Bothfeld u.a., Kündigungs-, Klage- und Abfindungspraxis, BB 2004, S. 108; Schneider/Ullmann, Abfindungszahlungen in der Praxis, BB 2006, Beil. zu Heft 20, S. 19, Fn. 28; Rebhahn, Kündigungsschutz des Arbeitnehmers, ZfA 2003, S. 171, Fn. 22; Wolter, Reformbedarf, NZA 2003, S. 1069; Oymann, Auslegung des KSchG, S. 135; Kittner/Däubler/Zwanziger-Däubler, Einl., Rn. 545.

1236 Im Jahr 2007 erhoben lediglich 12 % der Gekündigten Klage gegen die Arbeitgeberkündigung, Gensicke/Pfarr u.a., Beendigung von Arbeitsverhältnissen, AuR 2008, S. 438. Auf gut 15 % kommen Höland/Kahl/Zeibig, Kündigungspraxis und Kündigungsschutz, S. 41, S. 69, S. 75 f., S. 85, S. 251 und S. 254; Pfarr/Bothfeld u.a., Kündigungs-, Klage- und Abfindungspraxis, BB 2004, S. 106; Schneider/Ullmann, Abfindungszahlungen in der Praxis, BB 2006, Beil. zu Heft 20, S. 17;

Nicht zu unterschätzen sind die Motive eines Arbeitnehmers, gegen eine Kündigung zu klagen: Er begehrt grundsätzlich die Aufklärung des Sachverhalts, möchte sich vor Gericht erklären können und dadurch Rehabilitation erreichen[1237].

Bedeutsam ist schließlich die nicht verifizierte Eindeutigkeit der grundsätzlichen Eignung einer Modifikation des Kündigungsschutzes für die Schaffung von mehr Arbeitsplätzen. Die mangelnde Feststellung eines unmittelbaren ökonomischen Zusammenhangs zwischen den bestehenden Kündigungsschutzvorschriften und dem Einstellungsverhalten der Arbeitgeber führt dazu, dass es meist zu bloßen Annahmen, aber keinen Evidenzen kommt[1238]. An sich wirken sich kündigungsschutzrechtliche Regelungen stärker auf die Struktur als auf die Höhe der Beschäftigung aus, sodass einer Deregulierung bescheidene Beschäftigungsimpulse zwar nicht abgesprochen werden können, aber ein nachhaltiger Beitrag zur Reduzierung der Arbeitslosigkeit nicht erwartet werden kann[1239]. Es besteht daher kein empirisch

---

Grotmann-Höfling, Die Arbeitsgerichtsbarkeit 2004, AuR 2005, S. 398; Weißflog, Abfindungsansprüche, S. 78; vgl. auch Jahn, Kündigungsschutz, S. 12 f. Das Max-Planck-Institut, Empirische Untersuchung zum Kündigungsschutzrecht, RdA 1981, S. 301 f. kam in seiner Studie aus den Jahren 1978–1981 zu dem Ergebnis, dass nur gegen knapp 8 % der Arbeitgeberkündigungen Klage erhoben wurde. Siehe Gamillscheg, Beendigung des Arbeitsverhältnisses, S. 67. Die Chance, eine Abfindung zu erhalten, erhöht sich mit Klageerhebung: 48 % derjenigen Arbeitnehmer, die gegen eine Kündigung geklagt haben, erhielten eine Abfindung, so Pfarr/Bothfeld u.a., Kündigungs-, Klage- und Abfindungspraxis, BB 2004, S. 108; Peuker/Ullmann, Kündigungsschutz unter Druck, AiB 2003, S. 264; Pfarr/Ullmann, Kündigungsschutz unter Reformdruck, WSI Mitteilungen 2003, S. 208.

1237 Höland in Blank, Muss der Kündigungsschutz reformiert werden?, S. 53; Höland/Kahl/Zeibig, Kündigungspraxis und Kündigungsschutz, S. 150; vgl. Däubler, Abfindung statt Kündigungsschutz?, NJW 2002, S. 2293. Laut Max-Planck-Institut, Empirische Untersuchung zum Kündigungsschutzrecht, RdA 1981, S. 301 gaben rund 50 % der Arbeitnehmer als Grund für die Klagerhebung an, dem Arbeitgeber zu zeigen, dass er nicht machen könne, was er wolle; ein Drittel der Arbeitnehmer wollte primär den Arbeitsplatz, lediglich 10 % vornehmlich eine Abfindung erhalten. Vgl. Wolter, Reformbedarf, NZA 2003, S. 1070.

1238 Waas, Fortentwicklung des deutschen Arbeitsrechts, RdA 2007, S. 78 spricht von einem Austausch von Glaubensbekenntnissen. Vgl. Jahn, Zur ökonomischen Theorie, S. 131; Höland in Blank, Muss der Kündigungsschutz reformiert werden?, S. 39 f.; Bayreuther, Grünbuch, NZA 2007, S. 372; Rebhahn, Kündigungsschutz des Arbeitnehmers, ZfA 2003, S. 188; Däubler, Abfindung statt Kündigungsschutz?, NJW 2002, S. 2293.

1239 OECD, Employment Outlook 1999, S. 49 ff., S. 88; Sachverständigenrat, Jahresgutachten 2002/2003, Punkt 470; Bamberger/Bielig, Mehr Beschäftigung mittels weniger Kündigungsschutz?, S. 31; Ehrig/Kalmbach-Walwei, Weniger Arbeitslose, S. 161, S. 174 f.; v. Hoyningen-Huene/Linck, § 1, Rn. 21; Preis in FS Birk, S. 634; Möschel, Kündigungsschutz, JZ 2006, S. 117 f.; Franz, Flexibilisierung, ZfA 1994, S. 449, S. 459 f.; Jahn, Zur ökonomischen Theorie, S. 214 und S. 218; dies., Der Kündigungsschutz auf dem Prüfstand, S. 15 f.; dies., Wie wirkt der Kündigungsschutz?,

belegbarer Zusammenhang zwischen der betrieblichen Einstellungspraxis und der Geltung von Kündigungsschutz[1240], sodass aus der Reform des KSchG keine gültige Aussage zur Schaffung neuer Stellen abzuleiten ist. Vielmehr wird die Schaffung neuer Stellen weitgehend von der aktuellen wirtschaftlichen Entwicklung der letzten fünf Jahre beeinflusst[1241]. Für Unternehmen haben betriebliche und strategische Überlegungen gegenüber rechtlichen Erwägungen eindeutig Vorrang[1242]. Abschließend ist festzuhalten, dass der empirische Kenntnisstand nicht ausreichend ist, um weitgehende Änderungen des Kündigungsschutzes zu rechtfertigen und zu steuern[1243].

2. Vorschläge zur Neuregelung des Kündigungsschutzrechts

Überwiegend wird angeregt, eine Abkehr vom Bestandsschutz hin zu einem Abfindungsschutz, andererseits einzelne Reformen innerhalb des Bestandsschutzsystems umzusetzen[1244]:

ZAF 2005, S. 295 ff.; Weißflog, Abfindungsansprüche, S. 85 ff., S. 94; Oymann, Auslegung des KSchG, S. 146 f., S. 150; APS-Preis, Grundl. B, Rn. 33 ff.; Grunewald, Kündigungsschutzrecht, ZRP 1996, S. 474.

1240 Wolter, Reformbedarf, NZA 2003, S. 1069; Nägele, Arbeitsrecht als Investitionsmotor?, BB 2003, S. 739 f.; Höland/Kahl/Zeibig, Kündigungspraxis und Kündigungsschutz, S. 33, S. 36. Siehe Pfarr/Bothfeld u.a., Kündigungsschutz, BB 2003, S. 2286; Peuntner, Einfluß des Arbeitsrechts, S. 71 ff. sowie Bauer, Abfindungsregelungen, S. 29 f.

1241 Bamberger/Bielig, Mehr Beschäftigung mittels weniger Kündigungsschutz?, S. 32 f.; Weißflog, Abfindungsansprüche, S. 94; Wolter, Reformbedarf, NZA 2003, S. 1069; Huber, Wunschkatalog, NZA 2005, S. 1340; Krause, § 18, Rn. 19; Pfarr/Bothfeld u.a., Kündigungsschutz, BB 2003, S. 2288; dies., Arbeitsrecht in der Wahrnehmung der Betriebe, BB 2003, S. 2625. Siehe Schramm/Zachert, Arbeitsrecht in der betrieblichen Anwendung, S. 198, S. 339, S. 362, S. 381 und Zachert, Der Arbeitsrechtsdiskurs, WSI Mitteilungen 2007, S. 422.

1242 Peuntner, Einfluß des Arbeitsrechts, S. 224, S. 294 f. und S. 307; S. 310 ff.; Oechsler/Peuntner, Arbeitsrecht als Mittel der Beschäftigungspolitik?, Personalführung 3/2000, S. 54.

1243 Höland in Blank, Muss der Kündigungsschutz reformiert werden?, S. 32, S. 34 f., S. 39 f.; Peuntner, Einfluß des Arbeitsrechts, S. 135, S. 148, S. 225 und S. 294 ff.; Oechsler/Peuntner, Arbeitsrecht als Mittel der Beschäftigungspolitik?, Personalführung 3/2000, S. 54 ff.; Franz, Flexibilisierung, ZfA 1994, S. 449, S. 459 f. und Preis, Tendenzen im Kündigungsschutzrecht, NZA 1997, S. 1073. Gamonal, Fundamentos de Derecho Laboral, S. 139 betont, dass es keinen wissenschaftlich belegbaren unmittelbaren Zusammenhang zwischen Kündigungsschutzrechten und Arbeitslosenzahlen gibt.

1244 Sandmaier, Kündigungsschutzmodelle, S. 14 und S. 49 ff.; Kamanabrou, Verfassungsrechtliche Aspekte eines Abfindungsschutzes, RdA 2004, S. 333.

a) *Grundabfindung mit Anpassungsmöglichkeit*

Der Reformvorschlag einer Grundabfindung mit Anpassungsmöglichkeit fordert bei jeder Kündigung, egal aus welchem Grunde, eine bestimmte, aus einem gewissen Prozentsatz des Monatseinkommens bestehende Regelabfindung[1245]. Hierbei wird eine Abschaffung des allgemeinen Kündigungsschutzes, mit Ausnahme des Sonderkündigungsschutzes oder bei diskriminierenden Kündigungen, und die Einführung einer Abfindungspflicht aller Arbeitgeber bei Beendigung des Arbeitsverhältnisses unabhängig vom Grund nach einer gewissen Beschäftigungszeit ohne Berücksichtigung der Größe des Betriebes gefordert, wobei die Höhe der Abfindung nach der Beschäftigungsdauer berechnet werden soll[1246]. Grundsätzlich sollte also jede Kündigung einen Abfindungsanspruch auslösen, wobei sie bei sozialer Rechtfertigung wie aus verhaltensbedingten Gründen oder beim Vorliegen eines wichtigen Grundes wegfallen bzw. gemindert werden kann[1247], unter Umständen aber bei sozialer Rechtfertigung dennoch zu zahlen sein soll[1248]. Sollte der Arbeitnehmer die Kündigung für sozialwidrig erachten, kann er vor Gericht eine Zusatzabfindung, nicht aber eine Weiterbeschäftigung einklagen[1249].

Dieser Vorschlag entspricht dem Kündigungsschutzsystem Chiles, welches den Erhalt einer Abfindung und ebenso lediglich bei Anwendung des Sonderkündigungsschutzes und bei diskriminierenden Kündigungen die Möglichkeit einer Weiterbeschäftigung vorsieht. Auch in Chile ist bei einer ordentlichen Kündigung nach einer gewissen Beschäftigungsdauer und unabhängig von der Größe des Betriebes eine Abfindung zu zahlen. Als Vorteil dieses Systems wird der Wegfall der Sozialauswahl hervorgehoben[1250], welche im chilenischen Recht nicht bekannt ist. Ein weiterer Vorteil dieses Modells ist, dass es, wie in Chile, unabhängig von der Betriebsgröße gelten soll und mithin Arbeitnehmer, die in kleinen Betrieben tätig sind, nicht benachteiligt.

Kritisiert wird dieses Modell, da eine Abkehr vom Bestandsschutz eine einseitige Begünstigung des Arbeitgebers darstellt, der sich stets von seinem Arbeitnehmer

---

1245 Rühle, Sinn und Unsinn, DB 1991, S. 1379; Neef, Kündigungsschutzrecht, NZA 2000, S. 9; Buchner, Deregulierung, NZA 2002, S. 535; APS-Preis, Grundl. B, Rn. 41; IZA Compact, Sonderausgabe Nov. 2002, S. 12 f.; IZA Compact, Januar 2005, S. 3; IZA Compact, Sonderausgabe Dez. 2008, S. 11.

1246 Rühle, Sinn und Unsinn, DB 1991, S. 1379 f. und S. 1381; Willemsen, Kündigungsschutz, NJW 2000, S. 2784 f. Siehe Handelskammer Hamburg, Mehr Markt für den Arbeitsmarkt, S. 24 ff.; IZA Compact, Sonderausgabe Nov. 2002, S. 12 f. und IZA Compact, Juli/August 2010, S. 9.

1247 Buchner, Deregulierung, NZA 2002, S. 535; vgl. Jahn, Kündigungsschutz, S. 26.

1248 Willemsen, Kündigungsschutz, NJW 2000, S. 2784; vgl. Kraus, Abfindungen, S. 73 f.

1249 Willemsen, Kündigungsschutz, NJW 2000, S. 2784; Bauer, Abfindungsregelungen, S. 327; vgl. Jahn, Wie wirkt der Kündigungsschutz?, ZAF 2005, S. 301.

1250 Rühle, Sinn und Unsinn, DB 1991, S. 1380 und IZA Compact, Sonderausgabe Nov. 2002, S. 13.

trennen kann und zudem keine Entlastung der Gerichte stattfindet[1251]. Eine generelle Abfindungspflicht führt zu einer erheblichen finanziellen Belastung der Arbeitgeber, wobei zudem jede Kündigung in gleichem Maße erschwert wird, ohne Rücksicht darauf, ob sie nach heutigen Maßstäben als interessengerecht anzusehen ist[1252]. Bei einer personen- oder verhaltensbedingten Kündigung muss sich der Arbeitnehmer gegen die erhobenen Vorwürfe effektiv zur Wehr setzen können, was nur mit dem bestandsschützenden Kündigungsschutz möglich ist[1253]. Nicht zuletzt fällt – wie in Chile – die Sozialauswahl mit der Folge weg, dass leistungsschwachen Arbeitnehmern unabhängig ihrer Schutzbedürftigkeit gekündigt wird. Damit führt dieses Modell zu einer Infragestellung von Gerechtigkeit, da ein wirtschaftlich starker Arbeitgeber dem Arbeitnehmer, der um den Arbeitsplatz herum seine soziale Existenz aufgebaut hat, jederzeit gegen Zahlung einiger Monatsgehälter die Existenzgrundlage entziehen kann[1254]. Da kein empirisch belegbarer Zusammenhang zwischen diesem abfindungsorientierten Kündigungsschutz und einer erhöhten Beschäftigung besteht, kann schließlich nicht davon ausgegangen werden, dass dieses Kündigungsschutzmodell zu einem gesteigerten Einstellungsverhalten seitens der Arbeitgeber führt.

b) Vereinbarung einer Abfindung gegen Klageverzicht

Dieses Reformmodell sieht vor, dass der gesetzliche Kündigungsschutz im Rahmen jedes Arbeitsvertrages abdingbar sein sollte. Die Arbeitsvertragsparteien sollten, bestenfalls zu Beginn oder im Laufe des Arbeitsverhältnisses, einen Vertrag schließen können, in welchem der Arbeitnehmer gegen Zusage einer Abfindung auf den Kündigungsschutz verzichtet[1255]. Bei einer ordentlichen Arbeitgeberkündigung soll ein schriftlicher Verzicht auf die Geltendmachung der Unwirksamkeit der Kündigung gegen Zahlung einer Abfindung in Höhe eines Monatsgehalts für jedes volle

1251 Weißflog, Abfindungsansprüche, S. 105 f.; Kraus, Abfindungen, S. 74.

1252 V. Hoyningen-Huene in FS 50 Jahre Arbeitsgerichtsbarkeit, S. 239; Weißflog, Abfindungsansprüche, S. 115.

1253 Weißflog, Abfindungsansprüche, S. 106 und S. 115.

1254 Weißflog, Abfindungsansprüche, S. 106; KR-Griebeling/Rachor, § 1 KSchG, Rn. 27a; Bauer, Abfindungsregelungen, S. 345; Bayreuther, Reform des Kündigungsschutzes, NZA 2006, S. 417 f.; vgl. Huber, Wunschkatalog, NZA 2005, S. 1340 und Pfarr/Ullmann, Kündigungsschutz unter Reformdruck, WSI Mitteilungen 2003, S. 211 f.

1255 So der Vorschlag des Kronberger Kreises, ausführlich Donges u.a., Flexibler Kündigungsschutz, S. 40 ff.; Möschel, Kündigungsschutz, JZ 2006, S. 118; Balders/Strybny, Reform für mehr Beschäftigung, ZRP 2005, S. 250; Hundt, Chance zum Neuanfang, AuA 2005, S. 577; Rieble-Feldmann, Transparenz und Reform, S. 62, Rn. 36; Löwisch, Bekämpfung der Arbeitslosigkeit, JZ 2000, S. 806; Bauer, Abfindungsregelungen, S. 406 ff.; vgl. Rebhahn, Abfindung statt Kündigungsschutz?, RdA 2002, S. 287 f.; Kamanabrou, Verfassungsrechtliche Aspekte eines Abfindungsschutzes, RdA 2004, S. 336 und Kraus, Abfindungen, S. 71 f.

Jahr des Beschäftigungsverhältnisses vereinbart werden können[1256]. Daneben sollte das KSchG ab einer Betriebszugehörigkeitsdauer von sechsunddreißig Monaten und nur für Betriebe mit mehr als zehn bzw. zwanzig Mitarbeitern gelten[1257].

Als problematisch wird die fehlende Bereitschaft der Kündigungsschutzgewährung gesehen, da dies von nicht umfassend informierten Arbeitnehmern als Signal unsicherer Beschäftigung verstanden wird und zu negativer Selbstselektion bei den Bewerbern führt, mit der Folge, dass Rekrutierungs- und Lohnkosten aufgrund von entsprechend geforderten Lohnzuschlägen steigen oder die Unternehmen gemieden werden[1258]. Gleichwohl berücksichtige dieses Modell die bestehenden Machtverhältnisse nicht, da gerade in Zeiten hoher Arbeitslosigkeit der Arbeitgeber die für ihn günstige Lösung durchsetzen und der Arbeitnehmer sich fügen müsse[1259].

c) Arbeitnehmerwahlrecht zwischen Bestandsschutz und Abfindung

Ferner ist ein Wahlrecht des Arbeitnehmers zwischen einer Kündigungsschutz- oder einer Abfindungsklage vorgesehen. Der Arbeitnehmer müsse zwischen seinem Bestandsschutz und der Möglichkeit einer geregelten Abfindung als individuellem Verzicht auf den Bestandsschutz wählen können[1260]. Als Vorteil dieses Systems wird

---

1256 Henssler/Preis, Diskussionsentwurf eines Arbeitsvertragsgesetzes, Beil. zu NZA 23/2006, S. 29 f., Vorschlag des § 139; Preis, Entwurf eines KSchG, NZA 2003, S. 259; ders. in FS Birk, S. 641 und ders., Reform des Bestandsschutzrechts, RdA 2003, S. 71 unter Ausschluss des Vorausverzichts vor Abschluss des Arbeitsvertrags und Beschränkung auf die betriebsbedingte Kündigung.

1257 Siehe §§ 115 und 118 des Arbeitsvertragsentwurfs von Henssler/Preis, Diskussionsentwurf eines Arbeitsvertragsgesetzes, Beil. zu NZA 23/2006, S. 25 f.; Balders/Strybny, Reform für mehr Beschäftigung, ZRP 2005, S. 250 f.; Hundt, Chance zum Neuanfang, AuA 2005, S. 577; Löwisch, Bekämpfung der Arbeitslosigkeit, JZ 2000, S. 806; vgl. Preis, Entwurf eines KSchG, NZA 2003, S. 256.

1258 Weißflog, Abfindungsansprüche, S. 122, S. 526 ff., S. 545 f., S. 593 betont, dass die bei Arbeitsvertragsschluss bestehende strukturelle Unterlegenheit des Arbeitnehmers einem zu diesem Zeitpunkt vereinbarten Verzicht entgegensteht, allerdings nach Abschluss des Arbeitsvertrags bei Eröffnung des Anwendungsbereichs des allgemeinen Kündigungsschutzes ein Kündigungsschutzverzicht vereinbart werden kann. Kritisch Preis, Reform des Bestandsschutzrechts, RdA 2003, S. 71; Däubler, Beschäftigungssicherung durch Kündigungsschutz, AiB 2002, S. 460; Kraus, Abfindungen, S. 71 f.; Jahn, Kündigungsschutz, S. 10; Pfarr/Zeibig, Abfindung statt Kündigungsschutz?, WSI Mitteilungen 2006, S. 421 f.

1259 Bauer, Abfindungsregelungen, S. 348 f.

1260 Hanau, Gutachten zum 63. DJT, C 66 und C 90; Adenauer, Arbeitsmarkt, AuA 2005, S. 517; Giesen, Reformvorschläge, ZfA 2003, S. 470, S. 477 ff.; v. Bülow, Bestandsschutz, S. 203; siehe v. Hoyningen-Huene in FS 50 Jahre Arbeitsgerichtsbarkeit, S. 240 ff.; v. Hoyningen-Huene/Linck, Einl., Rn. 85; Bauer, Abfindungsregelungen, S. 329; Dorndorf, Abfindung statt Kündigungsschutz?, BB 2000, S. 1938 ff. und Löwisch, Bekämpfung der Arbeitslosigkeit, JZ 2000, S. 806. Dieses Kündigungsschutzmodell entspricht dem spanischen Kündigungsschutz bei einer nichtigen

die Vermeidung von Ungleichbehandlung, die Erfüllung praktischer Bedürfnisse und die Kalkulierbarkeit der Anpassungskosten hervorgehoben[1261]. Insbesondere könnte der Wunsch des Arbeitnehmers auf Wiedereinstellung oder aber Abfindung berücksichtigt werden: Ob der Arbeitnehmer das Arbeitsverhältnis als zerrüttet ansieht und demnach eine Abfindung erhalten möchte oder auf einer Wiedereinstellung besteht, hängt von verschiedenen Faktoren wie der Art und der Größe des Betriebes, der daraus resultierenden Nähe zum Unternehmer oder zu Kollegen sowie dem Arbeitsumfeld ab, aber auch von den persönlichen Erwartungen und den Aussichten auf dem Arbeitsmarkt, da die Leidensfähigkeit des Arbeitnehmers mit sinkenden Chancen auf eine neue Beschäftigung steigt[1262].

Allerdings schafft dieses Kündigungsschutzmodell kein Mehr an Rechtssicherheit für den Arbeitgeber. Für ihn ist weiterhin ungewiss, ob der Rechtsschutz suchende Arbeitnehmer in den Betrieb zurückkehrt, was seine Personalplanung erschwert[1263].

d) Abfindungslösung bei betriebsbedingter Kündigung und Bestandsschutz bei personen- und verhaltensbedingter Kündigung

Teilweise wird gefordert, die sog. Abfindungslösung auf betriebsbedingte Kündigungen zu beschränken und für personen- und verhaltensbedingte Kündigungen den bisherigen Bestandsschutz beizubehalten[1264]. Eine solche Unterscheidung wird damit gerechtfertigt, dass eine personen- oder verhaltensbedingte Kündigung auf Störungen aus der Sphäre des Arbeitnehmers beruht, die betriebsbedingte Kündigung dagegen auf Störungen aus der Sphäre des Arbeitgebers. Die betriebsbedingte Kündigung ist hinsichtlich der Person des zu Kündigenden neutral, lediglich ein

---

Arbeitgeberkündigung, bei der ausnahmsweise der Arbeitnehmer und nicht der Arbeitgeber das Recht hat, für eine Weiterbeschäftigung oder eine Abfindung zu optieren.

1261 V. Hoyningen-Huene in FS 50 Jahre Arbeitsgerichtsbarkeit, S. 241; Giesen, Reformvorschläge, ZfA 2003, S. 477; v. Bülow, Bestandsschutz, S. 203; Weißflog, Abfindungsansprüche, S. 110 f.; Bauer, Abfindungsregelungen, S. 329.

1262 Hofedank, Kündigungsschutz, S. 214 f.

1263 Sandmaier, Kündigungsschutzmodelle, S. 47 f., S. 56; Kraus, Abfindungen, S. 79. Zur weiteren Kritik Weißflog, Abfindungsansprüche, S. 111 und Junker, Gutachten zum 65. DJT, B 82 f.

1264 Hromadka in Blank, Muss der Kündigungsschutz reformiert werden?, S. 14 f.; ders., Unternehmerische Freiheit, ZfA 2002, S. 393; ders.; Entwurf für ein neues, modernes Kündigungsschutzgesetz, NZA 2002, S. 783 f.; Rüthers, Beschäftigung durch Entrümpelung, NJW 2003, S. 549; Preis, Reform des Bestandsschutzrechts, RdA 2003, S. 72; Tschöpe, Kündigungsschutz, NZA-RR 2003, S. 400; Becker/Rommelspacher, Reform des Kündigungsrechts, ZRP 1976, S. 43; APS-Preis, Grundl. B, Rn. 41; Bauer, Abfindungsregelungen, S. 386 ff. sowie Sachverständigenrat, Jahresgutachten 2011/2012, Punkt 467, Jahresgutachten 2008/2009, Punkt 537 und Jahresgutachten 2002/2003, Punkt 471 und IZA Research Report Nr. 36, Juni 2011, S. 18 ff.

bestimmter Arbeitsplatz fällt weg. Dieser Unterschied rechtfertige einen differenzierten Bestandsschutz, der bei personen- und verhaltensbedingten Kündigungen als echter Bestandsschutz darauf abziele, den Arbeitnehmer vor einem ungerechtfertigten Verlust seines Arbeitsplatzes zu bewahren. Bei der betriebsbedingten Kündigung reiche es aus, wenn der Bestandsschutz nur noch mittelbar in Form einer Abfindung gewährt werde[1265], wodurch diese Kündigungen für den Arbeitgeber kalkulierbar würden. Der Arbeitgeber hätte zum einen eine „Kündigungssicherheit", da die Lossagungsmöglichkeit jederzeit bestünde, zum anderen wären die damit verbundenen Kosten berechenbar. Des Weiteren würden die Arbeitsgerichte durch eine solche Abfindungslösung entlastet. Schließlich müsste bei jeder betriebsbedingten Kündigung eine Abfindung zu zahlen sein, sodass die in der Realität existierende Ungerechtigkeit zwischen Massenentlassungen, bei denen in der Regel relativ hohe Abfindungen gezahlt werden, bei Einzelkündigungen dagegen nichts, abgeschafft werde[1266].

Problematisch an diesem Modell ist, dass dem Arbeitgeber die Kündigung aus einem seiner Sphäre entstammenden Grund leichter gemacht wird, als wenn der Grund der Sphäre des Arbeitnehmers entstammt[1267]. Dies widerspricht sich. Auch müsste bei einer betriebsbedingten Kündigung immer eine Abfindung gezahlt werden, d.h. die Kündigung würde zwar kalkulierbar, aber teuer werden[1268]. Nicht zuletzt werden durch dieses Modell langjährige Beschäftigte höheren Alters, die durch den heutigen Bestandsschutz relativ gut vor betriebsbedingten Kündigungen geschützt sind, sowie „Querdenker" überproportional belastet[1269].

e) *Erweiterte Möglichkeit der gerichtlichen Auflösung*

Sollte das Bestandsschutzsystem im Grundsatz beibehalten werden, wird zumindest eine erweiterte Möglichkeit der gerichtlichen Aufhebung des Arbeitsverhältnisses gefordert[1270]. Das Arbeitsverhältnis soll auf Antrag des Arbeitgebers aufzulösen sein, wenn die Kündigung wegen Leistungsmängeln ausgesprochen wird, die Gründe für

1265 Rieble-Kamanabrou, Transparenz und Reform, S. 82, Rn. 14 und S. 87, Rn. 23; Hromadka in Blank, Muss der Kündigungsschutz reformiert werden?, S. 14 f.

1266 Hromadka in Blank, Muss der Kündigungsschutz reformiert werden?, S. 15; ders., Unternehmerische Freiheit, ZfA 2002, S. 393. Siehe Sachverständigenrat, Jahresgutachten 2008/2009, Punkt 537 sowie IZA Research Report Nr. 36, Juni 2011, S. 18 ff.

1267 Vgl. Rieble-Nicolai, Transparenz und Reform, S. 99, Rn. 54.

1268 Junker, Gutachten zum 65. DJT, B 81; Rieble-Fleck, Transparenz und Reform, S. 97, Rn. 50 und Bayreuther in ebda., S. 103, Rn. 61.

1269 Kittner/Däubler/Zwanziger-Däubler, Einl., Rn. 546; Weißflog, Abfindungsansprüche, S. 102; Pfarr/Zeibig, Abfindung statt Kündigungsschutz?, WSI Mitteilungen 2006, S. 421 f.

1270 Neef, Kündigungsschutzrecht, NZA 2000, S. 8; Bauer, Kündigungsschutzrecht, NZA 2002, S. 533; ders., Arbeitsrechtlicher Wunschkatalog, NZA 2005, S. 1046; Busch, Reform des Arbeitsrechts, BB 2003, S. 471 ff.

eine Kündigung aber nicht ausreichen[1271]. Anderseits wird vorgeschlagen, dem Arbeitgeber im Falle der Beschäftigung von nicht mehr als fünfzig Arbeitnehmern ein nicht zu begründendes Auflösungsantragsrecht zu gewähren, ebenso im Falle einer sozial ungerechtfertigten Kündigung mangels Einhaltung der Sozialauswahl[1272].

Ein Gestaltungsrecht des Arbeitgebers würde seine Position etwas stärken, weil er nicht mehr mit der Fortsetzung des Arbeitsverhältnisses rechnen müsste und eine Abfindungssumme berechenbar festgelegt werden könnte, allerdings geriete die Bestandsschutzausrichtung zur Farce und die Zahl der Prozesse würde nicht wesentlich vermindert[1273].

f) Bestandsschutz unter Ausschluss des Annahmeverzugslohns

Unter Beibehaltung des Bestandsschutzes wird eine Änderung des § 615 BGB vorgeschlagen, wonach der Annahmeverzugslohn nach Ablauf der ordentlichen Kündigungsfrist bzw. nach Zugang der außerordentlichen Kündigung ausgeschlossen sein soll[1274]. Der Vergütungsanspruch des Arbeitnehmers soll im Annahmeverzug des Arbeitgebers zwar fortbestehen, aber begrenzt auf zwei bis vier Monatsverdienste[1275].

Kritisiert wird, dass der Ausschluss des Annahmeverzugslohns dogmatisch einen Bruch mit der Grundidee des Bestandsschutzes – dem Fortbestand des Arbeitsverhältnisses bei Ausspruch einer unbegründeten Kündigung – darstellt[1276]. Zudem werden die Sozialkassen belastet und der Vergleichsdruck stärker auf den Arbeitnehmer übertragen[1277].

3. Eigene Änderungsvorschläge innerhalb des Bestandsschutzsystems

Mangels empirisch nachweisbaren Zusammenhangs zwischen flexiblen Kündigungsrechten des Arbeitgebers bei geringem Kündigungsschutz und einem hohen Beschäftigungsstand besteht kein Anlass, das deutsche Bestandsschutzsystem auf

---

1271 Hromadka in Blank, Muss der Kündigungsschutz reformiert werden?, S. 16; Darsow-Faller, Kündigungsschutz, S. 256 ff.

1272 So Busch, Reform des Arbeitsrechts, BB 2003, S. 471 ff.; vgl. Bauer, Abfindungsregelungen, S. 332 ff., S. 335 f.

1273 Rebhahn, Abfindung statt Kündigungsschutz?, RdA 2002, S. 291; Preis, Reform des Bestandsschutzrechts, RdA 2003, S. 70 f.; Kraus, Abfindungen, S. 76; Bauer, Abfindungsregelungen, S. 350 f.

1274 So der Vorschlag von Boecken/Topf, Zurück zum Bestandsschutz, RdA 2004, S. 20 und S. 24; zudem Sandmaier, Kündigungsschutzmodelle, S. 54 f. und Oymann, Auslegung des KSchG, S. 136, Fn. 438.

1275 Giesen, Reformvorschläge, ZfA 2003, S. 468 f. und S. 490 f.

1276 Sandmaier, Kündigungsschutzmodelle, S. 55.

1277 Sandmaier, Kündigungsschutzmodelle, S. 55 f.

ein reines Abfindungsmodell zurückzuführen. Auch in Chile hat das neoliberale Arbeitsvertragsgesetz nicht zu mehr Beschäftigung geführt, sodass die chilenischen Erfahrungen nicht dafür sprechen, ein reines Abfindungsmodell einzuführen. Insofern überzeugt das dem chilenischen Kündigungsschutz entsprechende Reformmodell der Regelabfindung mit Anpassungsmöglichkeiten[1278] nicht. Eine Abkehr vom Bestandsschutzsystem würde lediglich zu einer einseitigen Begünstigung der Arbeitgeber führen, die sich jederzeit von ihren Arbeitnehmern trennen könnten[1279]. Bei einem Abfindungsgesetz würde zwar, wie in Chile, die Sozialauswahl (und dadurch ein wesentlicher Unsicherheitsfaktor für den kündigenden Arbeitgeber) wegfallen. Allerdings würde gerade hierdurch einer freien Unternehmerentscheidung ein uneingeschränkter Vorrang gegenüber der sozialen Schutzbedürftigkeit der Arbeitnehmer eingeräumt und im Ergebnis leistungsschwache Arbeitnehmer überproportional belastet. Damit käme der Gesetzgeber dem Gebot des „sozialen" Staates (Art. 20 Abs. 1, 28 Abs. 1 GG), wonach Arbeitnehmer vor grundlosen oder willkürlichen Kündigungen des Arbeitgebers zu schützen sind[1280], nicht angemessen nach. Weiter kann dem im Sozialstaatsprinzip verankerten Auftrag des KSchG – der Gerechtigkeitskontrolle einer Kündigung – nicht durch einen im Abfindungsmodell enthaltenen typisierten Formelwert entsprochen werden, denn das Interesse des Arbeitnehmers an dem Bestand des Arbeitsverhältnisses wird nur dann hinreichend berücksichtigt, wenn er sich unmittelbar gegen die Rechtswidrigkeit der Kündigung wehren kann[1281], unabhängig vom Kündigungsgrund. Insbesondere bei einer personen- oder verhaltensbedingten Kündigung muss sich der Arbeitnehmer gegen die erhobenen Vorwürfe effektiv zur Wehr setzen können, was nur mit dem bestandsschützenden Kündigungsschutz möglich ist[1282]. Dabei ist die Berücksichtigung aller Umstände des Einzelfalles das Ergebnis der verfassungsrechtlichen Notwendigkeit, die „gestörte Vertragsparität" wiederherzustellen, sodass Einzelfallbetrachtungen zwingend sind[1283]. Der Gesetzgeber hat durch die Schaffung des KSchG den Schutzauftrag zugunsten des Arbeitnehmers aus Art. 12 Abs. 1 GG angemessen konkretisiert[1284]. Auch wenn in Deutschland durch das gerichtliche Kündigungsschutzverfahren das Arbeitsverhältnis in einigen Fällen nicht gesichert werden

---

1278 Siehe S. 236 f.

1279 Weißflog, Abfindungsansprüche, S. 105 f.; Kraus, Abfindungen, S. 74.

1280 Brox/Rüthers/Henssler, Rn. 464.

1281 Höland in Blank, Muss der Kündigungsschutz reformiert werden?, S. 62; Oetker, Arbeitsrechtlicher Bestandsschutz, RdA 1997, S. 17; vgl. Weißflog, Abfindungsansprüche, S. 525 f.

1282 Weißflog, Abfindungsansprüche, S. 106 und S. 115.

1283 Kittner, Arbeitsrecht und Marktwirtschaft, AuR 1995, S. 388.

1284 Gamillscheg, Beendigung des Arbeitsverhältnisses, S. 122 und S. 251 f., die gleichzeitig darauf hinweist, dass das KSchG seinen Zweck als Bestandsschutzgesetz im engeren Sinne in der Realität nicht erfülle, da Kündigungen weit überwiegend abgefunden werden. Zum Bestandsschutz des Arbeitsplatzes als Verfassungsgarantie Urban, Kündigungsschutz, S. 45 ff.

kann, werden auf Grundlage des KSchG und der Einzelfallprüfung der Arbeitsgerichte – auch bei einem im Zweifel abgeschlossenen Abfindungsvergleich – die verfassungs- und arbeitsrechtlichen Anforderungen an den Ausgleich zwischen Bestandsschutzinteressen des Arbeitnehmers und der Kündigungsfreiheit des Arbeitgebers angemessen beachtet[1285]. Insofern muss in positiver Hinsicht hervorgehoben werden, dass in Deutschland Gesetzgebung und Rechtsprechung insbesondere die inhaltliche Prüfung der Kündigungsgründe betreffend einen vergleichsweise weit ausgebauten Kündigungsschutz gewährleisten[1286]. Weiter hat Chile jüngst sein reines Abfindungssystem zumindest bei einem schwerwiegenden Verstoß der Kündigung gegen ein Diskriminierungsverbot dahingehend reformiert, dass dem Arbeitnehmer ein Wahlrecht zwischen dem Erhalt einer Abfindung und der Weiterbeschäftigung eingeräumt ist[1287]. Dadurch wird anerkannt, dass der Erhalt der Beschäftigung ein nicht zu unterschätzendes Gut für den Arbeitnehmer darstellt. Dennoch hat der Rechtsvergleich gesetzgeberische Instrumente aufgezeigt, welche sich als einzelne „Bausteine" zur Modifikation des deutschen Kündigungsschutzrechts eignen, weshalb für eine Beibehaltung des Bestandsschutzsystems mit einzelnen Änderungen plädiert wird:

a) Kodifikation eines Arbeitsvertragsgesetzes unter Präzisierung von Rechtsgrundsätzen, Generalklauseln und unbestimmten Rechtsbegriffen

In Chile sind die individual- und kollektivrechtlichen Bestimmungen nahezu abschließend im CT verankert[1288]. In Deutschland ist das Arbeitsrecht aufgrund seiner Zersplitterung in viele Einzelgesetze unübersichtlich gestaltet, wodurch es, insbesondere für den nicht geschulten Rechtsanwender, schwierig zu erfassen ist. Die vorhandene Intransparenz erschwert vornehmlich Arbeitgebern und Arbeitnehmern die klare Erfassung rechtlicher Strukturen[1289]. Es wäre sinnvoll, das Arbeitsrecht in

1285 Höland/Kahl/Zeibig, Kündigungspraxis und Kündigungsschutz, S. 205.

1286 Kronke, Regulierungen, S. 282.

1287 Vgl. Candia/Koch, Reforma procesal, S. 70 f. sowie oben S. 175 ff.

1288 bfai, Wirtschaftsführer Chile, S. 204.

1289 Waas, Fortentwicklung des deutschen Arbeitsrechts, RdA 2007, S. 78; Fischer, Das Arbeitsvertragsgesetz, NZA 2006, S. 1395; Preis, Arbeitsrecht, § 1, S. 9 ff.; Hanau/Adomeit, Rn. 145 und Rn. 158; Darsow-Faller, Kündigungsschutz, S. 203; Rieble-Klumpp, Transparenz und Reform, S. 10 ff.; Zachert, Beendigungstatbestände im internationalen Vergleich, S. 80 f.; ders., Der Arbeitsrechtsdiskurs, WSI Mitteilungen 2007, S. 423, der wie Waas (ebda.) und Peuntner, Einfluß des Arbeitsrechts, S. 299 darauf hinweist, dass Kenntnisse bzgl. arbeitsrechtlicher Normen und deren Novellierungen vornehmlich bei Kleinunternehmern gering bzw. defizitär sind. Nach empirischen Untersuchungen gaben 72 % der Personalverantwortlichen an, Probleme zu haben, das Arbeitsrecht aufgrund der Vielzahl an Gesetzen zu überblicken, hierzu Höland/Kahl/Zeibig, Kündigungspraxis und Kündigungsschutz, S. 32

einer einheitlichen Kodifikation zu verankern, um damit die alltägliche Rechtsanwendung zu erleichtern, die Arbeitsvertragsparteien und nicht zuletzt die Justiz zu entlasten. Insofern stünde primär keine inhaltliche Änderung des Kündigungsschutzes, sondern eine transparente und einheitliche Kodifikation an[1290], welche eine Normierung von Rechtsgrundsätzen, eine Präzisierung von Generalklauseln und unbestimmten Rechtsbegriffen umfasst[1291]. Das Kündigungsrecht ist geprägt von den Prinzipien der Interessenabwägung, der Zumutbarkeit, der Verhältnismäßigkeit, der Billigkeit, der Angemessenheit, des Ultima-Ratio-Prinzips und nicht zuletzt der Gerechtigkeit. Diese Prinzipien und unbestimmte Rechtsbegriffe führen dazu, dass die Gesetzesanwendung der richterlichen Auslegung bedarf und es auf die Umstände des Einzelfalles ankommt[1292]. In jedem Einzelfall wird geprüft, ob kündigungsrechtfertigende Tatsachen vorliegen, sodass in hohem Maße die Belange des Einzelnen berücksichtigt werden; dies birgt jedoch gleichzeitig den Nachteil der subjektiven Würdigung des erkennenden Gerichts in sich und macht den Ausgang einer Kündigungsschutzklage schwer vorhersehbar[1293]. Dieses sog. Richterrecht als induktive Form der Rechtsfindung führt oftmals zu einer Überforderung der Arbeitnehmer und Arbeitgeber, da die Intransparenz und das Richterrecht als solches

---

und S. 37. Differenzierter Pfarr/Bothfeld u.a., Arbeitsrecht in der Wahrnehmung der Betriebe, BB 2003, S. 2622 f., wonach lediglich 31 % der Personalverantwortlichen angaben, Probleme zu haben, das Arbeitsrecht zu überblicken. Allerdings gaben hiervon wiederum knapp drei Viertel an, dass die Vielzahl der arbeitsvertraglichen Gesetze Ursache hierfür sei.

1290 Richardi, Arbeitsrecht als Teil freiheitlicher Ordnung, S. 183 f.; Wirmer in Hromadka, Arbeitsrecht und Beschäftigungskrise, S. 154; Jahn, Zur ökonomischen Theorie, S. 62; Preis, Reform des Bestandsschutzrechts, RdA 2003, S. 76; ders., Neuorientierung in der arbeitsrechtlichen Gesetzgebung, NZA 2000, S. 10 f.; Sachverständigenrat, Jahresgutachten 2011/2012, Punkt 467; Clemenz, Neuer Anlauf für ein Arbeitsvertragsgesetz, AnwBl 2006, S. 555 und Beckmann, Kommt das Arbeitsvertragsgesetz?, AnwBl 2006, S. 394.

1291 Wank, Reform des Kündigungsrechts, RdA 1992, S. 233; Preis, Neuorientierung in der arbeitsrechtlichen Gesetzgebung, NZA 2000, S. 11 f.; Ehrig/Kalmbach-Walwei, Weniger Arbeitslose, S. 153 und v. Klitzing, Ordnungsökonomische Analyse, S. 326 f. Für eine Präzisierung des Ultima-Ratio-Prinzips Hanau, Gutachten zum 63. DJT, C 90, für eine Normierung des Verhältnismäßigkeitsprinzips siehe § 124 des Diskussionsentwurfs des Gutachtens zum 59. DJT (sog. Professoren-Entwurf), D 61 und D 128 f.; § 116 des Arbeitsvertragsentwurfs von Henssler/Preis, Diskussionsentwurf eines Arbeitsvertragsgesetzes, Beil. zu NZA 23/2006, S. 25 und Preis, Entwurf eines KSchG, NZA 2003, S. 252, S. 254 f.

1292 Waas, Fortentwicklung des deutschen Arbeitsrechts, RdA 2007, S. 79; Richardi, Arbeitsgesetzgebung, NZA 2008, S. 1.

1293 Höland/Kahl/Zeibig, Kündigungspraxis und Kündigungsschutz, S. 201 und S. 251; Duvigneau, Auflösung des Arbeitsverhältnisses, S. 229; Darsow-Faller, Kündigungsschutz, S. 57; Bayreuther, Reform des Kündigungsschutzes, NZA 2006, S. 420.

zu einer Rechtsunsicherheit des Anwenders führen[1294]. Allerdings ist der nicht zu negierenden Rechtsunsicherheit ein hohes Maß an Einzelfallgerechtigkeit gegenüber zu stellen[1295]. Dabei unterliegen die Arbeitsgerichte den Anforderungen eines Rechtsstaates – der Bindung an Recht und Gesetz – und haben bei der Anwendung des einfachen Rechts die Grundrechte zu verwirklichen und arbeitsrechtliche Normen verfassungskonform auszulegen[1296]. Schlussendlich darf zumindest im Grundsatz an dem Vorhandensein von Prinzipien, Generalklauseln und unbestimmten Rechtsbegriffen aufgrund der Notwendigkeit einer gewissen Abstraktion bei der Normierung des Arbeitsrechts nicht gezweifelt werden[1297]. Dabei ist jedoch eine weitgehende Reduktion dieser zugunsten der Rechtssicherheit der Rechtsanwender nicht ausgeschlossen. Insofern sind weiter Versuche zu unternehmen, allgemeine Rechtssätze des Kündigungsrechts normativ zu konkretisieren, damit gewissen Mindestanforderungen an Justitiabilität und Normenklarheit genügt wird[1298]. Denn als Vorteil einer festen Regel ist hervorzuheben, dass Arbeitnehmer, Arbeitgeber oder Rechtsberater den Tatbestand leicht und kostengünstig selbst feststellen können[1299]. Eine Befragung von Richtern an den Arbeits- und Landesarbeitsgerichten ergab, dass eine Mehrheit (56 %) der Auffassung zustimmt, unbestimmte Rechtsbegriffe im Kündigungsrecht zu reduzieren bzw. zu konkretisieren und die im Rahmen der BAG-Rechtsprechung entwickelten Grundsätze wie das Ultima-Ratio-Prinzip, die Interessenabwägung oder das Prognoseprinzip in den Gesetzestext aufzunehmen, um größere Rechtssicherheit zu schaffen[1300]. Eine Konkretisierung und Begrenzung der bei einer Kündigung zu beachtenden Kriterien hülfe daher allen Rechtsanwendern, das Kündigungsrecht überschaubarer und Prozessausgänge vorhersehbarer zu

---

1294 Rieble-Klumpp, Transparenz und Reform, S. 12 f. und 15; Preis, Prinzipien des Kündigungsrechts, S. 4; Brox/Rüthers/Henssler, Rn. 16, Rn. 21 f. und Rn. 117; Lieb/Jacobs, Rn. 38; v. Klitzing, Ordnungsökonomische Analyse, S. 79 ff., S. 151 ff., S. 278 ff., S. 288 f. und IZA Research Report Nr. 36, Juni 2011, S. 1 und S. 12.

1295 Höland/Kahl/Zeibig, Kündigungspraxis und Kündigungsschutz, S. 201 und S. 251; dies., Wirklichkeit und Wahrnehmung des Kündigungsschutzes, WSI Mitteilungen 2005, S. 566; Ehrig/Kalmbach-Walwei, Weniger Arbeitslose, S. 145; Berkowsky, Betriebsbedingte Kündigung, § 4, Rn. 93; v. Klitzing, Ordnungsökonomische Analyse, S. 245; Darsow-Faller, Kündigungsschutz, S. 57; Schramm/Zachert, Arbeitsrecht in der betrieblichen Anwendung, S. 383.

1296 Hergenröder, Kündigung und Kündigungsschutz, ZfA 2002, S. 367 f.; Höland/Kahl/Zeibig, Kündigungspraxis und Kündigungsschutz, S. 250; Richardi, Arbeitsrecht als Teil freiheitlicher Ordnung, S. 240 f.

1297 Duvigneau, Auflösung des Arbeitsverhältnisses, S. 229; v. Klitzing, Ordnungsökonomische Analyse, S. 335; vgl. Preis, Prinzipien des Kündigungsrechts, S. 3.

1298 Preis, Prinzipien des Kündigungsrechts, S. 3 und S. 104; v. Klitzing, Ordnungsökonomische Analyse, S. 327; Wank, Reform des Kündigungsrechts, RdA 1992, S. 233; vgl. Kronke, Regulierungen, S. 444.

1299 V. Klitzing, Ordnungsökonomische Analyse, S. 246 f.

1300 Höland/Kahl/Zeibig, Kündigungspraxis und Kündigungsschutz, S. 238 f. und S. 251; vgl. auch Tilse/Wolgast, Beendigung des Arbeitsverhältnisses, S. 67.

gestalten[1301]. Durch eine Systematisierung des Arbeitsrechts und eine weitergehende Ablösung des Richterrechts würde größere Rechtssicherheit und Rechtsklarheit geschaffen[1302]. So könnte der Wahrnehmung des deutschen Arbeitsrechts als ein unübersichtliches, teilweise unklares und widersprüchliches Rechtssystem, daraus resultierend eine nicht überblickbare Judikatur und in Folge dessen als ein Standortnachteil für Deutschland entgegengewirkt werden[1303].

Dass eine Präzisierung von unbestimmten Rechtsbegriffen funktioniert, zeigt sich am Beispiel der gesetzlichen Verankerung der Sozialauswahlkriterien. Gab das Gesetz bis zum 30.09.1996 bzw. 01.01.2004 keine zu berücksichtigenden sozialen Gesichtspunkte vor, bereitete die Sozialauswahl dem Arbeitgeber große Schwierigkeiten[1304]. Nach früherer Rechtsprechung waren die Umstände jedes Einzelfalls zu betrachten, sodass sich bspw. die Berufstätigkeit des Partners des zu Kündigenden und damit ein angenommener Doppelverdienst bei der Sozialauswahl negativ auswirken konnte[1305]. Durch die Beschränkung der Sozialauswahl auf vier Kriterien ist diese Rechtsunsicherheit reduziert worden; die zu berücksichtigenden Sozialdaten sind nunmehr enumerativ und grundsätzlich abschließend normiert, um die Sozialauswahl berechenbar zu machen[1306]. Um die bestehende Rechtsunsicherheit in Bezug auf die Sozialauswahl noch weiter zu verringern, läge es nahe, die bestehenden Kriterien eindeutig abschließend im Gesetzestext zu verankern und eine

---

1301 Wank, Reform des Kündigungsrechts, RdA 1992, S. 233; Clemenz, Neuer Anlauf für ein Arbeitsvertragsgesetz, AnwBl 2006, S. 555.

1302 Richardi, Arbeitsgesetzgebung, NZA 2008, S. 5; Ulrich, Arbeitnehmerstatut, S. 287, S. 317.

1303 Balders/Strybny, Reform für mehr Beschäftigung, ZRP 2005, S. 249; Fischer, Das Arbeitsvertragsgesetz, NZA 2006, S. 1395; Preis, Neuorientierung in der arbeitsrechtlichen Gesetzgebung, NZA 2000, S. 10; Wank, Reform des Kündigungsrechts, RdA 1992, S. 230 f.; Hofedank, Kündigungsschutz, S. 7.

1304 KR-Griebeling/Rachor, § 1 KSchG, Rn. 604 f.; MüArbR-Berkowsky, § 113, Rn. 116; Hromadka in Blank, Muss der Kündigungsschutz reformiert werden?, S. 12; Ehrig/Kalmbach-Walwei, Weniger Arbeitslose, S. 152 f.; Schiefer, Kündigungsschutz, NZA 2002, S. 774 f.; Schwerdtner, Probleme des Kündigungsschutzes, ZIP 1984, S. 16 ff.

1305 Junker, Arbeitsrecht, Rn. 375; Schaub, § 135, Rn. 25 f.

1306 APS-Kiel, § 1 KSchG, Rn. 661; Pauly/Osnabrügge-Ruge, § 3, Rn. 60. Aus Gründen der Rechtssicherheit und um Fehler zu vermeiden, wird geraten, die Sozialauswahl auf die normierten Kriterien zu beschränken, Löwisch/Spinner/Wertheimer-Löwisch, § 1 KSchG, Rn. 413; SPV-Preis, Rn. 1091; Düwell/Weyand, Agenda 2010, S. 46 f.; Donges u.a., Flexibler Kündigungsschutz, S. 12; Jahn, Kündigungsschutz, S. 20; Thüsing/Laux/Lembke-Thüsing, § 1 KSchG, Rn. 854 unter Berufung auf BAG, Urt. v. 31.05.2007, NZA 2008, S. 33, wonach nicht klar wird, ob die Kriterien immer oder nur grundsätzlich abschließend gelten sollen. Kritisch Berkowsky, Betriebsbedingte Kündigung, § 7, Rn. 197; Willemsen/Annuß, Kündigungsschutz nach der Reform, NJW 2004, S. 178; IZA Research Report Nr. 36, Juni 2011, S. 1, S. 12, S. 18 ff.

konkrete Gewichtung vorzugeben. Dies wäre bspw. möglich durch Festlegung eines gesetzlichen Punkteschemas[1307].

Eine einheitliche Kodifikation des Arbeitsvertragsrechts, verbunden mit einer Positivierung von Rechtsgrundsätzen sowie einer Präzisierung von unbestimmten Rechtsbegriffen und Generalklauseln, wäre daher ein erster Schritt, das Kündigungsrecht zu vereinfachen.

b) *Angabe des Kündigungsgrundes im Kündigungsschreiben*

In Chile müssen die Kündigungsgründe dem Kündigungsschreiben zu entnehmen sein, weshalb fraglich ist, ob es im Hinblick auf eine Vereinfachung des Kündigungsschutzes sinnvoll wäre, die Angabe eines Kündigungsgrundes zur Kündigungsvoraussetzung zu machen[1308]. Die in Deutschland mögliche Vereinbarung der qualifizierten Schriftformklausel und die in Ausnahmen bestehenden Begründungspflichten (§ 22 BBiG, § 17 MuSchG) werden gerade mit Rechtsklarheit- und Beweissicherungszwecken begründet. Hierdurch soll der Arbeitgeber vor Übereilung geschützt und dem Arbeitnehmer die Prüfung, ob die Kündigung gerechtfertigt ist, ermöglicht und eine anschließende Abwägung der gerichtlichen Erfolgschancen erleichtert werden[1309]. Sinn und Zweck der Angabe der Kündigungsgründe unmittelbar in der Kündigungserklärung selbst ist daher, den Ursprung und die Motive der Kündigung von vornherein transparent zu gestalten, damit der Arbeitnehmer die Chancen eines Kündigungsschutzprozesses erkennen und Risiken abwägen kann[1310]. Damit werden die Kündigungsgründe für den Arbeitnehmer nachvollziehbar (vielleicht sogar verständlich). Er kann das Prozessrisiko besser einschätzen und gleichzeitig wird das Problem umgangen, dass der Arbeitnehmer teilweise erst vor Gericht Kenntnis von dem Kündigungsgrund erhält. Im Übrigen

---

1307 APS-Kiel, § 1 KSchG, Rn. 661. Vgl. § 117 des Arbeitsvertragsentwurfs von Henssler/Preis, Diskussionsentwurf eines Arbeitsvertragsgesetzes, Beil. zu NZA 23/2006, S. 26.

1308 Eine qualifizierte Schriftform der Kündigung, eine Angabe der Gründe und einer Rechtsmittelbelehrung forderten bereits Reuss, Arbeitsrechtliche Kündigung, AuR 1960, S. 2 ff.; Schwerdtner, Anm. zu BAG, Urt. v. 28.09.1972, JZ 1973, S. 379; Becker/Rommelspacher, Reform des Kündigungsrechts, ZRP 1976, S. 43; Duvigneau, Auflösung des Arbeitsverhältnisses, S. 253; für einen Begründungszwang auch Wank, Reform des Kündigungsrechts, RdA 1992, S. 231. Kritisch Rühle, Sinn und Unsinn, DB 1991, S. 1379.

1309 BT-Drs. 5/4260, S. 11; SPV-Preis, Rn. 93, Rn. 520; APS-Preis, Grundl. D, Rn. 28; MüArbR-Natzel, § 322, Rn. 159; Gallner/Mestwerdt/Nägele-Pfeiffer, § 1 Teil C, Rn. 189; Mues/Eisenbeis/Laber, Teil 1, Rz. 117; Heßler, Angabe des Kündigungsgrundes, S. 66; BAG, Urt. v. 25.10.2012, NZA 2013, S. 900 und Urt. v. 25.11.1976, AP Nr. 4 zu § 15 BBiG a.F. Auch das Schriftformgebot des § 623 BGB hat eine Klarstellungs-, Beweis- und Warnfunktion und soll vor Übereilung schützen, hierzu Bamberger/Roth-Fuchs, § 623 BGB, Rn. 1; AR-Fischermeier, § 623 BGB, Rn. 1.

1310 Reuss, Arbeitsrechtliche Kündigung, AuR 1960, S. 3 f.

führt eine Begründungspflicht des Arbeitgebers zu einer Überprüfung seiner Kündigungsmotive, sodass manch Arbeitgeber diesen Schritt vielleicht noch einmal überdenken wird.

Ferner zeigen sich im deutschen Recht Unstimmigkeiten dahingehend, dass der Betriebsrat gem. § 102 Abs. 1 BetrVG über die Kündigungsgründe umfassend zu informieren ist, nicht aber der Arbeitnehmer[1311]. Der Arbeitgeber muss dem Betriebsrat die Kündigungsgründe so detailliert darlegen, dass er sich ohne zusätzliche eigene Nachforschung ein Bild über ihre Stichhaltigkeit machen kann[1312]. Dabei ist es aus Arbeitnehmersicht nicht verständlich, dass mit dem Betriebsrat Dritte über den Kündigungsgrund informiert werden, nicht aber der Betroffene selbst. Zudem kommt es zu der Problematik des Nachschiebens von Kündigungsgründen, welche in Chile nicht bekannt ist. Auch in Deutschland würde das arbeitsgerichtliche Verfahren durch eine qualifizierte Schriftformklausel auf die schriftlich vorgebrachten Kündigungsgründe beschränkt, ein Nachschieben von Kündigungsgründen wäre unzulässig[1313]. Weiter müssen die Parteien in erster Instanz des Arbeitsgerichtsprozesses die Kosten des Rechtsstreits unabhängig vom Prozessausgang selbst tragen, sodass das Kostenrisiko des Arbeitnehmers, der im Zweifel bis zum Prozess über die Gründe der Kündigung nicht aufgeklärt wird, recht hoch ist[1314]. Insofern ist die Vorgabe des chilenischen Rechts, dem Arbeitnehmer die Kündigungsgründe bereits im Kündigungsschreiben selbst mitzuteilen, aus Praktikabilitätsgründen zu begrüßen. Dies führt nicht nur zu einer Kostenersparnis für den Arbeitnehmer durch Vermeidung von Rechtsverfolgungskosten, sondern auch zu einer Entlastung der Arbeitsgerichte. Insgesamt würde die gesetzgeberische Implementierung der Angabe von Gründen im Kündigungsschreiben selbst zu einer Transparenz führen, die allen Beteiligten den rechtlichen Umgang mit der Kündigung einfacher macht.

Kritiker führen an, ein Begründungszwang sei eine überflüssige Formalität. Vielmehr reiche es aus, wenn der Arbeitnehmer einen Auskunftsanspruch hinsichtlich der Kündigungsgründe hätte und § 626 Abs. 2 S. 3 BGB auf alle Kündigungen erstreckt würde[1315]. Ein Begründungszwang würde sich negativ auf das nachfolgende Zeugnis auswirken, weil sich der Arbeitgeber zwischen Kündigungs- und

---

1311 Reuss, Arbeitsrechtliche Kündigung, AuR 1960, S. 4 f. und Schwerdtner, Anm. zu BAG, Urt. v. 28.09.1972, JZ 1973, S. 379.

1312 ErfK-Kania, § 102 BetrVG, Rn. 6; APS-Koch, § 102 BetrVG, Rn. 90; Tilse/Wolgast, Beendigung des Arbeitsverhältnisses, S. 142; BAG, Urt. v. 05.12.2002, NZA 2003, S. 849, Urt. v. 15.11.1995, NZA 1996, S. 419 und Urt. v. 22.09.1994, NZA 1995, S. 363.

1313 Kittner/Zwanziger/Deinert-Appel, § 70, Rn. 17; KR-Griebeling/Rachor, § 1 KSchG, Rn. 241; SPV-Preis, Rn. 93; Becker/Rommelspacher, Reform des Kündigungsrechts, ZRP 1976, S. 43; Schwerdtner, Anm. zu BAG, Urt. v. 28.09.1972, JZ 1973, S. 379; BAG, Urt. v. 22.02.1972, AP Nr. 1 zu § 15 BBiG.

1314 Darsow-Faller, Kündigungsschutz, S. 225 f.

1315 Kittner/Däubler/Zwanziger-Däubler, Einl., Rn. 553. Giesen, Reformvorschläge, ZfA 2003, S. 482 schlägt sogar vor, § 623 BGB gänzlich zu streichen, um dadurch das Arbeitsrecht zu entbürokratisieren.

Zeugnisinhalt bspw. bei einer verhaltensbedingten Kündigung nicht in Widerspruch setzen würde[1316]. Zudem wäre die Rechtssicherheit gefährdet, da schwer zu bestimmen sei, wie weit die Begründung gehen müsse[1317]. Folgt man diesen Argumenten, wäre zumindest, um dem Vereinfachungsgedanken Rechnung zu tragen, die Angabe des Kündigungsgrundes auf Verlangen des Arbeitnehmers bei einer ordentlichen Kündigung, welche einen Kündigungsgrund voraussetzt, gesetzlich zu normieren[1318]. Grundsätzlich wird zwar neben dem gesetzlich verankerten Auskunftsanspruch bei einer außerordentlichen Kündigung gem. § 626 Abs. 2 S. 3 BGB für den Anwendungsbereich des KSchG auch bei ordentlichen Kündigungen ein vorprozessualer Auskunftsanspruch aufgrund § 1 Abs. 3 S. 1, 2. HS. KSchG, einer arbeitsvertraglichen Nebenpflicht aus Treu und Glauben oder einer entsprechenden Anwendung des § 626 Abs. 2 S. 3 BGB anerkannt[1319]. Eine ausdrückliche gesetzliche Normierung eines Auskunftsanspruchs hätte jedoch zumindest zur Folge, dass der juristisch nicht vorgebildete Arbeitnehmer mit einem Blick ins Gesetz erkennen könnte, dass er bei Erhalt einer ordentlichen Kündigung Auskunft über die diese begründenden Gründe verlangen kann.

Allerdings überzeugen die Argumente für einen bloßen Auskunftsanspruch nicht, sondern vielmehr die eines Begründungszwangs der Arbeitgeberkündigung. Durch eine klare und eindeutige Schriftformklausel soll das Arbeitsrecht einfacher und übersichtlicher gestaltet werden und nicht zu neuen Problemen führen. Bei einem bloßen Auskunftsanspruch würden sich Abgrenzungsschwierigkeiten dahingehend ergeben, bis zu welchem Zeitpunkt der Arbeitnehmer Auskunft verlangen kann. Durch eine Schriftformklausel sollen gerade zum Zeitpunkt des Ausspruchs der Kündigung die Kündigungsgründe abschließend vorliegen, insbesondere um ein Nachschieben von Kündigungsgründen zu vermeiden. Mit einem Auskunftsanspruch gelänge dies nicht, da naturgemäß zwischen Kündigungsausspruch und Auskunftsgeltendmachung wiederum Zeit verstreicht. Insbesondere ist nicht ersichtlich, weshalb bei einem seitens des Arbeitgebers ausgeübten Gestaltungsrecht dieses

---

1316 Kittner/Däubler/Zwanziger-Däubler, Einl., Rn. 553.

1317 Kittner/Däubler/Zwanziger-Däubler, Einl., Rn. 108; Heßler, Angabe des Kündigungsgrundes, S. 120; BAG, Urt. v. 21.03.1959, AP Nr. 55 zu § 1 KSchG und Urt. v. 30.01.1963, BAGE 14, S. 65.

1318 Dies sieht bspw. der DGB-Entwurf vor, DGB-Thesen, AuR 1992, S. 270 und § 122 des Diskussionsentwurfs des Gutachtens zum 59. DJT, D 60 und D 127, § 122 des Arbeitsvertragsentwurfs des Deutschen Bundestages, BR-Drs. 293/95 sowie § 114 S. 1 des Arbeitsvertragsentwurfs von Henssler/Preis, Diskussionsentwurf eines Arbeitsvertragsgesetzes, Beil. zu NZA 23/2006, S. 25. Laut der Beendigungsbefragung 2007 von Gensicke/Pfarr u.a., Beendigung von Arbeitsverhältnissen, AuR 2008, S. 435 war allerdings ein Viertel der Gekündigten der Meinung, der Arbeitgeber hätte ihnen nicht den wahren Grund für die Kündigung genannt.

1319 Thüsing/Laux/Lembke-Gabrys, § 1 KSchG, Rn. 130; KR-Griebeling/Rachor, § 1 KSchG, Rn. 239; Waltermann, Rn. 322; Krause, § 18, Rn. 3; Heßler, Angabe des Kündigungsgrundes, S. 121, S. 211 ff., S. 218, S. 250.

nicht unmittelbar mit Pflichten versehen werden sollte. Ein Auskunftsanspruch des Arbeitnehmers würde diesem rechtliche Verpflichtungen auferlegen, welche grundsätzlich dem Arbeitgeber obliegen. Denn der Auskunftsanspruch entsteht nicht automatisch, sondern muss geltend gemacht werden[1320]. Diesbezüglich ist anzumerken, dass der Auskunftsanspruch des § 626 Abs. 2 S. 3 BGB dem Arbeitnehmer in der Praxis oftmals Schwierigkeiten bereitet, da er zwar unmittelbar nach Ausspruch einer außerordentlichen Kündigung Auskunft verlangt, der Arbeitgeber diese aber regelmäßig schlichtweg nicht erteilt und der Arbeitnehmer erst in der Güteverhandlung vor dem Arbeitsgericht tatsächlich erfährt, weshalb er gekündigt worden ist[1321]. Auch das Argument des vermuteten Widerspruchs zwischen Kündigungsbegründung und Zeugnisinhalt trägt nicht. Der Arbeitnehmer hat Anspruch auf ein wohlwollendes Zeugnis, welches den Tatsachen entsprechen muss[1322]. Dies gilt unabhängig davon, ob diese Tatsachen bereits in der Kündigung Erwähnung fanden oder nicht. Weiter dürfen der Grund und die Art des Ausscheidens ohne oder gegen den Willen des Arbeitnehmers aus dem Zeugnis nicht hervorgehen[1323]. Hinsichtlich des Begründungsumfangs kann gesetzlich verankert werden, dass nicht lediglich der Wortlaut des Gesetzes wiederzugeben ist, sondern der angeführte Kündigungsgrund mit konkreten Tatsachen zu belegen ist[1324]. Dies wäre ausreichend, damit der Arbeitnehmer zwischen sich und dem Kündigungssachverhalt einen Bezug herstellen kann. Erfahrungen aus der Praxis zeigen, dass verständige Arbeitnehmer

---

1320 Kittner/Däubler/Zwanziger-Däubler, § 626 BGB, Rn. 229.

1321 Die Begründung der außerordentlichen Kündigung ist keine Wirksamkeitsvoraussetzung. Zwar kann sich der Arbeitgeber schadensersatzpflichtig machen, wenn er die Begründungspflicht nicht oder verspätet erfüllt und es ist der Vertrauensschaden (z.B. Prozesskosten) zu ersetzen, wenn der Kündigungsempfänger bei ordnungsgemäßer Mitteilung nicht geklagt hätte, ErfK-Niemann, § 626 BGB, Rn. 244; siehe unten S. 60 f. Allerdings sind vom Schadensersatz nicht die Rechtsanwaltskosten des ersten Rechtszugs umfasst, da jede Partei diese Kosten selbst zu tragen hat, v. Hoyningen-Huene/Linck, § 1, Rn. 276; KR-Griebeling/Rachor, § 1 KSchG, Rn. 239; BAG, Urt. v. 30.04.1992, AP Nr. 6 zu § 12a ArbGG. Da der Arbeitnehmer aufgrund der bestehenden Beweislast insbesondere für die Kausalität beweispflichtig ist und regelmäßig Beweislastprobleme hat, gestaltet sich der Auskunfts- und der damit verbundene Schadensersatzanspruch als eher „stumpfes Schwert", vgl. Kittner/Däubler/Zwanziger-Däubler, § 626 BGB, Rn. 233 f.

1322 Dabei wird die Zeugniswahrheit als oberster Grundsatz des Zeugnisrechts angesehen, ErfK-Müller-Glöge, § 109 GewO, Rn. 22 ff.; HWK-Gäntgen, § 109 GewO, Rn. 4 f.; AR-Kolbe, § 109 GewO, Rn. 23 ff.; Schaub, § 147, Rn. 28; Preis, Arbeitsrecht, § 72, S. 975 f.; Greiser/Kador, Arbeitszeugnis, AuR 2012, S. 201 ff.; BAG, Urt. v. 18.11.2014, NJW 2015, S. 1128 und Urt. v. 15.11.2011, DB 2012, S. 636.

1323 ErfK-Müller-Glöge, § 109 GewO, Rn. 26; HWK-Gäntgen, § 109 GewO, Rn. 24; Greiser/Kador, Arbeitszeugnis, AuR 2012, S. 203; BAG, Urt. v. 12.08.1976, AP Nr. 11 zu § 630 BGB.

1324 Vgl. Kittner/Zwanziger/Deinert-Appel, § 70, Rn. 17; BAG, Urt. v. 10.02.1999, NZA 1999, S. 602.

sehr an dem Kündigungssachverhalt interessiert sind und hieran ihre persönlichen Rechtsverfolgungschancen und -risiken festmachen. Um eine zu verankernde Begründungspflicht wirksam gestalten zu können, empfiehlt es sich, diese mit einer Rechtsfolge zu verknüpfen. Demgemäß sollte die Angabe der Kündigungsgründe bei der Arbeitgeberkündigung zur Wirksamkeitsvoraussetzung erklärt werden.

c) Vereinheitlichung der Kündigungsfristen

Einer Vereinfachung des Kündigungsrechts könnte durch eine Vereinheitlichung der Kündigungsfristen Rechnung getragen werden. In Chile beträgt die Kündigungsfrist einheitlich dreißig Tage. Dagegen verlängert sich in Deutschland die gesetzliche vierwöchige Grundkündigungsfrist zum Fünfzehnten oder Ende eines Kalendermonats je nach Beschäftigungsdauer in sieben Stufen auf insgesamt sieben Monate[1325]. Daher stellt sich die Frage, ob die Kündigungsfristen nach der Betriebszugehörigkeit gestaffelt sein müssen und ob es möglich wäre, einheitliche Kündigungsfristen gesetzlich zu verankern.

Zuletzt entschied das BAG, dass die Staffelung der Kündigungsfristen nach Beschäftigungsdauer keine mittelbare Altersdiskriminierung darstellt, da mit der Verlängerung der Kündigungsfristen durch § 622 Abs. 2 BGB das Ziel verfolgt wird, länger beschäftigten und damit typischerweise älteren Arbeitnehmern einen verbesserten Kündigungsschutz zu gewähren, da ungeachtet des Anstiegs der Erwerbsquote älterer Arbeitnehmer das Alter nach wie vor ein Vermittlungshemmnis sei[1326].

Allgemein muss in Deutschland die durch eine Kündigungsfrist errichtete Zeitschranke so bemessen sein, um Art. 12 Abs. 1 GG zu genügen, dass dem Arbeitnehmer ausreichend Zeit bleibt, sich auf eine Beendigung des Arbeitsverhältnisses einzustellen, um möglichst ohne wirtschaftliche Nachteile einen neuen Arbeitsplatz zu finden oder sich auf gemindertes Einkommen einzurichten[1327], weshalb den Kündigungsfristen ein gewisser sozialer Schutzgehalt nicht abzusprechen ist[1328]. Allerdings zögert eine lange Kündigungsfrist die Beendigung des Arbeitsverhältnisses

---

1325 Nach dem Gesetzeswortlaut sind Zeiten vor Vollendung des 25. Lebensjahres des Arbeitnehmers nicht zu berücksichtigen, diese Regelung ist aber aufgrund eines Verstoßes gegen das Diskriminierungsverbot unanwendbar, siehe Fußnote 256; AR-Fischermeier, § 622 BGB, Rn. 2; Gallner/Mestwerdt/Nägele-Spengler, § 622 BGB, Rn. 15; APS-Linck, § 622 BGB, Rn. 54a f.; Hromadka/Maschmann, § 10, Rn. 89 und Krause, § 18, Rn. 8.

1326 BAG, Urt. v. 18.09.2014, NZA 2014, S. 1400.

1327 ErfK-Müller-Glöge, § 622 BGB, Rn. 1; HWK-Bittner, § 622 BGB, Rn. 1; Kaiser in FS Konzen, S. 385; Oetker, Arbeitsrechtlicher Bestandsschutz, RdA 1997, S. 16 f.; Hamann, Kündigung, JA 1987, S. 475. Vgl. BVerfG, Beschl. v. 30.05.1990, BVerfGE 82, S. 126, S. 146 ff. und Urt. v. 10.03.1992, BVerfGE 85, S. 360, S. 379. Siehe aber auch BAG, Urt. v. 26.10.2017, ArbRAktuell 2017, S. 569.

1328 Preis, Prinzipien des Kündigungsrechts, S. 54.

lediglich hinaus, ohne sie zu verhindern[1329]. Daher sind Kündigungsfristen dem allgemeinen Kündigungsrecht und nicht dem Kündigungsschutz im engeren Sinne zuzuordnen[1330]. Auch das BAG führt bzgl. verkürzter Kündigungsfristen aus, dass diese nicht den materiellen Kündigungsschutz, also das Recht der Kündigungsgründe, sondern den formellen Kündigungsschutz betreffen[1331]. Kündigungsfristen gewähren, in Verbindung mit Kündigungsterminen, beiden Vertragspartnern einen begrenzten Kündigungsschutz in Form eines zeitlichen Bestandsschutzes, wobei die Staffelung der Kündigungsfristen des § 622 Abs. 2 BGB zurzeit aufgrund der Verbindung mit der Beschäftigungsdauer insbesondere älteren Arbeitnehmern zugute kommt[1332].

Nach Art. 6 RL 2000/78/EG bzw. § 10 AGG ist jegliche und damit auch eine mittelbare Altersdiskriminierung im Rahmen der Beschäftigung zu vermeiden, es sei denn, die Ungleichbehandlung wegen des Alters ist objektiv und angemessen, durch ein legitimes Ziel der Beschäftigungspolitik gerechtfertigt und die Mittel zur Erreichung dieses Ziels sind angemessen und erforderlich[1333]. Das BAG ist der Ansicht, der verstärkte formelle Kündigungsschutz sei ein beschäftigungs- und arbeitsmarktpolitisch legitimes Ziel im Sinne des Art. 2 Abs. 2b) bzw. sogar Art. 6 Abs. 1 RL 2000/78/EG, da so den älteren Arbeitnehmern länger Gelegenheit gegeben wird, einen neuen Arbeitsplatz zu finden[1334]. Dabei belegen die aktuellen Beschäftigungszahlen eine deutliche Steigerung der Beschäftigung älterer Arbeitnehmer. In den vergangenen Jahren nahm die Erwerbstätigkeit älterer Menschen weiter zu: Gingen im Jahr 2005 rund 28 % der 60- bis 64-Jährigen einer Erwerbstätigkeit nach, war 2013 bereits die Hälfte dieser Altersgruppe erwerbstätig (50 %). Von den 65- bis 69-Jährigen, also Personen jenseits der Regelaltersgrenze, arbeiteten 2013 immerhin noch 13 %, dagegen hatte im Jahr 2005 der Anteil noch bei 6 % gelegen[1335]. Das Statistische Bundesamt führte bereits 2009 aus, in keiner anderen Altersgruppe steige die Erwerbstätigenquote so stark an wie in der Gruppe der 55- bis 64-Jährigen[1336]. Dabei ist auch die Erwerbsneigung älterer Arbeitnehmer zwischen 55 und unter 65 Jahren mit 71,3 % in Deutschland überdurchschnittlich hoch[1337]. Aufgrund dieser nicht mehr ganz neuen, aber stetigen Entwicklung des Arbeitsmarktes sollten ältere Arbeitnehmer

---

1329 Kaiser in FS Konzen, S. 385.

1330 V. Hoyningen-Huene/Linck, Einl., Rn. 92.

1331 BAG, Urt. v. 18.09.2014, NZA 2014, S. 1400 und Urt. v. 23.04.2008, NZA 2008, S. 960.

1332 KR-Spilger, § 622 BGB, Rn. 84; ErfK-Müller-Glöge, § 622 BGB, Rn. 2; AR-Fischermeier, § 622 BGB, Rn. 1; Krause, § 18, Rn. 7; BAG, Urt. v. 18.09.2014, NZA 2014, S. 1400, Urt. v. 18.04.1985, EzA § 622 BGB n.F. Nr. 21.

1333 Die Richtlinie 2000/78/EG wurde durch das AGG ins nationale Recht umgesetzt; hierzu Preis, Arbeitsrecht, § 34, S. 454; BAG, Urt. v. 23.04.2008, NZA 2008, S. 960.

1334 BAG, Urt. v. 18.09.2014, NZA 2014, S. 1400.

1335 Statistisches Bundesamt, Erwerbstätigkeit älterer Menschen nimmt immer weiter zu.

1336 Statistisches Bundesamt, Erwerbsbeteiligung älterer Arbeitnehmer, S. 2 ff.

1337 Bundesagentur für Arbeit, Der Arbeitsmarkt in Deutschland, S. 8.

nicht als Problem, sondern als Potenzial verstanden werden[1338]. Zudem führt die demografische Entwicklung zu einer Veränderung des Arbeitsmarktes, da die Erwerbsbevölkerung in absehbarer Zeit rasant altert und eine Beschäftigungslücke entstehen wird[1339], aufgrund derer ältere Arbeitnehmer immer gefragter werden und sich damit ihre Beschäftigungssicherheit erhöht[1340]. Der Arbeitsmarkt ist verstärkt angewiesen auf ältere Arbeitnehmer[1341], sodass sich die Beschäftigungssicherheit Älterer hinsichtlich des Bestands des Arbeitsverhältnisses, aber auch im Hinblick auf eine kürzere durchschnittliche Arbeitslosigkeit erhöht. Zwar sind ältere Arbeitnehmer durchschnittlich längere Zeit arbeitslos und weniger flexibel als jüngere Arbeitnehmer, allerdings liegt dies auch an der Tatsache, dass ältere Arbeitnehmer häufiger schwerbehindert sind als jüngere[1342]. Da sich jedoch nicht nur der Arbeitsmarkt aufgrund der demografischen Entwicklung zugunsten der Arbeitnehmer entwickelt, sondern die Erwerbsneigung Älterer steigt, gesundheitliche Beschwerden aufgrund medizinischer Fortschritte geringer werden und Ältere nach wie vor oftmals seltener als Jüngere eine fehlende formale Berufsqualifikation aufweisen, wird sich die Dauer der Arbeitslosigkeit Älterer reduzieren[1343]. Daher werden sich die Arbeitslosenzeiten älterer und jüngerer Arbeitnehmer in Zukunft annähern und es entfällt das legitime Ziel der Beschäftigungspolitik.

Ferner wird das voranschreitende Alter zukünftig keinen Gleichlauf mit einer längeren Beschäftigungszeit bilden, weshalb das Kriterium der Betriebstreue fraglich ist. Denn lange Beschäftigungszeiten verlieren aufgrund veränderter Erwerbsbiografien praktisch an Bedeutung, sodass sich das Kriterium der Betriebszugehörigkeitsdauer relativiert und auch ältere Arbeitnehmer keine übermäßigen Beschäftigungszeiten mehr aufweisen (werden). Aufgrund der veränderten Arbeitsmarktlage wird eine häufig gewordene Diskontinuität der Erwerbsbiografien Realität – Arbeitnehmer erreichen längst nicht mehr in demselben Betrieb, in dem sie ihre Lehre anfingen, auch die Altersgrenze für den Ruhestand[1344]. Dabei haben die

1338 Hierzu und der grundsätzlichen Aufhebung von Altersgrenzen siehe Kothe, Alternde Arbeitswelt, AnwBl 2008, S. 575 ff.; vgl. Waltermann, Das Alter, die Demografie und das Arbeitsrecht, RdA 2015, S. 345.

1339 Waas, Fortentwicklung des deutschen Arbeitsrechts, RdA 2007, S. 83; OECD, Zuwanderung ausländischer Arbeitskräfte, S. 39 ff.; DIHK-Arbeitsmarktreport 2017, S. 19 und S. 22; vgl. Erdmann/Seyda, Fachkräfte sichern, S. 1.

1340 OECD, Zuwanderung ausländischer Arbeitskräfte, S. 38; DIHK-Arbeitsmarktreport 2017, S. 21; Kaiser/Dahm, Sozialauswahl, NZA 2010, S. 475; vgl. Reimann/Zimmermann-Finkin, Oxford Handbook of Comparative Law, S. 1157 und Löwisch/Caspers/Neumann, Beschäftigung und demographischer Wandel, S. 9 und S. 73.

1341 Waltermann, Das Alter, die Demografie und das Arbeitsrecht, RdA 2015, S. 344 ff.

1342 Bundesagentur für Arbeit, Der Arbeitsmarkt in Deutschland, S. 4, S. 19 ff.

1343 Bundesagentur für Arbeit, Der Arbeitsmarkt in Deutschland, S. 4; Kaiser/Dahm, Sozialauswahl, NZA 2010, S. 477 f.

1344 Waltermann, Gutachten zum 68. DJT, B 10 und Linnenkohl, Selbständigen-Kultur, BB 1999, S. 48 ff.

Arbeitnehmer aufgrund der veränderten Wirtschafts- und Gesellschaftsstruktur zunehmend selbst ein verstärktes Interesse an einem zügigen Arbeitgeberwechsel. Die Fluktuationsneigung der Arbeitnehmer ist nicht unerheblich[1345]. Daher kann das Mobilitätsinteresse das befristete Bestandsschutzinteresse (insbesondere bei jungen bzw. hochqualifizierten Arbeitnehmern) überwiegen[1346]. Hinsichtlich eines Mobilitätsinteresses hat das BAG entschieden, dass eine stärkere Fluktuation in Betrieben eine kürzere Grundkündigungsfrist rechtfertigen kann[1347]. Eine lange Kündigungsfrist von mehreren, ggf. bis zu sieben Monaten zu bestimmten Kündigungsterminen, beschränkt die wirtschaftliche Flexibilität vornehmlich des Arbeitgebers, aber auch des Arbeitnehmers. In der Praxis ist es durchaus üblich, vertraglich einen Gleichlauf der Kündigungsfrist nach § 622 Abs. 6 BGB zu vereinbaren, weshalb der Arbeitnehmer oftmals an eine ebenso lange Kündigungsfrist wie der Arbeitgeber gebunden ist[1348]. Auch aufgrund dessen wird eine Ungleichbehandlung der älteren Arbeitnehmer durch eine an Beschäftigungszeiten gekoppelte Kündigungsfrist gegenüber jüngeren Arbeitnehmern nicht mehr zu rechtfertigen sein.

Dabei ist zu berücksichtigen, dass ältere Arbeitnehmer mit längeren Beschäftigungszeiten in Betrieben, für die das KSchG gilt, bereits durch § 1 Abs. 3 Satz 1 KSchG gegenüber jüngeren Arbeitnehmern besser geschützt sind, da der Bestandsschutz ältere Arbeitnehmer besonders schützt[1349]. Ältere Beschäftigte sehen sich im Vergleich zu Jüngeren einem geringeren Risiko ausgesetzt, arbeitslos zu werden – es lag im Jahr 2016 für die 55- bis 65-Jährigen bei 0,51 %, im Durchschnitt aller Altersklassen bei 0,72 %[1350]. Insofern genießen sie bereits unabhängig von den Kündigungsfristen einen verbesserten materiellen Kündigungsschutz.

Im Hinblick auf die Frage einer Angemessenheit der an Beschäftigungszeiten gekoppelten Kündigungsfristen ist nicht zu vergessen, dass eine Verkürzung der Kündigungsfristen und damit eine Reduzierung des Kündigungsschutzes durch den Abschluss von Tarifverträgen gem. § 622 Abs. 4 BGB möglich ist[1351]. In Zusammenhang mit der Tarifdispositivität des § 622 Abs. 4 BGB stellte das BAG fest, dass das

---

1345 Siehe Gallup, Präsentation zum Engagement Index 2014, S. 11 ff.

1346 Vgl. APS-Linck, § 622 BGB, Rn. 178; HWK-Bittner, § 622 BGB, Rn. 106; Linnenkohl, Selbständigen-Kultur, BB 1999, S. 49.

1347 HWK-Bittner, § 622 BGB, Rn. 87; Hromadka/Maschmann, § 10, Rn. 101; BAG, Urt. v. 23.01.1992, AP Nr. 35 und Nr. 37 zu § 622 BGB, Urt. v. 02.04.1992, AP Nr. 38 zu § 622 BGB.

1348 Vgl. BAG, Urt. v. 29.01.2015, NJW 2015, S. 2205.

1349 BAG, Urt. v. 18.09.2014, NZA 2014, S. 1400 und Urt. v. 23.04.2008, NZA 2008, S. 960; kritisch zum Lebensalter als Kriterium der Sozialauswahl Kaiser/Dahm, Sozialauswahl, NZA 2010, S. 473 ff. und Tilse/Wolgast, Beendigung des Arbeitsverhältnisses, S. 103 f.

1350 Bundesagentur für Arbeit, Der Arbeitsmarkt in Deutschland, S. 27.

1351 Krause, § 18, Rn. 9; Preis, Arbeitsrecht, § 60, S. 769; BAG, Urt. v. 23.04.2008, NZA 2008, S. 960. Dies kann gem. § 622 Abs. 4 S. 2 BGB auch individualvertraglich vereinbart werden.

BVerfG weder für den Bereich des Alters noch der Betriebszugehörigkeit eine Verpflichtung des Gesetzgebers zu unterschiedlichen Regelungen angenommen hat und bestätigte, dass eine Staffelung nach der Dauer der Betriebszugehörigkeit und des Alters grundsätzlich nicht notwendig ist[1352]. Die Tarifvertragsparteien müssen älteren Arbeitnehmern keine verlängerten Kündigungsfristen einräumen[1353]. Rechtlich möglich sind daher auch tarifvertragliche Regelungen, die einheitliche Kündigungsfristen und Kündigungstermine ohne Staffelung nach Betriebszugehörigkeit und Alter vorsehen[1354]. Im Übrigen ist eine Verkürzung der Kündigungsfristen möglich, wenn der Arbeitnehmer zur vorübergehenden Aushilfe eingestellt ist oder der Arbeitgeber in der Regel nicht mehr als zwanzig Arbeitnehmer ausschließlich der Auszubildenden beschäftigt und die Kündigungsfrist vier Wochen nicht unterschreitet. Dies bedeutet, dass der Arbeitgeber nicht an die Einhaltung von Kündigungsterminen gebunden ist[1355]. Ferner knüpft die Verlängerung der Kündigungsfristen an eine Beschäftigung im Betrieb oder Unternehmen an, sodass Hausangestellte, da ein Haushalt kein Betrieb oder Unternehmen ist, auch nach längerer Beschäftigung keine verlängerten Kündigungsfristen in Anspruch nehmen können[1356].

Insofern stellt sich die Frage nach der Notwendigkeit einer gesetzlichen Differenzierung. Der Gesetzgeber verletzt das Grundrecht des Art. 3 Abs. 1 GG, wenn er bei Regelungen eine Gruppe von Normadressaten im Vergleich zu anderen Normadressaten anders behandelt, obwohl zwischen beiden Gruppen keine Unterschiede von solcher Art und solchem Gewicht bestehen, dass die ungleiche Behandlung gerechtfertigt ist[1357]. Differenzierungsgebote hat das BVerfG verschiedentlich erörtert, es hat jedoch weder für den Bereich des Alters noch den der Betriebszugehörigkeit eine Verpflichtung des Gesetzgebers zu unterschiedlichen Regelungen angenommen[1358]. Auch aus dem Europäischen Recht lässt sich ein Differenzierungsgebot nicht ableiten. Art. 1 der RL 2000/78/EG verbietet im Gegenteil die Unterscheidung wegen des Alters. Zwar lässt Art. 6 der RL 2000/78/EG Differenzierungen aus bestimmten Gründen zu und Art. 7 RL 2000/78/EG erlaubt spezifische Maßnahmen zur Verhinderung oder zum Ausgleich von Nachteilen, die diskriminierte Personen erleiden.

1352 AR-Fischermeier, § 622 BGB, Rn. 9; BAG, Urt. v. 23.04.2008, NZA 2008, S. 960.

1353 APS-Linck, § 622 BGB, Rn. 113.

1354 Schaub, § 126, Rn. 31; BAG, Urt. v. 23.04.2008, NZA 2008, S. 960.

1355 Bamberger/Roth-Fuchs, § 622 BGB, Rn. 20 und Schaub, § 126, Rn. 26.

1356 APS-Linck, § 622 BGB, Rn. 17; KR-Spilger, § 622 BGB, Rn. 58; Schaub, § 126, Rn. 5; Gallner/Mestwerdt/Nägele-Spengler, § 622 BGB, Rn. 13; ErfK-Müller-Glöge, § 622 BGB, Rn. 6a; HWK-Bittner, § 622 BGB, Rn. 25; AR-Fischermeier, § 622 BGB, Rn. 1; SPV-Preis, Rn. 429; LAG Düsseldorf, Urt. v. 10.05.2016, BeckRS 2016, 70686; a.A. wegen Verstoßes gegen Art. 3 Abs. 1 GG MüArbR-Wank, § 97, Rn. 23 und LAG Baden-Württemberg, Urt. v. 26.06.2015, NZA-RR 2016, S. 17.

1357 BVerfG, Urt. v. 28.04.1999, BVerfGE 100, S. 59, S. 90, Urt. v. 14.03.2000, BVerfGE 102, S. 41, S. 54 und Beschl. v. 21.11.2001, BVerfGE 104, S. 126, S. 144 f.

1358 BAG, Urt. v. 23.04.2008, NZA 2008, S. 960.

Daraus folgt jedoch keine Pflicht zur Besserstellung aus einem der in Art. 1 RL 2000/78/EG aufgeführten Diskriminierungsgründe[1359].

Mithin stehen einer Abkopplung der Verlängerung der Kündigungsfristen von der Beschäftigungsdauer und damit einer Vereinheitlichung der Kündigungsfristen keine rechtlichen Bedenken entgegen. Vielmehr kann die bestehende Verknüpfung der Verlängerung der Kündigungsfristen mit der Beschäftigungsdauer überzeugend nur mit der Befriedungsfunktion begründet werden: Weil die Betriebszugehörigkeit unmittelbar an das Arbeitsverhältnis anknüpft, wird sie von Arbeitgeber und Arbeitnehmer als Maßstab akzeptiert[1360]. Notwendig ist dieses Kriterium jedoch aufgrund des vermeintlichen Flexibilitätsverlusts des länger beschäftigten Arbeitnehmers, aufgrund des Austauschprinzips wegen der Betriebstreue des Arbeitnehmers, als Beitrag des Arbeitnehmers am Unternehmensgewinn, aufgrund des Vertrauensgedankens, des arbeitnehmerseitig erwirtschafteten Besitzstandes oder aber der Fürsorgepflicht des Arbeitgebers, nicht[1361]. Insofern kann eine Kündigungsfrist – geht man mit dem BAG von einem (noch) legitimen Ziel des § 622 Abs. 2 BGB im Sinne des Art. 2 Abs. 2 b) RL 2000/78/EG aus – nach der Dauer der Betriebszugehörigkeit gestaffelt sein, sie muss es aber nicht. Unabhängig eines sich im Wandel befindenden legitimen Ziels ist daher eine Notwendigkeit der Regelung des § 622 Abs. 2 BGB nicht gegeben. Sinnvoll erscheint eine Vereinheitlichung der gesetzlichen Kündigungsfristen auf vier Wochen zum Monatsende[1362]. Hierdurch wird das Problem umgangen, wann welche Beschäftigung auf den Beschäftigungszeitraum anzurechnen ist, ob eine Verlängerung der Kündigungsfristen aufgrund einer Beschäftigung in einem Betrieb oder Unternehmen vorliegt oder ggf. eine Abdingbarkeit aufgrund eines Kleinunternehmens möglich war, sodass mittelbare Diskriminierungen ausgeschlossen sind. Gleichzeitig könnte sich der deutsche Arbeitsmarkt gerade für ausländische Investoren attraktiver gestalten. Denn kürzere Kündigungsfristen stellen für Unternehmen ein wichtiges Flexibilisierungsinstrument dar und sollen positive Auswirkungen auf die Beschäftigung haben[1363]. Dem stünde zum Schutze einer ggf. gewünschten Planungssicherheit der Arbeitgeber eine Öffnungsklausel

---

1359 SPV-Preis, Rn. 463; BAG, Urt. v. 23.04.2008, NZA 2008, S. 960; vgl. zudem BVerfG, Beschl. v. 20.09.2007, NJW 2008, S. 209, Urt. v. 18.07.2001, NJW 2001, S. 2457, Beschl. v. 29.06.1983, NJW 1984, S. 912 und Beschl. v. 18.12.1968, NJW 1969, S. 499.

1360 Kaiser in FS Konzen, S. 410 f.; AR-Kaiser, § 1 KSchG, Rn. 202.

1361 Kaiser in FS Konzen, S. 410 f., S. 385 ff.; a.A. BAG, Urt. v. 02.12.1999, NZA 2000, S. 720.

1362 Wank, Reform des Kündigungsrechts, RdA 1992, S. 232.

1363 Peuntner, Einfluß des Arbeitsrechts, S. 130 f. unter Berufung auf eine Studie aus dem Jahr 1986, wonach kürzere Kündigungsfristen im Großhandel an erster, im Einzelhandel an zweiter Stelle bezüglich ihrer Bedeutung als auch der erwarteten positiven Beschäftigungsauswirkung standen. Vgl. Löwisch/Caspers/Neumann, Beschäftigung und demographischer Wandel, S. 50 ff. und Kittner/Zwanziger/Deinert-Appel, § 71, Rn. 29.

nicht entgegen, wonach individual- oder kollektivvertraglich längere Kündigungsfristen bei ordentlichen Kündigungen vereinbart werden könnten.

d) Modifizierung des Anwendungsbereichs des KSchG

Weiter ist fraglich, ob die Regelungen des Anwendungsbereichs des KSchG modifiziert werden sollten. Hierzulande wird gemeinhin die Auffassung vertreten, dass Arbeitnehmer, welche die Wartezeit nicht erfüllen oder in Kleinbetrieben arbeiten, sozial weniger schutzbedürftig sind[1364]. Gleichzeitig bestehen jedoch nach überwiegender Ansicht keine Bedenken, den allgemeinen Kündigungsschutz individualvertraglich auf Arbeitnehmer auszudehnen, die die Wartezeit nicht erfüllen und/oder in einem Kleinbetrieb beschäftigt sind[1365].

Eine vergleichbare Einschränkung des Anwendungsbereichs des Kündigungsschutzes findet sich in Chile in Bezug auf den Abfindungsanspruch der Beschäftigungsjahre, welcher dem Arbeitnehmer bei einer betriebsbedingten Kündigung oder einer Kündigung ohne Kündigungsgrund („desahucio") erst ab einer Beschäftigungsdauer von einem Jahr zusteht. Kündigt der Arbeitgeber vor Ablauf des ersten Beschäftigungsjahres, steht dem Arbeitnehmer kein Anspruch auf eine Abfindung zu[1366]. Darüber hinaus ist in Chile eine Wartezeit nicht bekannt. In Deutschland wird die Wartezeit von sechs Monaten bis zum Erreichen des Kündigungsschutzes mit dem Informationsvorsprung des Arbeitnehmers begründet, da der Arbeitgeber bei Vertragsabschluss das Risiko der Leistungsfähigkeit und -bereitschaft des Arbeitnehmers trägt[1367]. Die sechsmonatige Wartezeit soll dem Arbeitgeber die Möglichkeit einräumen, seinen Arbeitnehmer besser kennenzulernen, bevor er dem strengeren Schutz des KSchG unterfällt und dem Arbeitnehmer erst nach Ablauf der sechs Monate eine geschützte Rechtsposition zugestehen[1368].

Auch wenn teilweise gefordert wird, auf dieses Instrument zu verzichten[1369], ist nicht von der Hand zu weisen, dass aufgrund des Informationsvorsprungs des Arbeitnehmers und der Tatsache, dass die Wartezeit von allen Arbeitnehmern

---

1364 Bitter/Kiel, Rechtsprechung des BAG, RdA 1994, S. 354; a.A. Becker/Rommelspacher, Reform des Kündigungsrechts, ZRP 1976, S. 42.

1365 AR-Leschnig, § 23 KSchG, Rn. 5; ErfK-Kiel, § 23 KSchG, Rn. 12; siehe oben S. 97 f.

1366 Siehe S. 125 f.

1367 MüKo-Hergenröder, § 23 KSchG, Rn. 48; Rebhahn, Kündigungsschutz des Arbeitnehmers, ZfA 2003, S. 193.

1368 KR-Griebeling/Rachor, § 1 KSchG, Rn. 93; AR-Kaiser, § 1 KSchG, Rn. 6; Preis, Arbeitsrecht, § 61, S. 775; SPV-Preis, Rn. 866; Löwisch/Spinner/Wertheimer-Löwisch, § 1 KSchG, Rn. 45 f.; Junker, Arbeitsrecht, Rn. 360; Hromadka/Maschmann, § 10, Rn. 141; Berkowsky, Betriebsbedingte Kündigung, § 3, Rn. 100; Krause, § 18, Rn. 27; Kaiser in FS Konzen, S. 388 ff. Siehe Düwell/Rieble/Weyand, Teil 7, Kap. 3.1.2., S. 2 und BAG, Urt. v. 24.11.2005, NZA 2006, S. 366.

1369 Für einen völligen Verzicht DGB-Thesen, AuR 1992, S. 270. Vgl. Rebhahn, Kündigungsschutz des Arbeitnehmers, ZfA 2003, S. 193.

einzuhalten ist und damit keine diskriminierende Tatbestandsvoraussetzung geschaffen wird, der Arbeitgeber insofern schutzwürdig ist, als er die Gelegenheit der Erprobung des Arbeitnehmers erhalten soll[1370]. Zudem dient die Wartezeit einer angemessenen Verteilung der Transaktionskosten, da der Arbeitgeber nicht von vorne herein mit dem Einarbeitungs- und dem Trennungsaufwand belastet sein soll. Gleichzeitig wird damit die Hürde für eine Festanstellung statt einer Befristung gesenkt[1371]. Die Voraussetzung der Wartezeit von sechs Monaten ist zudem zugunsten der Arbeitnehmer abgeschwächt worden, als dass es nicht mehr auf den tatsächlichen, sondern den rechtlichen Bestand des Arbeitsverhältnisses ankommt, sodass krankheits- oder urlaubsbedingte Fehlzeiten miteinzubeziehen sind und sich der Erprobungszweck relativiert[1372]. Mithin ist ein Verzicht auf die Wartezeit abzulehnen.

Bemerkenswert ist, dass in Bezug auf den sachlichen Anwendungsbereich des Kündigungsschutzes die Kleinbetriebsklausel in Chile nicht bekannt ist und das Kündigungsschutzrecht für alle Betriebe unabhängig ihrer Größe gilt[1373]. In Deutschland wird die Herausnahme der Kleinbetriebe mit der im Verhältnis höheren Belastung der kleineren Betriebe und der Tatsache, dass das persönliche Verhältnis zwischen Arbeitgeber und Arbeitnehmer in solchen Betrieben keine Beschränkung vertrage, erklärt[1374]. Zweck der Kleinbetriebsklausel ist daher, den Besonderheiten eines solchen kleinen Betriebes Rechnung zu tragen, in welchem stärker als in größeren Betrieben der Geschäftserfolg von der Leistung des einzelnen Mitarbeiters abhängt, zumeist ein persönlicher Kontakt zwischen Arbeitgeber und Arbeitnehmer besteht, Arbeitsausfälle aufgrund des geringen Personalstands nur schwer aufgefangen werden können, Auftragsverluste aufgrund des oftmals geringeren Kapitals stärkere Effekte und Kündigungsschutzprozesse erheblichere Auswirkungen im Hinblick auf Kosten und Personalpolitik haben[1375]. Zur Rechtfertigung der Kleinbetriebsklausel

---

1370 V. Hoyningen-Huene/Linck, § 1, Rn. 100; vgl. Waas, „Tenure track" zum Kündigungsschutz, AuR 2011, S. 408.

1371 V. Hoyningen-Huene/Linck, § 1, Rn. 100.

1372 KR-Griebeling/Rachor, § 1 KSchG, Rn. 91 ff.

1373 Hinzuweisen ist darauf, dass die seitens des Arbeitsaufsichtsamtes zu verhängende Verwaltungsstrafe hinsichtlich der Höhe nach der Mitarbeiterzahl des Betriebes differenziert. Siehe Art. 505 bis und Art. 506 CT und Fußnote 1024.

1374 Rebhahn, Kündigungsschutz des Arbeitnehmers, ZfA 2003, S. 191 f.; Preis, Tendenzen im Kündigungsschutzrecht, NZA 1997, S. 1074; Junker, Arbeitsrecht, Rn. 344, Rn. 358. Mit der Herausnahme der Kleinbetriebe erhoffte sich der Gesetzgeber die Schaffung von zusätzlichen Arbeitsplätzen in diesen Unternehmen, Höland in Blank, Muss der Kündigungsschutz reformiert werden?, S. 28; Jahn, Zur ökonomischen Theorie, S. 57; dies., Wie wirkt der Kündigungsschutz?, ZAF 2005, S. 299; Wirmer in Hromadka, Arbeitsrecht und Beschäftigungskrise, S. 144.

1375 Preis, Arbeitsrecht, § 61, S. 779 f.; Pauly/Osnabrügge-Osnabrügge, § 6, Rn. 7; Kittner/Däubler/Zwanziger-Deinert, § 23 KSchG, Rn. 11; Kittner/Zwanziger/Deinert-Appel, § 72, Rn. 14; ErfK-Kiel, § 23 KSchG, Rn. 3; Krause, § 18, Rn. 26; Hromadka/Maschmann, § 10, Rn. 146; Düwell/Weyand, Agenda 2010, S. 19; Weber, Vereinbarkeit, AuR 1995, S. 113 f.

wird somit auf die geringe verwaltungsmäßige und wirtschaftliche Belastbarkeit verwiesen sowie die Gewährleistung größerer arbeitsmarktpolitischer Freizügigkeit hervorgehoben[1376]. Trotz des Arbeitnehmerinteresses am Erhalt seines Arbeitsplatzes und einer Ungleichbehandlung zwischen Arbeitnehmern in großen und kleinen Betrieben sehen das BAG und das BVerfG diese Kleinbetriebsklausel als verfassungsgemäß an[1377].

Dabei muss bedacht werden, dass jeder Schwellenwert zu einer Zweiteilung der Arbeitnehmer führt – und Arbeitnehmer kleiner Betriebe zu Arbeitnehmern zweiter Klasse degradiert werden, sodass es bspw. für Kleinbetriebe schwerer ist, Hochqualifizierte einzustellen (es sei denn, dieser Nachteil wird anderweitig kompensiert)[1378]. Zudem ist die Prämisse, dass sich Leistungsfähigkeit und Belastbarkeit eines Betriebs in der Mitarbeiterzahl ausdrücken, höchst zweifelhaft[1379]. Im Internetzeitalter ist eine zwingende Verknüpfung von Mitarbeiterzahl und wirtschaftlicher Potenz eines Betriebes nicht mehr zeitgemäß[1380]. Denn die digitale Ökonomie zeichnet sich u.a. durch leistungsfähige IT-Systeme bei sinkenden Produktionskosten aus[1381]. Aus betriebswirtschaftlicher Sicht werden angesichts zunehmender wettbewerbsbedingter Rationalisierungen und damit verbundenen steigenden Anlageinvestitionen Umsatz und wirtschaftliches Leistungsvermögen zu wesentlich zuverlässigeren Indikatoren verwaltungsmäßiger und wirtschaftlicher Belastbarkeit[1382]. Des Weiteren muss dem Argument der geringeren sozialen Schutzbedürftigkeit der Arbeitnehmer in Kleinbetrieben entgegengehalten werden, dass die Arbeitnehmer in kleinen Betrieben sogar eher vor den Launen des Arbeitgebers

1376 Preis, Tendenzen im Kündigungsschutzrecht, NZA 1997, S. 1074; Junker, Gutachten zum 65. DJT, B 40 ff.; ders., Arbeitsrecht, Rn. 358; BAG, Urt. v. 19.04.1990, AP Nr. 8 zu § 23 KSchG 1969 und Urt. v. 19.04.1990, AP Nr. 8 zu § 23 KSchG 1969; BVerfG, Beschl. v. 27.01.1998, BVerfGE 97, S. 169, S. 177 f.; zum auslegungsbedürftigen Anwendungsbereich insbesondere BAG, Urt. v. 19.07.2016, NZA 2016, S. 1196 und Urt. v. 02.03.2017, NZA 2017, S. 859.

1377 BAG, Urt. v. 19.04.1990, BAGE 64, S. 315; BVerfG, Beschl. v. 27.01.1998, BVerfGE 97, S. 169; Preis, Arbeitsrecht, § 61, S. 779 f.; AR-Leschnig, § 23 KSchG, Rn. 2; KR-Bader, § 23 KSchG, Rn. 16. Auch der EuGH stellte in seiner Entscheidung v. 30.11.1993 (Rs. Kirsammer-Hack, Rs. 189/91, Slg. 1993, S. 6185) fest, dass § 23 Abs. 1 S. 2 KSchG nicht gegen die Gleichbehandlungsrichtlinie 76/207/EWG verstößt, siehe Düwell/Weyand, Agenda 2010, S. 19.

1378 Rebhahn, Kündigungsschutz des Arbeitnehmers, ZfA 2003, S. 192; Bayreuther, Reform des Kündigungsschutzes, NZA 2006, S. 420; Weigand, Kleinbetriebe und Kündigungsschutz, DB 1997, S. 2486.

1379 Kittner/Däubler/Zwanziger-Deinert, § 23 KSchG, Rn. 11.

1380 Vgl. KR-Bader, § 23 KSchG, Rn. 19; Weigand, Kleinbetriebe und Kündigungsschutz, DB 1997, S. 2485.

1381 BMAS, Grünbuch Arbeiten 4.0, S. 14.

1382 KR-Bader, § 23 KSchG, Rn. 19; Weigand, Kleinbetriebe und Kündigungsschutz, DB 1997, S. 2486; so bereits Kraushaar, Kleinbetriebe, AuR 1988, S. 142.

zu schützen sind[1383]. Schließlich könnte sich der Schwellenwert als Einstellungsbremse darstellen, da kleine Betriebe auf eine Neueinstellung verzichten, um den Schwellenwert nicht zu überschreiten[1384]. Diesbezüglich ist zu berücksichtigen, dass die Personalfluktuation bei Kleinbetrieben tatsächlich höher als bei größeren Betrieben ist – allerdings gibt es keinen empirischen Beleg über eine negative Wirkung des Schwellenwerts, sodass der Kleinbetriebsklausel keine prohibitive Wirkung in Bezug auf das Einstellungsverhalten zukommt[1385]. Ungeachtet dessen bestehen entgegen der Auffassung des BVerfG und des BAG jedoch Bedenken gegen die vorhandene Kleinbetriebsklausel, welche sich in erster Linie aus Art. 3 Abs. 1 GG ergeben, da keine ausreichenden, sachlichen Gründe zur Ungleichbehandlung vorliegen[1386]. Durch den Kündigungsschutz wird gerade der Teil der Arbeitnehmer geschützt, der aufgrund seines im Schnitt höheren Einkommens, der Vertretung durch Kollektivorgane, seines im Schnitt höheren Humankapitals sowieso schon ungleich besser gestellt ist als der Teil der Arbeitnehmer, die dem Kündigungsschutz nicht unterliegen[1387]. Nicht zuletzt hat die höchstrichterliche Rechtsprechung für eine Unsicherheit in Bezug auf die geltende Kleinbetriebsklausel gesorgt, indem sie nunmehr urteilte, dass bei der Berechnung der Betriebsgröße im Betrieb beschäftigte Leiharbeitnehmer zu berücksichtigen sind, wenn ihr Einsatz auf einem *in der Regel*

1383 Bayreuther, Reform des Kündigungsschutzes, NZA 2006, S. 420; Rebhahn, Kündigungsschutz des Arbeitnehmers, ZfA 2003, S. 192; Becker/Rommelspacher, Reform des Kündigungsrechts, ZRP 1976, S. 42.

1384 Busch, Reform des Arbeitsrechts, BB 2003, S. 471; Donges u.a., Flexibler Kündigungsschutz, S. 43.

1385 Gensicke/Pfarr u.a., Beendigung von Arbeitsverhältnissen, AuR 2008, S. 431, S. 433 f., S. 438; Bielinski/Hartmann u.a., Beendigung von Arbeitsverhältnissen, AuR 2003, S. 83 f., S. 91; Pfarr/Bothfeld u.a., Kündigungsschutz, BB 2003, S. 2288 f.; Peuker/Ullmann, Kündigungsschutz unter Druck, AiB 2003, S. 262, S. 265; Ehrig/Kalmbach-Wagner/Schnabel/Kölling, Weniger Arbeitslose, S. 195; Peuntner, Einfluß des Arbeitsrechts, S. 301; Oymann, Auslegung des KSchG, S. 140; Weißflog, Abfindungsansprüche, S. 92 ff.; Jahn, Kündigungsschutz, S. 19; dies., Wie wirkt der Kündigungsschutz?, ZAF 2005, S. 299; Stein, Mindestkündigungsschutz, DB 2005, S. 1218; IZA Research Report Nr. 36, Juni 2011, S. 11 und IZA Compact, Januar 2005, S. 3.

1386 KR-Bader, § 23 KSchG, Rn. 19; Weigand, Kleinbetriebe und Kündigungsschutz, DB 1997, S. 2485; vgl. MüArbR-Berkowsky, § 109, Rn. 47. Kraushaar, Kleinbetriebe, AuR 1988, S. 141 hebt dies insbesondere im Hinblick auf die häufige Erzielung von Abfindungsvergleichen hervor. Ebenso der Vorlagebeschluss des ArbG Reutlingen v. 11.12.1986, NZA 1987, S. 522, des ArbG Bremen v. 26.08.1992 und v. 14.09.1994, AuR 1995, S. 148. Siehe Weber, Vereinbarkeit, AuR 1995, S. 115 ff. und Ramm, Arbeitsrecht und Kleinunternehmen, AuR 1991, S. 263.

1387 V. Klitzing, Ordnungsökonomische Analyse, S. 213. Zur Bedeutung des Humankapitals siehe nur Ehrig/Kalmbach-Ehrig, Weniger Arbeitslose, S. 96 f.

vorhandenen Personalbedarf beruht[1388]. Zur Begründung führt das BAG aus, der Berücksichtigung von Leiharbeitnehmern stehe nicht entgegen, dass diese kein Arbeitsverhältnis zum Betriebsinhaber begründet haben. Die Herausnahme der Kleinbetriebe aus dem Anwendungsbereich des KSchG soll der dort häufig engen persönlichen Zusammenarbeit, ihrer zumeist geringen Finanzausstattung und dem Umstand Rechnung tragen, dass der Verwaltungsaufwand, den ein Kündigungsschutzprozess mit sich bringt, die Inhaber kleinerer Betriebe typischerweise stärker belastet. Dies rechtfertige keine Unterscheidung danach, ob die den Betrieb kennzeichnende regelmäßige Personenstärke auf dem Einsatz eigener oder entliehener Arbeitnehmer beruht[1389]. Inhaltlich ist dem BAG dahingehend zuzustimmen, dass sich der Arbeitgeber nicht der Anwendung des KSchG durch eine regelmäßige Beschäftigung von Leiharbeitnehmern entziehen können sollte. Dabei wird dieses Urteil jedoch als schlechtes Signal für den Wirtschaftstandort Deutschland, als Erhöhung der Rechtsunsicherheit für die Arbeitgeber und als Ende der Zeitarbeit verstanden[1390]. Ungeachtet der Kritik ist letztlich anzumerken, dass das BAG mit diesem Urteil dem Grunde nach infrage stellt, ob eine Mitarbeiterzahl das angemessene Kriterium ist, an dem das Vorliegen eines Kleinbetriebs festgemacht werden kann.

Aufgrund dessen wird vorgeschlagen, kündigungsschutzrechtliche Normen in Kleinbetrieben anzuwenden[1391]. Eine Anwendung des Kündigungsschutzes auf alle Arbeitsverhältnisse hätte den Vorteil einer Angleichung an europäischen (und internationalen) Standard und bei den Unternehmen würden Ressourcen frei, die noch mit Ausweich- und Vermeidungsstrategien gebunden sind[1392]. Zudem würde sich das Arbeitsrecht gerade für kleinere und mittlere Unternehmen einfacher und

1388 Ferme, Leiharbeitnehmer, NZA 2013, Editorial Heft 3; BAG, Urt. v. 24.01.2013, AuR 2013, S. 103. Zum auslegungsbedürftigen Betriebsbezug siehe auch BAG, Urt. v. 19.07.2016, NZA 2016, S. 1196 und Urt. v. 02.03.2017, NZA 2017, S. 859.

1389 So das BAG, Urt. v. 24.01.2013, AuR 2013, S. 103. A.A. Löwisch/Spinner/Wertheimer-Löwisch, § 23 KSchG, Rn. 23.

1390 Ferme, Leiharbeitnehmer, NZA 2013, Editorial Heft 3.

1391 Huber, Wunschkatalog, NZA 2005, S. 1342; Grunewald, Kündigungsschutzrecht, ZRP 1996, S. 474; DGB-Thesen, AuR 1992, S. 270; vgl. Sachverständigenrat, Jahresgutachten 2008/2009, Punkt 537; Donges u.a., Flexibler Kündigungsschutz, S. 43. Teilweise wird dabei gefordert, dass der Arbeitgeber im Falle der Kündigung automatisch eine Abfindung in Höhe eines halben Monatsgehalts je Beschäftigungsjahr zahlen muss, um eine Weiterbeschäftigung zu verhindern, wodurch der Tatsache Rechnung getragen werden könnte, dass es in Kleinunternehmen auf die individuelle Kooperation ankommt, die nicht durch Gerichtsurteil erzwungen werden kann, so der Entwurf des Landes Brandenburg für ein Arbeitsvertragsgesetz in § 128, BR-Drs. 671/96, S. 93; Kittner/Däubler/Zwanziger-Däubler, Einl., Rn. 549.

1392 Waas, Fortentwicklung des deutschen Arbeitsrechts, RdA 2007, S. 81; Rebhahn, Kündigungsschutz des Arbeitnehmers, ZfA 2003, S. 191 und Kraushaar, Kleinbetriebe, AuR 1988, S. 142; siehe Weißflog, Abfindungsansprüche, S. 150 f.

überschaubarer gestalten[1393]. Der Normzweck der Kleinbetriebsklausel könnte, um dem Schutzbedürfnis der in Kleinbetrieben Beschäftigten angemessen Rechnung zu tragen, im Rahmen der im Einzelfall stattfindenden Interessenabwägung berücksichtigt werden: Innerhalb der Abwägung der Verhältnismäßigkeit, der Prüfung der ordnungsgemäßen Sozialauswahl und der Ausnahmemerkmale, die berechtigte Interessen des Betriebs beschreiben, könnte eine am Einzelfall orientierte Würdigung der Besonderheiten des Kleinbetriebs entsprechend der betriebsorganisatorischen Eigenheiten, der wirtschaftlichen Leistungskraft und der branchenspezifischen Besonderheiten stattfinden[1394]. Aufgrund des Strukturwandels würde eine solche flexible Berücksichtigung der Besonderheiten eines Kleinbetriebs dem Gedanken des Mittelstandsschutzes adäquater gerecht als eine starre Regelung wie die Kleinbetriebsklausel mit einer Mitarbeiterzahl als Bezugsgröße[1395]. Denn heutzutage kann bspw. ein kleines IT-Unternehmen mit zwei oder drei Mitarbeitern wirtschaftlich sehr viel stärker sein als ein Handwerksbetrieb mit mehr als zehn Arbeitnehmern.

Diese Forderung nach einer Berücksichtigung der Besonderheiten eines Kleinbetriebs im Rahmen der Interessenabwägung steht im Widerspruch zu dem Anspruch auf Präzisierung unbestimmter Rechtsbegriffe. Anstatt nun eine feste Bezugsgröße (wie die Mitarbeiterzahl) zu haben, wird wiederum mit unbestimmten Rechtsbegriffen gearbeitet, hierdurch eine weitere Rechtsunsicherheit eingeführt und den Gerichten die diesbezügliche Rechtsanwendungsverantwortung übertragen. Dabei ist der hierdurch entstehenden Rechtsunsicherheit die Bedeutung der Anwendbarkeit des KSchG gegenüberzustellen. Unter Berücksichtigung der Tragweite, der Eröffnung des Anwendungsbereichs des KSchG und damit einhergehend des Zugeständnisses des Bestandsschutzes, ist jedoch die Rechtsunsicherheit zur Verwirklichung einer höher zu gewichtenden Einzelfallgerechtigkeit in Kauf zu nehmen. Im Ergebnis wird daher vorgeschlagen, die Kleinbetriebsklausel mit einer Mitarbeiterzahl als Bezugsgröße aufzugeben. Stattdessen sollten die Besonderheiten eines Kleinbetriebs, die betriebsorganisatorischen Eigenheiten, die wirtschaftliche Leistungskraft und die branchenspezifischen Merkmale, im Rahmen der Interessenabwägung gewürdigt werden.

e) Schutz vor übereiltem Abschluss von Aufhebungsverträgen

In Chile sind formelle Schutzmechanismen normiert, um Arbeitnehmer vor einem voreiligen Abschluss eines Aufhebungsvertrages bzw. einer Ausgleichsquittung zu bewahren. Als formale Wirksamkeitsvoraussetzung muss der Arbeitnehmer vor bestimmten neutralen Zeugen den Vertrag unterzeichnen. Zwar wird in Deutschland anerkannt, dass der Arbeitnehmer dem Arbeitgeber strukturell unterlegen

---

1393 Vgl. Sachverständigenrat, Jahresgutachten 2008/2009, Punkt 537 sowie KR-Bader, § 23 KSchG, Rn. 19.

1394 KR-Bader, § 23 KSchG, Rn. 20; Weigand, Kleinbetriebe und Kündigungsschutz, DB 1997, S. 2487.

1395 KR-Bader, § 23 KSchG, Rn. 20.

ist[1396], allerdings wird diese Erkenntnis in Bezug auf den Abschluss von Aufhebungsverträgen und Ausgleichsquittungen nicht konsequent umgesetzt. Auch wenn der Arbeitnehmer dem Ansinnen des Arbeitgebers hinsichtlich der Beendigung des Arbeitsvertrages lediglich ein schlichtes „Nein" entgegenzuhalten braucht[1397], stehen ihm keine gleichwertigen Gestaltungsmöglichkeiten zu und er befindet sich in der Regel in unterlegener Position[1398]. Immerhin steht dem Arbeitnehmer ein Anfechtungsrecht zu, allerdings greift dieses für die im Zweifel typische Situation, in der der Arbeitnehmer schlicht hinsichtlich des Abschlusses eines Aufhebungsvertrages überrumpelt oder psychologisch unter Druck gesetzt wird, nicht[1399]. Wurde dem Arbeitnehmer weder das Gesprächsthema vorab mitgeteilt, die Vertragsverhandlungen zu ungewöhnlichen Zeiten oder an ungewöhnlichen Orten durchgeführt, ihm keine Bedenkzeit eingeräumt und kein Rücktritts- oder Widerrufsrecht gewährt, ist nicht zwingend eine zur Unwirksamkeit des Aufhebungsvertrags führende Überrumpelung anzunehmen, welche lediglich in extremen Ausnahmefällen anerkannt wird[1400]. Demzufolge wird eine Inhaltskontrolle nach AGB-rechtlichen Grundsätzen aufgrund der Tatsache, dass es sich bei der Vertragsaufhebung um einen wesentlichen Bestandteil der Einigung handelt (§§ 307 Abs. 3, 310 Abs. 4 BGB), und ein Widerrufsrecht (§ 312 ff. BGB) regelmäßig abgelehnt[1401].

1396 Siehe nur S. 63.

1397 So das Urteil des BAG v. 14.02.1996, NZA 1996, S. 811, welches die Unterlegenheit des Arbeitnehmers verneint.

1398 Ausführlich Reinecke in FS Küttner, S. 328 ff.

1399 Söhner, Verzicht auf Bestandsschutz, S. 247 ff., S. 254, S. 264; Krause, § 20, Rn. 6; Hromadka/Maschmann, § 10, Rn. 18; Reinecke in FS Küttner, S. 331 f.; KR-Spilger, AufhebungsV, Rn. 32 ff.; Kittner/Däubler/Zwanziger-Däubler, Einl., Rn. 412 f.; MüArbR-Wank, § 104, Rn. 23 ff.; Tilse/Wolgast, Beendigung des Arbeitsverhältnisses, S. 171 ff., S. 197 f.; vgl. BAG, Urt. v. 11.07.2012, NJW 2012, S. 3390 und LAG Hamm, Urt. v. 25.10.2013, ArbR 2014, S. 53.

1400 MüArbR-Wank, § 94, Rn. 36; Thüsing/Laux/Lembke-Lembke, § 623 BGB, Rn. 60; Schaub, § 122, Rn. 7; Löwisch/Spinner/Wertheimer-Löwisch, Vor § 1 KSchG, Rn. 151; Söhner, Verzicht auf Bestandsschutz, S. 264; SPV-Preis, Rn. 1286; Küttner, Personalbuch, Aufhebungsvertrag, Rn. 22 und Dütz/Thüsing, Rn. 348; BAG, Urt. v. 30.09.1993, AP Nr. 37 zu § 123 BGB, Urt. v. 14.02.1996, NZA 1996, S. 811, Urt. v. 27.11.2003, BB 2004, S. 1852 und Urt. v. 28.11.2007, NZA 2008, S. 348.

1401 Thüsing/Laux/Lembke-Lembke, § 623 BGB, Rn. 60; MüArbR-Wank, § 104, Rn. 22; Pauly/Osnabrügge-Vahle, § 19, Rn. 36; KR-Spilger, AufhebungsV, Rn. 29 f. und Rn. 36 ff.; Krause, § 20, Rn. 3 ff.; Söhner, Verzicht auf Bestandsschutz, S. 243 ff., S. 264; Preis, Arbeitsrecht, § 71, S. 963; Dütz/Thüsing, Rn. 348; Junker, Arbeitsrecht, Rn. 429 f.; Hromadka/Maschmann, § 10, Rn. 14 f.; Tilse/Wolgast, Beendigung des Arbeitsverhältnisses, S. 156, S. 161 ff.; Bauer, Abfindungsregelungen, S. 35 ff.; Bauer/Arnold/Zeh, Widerruf, NZA 2016, S. 454; Kamanabrou, Widerrufsrecht, NZA 2016, S. 920 ff.; Lembke, Widerrufsrecht des Arbeitnehmers, NJW 2004, S. 2942; BAG, Urt. v. 28.11.2007, NZA 2008, S. 348, Urt. v. 18.08.2005, NJW 2006, S. 938, Urt. v. 22.04.2004, NZA 2004, S. 1295 und Urt. v. 27.11.2003, BB 2004, S. 1852. A.A.

Rechtspolitisch wäre ein anderes Ergebnis jedoch wünschenswert[1402], weshalb der Arbeitnehmer auch in Deutschland vor übereilten und nicht gewollten Aufhebungsverträgen und Ausgleichsquittungen zu schützen ist. Möglich wäre dies, wie in Chile, durch das Erfordernis der Unterzeichnung vor einem neutralen Zeugen, allerdings kennt das deutsche Arbeitsrecht ein solches Instrument nicht. Daher käme entsprechend der deutschen Gesetzessystematik die Einräumung eines Widerrufrechts in Betracht. Der Arbeitnehmer könnte unterzeichnete Aufhebungsverträge oder Ausgleichsquittungen innerhalb von einer Woche widerrufen, wobei die Widerrufsfrist erst nach Vertragsaushändigung[1403] oder schriftlicher Belehrung seitens des Arbeitgebers zu laufen beginnt[1404] bzw. das Widerrufsrecht im Falle der Nichteinräumung von drei Tagen Bedenkzeit entsteht[1405]. Zum Schutze des strukturell unterlegegen Arbeitnehmers ist es mithin angebracht, ihm in Bezug auf Aufhebungsverträge und Ausgleichsquittungen ein ausdrückliches gesetzliches Widerrufsrecht mit einer kurzen Frist von einer Woche, beginnend mit Vertragsaushändigung, einzuräumen. Damit wäre der Arbeitnehmer ausreichend vor Überrumplung geschützt und die Rechtssicherheit des Arbeitgebers aufgrund der kurzen Zeitspanne nicht sonderlich beeinträchtigt.

f) Normierung der Arbeitnehmerrechte im Falle einer Eigenkündigung aufgrund eines arbeitgeberseitigen Fehlverhaltens

Wichtig ist, den Arbeitnehmer im Falle eines Fehlverhaltens des Arbeitgebers, sei es weil der Arbeitgeber sich selbst nicht korrekt dem Arbeitnehmer gegenüber verhalten oder ihn nicht ausreichend vor einem Fehlverhalten der Kollegen geschützt hat, vor einer schlichten Eigenkündigung zu bewahren bzw. ihm weitere Rechtsmittel an die Hand zu geben. In Chile ist die sog. indirekte Kündigung gesetzlich

---

Kittner/Zwanziger/Deinert-Bachner, § 85, Rn. 56a ff. und Rn. 79 ff.; Schleusener, Widerrufsmöglichkeit, NZA 2002, S. 950 ff.; BAG, Urt. v. 12.03.2015, NZA 2015, S. 676 und LAG Schleswig-Holstein, Urt. v. 24.09.2013, NZA-RR 2014, S. 10. Vgl. Hümmerich/Holthausen, Arbeitnehmer als Verbraucher, NZA 2002, S. 178 ff. Ein Widerrufsrecht bei einem außerhalb der Geschäftsräume des Arbeitgebers geschlossenem Aufhebungsvertrag bejahen Fischinger/Werthmüller, Der Aufhebungsvertrag, NZA 2016, S. 196 f. und Schulze/Kittel/Pfeffer, Widerrufsrecht, ArbRAktuell 2017, S. 107 f.

1402 KR-Spilger, AufhebungsV, Rn. 29; Kasseler Handbuch-Welslau, 6.1, Rn. 52, Rn. 53; vgl. Kittner/Däubler/Zwanziger-Däubler, Anhang zu § 623 BGB, Rn. 61; Reinecke in FS Küttner, S. 335 f. An einer Vereinbarkeit der §§ 312 ff. BGB mit Art. 3 Abs. 1 GG zweifeln Fischinger/Werthmüller, Der Aufhebungsvertrag, NZA 2016, S. 197.

1403 So § 134 Abs. 4 und § 145 Abs. 3 des Arbeitsvertragsentwurfs von Henssler/Preis, Diskussionsentwurf eines Arbeitsvertragsgesetzes, Beil. zu NZA 23/2006, S. 29 und S. 31; Preis, Entwurf eines KSchG, NZA 2003, S. 258.

1404 So § 16 Abs. 10 der DGB-Thesen, AuR 1992, S. 271.

1405 § 131 des Diskussionsentwurfs des Gutachtens zum 59. DJT (sog. Professoren-Entwurf), D 63 und D 130.

verankert, d.h. es ist ausdrücklich normiert, welcher Schutzmechanismus dem Arbeitnehmer in solchen Fällen zur Verfügung steht[1406]. Auch in Deutschland muss der Bestandsschutz den Arbeitnehmer davor bewahren, durch Schikanen des Arbeitgebers zur Eigenkündigung getrieben zu werden[1407]. Dabei ist problematisch, dass der reguläre Kündigungsschutz in diesen Fällen nicht greift. Die Eigenkündigung des Arbeitnehmers wird vom KSchG nicht erfasst – auch nicht in den Fällen, in denen die Kündigung vom Arbeitgeber veranlasst ist[1408].

Gerade in wirtschaftlich schwierigen Zeiten wird der Arbeitnehmer nicht selten zur Selbstkündigung gedrängt, so etwa durch Mobbing[1409] oder permanente Überforderung und, entgegen der chilenischen Regelung, läuft der Kündigungsschutz hierzulande in vielen Fällen ins Leere[1410]. Zwar steht dem Arbeitnehmer gegenüber dem Arbeitgeber gem. § 628 Abs. 2 BGB ein Schadensersatzanspruch zu. Jedoch ist § 628 BGB grundsätzlich abdingbar und es muss eine Kündigung aus wichtigem Grund ausgesprochen worden sein[1411]. Dabei ist der Anwendungsbereich des § 628 Abs. 2 BGB durch die Rechtsprechung des BAG auf die Fälle ausgedehnt worden, in denen das Arbeitsverhältnis in anderer Weise als durch die fristlose Kündigung beendet wurde, sofern nur ein schuldhaftes Verhalten Anlass der Beendigung war, sodass nicht auf die Form, sondern den Anlass der Vertragsbeendigung abgestellt wird[1412]. Einem Arbeitnehmer wird diese richterliche Rechtsfortbildung entgegen dem ausdrücklichen Gesetzeswortlaut des § 628 BGB aber im Zweifel nicht bekannt sein. Weiter ist im Einzelfall fraglich, ob der außerordentlichen Kündigung oder der

---

1406 Hierzu oben S. 148 ff., S. 183 f.

1407 Gamillscheg, Beendigung des Arbeitsverhältnisses, S. 82.

1408 Löwisch/Spinner/Wertheimer-Löwisch, Vor § 1 KSchG, Rn. 37.

1409 Siehe LAG Thüringen, Urt. v. 10.04.2001, AuR 2001, S. 274; LAG Thüringen, Urt. v. 15.02.2001, AuR 2002, S. 226; LAG Rheinland-Pfalz, Urt. v. 16.08.2001, AuR 2002, S. 224; LAG Schleswig-Holstein, Urt. v. 19.03.2002, DB 2002, S. 1056. Ausführlich Kreuzer, Mobbing, Bullying, Bossing, Personalführung 2/2000, S. 57 f. und Caamaño, Acoso moral laboral, Revista de Derecho 2011, S. 220 ff. sowie Fußnote 1120.

1410 Rebhahn, Kündigungsschutz des Arbeitnehmers, ZfA 2003, S. 228. Krause, § 15, Rn. 14 weist darauf hin, dass dem Arbeitnehmer deutlich weniger Instrumente zur Verfügung stehen, um Pflichtverletzungen der Gegenseite zu reklamieren, als dem Arbeitgeber.

1411 ErfK-Müller-Glöge, § 628 BGB, Rn. 14, Rn. 49; KR-Weigand, § 628 BGB, Rn. 2 und Rn. 20; Tilse/Wolgast, Beendigung des Arbeitsverhältnisses, S. 53; BGH, Urt. v. 16.10.1986, AP Nr. 4 zu § 628 BGB. Hinsichtlich der Abdingbarkeit des § 628 Abs. 2 BGB stellt sich die Frage, inwieweit zwingendes Arbeitsrecht unterlaufen wird, ob dem Arbeitnehmer bei Vertragsunterzeichnung die Tragweite dessen bewusst ist oder aufgrund seiner unterlegenen Position eine unangemessene Benachteiligung anzunehmen ist. Zu Grenzen der Abdingbarkeit siehe AR-Weigand, § 628 BGB, Rn. 2. Laut Kittner/Däubler/Zwanziger-Däubler, § 628 BGB, Rn. 30 ist die Regelung des § 628 BGB zugunsten des Arbeitnehmers zwingend.

1412 KR-Weigand, § 628 BGB, Rn. 20; Kittner/Zwanziger/Deinert-Appel, § 77, Rn. 38; BAG, Urt. v. 08.08.2002, EzA § 628 BGB Nr. 21.

anderweitigen Beendigung des Arbeitsvertrages aufgrund einer Pflichtverletzung des Arbeitgebers eine Abmahnung vorausgegangen sein muss oder ob diese derart schwerwiegend war, dass nach objektiven Maßstäben das Interesse am Fortbestand des Arbeitsverhältnisses entfällt oder auch die Abmahnung eine Rückkehr des Arbeitgebers zu vertragskonformen Verhalten nicht erwarten lässt[1413]. Insofern muss der Arbeitnehmer umfassende Rechtskenntnisse haben, um sich gegen Schikanen des Arbeitgebers oder seiner Kollegen angemessen zur Wehr setzen zu können[1414]. Denn er muss aufgrund eigener (objektiver) Wertung zu dem Ergebnis kommen, zweckmäßigerweise eine außerordentliche statt einer ordentlichen Kündigung oder gar vorab eine Abmahnung auszusprechen. Dies wird dem betroffenen Arbeitnehmer in der Regel aufgrund mangelnder Fachkenntnisse schwer fallen. Demgegenüber sind in Chile die Kündigungsgründe der sog. indirekten Kündigung und auch der Tatbestand des Mobbings ausdrücklich gesetzlich normiert. Während der Arbeitnehmer in Deutschland lediglich eine den Kündigungsschutz ausschließende Eigenkündigung aussprechen und einen Schadensersatzanspruch geltend machen kann, steht es dem Arbeitnehmer in Chile frei, zu kündigen und dennoch den Kündigungsschutz in Anspruch zu nehmen. Der konzeptionelle Unterschied relativiert sich insofern, als dass der Arbeitnehmer in Deutschland und Chile keine Weiterbeschäftigung, sondern lediglich eine finanzielle Entschädigung in Form eines Schadensersatz- bzw. eines Abfindungsanspruchs geltend machen kann. Als Konsequenz muss der Arbeitnehmer in beiden Ländern das Arbeitsverhältnis als beendet hinnehmen. Allerdings sind in Deutschland höhere Hürden, regelmäßig in Form des Ausspruchs einer außerordentlichen Kündigung mit wichtigem Grund, zu überwinden. Zudem kann dem Arbeitnehmer die Geltendmachung eines Schadensersatzanspruchs aufgrund der Abdingbarkeit des § 628 BGB verwehrt sein, ferner stehen ihm sehr häufig Probleme im tatsächlichen Bereich als auch Beweislastprobleme entgegen, da ihm die Beweislast obliegt[1415].

Insofern sollte eine Arbeitsvertragskodifikation einen Abfindungsanspruch im Falle einer Arbeitnehmerkündigung aufgrund eines Fehlverhaltens des Arbeitgebers oder eines ihm zurechenbaren Fehlverhaltens seiner Beschäftigten enthalten. Eine Normierung des Mobbings – in Chile legaldefiniert in Art. 2 Abschn. 2 S. 3 CT – und der dem Arbeitnehmer in diesem Zusammenhang zustehenden rechtlichen

---

1413 Vgl. nur KR-Weigand, § 628 BGB, Rn. 21.

1414 In Chile wird kritisiert, dass viele Arbeitnehmer mangels Kenntnis der indirekten Kündigung entweder trotz unzumutbarer Zustände auf ihrem Arbeitsplatz ausharren oder anstatt einer sog. indirekten Kündigung eine schlichte Eigenkündigung aussprechen und damit (versehentlich) auf ihre Abfindungsansprüche verzichten, so Barahona, Despido indirecto, S. 174 und Caamaño, Acoso moral laboral, Revista de Derecho 2011, S. 222, Fn. 20.

1415 Kittner/Zwanziger/Deinert-Becker, § 54, Rn. 103; ErfK-Müller-Glöge, § 628 BGB, Rn. 49, Rn. 54 f.; AR-Weigand, § 628 BGB, Rn. 53; Kreuzer, Mobbing, Bullying, Bossing, Personalführung 3/2000, S. 60 f.; LAG Köln, Urt. v. 21.07.2006, NZA-RR 2007, S. 134; vgl. BAG, Urt. v. 27.05.2015, ArbRB 2015, S. 363.

Möglichkeiten wie der Erhalt einer Abfindung würde ihm die Durchsetzung seiner Ansprüche erleichtern[1416]. Zumindest sollte eine Unabdingbarkeit des § 628 Abs. 2 BGB für Arbeitsverträge und eine vereinfachte Darlegungs- und Beweislast für den Arbeitnehmer[1417], bspw. durch Einführung eines Anscheinsbeweises[1418] oder einer konkreten Beweislasterleichterung[1419], gesetzlich verankert werden.

g) *Mediation im Kündigungsschutzprozess*

In Chile kann der Arbeitnehmer freiwillig das Arbeitsaufsichtsamt anrufen, um im Rahmen einer Mediation eine einvernehmliche Streitbeilegung zu erreichen, bevor er Klage beim Arbeitsgericht einreicht[1420]. In Deutschland sind allgemeine und jedem Arbeitnehmer zugängliche Einigungsstellen, die bei Kündigungsschutzstreitigkeiten unbürokratisch und schnell entscheiden, bislang nicht zugelassen und auch ein Mediationsverfahren war nicht bekannt[1421]. Allerdings hat sich die Mediation jüngst auch in Deutschland als Bestandteil des Konfliktmanagements etabliert[1422]. Anders

---

1416 Kreuzer, Mobbing, Bullying, Bossing, Personalführung 3/2000, S. 66.

1417 Kann eine Partei den ihr obliegenden Beweis nicht führen, erscheint die durch die Beweislastregel vorgezeichnete Konsequenz oft unbillig. In solchen Fällen gewährt die Rechtsprechung oft Beweiserleichterungen, Zöller-Greger, ZPO, Vor § 284 ZPO, Rn. 25 ff.

1418 Der Anscheinsbeweis erlaubt bei typischen Geschehensabläufen den Nachweis eines ursächlichen Zusammenhangs oder eines schuldhaften Verhaltens ohne exakte Tatsachengrundlage, sondern aufgrund von Erfahrungssätzen. Dem Gegner obliegt es dann, den Anschein durch einen vereinfachten Gegenbeweis zu erschüttern, Zöller-Greger, ZPO, Vor § 284 ZPO, Rn. 29; SPV-Preis, Rn. 274.

1419 Möglich wäre eine Abstufung der Beweislast nach § 138 Abs. 2 ZPO, hierzu SPV-Preis, Rn. 275 ff. Für § 628 Abs. 2 BGB gelten die Beweiserleichterungen der § 252 BGB, § 287 ZPO für die haftungsausfüllende Kausalität als auch die Höhe des Schadens. § 287 ZPO verzichtet für bestimmte Anspruchsvoraussetzungen, die nicht den Grund, sondern den Umfang des Schadens betreffen, auf das Erfordernis des Wahrheitsbeweises nach § 286 ZPO, ErfK-Müller-Glöge, § 628 BGB, Rn. 54; Zöller-Greger, ZPO, § 287 ZPO, Rn. 1. Für diese Kündigungen könnte der Anwendungsbereich des § 287 ZPO nicht nur auf die Höhe, sondern auch auf den Anspruchsgrund ausgeweitet werden.

1420 bfai, Wirtschaftsführer Chile, S. 211; vgl. OECD, Reviews of Labour Market: Chile, S. 84; OIT, Inspección del Trabajo para el siglo XXI, S. 101; Barahona, Despido indirecto, S. 83 sowie Morgado, Labour Law in Chile, S. 281 f.

1421 Vgl. Jahn, Zur ökonomischen Theorie, S. 36.

1422 Haft/Schlieffen-Prütting, Handbuch Mediation, § 33, Rn. 30; Matheis/Hippeli, Mediation und Kündigungsschutzprozess, DB 2016, S. 54; Mattioli/Eyer, Mediation in Arbeitskonflikten, AuA 2011, S. 471; Zöllner/Loritz/Hergenröder, § 58, Rn. 88. Die Klausel eines Rechtsschutzversicherers, wonach außergerichtlich nur die Kosten einer Mediation bzw. gerichtliche Kosten erst nach Durchführung eines Mediationsverfahrens übernommen werden, ist gem. § 307 Abs. 1 BGB unwirksam, da bei einer Mediation keine rechtlichen Interessen wahrgenommen werden, so

als die Schlichtung baut die Mediation auf die Eigenverantwortlichkeit und Freiwilligkeit der Parteien – der Mediator weist keinen eigenen Lösungsvorschlag auf[1423]. Da im Individualarbeitsrecht der Mediation vielfältige Möglichkeiten eröffnet sind, sollen bei Beendigungsstreitigkeiten flexible Lösungen gefunden werden – zum einen, um die Parteien weniger wirtschaftlich und sozial zu belasten; zum anderen, um die Gerichte und Rechtsbeistände zeitlich zu entlasten[1424]. Insofern sollen gemeinsam Lösungen gefunden werden, welche von beiden Parteien als Win-Win-Situation empfunden werden[1425].

Durch das MediationsG[1426] soll diese Form der konsensualen Konfliktbeilegung gefördert werden[1427]: Dabei regelt das MediationsG die außergerichtliche Mediation, § 54a ArbGG die gerichtsnahe Mediation und § 54 Abs. 6 ArbGG die Mediation durch einen Güterichter[1428].

OLG Frankfurt, Urt. v. 09.04.2015, ArbRB 2015, S. 273. Zu einer Auslagerung des gerichtlichen Gütetermins in die Betriebe Grunewald, Kündigungsschutzrecht, ZRP 1996, S. 474.

1423 Kittner/Zwanziger/Deinert-Zwanziger, § 149, Rn. 52a; Ahrens, Mediationsgesetz, NJW 2012, S. 2466 f. Kennzeichen der Schlichtung ist, dass der Schlichter am Ende des Verfahrens einen eigenen, unverbindlichen Einigungsvorschlag macht, Haft/Schlieffen-Haaß, Handbuch Mediation, § 7, Rn. 45; AR-Heider, § 54a ArbGG, Rn. 2; Mattioli/Eyer, Mediation in Arbeitskonflikten, AuA 2011, S. 470.

1424 Haft/Schlieffen-Prütting, Handbuch Mediation, § 33, Rn. 3 f., Rn. 32, Rn. 52 f.; GWBG-Benecke, ArbGG, § 54a, Rn. 6; Tautphäus in FS Etzel, S. 398; Tautphäus/Fritz/Krabbe, Methoden der Konfliktbeilegung, NJW 2012, S. 366; Francken, Nachbesserungen im Mediationsgesetz, NZA 2012, S. 252.

1425 Tautphäus/Fritz/Krabbe, Methoden der Konfliktbeilegung, NJW 2012, S. 364 ff., S. 366; Tautphäus in FS Etzel, S. 398, S. 411; Haft/Schlieffen-Prütting, Handbuch Mediation, § 33, Rn. 3; Mattioli/Eyer, Mediation in Arbeitskonflikten, AuA 2011, S. 471.

1426 Siehe BT-Drs. 17/5335, BT-Drs. 17/5496, BT-Drs. 17/8058, BT-Drs. 17/8680 und BT-Drs. 17/10102. Zudem Tautphäus/Fritz/Krabbe, Methoden der Konfliktbeilegung, NJW 2012, S. 364; Francken, Nachbesserungen im Mediationsgesetz, NZA 2012, S. 249; Ahrens, Mediationsgesetz, NJW 2012, S. 2465.

1427 Die außergerichtliche Konfliktbeilegung soll stärker im Bewusstsein der Bevölkerung und der in der Rechtspflege tätigen Berufsgruppen verankert werden, Haft/Schlieffen-Prütting, Handbuch Mediation, § 33, Rn. 27 und Rn. 54; GWBG-Benecke, ArbGG, § 54a, Rn. 1; Tautphäus in FS Etzel, S. 398, S. 411; Ahrens, Mediationsgesetz, NJW 2012, S. 2471.

1428 Der Güterichter des Arbeitsgerichts hat keine Entscheidungsbefugnis, sondern sucht – ohne zusätzliche Kosten – zusammen mit den Parteien nach einvernehmlichen Lösungen, ErfK-Koch, § 54 ArbGG, Rn. 11; Tautphäus/Fritz/Krabbe, Methoden der Konfliktbeilegung, NJW 2012, S. 364 ff., S. 366; Ahrens, Mediationsgesetz, NJW 2012, S. 2469 f.; Mattioli/Eyer, Mediation in Arbeitskonflikten, AuA 2011, S. 471.

Anders als in Chile wirkt sich in Deutschland die Durchführung einer Mediation nicht unmittelbar auf die Klagefrist aus. In Chile führt die Mediation zu einer Verlängerung der Klagefrist auf maximal neunzig Werktage[1429]. In Deutschland wurde, um die Parteien hinsichtlich einer gütlichen Einigungsfindung trotz des zu beachtenden Beschleunigungsgrundsatzes nicht unter Druck zu setzen, in § 54a Abs. 2 ArbGG die Möglichkeit der Anordnung des Ruhens des Verfahrens aufgenommen[1430]. Nach drei Monaten nimmt das Gericht das Verfahren wieder auf, es sei denn, die Parteien legen übereinstimmend dar, dass eine Mediation oder eine außergerichtliche Konfliktbeilegung noch betrieben wird. Insofern hat der Arbeitnehmer weiterhin, innerhalb der Klagefrist von drei Wochen, die Kündigungsschutzklage einzureichen und dabei das Gericht auf die durchzuführende Mediation hinzuweisen, welches das Ruhen des Verfahrens anordnet. Damit ändert sich an der Klagefrist nichts, sodass der Arbeitnehmer trotz Durchführung der Mediation „vorsorglich" eine Kündigungsschutzklage einreichen muss[1431]. In diesem Zusammenhang stellt sich die Frage, weshalb nicht zwecks Entlastung der Gerichte bei Durchführung der Mediation eine Hemmung bzw. Verlängerung der Klagefrist eingeführt wurde. Allerdings hat sich Deutschland nicht für eine ausschließlich seitens der Behörde (wie in Chile) oder des Gerichts durchzuführende Mediation entschieden, die Parteien können auch eine außergerichtliche Konfliktbeilegung betreiben. Durch die Einräumung einer außergerichtlichen Streitbeilegung ist es aus Gründen der Rechtssicherheit nicht möglich, an die Durchführung eines gütlichen Einigungsverfahrens eine Verlängerung oder Hemmung der Klagefrist zu knüpfen. Insofern hat sich der deutsche Gesetzgeber zugunsten weiterer, nicht nur gerichtlicher Streitbeilegungsmöglichkeiten gegen eine unmittelbare Auswirkung auf die Klagefrist als Instrument einer Entlastung der Arbeitsgerichte entschieden. Sollte sich der Gesetzgeber doch noch zu einer Entlastung der Arbeitsgerichte gezwungen sehen, käme eine Verlängerung der Klagefrist aufgrund eines Mediationsverfahrens nur bei ausdrücklicher Normierung der Mediationsparteien und der konkreten Voraussetzungen des Hemmungstatbestands in Betracht. So könnte bei einer außergerichtlichen Mediation eine übereinstimmende Erklärung vor Gericht hinsichtlich des Beginns der Mediation erforderlich sein. Zudem müsste, um dem Beschleunigungsgrundsatz zu genügen, wie in Chile, eine maximale Klagefrist festgelegt und die Hemmung damit zeitlich begrenzt werden.

1429 Sáez/Melis, Derecho del Trabajo, Tomo I, S. 287; Orellana, Nuevo proceso laboral, S. 154; Nadal, Despido, S. 418; Olate/Montecinos/Muñoz, Código del Trabajo, S. 364 und S. 372; Corte Suprema, Rol Nr. 4.907/2003 v. 25.11.2004.

1430 GWBG-Benecke, ArbGG, § 54a, Rn. 10.

1431 Haft/Schlieffen-Prütting, Handbuch Mediation, § 33, Rn. 47; Matheis/Hippeli, Mediation und Kündigungsschutzprozess, DB 2016, S. 54.

F. Schlussbetrachtung

Der deutsche und der chilenische Gesetzgeber haben den Spielraum bei der Ausgestaltung des Kündigungsrechts unterschiedlich genutzt. Die Schutzbedürftigkeit der Arbeitgeberinteressen auf der einen und der Arbeitnehmerbelange auf der anderen Seite sind in Deutschland und Chile jeweils abweichend gewichtet und entsprechend gesetzlich verankert worden.

Der deutsche Gesetzgeber hat seinen weiten Gestaltungsspielraum hinsichtlich des Ausgleichs von Arbeitgeber- und Arbeitnehmerinteressen dazu genutzt, die Arbeitnehmerbelange – im Vergleich zur chilenischen Legislative – einem ausgeprägten Schutz zu unterwerfen[1432]. Bereits die Verfasser des KSchG wiesen auf die für den Arbeitnehmer existenzielle Bedeutung des Arbeitsplatzes hin und wollten durch die Einführung des KSchG den Kündigungsschutz ausdrücklich verstärken[1433]. Auch außerhalb des Anwendungsbereichs des KSchG als dem Kern des Kündigungsschutzes ist der Arbeitnehmer in Deutschland – im Vergleich zum Arbeitnehmer in Chile, wo die Unternehmerentscheidung als unantastbar bezeichnet werden kann – vor willkürlichen Kündigungen geschützt[1434]. In Chile haben die neoliberalen Wirtschaftsreformen in den 70er und 80er Jahren des 20. Jahrhunderts zu einer starken Beschränkung des Kündigungsschutzes geführt. Die Arbeitnehmerrechte sind systematisch abgebaut, gleichzeitig ist den Arbeitgebern ein weiter Entscheidungs- und Handlungsspielraum eingeräumt worden. Ausdruck dessen ist das im CT 1987 verankerte freie Kündigungsrecht, wonach jeder Arbeitnehmer grundsätzlich ohne Angabe eines Kündigungsgrundes („desahucio") gekündigt werden konnte[1435]. Seit Beginn der 90er Jahre sind schrittweise Erweiterungen des Kündigungsschutzes implementiert worden, allerdings ist der CT nach wie vor durch die neoliberalen Reformen der Militärdiktatur geprägt[1436]. So wurde die

---

1432 BAG, Urt. v. 06.09.2007, NZA 2008, S. 633.

1433 Begründung des KSchG, RdA 1951, S. 63; v. Hoyningen-Huene/Linck, § 1, Rn. 175; Hromadka, Unternehmerische Freiheit, ZfA 2002, S. 387; Weber, Vereinbarkeit, AuR 1995, S. 113; Neef, Kündigungsschutzrecht, NZA 2000, S. 9; vgl. BAG, Urt. v. 10.11.1955, NJW 1956, S. 359 f. und Urt. v. 30.09.1976, AP Nr. 3 zu § 9 KSchG 1969, weshalb als geschütztes Rechtsgut nicht mehr ein allgemeines wirtschaftliches Interesse des Arbeitnehmers, sondern der Erhalt des Arbeitsplatzes anzusehen ist.

1434 Lettl, Kündigungsschutz, NZA-RR 2004, S. 58; BVerfG, Beschl. v. 27.01.1998, BVerfGE 97, S. 169 ff.

1435 So Art. 155 f) CT 1987, hierzu Sáez/Melis, Derecho del Trabajo, Tomo I, S. 279; Humeres, Derecho del Trabajo, S. 281; Walker, Relaciones Laborales, S. 371; Piñera, La revolución laboral en Chile, S. 49.

1436 Dombois, Korporatistische Paradoxien, Lateinamerika Analysen 14, S. 161; Gamonal, Fundamentos de Derecho Laboral, S. 85; Morgado, Labour Law in Chile, S. 248 und Fundación Sol, Reforma laboral, S. 4 ff.

Kündigung ohne Kündigungsgrund („desahucio") auf Arbeitnehmer in Vertrauensstellung und Haushaltshilfen beschränkt und seither muss grundsätzlich ein wirksamer Kündigungsgrund vorliegen. Diese sog. freie Kündigung wurde jedoch nicht gänzlich abgeschafft[1437]. Zudem wurden erst 2001 weitere materielle Kündigungsbeschränkungen durch eine Engerfassung der Kündigungstatbestände der Art. 159 ff. CT eingeführt[1438]. Nunmehr wurde 2016 wiederum eine Arbeitsrechtsreform verabschiedet, durch welche den Kollektivorganen eine bessere Verhandlungsposition eingeräumt wird, eine Allgemeinverbindlichkeitserklärung möglich und die Einstellung von Streikbrechern nicht mehr erlaubt ist. Mithin vollzieht sich langsam eine Abkehr vom rein neoliberalen Verständnis der Arbeitsbeziehungen und es setzt sich der Gedanke durch, das Ungleichgewicht der Verhandlungsmacht zwischen Arbeitnehmer und Arbeitgeber durch eine Stärkung der Kollektivorgane auszugleichen. Dieser Prozess der Neujustierung befindet sich erst am Anfang, insbesondere da auch im Rahmen der im Jahr 2016 durchgeführten Reform keine Kollektivverträge zugelassen sind, die das Organisations-, Direktions- und Verwaltungsrecht des Arbeitgebers beschränken[1439], aber es ist ein (weiterer) Schritt in die richtige Richtung. Jedoch wird in Chile nach wie vor die wirtschaftliche Flexibilität des Arbeitgebers deutlich stärker gewichtet als das Schutzbedürfnis des Arbeitnehmers vor ungerechtfertigten Kündigungen – und insgesamt bietet das chilenische Arbeitsrecht nur einen restriktiven Arbeitnehmerschutz.

Stellt man das in Chile herrschende Kündigungsschutzsystem einer Grundabfindung mit Anpassungsmöglichkeit je nach Kündigungstatbestand dem in Deutschland bestehenden Bestandsschutzsystem gegenüber, muss von einer Implementierung eines solchen Abfindungssystems abgeraten werden. Der in Deutschland geltende Bestandsschutz und die damit einhergehenden sozialen Schutzstandards sollten aufgrund der dem Bestand des Arbeitsverhältnisses zukommenden immensen Bedeutung nicht aufgeben werden. Der gegenwärtige Erkenntnisstand ist nicht geeignet, weitreichende Änderungen des Kündigungsschutzes zu rechtfertigen, da eine Umorientierung zwingend nahelegende Erkenntnisse vom Bestandsschutzsystem

---

1437 Siehe Gesetz Nr. 19.010 vom 29.11.1990, hierzu Vivanco, El despido laboral, S. 13; Nadal, Despido, S. 307; Sáez/Melis, Derecho del Trabajo, Tomo I, S. 279; Morgado, Las reformas laborales, S. 27 f.; ders., Labour Law in Chile, S. 151 f.; Humeres, Derecho del Trabajo, S. 277; Tapia in Derecho del Trabajo en América Latina, S. 244; Bronstein in ebda., S. 78; Walker, Relaciones Laborales, S. 112.

1438 Gesetz Nr. 19.759 vom 05.10.2001, hierzu Miranda/Aitken, Chile, S. 108; Walker, Relaciones Laborales, S. 373 f.; Nadal, Despido, S. 37; Morgado, Labour Law in Chile, S. 50; Lizama, Derecho del Trabajo, S. 185; Thayer/Novoa, Derecho del Trabajo, Tomo III, S. 93; Olate/Montecinos/Muñoz, Código del Trabajo, S. 319; Humeres, Derecho del Trabajo, S. 279; Tapia in Derecho del Trabajo en América Latina, S. 245.

1439 Gesetz Nr. 20.940 vom 29.08.2016; siehe auch Gesetzesentwurf Mensaje Nr. 1055–362 v. 29.12.2014. Kritisch Morgado, Labour Law in Chile, S. 248. Vgl. auch Fundación Sol, Reforma laboral, S. 10 ff.

hin zu einem Abfindungsschutzkonzept nicht vorliegen[1440]. Die chilenischen Erfahrungen mit dem bestehenden Abfindungsmodell – einer Grundabfindung mit Anpassungsmöglichkeiten – führen nicht zu der Annahme, dass sich hierdurch eine Beschäftigungssteigerung erreichen ließe. Es ist nicht gelungen, statistisch einen klaren Zusammenhang zwischen niedrigem Kündigungsschutzniveau und niedriger Arbeitslosigkeit zu belegen[1441]. Insofern muss im Ergebnis festgehalten werden, dass der Kündigungsschutz kein Mittel zur Sicherung oder Förderung der Beschäftigung ist[1442]. Daher würde auch eine Reform des KSchG hin zu weniger Kündigungsschutz nicht unmittelbar zu mehr Beschäftigung und weniger Arbeitslosigkeit, sondern allenfalls *mittelbar* zu einem Einstellungsanreiz führen[1443]. Stellt man diesen nur mittelbaren Einstellungsanreiz den erheblichen Änderungen des Kündigungsschutzes von dem bisherigen Bestandsschutz hin zu einem bloßen Abfindungsschutz gegenüber, stehen diese in keinem angemessenen Verhältnis. Der freiheitsrechtliche Schutz des deutschen Kündigungsschutzes wiegt schwerer als der Beitrag, den die Zurückdrängung des Kündigungsschutzes zur Bekämpfung der Arbeitslosigkeit überhaupt leisten könnte[1444].

Hinzu kommt, dass Kündigungsschutz in Zeiten knappen Arbeitskräfteangebots praktisch kaum eine Rolle spielt[1445]. Demgemäß darf bei allen Reformbestrebungen die demografische Entwicklung nicht außer Acht gelassen werden, wonach die Erwerbsbevölkerung in absehbarer Zeit rasant altert und eine Beschäftigungslücke

---

1440 Höland in Blank, Muss der Kündigungsschutz reformiert werden?, S. 35 und Kronke, Regulierungen, S. 285; siehe zudem oben S. 241 ff.

1441 Hierzu S. 220 ff., S. 241 ff.; Zachert, Beendigungstatbestände im internationalen Vergleich, S. 80; Schramm/Zachert, Arbeitsrecht in der betrieblichen Anwendung, S. 37; ausführlich OECD, Employment Outlook 1999, S. 49 ff., S. 88; APS-Preis, Grundl. B, Rn. 34; Jahn, Zur ökonomischen Theorie, S. 84 ff., S. 103 und S. 295 f.; Weißflog, Abfindungsansprüche, S. 94; vgl. Franz, Flexibilisierung, ZfA 1994, S. 449 und S. 459 f.

1442 Schwerdtner, Probleme des Kündigungsschutzes, ZIP 1984, S. 22; Richardi, 50 Jahre Kündigungsschutzgesetz, NZA 2000, S. 13; Gensicke/Pfarr u.a., Beendigung von Arbeitsverhältnissen, AuR 2008, S. 438; v. Hoyningen-Huene in FS 50 Jahre Arbeitsgerichtsbarkeit, S. 217; MüArbR-Berkowsky, § 108, Rn. 28 und Rn. 35; ders., Betriebsbedingte Kündigung, § 1, Rn. 61; Löwisch/Spinner/Wertheimer-Löwisch, Vor § 1 KSchG, Rn. 9; Krause, § 18, Rn. 19. Zum staatlichen Kündigungsschutz als automatischem Konjunkturstabilisator vgl. Jahn, Zur ökonomischen Theorie, S. 131; zum nicht relevanten Argument der Beschäftigungswirkung BAG, Urt. v. 27.04.1988, BB 1988, S. 1803.

1443 Höland in Blank, Muss der Kündigungsschutz reformiert werden?, S. 59 f.; MüArbR-Berkowsky, § 108, Rn. 28; ders., Die betriebsbedingte Kündigung, § 1, Rn. 49.

1444 Dorndorf, Abfindung statt Kündigungsschutz?, BB 2000, S. 1943.

1445 MüArbR-Berkowsky, § 108, Rn. 28; ders., Betriebsbedingte Kündigung, § 1, Rn. 50; vgl. Estermann in Rottleuthner, Rechtssoziologische Studien zur Arbeitsgerichtsbarkeit, S. 98.

von (je nach Berechnungsmethode) 1,3 bis 3 Mio. Arbeitsplätzen entstehen wird[1446]. Forschungsinstitute und Wirtschaftsverbände warnen vor einem erheblichen Fachkräftemangel in Deutschland. Es wird vermehrt gegen die Auswanderung deutscher Fachkräfte protestiert und die Einwanderung ausländischer Fachkräfte gefordert[1447], zudem sollen verstärkt ältere Arbeitnehmer beschäftigt werden[1448].

Insofern ist es nicht verwunderlich, dass eine umfassende Reform des deutschen Bestandsschutzsystems trotz wiederkehrender Bemühungen und diversen Reformvorschlägen nicht durchgesetzt wurde – und auch derzeit keine Priorität auf der politischen Agenda genießt.

Sollte der deutsche Gesetzgeber in Zukunft dennoch eine Reform des deutschen Arbeitsrechts anstreben, ist, ohne Notwendigkeit einer Abkehr vom Bestandsschutzprinzip, im Sinne der Rechtsanwender der Erlass eines Arbeitsvertragsgesetzes angeraten. Denn auch wenn das in Chile bestehende Abfindungsmodell als solches nicht überzeugt, lassen sich dem chilenischen Kündigungsschutzrecht einige „Bausteine" entnehmen, die innerhalb des bestehenden Bestandsschutzsystems das deutsche Kündigungsrecht einfacher und übersichtlicher gestalten könnten. Hierbei drängt sich primär eine einheitliche und umfassende Arbeitsvertragskodifikation auf. Diese Kodifikation sollte aus Gründen der Rechtsklarheit und Rechtssicherheit eine weitgehende Reduzierung von Rechtsgrundsätzen, Generalklauseln und unbestimmten Rechtsbegriffen enthalten.

Weiter sollte die Angabe des Kündigungsgrundes im Kündigungsschreiben zur Wirksamkeitsvoraussetzung der Arbeitgeberkündigung gemacht werden, um dem Gebot der Rechtsklarheit zu genügen. Bei einer schriftlichen Formulierung der Kündigungsgründe überdenkt der Arbeitgeber diesen Schritt und ist zu einer abschließenden Würdigung gezwungen. Gleichzeitig wird die Beweissicherung erleichtert und die Problematik des Nachschiebens von Kündigungsgründen ausgeräumt. Dem Arbeitnehmer ist vor Klageeinreichung die Einschätzung möglich, ob die Kündigung gerechtfertigt ist, was ihm eine Abwägung seiner Prozesschancen und -risiken erleichtert.

Ferner wird eine Vereinheitlichung der Kündigungsfristen auf vier Wochen zum Monatsende angeraten. Aufgrund der Veränderungen des Arbeitsmarktes und der

---

1446 Waas, Fortentwicklung des deutschen Arbeitsrechts, RdA 2007, S. 83; OECD, Zuwanderung ausländischer Arbeitskräfte, S. 39 ff.; vgl. Erdmann/Seyda, Fachkräfte sichern, S. 1.

1447 OECD, Zuwanderung ausländischer Arbeitskräfte, S. 19 ff.; DIHK-Arbeitsmarktreport 2017, S. 4, S. 17 ff.; IZA Compact, Juli/August 2010, S. 5; IZA Compact, Sonderausgabe Dez. 2008, S. 9 f. und Erdmann/Seyda, Fachkräfte sichern, S. 1 ff. und S. 10.

1448 Waltermann, Das Alter, die Demografie und das Arbeitsrecht, RdA 2015, S. 345 ff.; Kothe, Alternde Arbeitswelt, AnwBl 2008, S. 575 ff., S. 579; OECD, Zuwanderung ausländischer Arbeitskräfte, S. 38; Reimann/Zimmermann-Finkin, Oxford Handbook of Comparative Law, S. 1157; Löwisch/Caspers/Neumann, Beschäftigung und demographischer Wandel, S. 9, S. 65 ff., S. 73.

Erwerbsbiografien erscheint eine gestaffelte Kündigungsfristenregelung, welche an die Dauer der Betriebszugehörigkeit anknüpft, nicht mehr angemessen. Auch im Hinblick darauf, dass die bestehenden gestaffelten Kündigungsfristen vornehmlich älteren Arbeitnehmern zugute kommen, welche nach wie vor längere Zeit auf Arbeitssuche sind als jüngere Arbeitnehmer, ist eine einheitliche Kündigungsfristenregelung angeraten. Denn Kündigungsfristen verhindern eine Kündigung nicht, sondern zögern sie lediglich hinaus, sodass bei Einführung einer einheitlichen Kündigungsfrist von vier Wochen zum Monatsende nicht der materielle Kündigungsschutz, sondern das allgemeine Kündigungsrecht tangiert wird. Auch bei älteren Arbeitnehmern, welche zugleich durch die Bestandsschutzregelungen des KSchG besser geschützt sind als jüngere Arbeitnehmer, verhindert eine längere Kündigungsfrist die Beendigung des Arbeitsverhältnisses nicht. Gleichzeitig kann ein wichtiges Flexibilisierungsinstrument eingeführt werden, welches eine positive Auswirkung auf die Beschäftigung entfalten wird.

Die veränderten Marktbedingungen erfordern die Berücksichtigung der Besonderheiten eines Kleinbetriebes im Rahmen der Interessenabwägung. Aufgrund des Strukturwandels können die Besonderheiten eines Kleinbetriebs nicht mehr schlicht an der Mitarbeiterzahl festgemacht werden. Daher sollte eine Kodifikation eines Arbeitsvertragsgesetzes die Abschaffung der jetzigen Kleinbetriebsklausel mit einer Mitarbeiterzahl als Bezugsgröße enthalten. So sind jeweils im Einzelfall die betriebsorganisatorischen Eigenheiten, die wirtschaftliche Leistungskraft und die branchenspezifischen Besonderheiten eines Betriebes im Rahmen der Intessenabwägung zu berücksichtigen.

Überdies sollte den Arbeitnehmern die ausdrückliche Möglichkeit eines – zeitlich auf eine Woche befristeten – Widerrufs bei Aufhebungsverträgen und Ausgleichsquittungen eingeräumt werden. Durch das Zugeständnis eines gesetzlichen Widerrufrechts mit einer kurzen Frist von einer Woche, beginnend mit Vertragsaushändigung, könnten Arbeitnehmer beim Abschluss von Aufhebungsverträgen und Ausgleichsquittungen ausreichend vor Überrumplung geschützt und ihre strukturelle Unterlegenheit angemessen ausgeglichen werden.

Weiter steht zum Schutze der Beschäftigten eine Normierung des Mobbings und der dem Arbeitnehmer in diesem Zusammenhang zustehenden rechtlichen Möglichkeiten, wie der Anspruch auf eine Abfindung, an. Die geltende Rechtslage ist unklar und führt zu schwerwiegenden Beweisproblemen des Betroffenen, weshalb sie durch eine zusammenhängende gesetzliche Regelung mit Beweiserleichterungen abgelöst werden sollte.

Nicht zuletzt sollte die Konfliktbeilegungsbereitschaft der Parteien weiter gefördert werden. Einen Beitrag hierzu soll das neue MediationsG leisten. Ein Wandel der Konfliktkultur in Deutschland wird sicherlich eine gewisse Zeit in Anspruch nehmen, aber zu einer Entlastung der am Streit beteiligten Parteien als auch der Gerichte führen und somit zur Förderung des Rechtsfriedens beitragen.

Literaturverzeichnis[1449]

Adam, Roman F.: Die Struktur der arbeitsrechtlichen Kündigungsgründe, AuR 2013, S. 15 ff.

Adenauer, Patrick: Der Arbeitsmarkt muss wieder auferstehen!, AuA 2005, S. 517.

Adomeit, Klaus: Der Dienstvertrag des BGB und die Entwicklung zum Arbeitsrecht, NJW 1996, S. 1710 ff.

Adomeit, Klaus/Frühbeck Olmedo, Guillermo: Einführung in das spanische Recht, 3. Aufl., München 2007.

Ahrens, Martin: Mediationsgesetz und Güterichter – Neue gesetzliche Regelungen der gerichtlichen und außergerichtlichen Mediation, NJW 2012, S. 2465 ff.

Amlang, Julia: Die unternehmerische Entscheidungsfreiheit bei „betriebsbedingten Kündigungen“ im europäischen Rechtsvergleich, Frankfurt am Main 2005.

Annuß, Georg: Das Allgemeine Gleichbehandlungsgesetz im Arbeitsrecht, BB 2006, S. 1629 ff.

Arnold, Hans: Das chilenische Zivilgesetzbuch vom 14. Dezember 1855, JZ 1956, S. 773 ff.

Ascheid, Reiner: Betriebsbedingte Kündigung – Unternehmerentscheidung und außerbetriebliche Gründe, DB 1987, S. 1144 ff.

Ascheid, Reiner/Preis, Ulrich/Schmidt, Ingrid: Kündigungsrecht – Großkommentar zum gesamten Recht der Beendigung von Arbeitsverhältnissen, 5. Aufl., München 2017.

Balders, Sven-Frederik/Strybny, Derk: Reform für mehr Beschäftigung: Ein Arbeitsvertragsgesetz!, ZRP 2005, S. 249 ff.

Bamberger, Eva/Bielig, Andreas: Mehr Beschäftigung mittels weniger Kündigungsschutz?, TU Ilmenau Diskussionspapier Nr. 53/2006.

Bamberger, Heinz Georg/Roth, Herbert: Kommentar zum Bürgerlichen Gesetzbuch – Band 23. Aufl., München 2012.

Barahona Estay, Francisca: Despido indirecto, Santiago de Chile 2009.

Baraona González, Jorge: La cultura jurídica chilena: apuntes históricos, tendencias y desafíos, Revista de Derecho (Valparaíso) 2010, S. 427 ff.

Barrett, Patrick S.: Labour Policy, Labour-Business Relations and the Transition to Democracy in Chile, Journal of Latin American Studies 2001, S. 561 ff.

Bauer, Jobst-Hubertus: Arbeitsrechtlicher Wunschkatalog für mehr Beschäftigung, NZA 2005, S. 1046 ff.

1449 Letztes Zugriffsdatum für Online-Quellen: 22.12.2017.

Bauer, Jobst-Hubertus: Ein Vorschlag für ein modernes und soziales Kündigungsschutzrecht, NZA 2002, S. 529 ff.

Bauer, Jobst-Hubertus/Arnold, Christian/Zeh, Ricarda: Widerruf von Arbeits- und Aufhebungsverträgen – Wirklich alles neu?, NZA 2016, S. 449 ff.

Bauer, Jürgen: Abfindungsregelungen zur Vermeidung der Kündigungsschutzklage, Hamburg 2009.

Bausback, Maria M.: Der Bestandsschutz des Arbeitsverhältnisses auf europäischer und internationaler Ebene – Entwicklungen vom Mittelalter bis zur Gegenwart – Teil 1 und 2, Frankfurt am Main 2007.

Bayreuther, Frank: Das Grünbuch der europäischen Kommission zum Arbeitsrecht, NZA 2007, S. 371 ff.

Bayreuther, Frank: Thesen zur Reform des Kündigungsschutzes, NZA 2006, S. 417 ff.

Becker, Friedrich/Rommelspacher, Peter: Ansatzpunkte für eine Reform des Kündigungsrechts, ZRP 1976, S. 40 ff.

Beckmann, Paul-Werner: Kommt das Arbeitsvertragsgesetz?, AnwBl 2006, S. 394.

Benavides Fritis, Carlos: El Despido en la nueva justicia laboral, Santiago de Chile 2009.

Bergquist, Charles: Labor in Latin America, Stanford 1986.

Berkowsky, Wilfried: Die betriebsbedingte Kündigung, 6. Aufl., München 2008.

Bielinski, Harald/Hartmann, Josef/Pfarr, Heide/Seifert, Hartmut: Die Beendigung von Arbeitsverhältnissen: Wahrnehmung und Wirklichkeit, AuR 2003, S. 81 ff.

Bitter, Walter/Kiel, Heinrich: 40 Jahre Rechtsprechung des Bundesarbeitsgerichts zur Sozialwidrigkeit von Kündigungen, RdA 1994, S. 333 ff.

Bleiweiss, Dagobert: Kündigungsschutz für Arbeiter in Chile, RdA 1959, S. 129 ff.

Boecken, Winfried/Topf, Henning: Kündigungsschutz: zurück zum Bestandsschutz durch Ausschluss des Annahmeverzuges, RdA 2004, S. 19 ff.

Brandt, Heinrich: Betriebsrätegesetz, 2. Aufl., Berlin 1920.

Bronstein, Arturo: International and Comparative Labour Law –, Current Challenges, Genf 2009.

Bronstein, Arturo: „Cincuenta años de Derecho del Trabajo en América Latina: Un panorama comparativo“ in Cincuenta años de Derecho del Trabajo en América Latina, hrsg. v. Arturo Bronstein, S. 15 ff., Santa Fe 2007.

Brox, Hans/Rüthers, Bernd/Henssler, Martin: Arbeitsrecht, 19. Aufl., Stuttgart 2016.

Bucher, Eugen: Zu Europa gehört auch Lateinamerika!, ZEuP 2004, S. 515 ff.

Buchner, Herbert: Notwendigkeit und Möglichkeiten einer Deregulierung des Kündigungsschutzrechts, NZA 2002, S. 533 ff.

Bundesagentur für Arbeit: Der Arbeitsmarkt in Deutschland – Ältere am Arbeitsmarkt, https://statistik.arbeitsagentur.de/Statischer-Content/Arbeitsmarktberichte/Personengruppen/generische-Publikationen/Aeltere-amArbeitsmarkt.pdf, Nürnberg 2017.

Bundesagentur für Außenwirtschaft (bfai) (Hrsg.): Wirtschaftstrends Chile 2004/2005.

Bundesagentur für Außenwirtschaft (bfai) und Deutsch-Chilenische Industrie- und Handelskammer (Hrsg.): Wirtschaftsführer Chile 2005.

Bundesministerium für Arbeit und Soziales: Grünbuch Arbeiten 4.0, http://www.arbeitenviernull.de/gruenbuch.html.

Bundesministeriums für Arbeit und Soziales: Statistik der Arbeitsgerichtsbarkeit, http://www.bmas.de.

Bundesministerium für Arbeit und Soziales: Verzeichnis der für allgemeinverbindlich erklärten Tarifverträge Stand Januar 2016, https://www.bmas.de/SharedDocs/Downloads/DE/PDF-Publikationen-DinA4/arbeitsrecht-verzeichnis-allgemein verbindlichertarifvertraege.pdf?__blob=publicationFile.

Busch, Ralf: Vorschläge zur Reform des Arbeitsrechts, BB 2003, S. 470 ff.

Busemann, Andreas/Schäfer, Horst: Kündigung und Kündigungsschutz im Arbeitsverhältnis, 5. Aufl., Berlin 2006.

Bustos Valderrama, Isidoro: Die Verfassung der Diktatur, Berlin 1987.

Caamaño Rojo, Eduardo: La noción de acoso moral laboral o „mobbing" y su reconocimiento por la jurisprudencia en Chile Revista de Derecho (Valparaíso) 2011, S. 215 ff.

Candia Guzmán, Claudio/Koch Cid, Karla: Reforma procesal del trabajo, 2. Aufl., Santiago de Chile 2009.

Clemenz, Susanne: Neuer Anlauf für ein Arbeitsvertragsgesetz, AnwBl 2006, S. 555.

Codoceo, Fernando: Demokratische Transition in Chile, Berlin 2007.

Cook, Maria Lorena: The Politics of Labor Reform in Latin America, Pennsylvania 2007.

Darsow-Faller, Ingebjörg: Kündigungsschutz in Deutschland und Spanien, Frankfurt am Main 2008.

Däubler, Wolfgang: Abfindung statt Kündigungsschutz?, NJW 2002, S. 2292 f.

Däubler, Wolfgang: Beschäftigungssicherung durch Kündigungsschutz, AiB 2002, S. 457 ff.

Däubler, Wolfgang/Hanau, Peter: Pro und Contra – Einschränkung des Kündigungsschutzes?, ZRP 2003, S. 10.

Davies, Anne: Perspectives on Labour Law, 2. Aufl., Cambridge 2009.

del Rey Guanter, Salvador: La Reforma del Mercado de Trabajo y su Impacto en el Sistema de Relaciones laborales, Madrid 2013.

Desdentado Bonete, Aurelio/de la Puebla Pinilla, Ana: Despido y crisis económica, Valladolid 2011.

Dietermann, Jürgen: Das Arbeitsvertragsgesetz – Initiative ohne Chance?, ZRP 2007, S. 98 ff.

DIHK: DIHK-Arbeitsmarktreport 2017 – Fachkräftesicherung, https://www.dihk.de/ressourcen/downloads/dihk-arbeitsmarktsreport-2017, Berlin 2017.

Diller, Martin/Krieger, Steffen/Arnold, Christian: Kündigungsschutzgesetz plus Allgemeines Gleichbehandlungsgesetz, NZA 2006, S. 887 ff.

Dirección del Trabajo Chile: Boletín Oficial – September 2011, Santiago de Chile 2011.

Dirección del Trabajo Chile: Encuesta Laboral (Encla) 2011, Santiago de Chile 2012.

Dirección del Trabajo Chile: Encuesta Laboral (Encla) 2008, Santiago de Chile 2009.

Dirección del Trabajo Chile: ¿Cómo se despide en Chile? Indemnizaciones por término de contrato de trabajo en Chile – Pulso Oktober 2006 Nr. 3, Santiago de Chile 2006.

Dirección del Trabajo Chile: Encuesta Laboral (Encla) 2006, Santiago de Chile 2007.

Dirección del Trabajo Chile: Encuesta Laboral (Encla) 2002, Santiago de Chile 2003.

DIW Berlin: Pressemitteilung vom 7.03.2012, http://www.diw.de/de/diw_01.c.100319.de/presse/pressemitteilungen/pressemitteilungen.html?id=diw_01.c.394271.de.

Dombois, Rainer: Korporatistische Paradoxien – Zu den Veränderungen der institutionellen Arbeitsbeziehungen in Lateinamerika am Beispiel der Arbeitsrechtsreformen, Lateinamerika Analysen 14, 2/2006, S. 141 ff.

Donges, Jürgen B.: Deregulierung am Arbeitsmarkt und Beschäftigung, Tübingen 1992.

Donges, Jürgen B./Eekhoff, Johann/Franz, Wolfgang u.a. (Kronberger Kreis): Flexibler Kündigungsschutz am Arbeitsmarkt, Berlin 2004.

Dornbusch, Gregor/Fischermeier, Ernst/Löwisch, Manfred (Hrsg.): AR – Kommentar zum gesamten Arbeitsrecht, 8. Aufl., Köln 2016.

Dornbusch, Gregor/Wolff, Alexander: KSchG – Kommentar zum Kündigungsschutzgesetz und zu den wesentlichen Nebengesetzen, 2. Aufl., Köln 2008.

Dorndorf, Eberhard: Abfindung statt Kündigungsschutz?, BB 2000, S. 1938 ff.

Dütz, Wilhelm/Thüsing, Gregor: Arbeitsrecht, 22. Aufl., München 2017.

Duvigneau, Johann Philipp August: Die gerichtliche Auflösung des Arbeitsverhältnisses gegen Abfindungszahlung gemäß §§ 9, 10 KSchG im System des allgemeinen Kündigungsschutzrechts – Zugleich ein Beitrag zur Diskussion um den Bestandsschutz des Arbeitsverhältnisses, Diss. Freie Univ. Berlin 1997.

Düwell, Franz Josef/Rieble, Volker/Weyand, Joachim (Hrsg.): Praxishandbuch Arbeitsrecht, Band 3, Köln Stand April 2012.

Düwell, Franz Josef/Weyand, Joachim: Agenda 2010: Das neue Kündigungs- und Abfindungsrecht, Köln 2004.

Ehrig, Detlev/Kalmbach, Peter (Hrsg.): Weniger Arbeitslose – aber wie?, Marburg 2001.

Erdmann, Vera/Seyda, Susanne: Fachkräfte sichern – Engpassanalyse, Berlin 2012.

Estermann, Josef: „Sozioökonomische Bedingungen und Arbeitsgerichtsbarkeit" in Rechtssoziologische Studien zur Arbeitsgerichtsbarkeit, hrsg. v. Hubert Rottleuthner, S. 63 ff., Baden-Baden 1984.

Etzel, Gerhard/Bader, Peter/Fischermeier, Ernst/Friedrich, Hans-Wolf u.a.: KR – Gemeinschaftskommentar zum Kündigungsschutzgesetz und zu sonstigen kündigungsschutzrechtlichen Vorschriften, 11. Aufl., Köln 2016.

Fechner, Heiner: Rechtspluralismus in Südamerika, Betrifft Justiz 2013, S. 117 ff.

Ferme, Marco: Leiharbeitnehmer zählen doch – § 23 KSchG?, NZA 2013, Editorial Heft 3.

Fetchenhauer, Detlef/Haferkamp, Alexandra : Viel zu tun – Umrisse einer Psychologie des Wohlfahrtsstaats, Wirtschaftspsychologie 2007, S. 5 ff.

Fiedeler, Georg/Jung, Liselotte/Jürgens, Isabell u.a.: Mapuche in Chile – Geschichte, Kultur und soziale Realität eines bedrohten Volkes, Hannover 1988.

Fiedler, Tanja: Kündigungsschutz außerhalb des KSchG und seiner Vorgängerregelungen durch Grundrechte und allgemeines Zivilrecht (Untersuchungszeitraum 1850–2006), Diss. Univ. Köln 2006.

Fischer, Ulrich: Rechtsfort- oder Rückschritt durch Rechtsstillstand – Das Arbeitsvertragsgesetz: Fata Morgana oder „wenn nicht jetzt, wann dann?", NZA 2006, S. 1395.

Fischinger, Philipp/Werthmüller, Christian: Der Aufhebungsvertrag im Irish Pub, NZA 2016, S. 193 ff.

Flägel, Peter: Die Beendigung von Arbeitsverhältnissen im spanischen Recht, RIW 1998, S. 445 ff.

Flatow, Georg: Betriebsrätegesetz vom 4. Februar 1920, 12. Aufl., Berlin 1928.

Forschungsbericht Max-Planck-Institut: Empirische Untersuchung zum Kündigungsschutzrecht, RdA 1981, S. 300 ff.

Francken, Johannes Peter: Erforderliche Nachbesserungen im Mediationsgesetz und im Arbeitsgerichtsgesetz, NZA 2012, S. 249 ff.

Frank, Volker: The Elusive Goal in Democratic Chile: Reforming the Pinochet Labor Legislation, Latin American Politics and Society 2002, S. 35 ff.

Franz, Wolfgang: Chancen und Risiken einer Flexibilisierung des Arbeitsrechts aus ökonomischer Sicht, ZfA 1994, S. 439 ff.

Fröhlich, Martin/Velasco Portero, Teresa: Die Reform des Arbeitsrechts in Spanien 2010, EuZA 2011, S. 575 ff.

Fundación Sol: Reforma laboral, http://www.fundacionsol.cl/wpcontent/uploads/2015/03/Fundaci%C3%B3n-SOL-2015-Cuadernillo-Reforma-Laboral.pdf, Santiago de Chile 2015.

Gallner, Inken/Mestwerdt, Wilhelm/Nägele, Stefan (Hrsg.): Kündigungsschutzrecht – Handkommentar, 5. Aufl., Baden-Baden 2015.

Gallup: Präsentation zum Engagement Index 2014, http://www.gallup.com/de-de/181871/engagement-index-deutschland.aspx, Berlin 2015.

Gamillscheg, Katharina: Die Beendigung des Arbeitsverhältnisses –, Bestandsschutz und Mobilitätsinteresse des Arbeitnehmers in Abwägung zum Organisationsinteresse des Arbeitgebers, Berlin 2001.

Gamonal Contreras, Sergio: Chilean Labour Law 1990–2010, The International Journal of Comparative Labour Law and Industrial Relations 2011, S. 85 ff.

Gamonal Contreras, Sergio: El Procedimiento de Tutela de Derechos Laborales, 2. Aufl., Santiago de Chile 2008.

Gamonal Contreras, Sergio: Fundamentos de Derecho Laboral, Santiago de Chile 2008.

García Ortega, Jesús/Goerlich Peset, José María u.a.: Curso de Derecho del Trabajo, 9. Aufl., Valencia 2000.

Gensicke, Miriam/Pfarr, Heide/Tschersich, Nicolai/Ullmann, Karen/Zeibig, Nadine: Neue Erkenntnisse über die Beendigung von Arbeitsverhältnissen in der Praxis, AuR 2008, S. 431 ff.

Germany Trade and Invest (gtai) (Hrsg.): Lohn- und Lohnnebenkosten Spanien, Bonn 2013.

Germany Trade and Invest (gtai) (Hrsg.): Recht kompakt: Chile, Bonn 2013.

Germany Trade and Invest (gtai) (Hrsg.): Recht kompakt: Spanien, Bonn 2013.

Germany Trade and Invest (gtai) (Hrsg.): Wirtschaftsentwicklung Chile 2010, Bonn 2011.

Giesen, Richard: Reformvorschläge zum Individualarbeitsrecht, ZfA 2003, S. 467 ff.

Göller, Irmgard: Die Entwicklung des Kündigungsschutzrechts in Deutschland, Diss. Univ. Freiburg 1974.

Greiser, Johannes/Kador, Tobias: Das Arbeitszeugnis im Wandel der Rechtsprechung, AuR 2012, S. 201 ff.

Grobys, Marcel: Der gesetzliche Abfindungsanspruch in der betrieblichen Praxis, DB 2003, S. 2174 ff.

Grotmann-Höfling, Günter: Die Arbeitsgerichtsbarkeit 2011 im Lichte der Statistik, AuR 2012, S. 476 ff.

Grotmann-Höfling, Günter: Kurze-Lange-Überlange Verfahren – Ein Blick in die Arbeitsgerichtsbarkeit, AuR 2012, S. 346 ff.

Grotmann-Höfling, Günter: Die Arbeitsgerichtsbarkeit 2004 im Lichte der Statistik, AuR 2005, S. 398 ff.

Grunewald, Benno: Das Kündigungsschutzrecht zwischen Theorie und Praxis – Argumente für ein anderes Kündigungsschutzgesetz, ZRP 1996, S. 472 ff.

Haagh, Louise: The Emperor's New Clothes: Labor Reform and Social Democratization in Chile, Studies in Comparative International Development 2002, S. 86 ff.

Haft, Fritjof/Gräfin von Schlieffen, Katharina: Handbuch Mediation, 3. Aufl., München 2016.

Hamann, Wolfgang: Die Kündigung des Arbeitsverhältnisses durch den Arbeitgeber, JA 1987, S. 474 ff. und S. 536 ff.

Hanau, Peter: „Welche arbeits- und -ergänzenden sozialrechtlichen Regelungen empfehlen sich zur Bekämpfung der Arbeitslosigkeit?" in Verhandlungen des 63. Deutschen Juristentages 2000, hrsg. v. der Ständigen Deputation des Deutschen Juristentages, Bd. 1, Gutachten C, München 2000.

Hanau, Peter/Adomeit, Klaus: Arbeitsrecht, 14. Aufl., Neuwied 2007.

Handelskammer Hamburg: Mehr Markt für den Arbeitsmarkt – Mit dem Dreisprung zu mehr Beschäftigung, Hamburg 2002.

Heinlein, Ingrid: Die vorgerichtliche Streitschlichtung und der beschleunigte Arbeitsprozess in Spanien – Ein Modell für die deutsche Arbeitsgerichtsbarkeit?, AuR 1998, S. 307 ff.

Heise, Wolfram: Die Rechtssituation indigener Völker in Chile, Eine rechtsethnologische Analyse der chilenischen Indianergesetzgebung (Nr. 19.253) von 1993 vor dem Hintergrund der Schutzbestimmungen im Völkerrecht, Diss. Univ. Kassel 2000.

Henssler, Martin/Braun, Axel (Hrsg.): Arbeitsrecht in Europa, 3. Aufl., Köln 2011.

Henssler, Martin/Preis, Ulrich: Diskussionsentwurf eines Arbeitsvertragsgesetzes, Beilage zu NZA 23/2006.

Henssler, Martin/Willemsen, Heinz Josef/Kalb, Heinz-Jürgen: Arbeitsrecht – Kommentar, 7. Aufl., Köln 2016.

Hergenröder, Curt Wolfgang: Kündigung und Kündigungsschutz im Lichte der Verfassung, ZfA 2002, S. 355 ff.

Heßler, Susann: Die Angabe des Kündigungsgrundes im arbeitsrechtlichen Kündigungsverfahren im Verhältnis von Kündigungsberechtigtem und Kündigungsempfänger, Hamburg 2008.

Hofedank, Annemarie: Arbeitsmarkt und Kündigungsschutz in Spanien, Frankfurt am Main 2009.

Hohnerlein, Eva-Maria: Einkommenssicherung bei Verlust des Arbeitsplatzes in Lateinamerika – Eine rechtsvergleichende Skizze, ZiAS 1988, S. 139 ff.

Höland, Armin: „Kündigungspraxis und Kündigungsschutz im deutschen Arbeitsrecht – Überlegungen zur Kritik am Kündigungsschutz“ in Muss der Kündigungsschutz reformiert werden?, hrsg. v. Michael Blank, S. 11 ff., Frankfurt am Main 2003.

Höland, Armin/Kahl, Ute/Zeibig, Nadine: Kündigungspraxis und Kündigungsschutz im Arbeitsverhältnis –, Eine empirische Praxisuntersuchung aus Sicht des arbeitsgerichtlichen Verfahrens, Baden-Baden 2007.

Höland, Armin/Kahl, Ute/Zeibig, Nadine: Wirklichkeit und Wahrnehmung des Kündigungsschutzes in den Arbeitsgerichten, WSI Mitteilungen 2005, S. 561 ff.

Hromadka, Wolfgang: „Kündigungsschutz und Unternehmerfreiheit“ in Muss der Kündigungsschutz reformiert werden?, hrsg. v. Michael Blank, Frankfurt am Main 2003 (zugl. AuA 2002, S. 261 ff.).

Hromadka, Wolfgang: Unternehmerische Freiheit – ein Problem der betriebsbedingten Kündigung?, ZfA 2002, S. 383 ff.

Hromadka, Wolfgang/Maschmann, Frank: Arbeitsrecht – Band 1 – Individualarbeitsrecht, 6. Aufl., Heidelberg 2015.

Huber, Günter: Beschäftigungsfördernder Wunschkatalog, NZA 2005, S. 1340 ff.

Hueck, Alfred: Deutsches Arbeitsrecht – Ein Grundriss, Berlin 1938.

Hueck, Alfred/Nipperdey, Hans Carl/Dietz, Rolf: Gesetz zur Ordnung der nationalen Arbeit – Kommentar, 4. Aufl., München/Berlin 1943.

Humeres Noguer, Héctor: Derecho del Trabajo y de la Seguridad Social, Tomo I – Derecho individual del trabajo y procedimiento laboral, 17. Aufl., Santiago de Chile 2004.

Hümmerich, Klaus: Die arbeitsgerichtliche Abfindung, NZA 1999, S. 342 ff.

Hümmerich, Klaus/Holthausen, Joachim: Der Arbeitnehmer als Verbraucher, NZA 2002, S. 173 ff.

Hundt, Dieter: Chance zum Neuanfang, AuA 2005, S. 577.

Imbusch, Peter/Messner, Dirk/Nolte, Detlef (Hrsg.): Chile heute, Frankfurt am Main 2004.

Institut für Arbeit und Qualifikation der Universität Duisburg-Essen (IAQ): Erwerbstätige und sozialversicherungspflichtig Beschäftigte 1992 – 2014, http://www.sozialpolitik-aktuell.de/tl_files/sozialpolitik-aktuell/_Politikfelder/Arbeitsmarkt/Datensammlung/PDF-Dateien/abbIV2.pdf.

Irureta Uriarte, Pedro: Vigencia del principio de la buena fe en el derecho del trabajo chileno, Ius et Praxis 2011, S. 133 ff.

IZA – Forschungsinstitut zur Zukunft der Arbeit: Bessere Rahmenbedingungen für mehr Beschäftigung IZA Compact – Sonderausgabe November 2002, http://www.iza.org/de/webcontent/publications/press/IZA_Compact_Sonderausgabe_November_2002.pdf.

IZA – Forschungsinstitut zur Zukunft der Arbeit: IZA Research Report Nr. 36, Zur Reform des deutschen Kündigungsschutzes – Juni 2011, http://www.iza.org/en/webcontent/publications/reports/report_pdfs/iza_report_36.pdf.

IZA – Forschungsinstitut zur Zukunft der Arbeit: IZA Compact – Juli/August 2010, http://ftp.iza.org/compacts/iza_compact_de_34.pdf.

IZA – Forschungsinstitut zur Zukunft der Arbeit: Vollbeschäftigung ist keine Utopie, IZA Compact – Sonderausgabe Dezember 2008, http://ftp.iza.org/compacts/iza_compact_de_29.pdf.

IZA – Forschungsinstitut zur Zukunft der Arbeit: IZA Compact – Januar 2005, http://ftp.iza.org/compacts/iza_compact_de_18.pdf.

Jahn, Elke J.: Wie wirkt der Kündigungsschutz?, ZAF 2005, S. 284 ff.

Jahn, Elke J.: Der Kündigungsschutz auf dem Prüfstand, Arbeitspapier der Konrad-Adenauer-Stiftung Nr. 138/2004, Sankt Augustin 2004.

Jahn, Elke J.: Zur ökonomischen Theorie des Kündigungsschutzes – Volatilität der Arbeitsnachfrage und duale Arbeitsmärkte, Berlin 2002.

Junker, Abbo: Grundkurs Arbeitsrecht, 16. Aufl., München 2017.

Junker, Abbo: „Der Kündigungsschutz leitender Angestellter in rechtsvergleichender Perspektive" in Festschrift für Rolf Birk, hrsg. v. Horst Konzen u.a., S. 265 ff., Tübingen 2008.

Junker, Abbo: „Arbeitsrecht zwischen Markt und gesellschaftspolitischen Herausforderungen" in Verhandlungen des 65. Deutschen Juristentages 2004, hrsg. v. der Ständigen Deputation des Deutschen Juristentages, Bd. 1, Gutachten B, München 2004.

Kaiser, Dagmar: „Bestands- und Abfindungsschutz durch Betriebszugehörigkeit?" in Festschrift für Horst Konzen, hrsg. v. Barbara Dauner-Lieb u.a., S. 381 ff., Tübingen 2006.

Kaiser, Dagmar/Dahm, Katharina: Sozialauswahl ohne Lebensalter!, NZA 2010, S. 473 ff.

Kamanabrou, Sudabeh: Eindeutig kein Widerrufsrecht bei Aufhebungsverträgen am Arbeitsplatz?, NZA 2016, S. 919 ff.

Kamanabrou, Sudabeh: Die arbeitsrechtlichen Vorschriften des Allgemeinen Gleichbehandlungsgesetzes, RdA 2006, S. 321 ff.

Kamanabrou, Sudabeh: Verfassungsrechtliche Aspekte eines Abfindungsschutzes bei betriebsbedingten Kündigungen, RdA 2004, S. 333 ff.

Kittner, Michael: Arbeitsrecht und marktwirtschaftliche Unternehmensführung – ein Gegensatz?, AuR 1995, S. 385 ff.

Kittner, Michael/Däubler, Wolfgang/Zwanziger, Bertram (Hrsg.): Kündigungsschutzrecht – Kündigungen und andere Formen der Beendigung des Arbeitsverhältnisses, 9. Aufl., Frankfurt am Main 2014.

Kittner, Michael/Zwanziger, Bertram/Deinert, Olaf (Hrsg.): Arbeitsrecht – Handbuch für die Praxis, 8. Aufl., Frankfurt am Main 2015.

Koch, Max: Unternehmen Transformation – Sozialstruktur und gesellschaftlicher Wandel in Chile, Frankfurt am Main 1998.

Koch, Walter: Kündigungsschutz im unternehmerischen Alltag, ZfA 2002, S. 445 ff.

Kommission der europäischen Gemeinschaften: Grünbuch – Ein modernes Arbeitsrecht für die Herausforderungen des 21. Jahrhunderts vom 22.11.2006, https://eur-lex.europa.eu/legal-content/DE/TXT/?uri=LEGISSUM%3Ac10312.

Koslowski, Peter: „Ende der Arbeitsgesellschaft – Anfang der Kulturgesellschaft" in Diesseits der Utopie, hrsg. v. Alfred Heese, S. 222 ff., Essen und Dortmund 1993.

Kothe, Wolfhard: Alternde Arbeitswelt – Folgen für das Arbeits- und Sozialrecht, AnwBl 2008, S. 575 ff.

Kramer, Karin: Die Kündigung im Arbeitsrecht, 12. Aufl., Stuttgart u.a. 2014.

Kraus, Katharina: Abfindungen zur Ablösung des Kündigungsschutzes – § 1a KSchG n. F., Baden-Baden 2005.

Krause, Rüdiger: Freiheit und Bindung des Arbeitgebers bei der außerordentlichen Kündigung, RdA 2016, S. 49 ff.

Krause, Rüdiger: Arbeitsrecht, 3. Aufl., Baden-Baden 2015.

Kraushaar, Bernhard: Ist die Herausnahme der Kleinbetriebe aus dem Kündigungsschutz verfassungswidrig?, AuR 1988, S. 137 ff.

Kreuzer, Christine: Mobbing, Bullying, Bossing aus juristischer Perspektive, Personalführung 2/2000, S. 56 ff. und 3/2000, S. 60 ff.

Kronke, Herbert: Regulierungen auf dem Arbeitsmarkt – Kernbereiche des Arbeitsrechts im internationalen Vergleich, Baden-Baden 1990.

Küttner, Wolfdieter/Röller, Jürgen (Hrsg.): Personalbuch 2017, 24. Aufl., München 2017.

Leinemann, Wolfgang (Hrsg.): Kasseler Handbuch zum Arbeitsrecht – Band 22. Aufl., Neuwied 2000.

Leising, Marion: Das Recht auf Abfindung im Arbeitsverhältnis im europäischen Vergleich, StBW 2010, S. 236 ff.

Lembke, Mark: Das „Aus" für das Widerrufsrecht des Arbeitnehmers bei arbeitsrechtlichen Aufhebungs- und Abwicklungsverträgen, NJW 2004, S. 2941 ff.

Lettl, Tobias: Der arbeitsrechtliche Kündigungsschutz nach den zivilrechtlichen Generalklauseln, NZA-RR 2004, S. 57 ff.

Lieb, Manfred/Jacobs, Matthias: Arbeitsrecht, 9. Aufl., Heidelberg 2006.

Lieser-Triebnigg, Erika: Recht in der DDR, Köln 1985.

Lincke, Karl H./Knaebel, Claudia Christina: Reform des spanischen Arbeitsrechts, ZESAR 2011, S. 217 ff.

Lindner, Josef Franz: Grundrechtsfestigkeit des arbeitsrechtlichen Kündigungsschutzes?, RdA 2005, S. 166 ff.

Linnenkohl, Karl: Selbständigen-Kultur und Arbeitsmarkt, BB 1999, S. 48 ff.

Linsenmaier, Wolfgang: Von Lyon nach Erfurt – Zur Geschichte der deutschen Arbeitsgerichtsbarkeit, NZA 2004, S. 401 ff.

Lizama Portal, Luis: Código del Trabajo – Nueva Justicia Laboral – Tomo I y II, Santiago de Chile 2009.

Lizama Portal, Luis: Derecho del Trabajo, Santiago de Chile 2003.

Lotz, Rüdiger: Arbeitsrechtlicher Kündigungsschutz in Spanien, Berlin/Lima 1996.

Löwisch, Manfred: Kündigen unter dem AGG, BB 2006, S. 2189 ff.

Löwisch, Manfred: Mögliche arbeits- und sozialrechtliche Beiträge zur Bekämpfung der Arbeitslosigkeit, JZ 2000, S. 806 ff.

Löwisch, Manfred/Caspers, Georg/Klumpp, Steffen: Arbeitsrecht, 11. Aufl., München 2017.

Löwisch, Manfred/Caspers, Georg/Neumann, Daniela: Beschäftigung und demographischer Wandel, Baden-Baden 2003.

Löwisch, Manfred/Spinner, Günter/Wertheimer, Frank: Kündigungsschutzgesetz – Kommentar, 10. Aufl., Frankfurt am Main 2013.

Martínez, Fernando/Steinmetz, Alexander/Bartle, María: Länderreport Spanien, RIW 2014, S. 211 ff.

Matheis, Frank/Hippeli, Michael: Mediation und Kündigungsschutzprozess, DB 2016, S. 53 ff.

Mattioli, Maria/Eyer, Eckhard: Mediation in Arbeitskonflikten, AuA 2011, S. 468 ff.

Miranda, Paulina/Aitken, Oscar: Chile – Employment Law, The Comparative Law Yearbook of International Business – Special Issue 2006, Alphen aan de Rijn 2007.

Moraga Neira, René: Código del Trabajo comentado – Tomo I y II –, Santiago de Chile 2009.

Morgado Valenzuela, Emilio: Labour Law in Chile, Alphen aan de Rijn 2013.

Morgado Valenzuela, Emilio: „Chile: Labour Relations at the Beginning of the Twenty-first Century" in Labour Relations in the Asia-Pacific Countries, hrsg. v. Roger Blanpain, S. 27 ff., Den Haag 2004.

Morgado Valenzuela, Emilio: Las reformas laborales y su impacto en el funcionamiento del mercado de trabajo en Chile, Serie Reformas Económicas Nr. 32, Santiago de Chile 1999.

Möschel, Wernhard: Kündigungsschutz und Beschäftigung – ein Scheinproblem?, JZ 2006, S. 113 ff.

Mozet, Peter: Kündigungsschutz in Arbeitsverhältnissen – Ein Überblick über die Rechtslage in den Mitgliedstaaten der Europäischen Union, NZA 1998, S. 128 ff.

Mues, Werner/Eisenbeis, Ernst/Laber, Jörg: Handbuch Kündigungsrecht, 2. Aufl., Köln 2010.

Müller, Frank D.: Arbeitsrechtliche Eilmaßnahmen Spanien 2012, INF informaciones 2012, S. 110 ff.

Müller-Glöge, Rudi/Preis, Ulrich/Schmidt, Ingrid (Hrsg.): Erfurter Kommentar zum Arbeitsrecht, 17. Aufl., München 2017.

Nadal Serri, Daniel: El despido en el Código del Trabajo, Santiago de Chile 2003.

Nägele, Stefan: Ein neues Arbeitsrecht als Investitionsmotor?, BB 2003, S. 739 f.

Navarro Nieto, Federico: Spanisches Arbeitsrecht in den Jahren 2010 bis 2012: eine Zeit bedeutsamer Änderungen, EuZA 2012, S. 564 ff.

Neef, Klaus: Das Kündigungsschutzrecht zur Jahrtausendwende, NZA 2000, S. 7 ff.

Nelle, Dietrich: Entstehung und Ausstrahlungswirkung des chilenischen Zivilgesetzbuchs von Andrés Bello, Neuwied/Frankfurt 1988.

o. V.: Chile – Country Report March 2011, The Economist Intelligence Unit Limited 2011.

o.V.: Keine Änderungen mehr im Arbeitsrecht, NJW-Spezial 2007, S. 326.

o. V.: Die internationale Wettbewerbsfähigkeit, AGReport 1996, S. R 179 ff.

o. V. : Geschäfte mit Südamerika: Chile bietet viele Chancen, GmbHR 1999, S. R 117 ff.

o. V.: DGB-Thesen für ein Arbeitsverhältnisgesetz, AuR 1992, S. 267 ff.

o. V.: „Welche wesentlichen Inhalte sollte ein nach Art. 30 des Einigungsvertrages zu schaffendes Arbeitsvertragsgesetz haben?“ in Verhandlungen des 59. Deutschen Juristentages 1992, hrsg. v. der Ständigen Deputation des Deutschen Juristentages, Bd. 1, Gutachten D, München 1992.

o. V. : Begründung des Kündigungsschutzgesetzes, RdA 1951, S. 58 ff.

OECD: Zuwanderung ausländischer Arbeitskräfte – Deutschland, Paris 2013.

OECD: Reviews of Labour Market an Social Policies: Chile, Paris 2009.

OECD: Economic Surveys: Chile, Paris 2005.

OECD: Economic Surveys: Chile, Paris 2003.

OECD: Employment Outlook 1999, Paris 1999.

OECD: Chile signs up as first OECD member in South America, http://www.oecd.org/chile/chilesignsupasfirstoecdmemberinsouthamerica.htm.

Oechsler, Walter A./Peuntner, Thomas: Arbeitsrecht als Mittel der Beschäftigungspolitik?, Personalführung 3/2000, S. 50 ff.

Oetker, Hartmut: Arbeitsrechtlicher Bestandsschutz und Grundrechtsordnung, RdA 1997, S. 9 ff.

Oficina Internacional del Trabajo OIT (Hrsg.) : Inspección del Trabajo para el Siglo XXI, Primer Congreso Internacional, Santiago de Chile 2010.

Ogris, Werner: Geschichte des Arbeitsrechts vom Mittelalter bis in das 19. Jahrhundert – Ein Überblick, RdA 1967, S. 286 ff.

Olate C., Waleska/Montecinos F., Carolina/Muñoz E., Rosa: Código del Trabajo interpretado, Santiago de Chile 2006.

Olivares, René/Jara, Francisca: „Efecto del postnatal extendido: sube lactancia maternal y caen licencias médicas por reflujo", El Mercurio v. 9.01.2014, C 5.

Orellana Torres, Fernando: Comentarios al nuevo proceso laboral, Santiago de Chile 2007.

Orellana Torres, Fernando/Pérez Ragone, Alvaro: Derecho procesal y Justicia laboral, Santiago de Chile 2013.

Orth, Alexander: Chile – Ein Paradies für Unternehmer, Tauziehen um die Reform des Arbeitsrechts, Solidaridad Nr. 212, Januar-Februar 2001, S. 3 ff.

Otto, Hansjörg: Arbeitsrecht, 4. Aufl., Berlin 2008.

Oymann, Hans-Wilhelm: Arbeitsmarktbezogene Auslegung des Kündigungsschutzgesetzes, Baden-Baden 2005.

Pagés, Carmen/Montenegro, Claudio E.: Job security and the age-composition of employment: evidence from Chile, Estudios de Economía 2007, S. 109 ff.

Palandt: Bürgerliches Gesetzbuch mit Nebengesetzen, 76. Aufl., München 2017.

Palavecino Cáceres, Claudio: El nuevo ilícito de acoso sexual en el derecho del trabajo chileno, Revista de Derecho (Valdivia) 2006, S. 105 ff.

Palavecino Cáceres, Claudio: La protección contra el acoso psíquico laboral en el ordenamiento jurídico chileno, Revista de Derecho (Valdivia) 2004, S. 63 ff.

Palavecino Cáceres, Claudio: El despido nulo por deuda previsional: un esperpento jurídico, Ius et Praxis 2002, S. 557 ff.

Pauly, Stephan/Osnabrügge, Stephan: Handbuch Kündigungsrecht, 5. Aufl., Bonn 2017.

Peña Neira, Sergio: La Nulidad Procesal Civil, Penal y Laboral, Santiago de Chile 2010.

Peuker, Andreas/Ullmann, Karen: Kündigungsschutz unter Druck: Zurück zur Realität, AiB 2003, S. 261 ff.

Peuntner, Thomas: Einfluß des Arbeitsrechts auf Beschäftigungsentscheidungen, Lohmar 2002.

Pfarr, Heide/Bothfeld, Silke/Kaiser, Lutz C./Kimmich, Martin/Peuker, Andreas/Ullmann, Karen: REGAM-Studie: Die Kündigungs-, Klage- und Abfindungspraxis in den Betrieben, BB 2004, S. 106 ff.

Pfarr, Heide/Bothfeld, Silke/Kaiser, Lutz C./Kimmich, Martin/Peuker, Andreas/Ullmann, Karen: REGAM-Studie: Das Arbeitsrecht in der Wahrnehmung der Betriebe, BB 2003, S. 2622 ff.

Pfarr, Heide/Bothfeld, Silke/Kaiser, Lutz C./Kimmich, Martin/Peuker, Andreas/Ullmann, Karen: REGAM-Studie: Hat der Kündigungsschutz prohibitive Wirkung auf das Einstellungsverhalten der kleinen Betriebe?, BB 2003, S. 2286 ff.

Pfarr, Heide/Ullmann, Karen: Kündigungsschutz unter Reformdruck, WSI Mitteilungen 2003, S. 207 ff.

Pfarr, Heide/Zeibig, Nadine: Abfindung statt Kündigungsschutz? – Reformvorschläge vom Kronberger Kreis, Sachverständigenrat und Hamburger Dreisprung, WSI Mitteilung 2006, S. 419 ff.

Piñera Echenique, José: La revolución laboral en Chile, 2. Aufl., Santiago de Chile 1990.

Plander, Harro: Die Ausgleichsquittung als Rechtsanwendungs- und Gesetzgebungsproblem, DB 1986, S. 1873 ff.

Preis, Ulrich: Arbeitsrecht – Individualarbeitsrecht, 5. Aufl., Köln 2017.

Preis, Ulrich: „Grünbuch und Flexicurity – Auf dem Weg zu einem modernen Arbeitsrecht?" in Festschrift für Rolf Birk, hrsg. v. Horst Konzen u.a., S. 625 ff., Tübingen 2008.

Preis, Ulrich: Reform des Bestandsschutzrechts im Arbeitsverhältnis, RdA 2003, S. 65 ff.

Preis, Ulrich: Reform des Bestandsschutzrechts im Arbeitsverhältnis – Entwurf eines Kündigungsschutzgesetzes (KSchG 2003), NZA 2003, S. 252 ff.

Preis, Ulrich: Neuorientierung in der arbeitsrechtlichen Gesetzgebung, NZA 2000, S. 9 ff.

Preis, Ulrich: Aktuelle Tendenzen im Kündigungsschutzrecht, NZA 1997, S. 1073 ff.

Preis, Ulrich: Prinzipien des Kündigungsrechts bei Arbeitsverhältnissen, München 1987.

Quiroz, Enriqueta/Bonnett, Diana (Hrsg.): Condiciones de vida y de trabajo en la América colonial: legislación, prácticas laborales y sistemas salariales, Bogotá 2009.

Ramm, Thilo: Arbeitsrecht und Kleinunternehmen, AuR 1991, S. 257 ff.

Ramm, Thilo: „Die Arbeitsverfassung des Kaiserreichs" in Festschrift für Walter Mallmann, hrsg. v. Otto Triffterer u.a., S. 191 ff., Baden-Baden 1978.

Rebhahn, Robert: Weniger oder mehr Kündigungsschutz?, EuZA 2012, S. 439 f.

Rebhahn, Robert: Der Kündigungsschutz des Arbeitnehmers in den Staaten der EU, ZfA 2003, S. 163 ff.

Rebhahn, Robert: Abfindung statt Kündigungsschutz? – Rechtsvergleich und Regelungsmodelle, RdA 2002, S. 272 ff.

Rebhahn, Robert: Ziel und Probleme der Arbeitsrechtsvergleichung in Europa, ZEuP 2002, S. 436 ff.

Reimann, Mathias/Zimmermann, Reinhard (Hrsg.): The Oxford Handbook of Comparative Law, Oxford 2008.

Reinecke, Gerhard: „Zur Kontrolle von Aufhebungsverträgen nach der Schuldrechtsreform“ in Festschrift für Wolfdieter Küttner, hrsg. v. Peter Hanau u.a., S. 327 ff., München 2006.

República de Chile: Gesetzesentwurf Mensaje Nr. 1055–362 v. 29.12.2014, abrufbar unter https://www.bcn.cl/historiadelaley/nc/historia-de-la-ley/5389/.

Reuss, Wilhelm: Die arbeitsrechtliche Kündigung ohne Grundangabe, AuR 1960, S. 1 ff.

Richardi, Reinhard: Arbeitsgesetzgebung und Systemgerechtigkeit, NZA 2008, S. 1 ff.

Richardi, Reinhard: Misslungene Reform des Kündigungsschutzes durch das Gesetz zu Reformen am Arbeitsmarkt, DB 2004, S. 486 ff.

Richardi, Reinhard: Arbeitsrecht als Teil freiheitlicher Ordnung, Baden-Baden 2002.

Richardi, Reinhard: 50 Jahre Kündigungsschutzgesetz – ein vergessenes Jubiläum, NZA 2000, S. 13 ff.

Richardi, Reinhard/Wlotzke, Otfried/Wißmann, Hellmut/Oetker, Hartmut (Hrsg.): Münchener Handbuch zum Arbeitsrecht.

Band 1, 3. Aufl., München 2009.

Band 2, 3. Aufl., München 2009.

Rieble, Volker (Hrsg.): Transparenz und Reform im Arbeitsrecht, 2. Ludwigsburger Rechtsgespräch, ZAAR Schriftenreihe Band 5, München 2006.

Rinke, Stefan: Kleine Geschichte Chiles, München 2007.

Rojas Miño, Irene: Los desafíos actuales del derecho del trabajo en Chile, Ius et Praxis 2006, S. 235 ff.

Rolfs, Christian/Giesen, Richard/Kreikebohm, Ralf/Udsching, Peter: Arbeitsrecht – Schwerpunktkommentar –, München 2008.

Römermann, Martin Klaus: Kündigungen und Kündigungsschutz im Franquismus, Frankfurt am Main 2007.

Rühle, Hans Gottlob: Sinn und Unsinn des allgemeinen Kündigungsschutzes in Deutschland, DB 1991, S. 1378 ff.

Rüthers, Bernd: Der geltende Kündigungsschutz – Beschäftigungsbremse oder Scheinproblem?, NJW 2006, S. 1640 ff.

Rüthers, Bernd: Mehr Beschäftigung durch Entrümpelung des Arbeitsrechts?, NJW 2003, S. 546 ff.

Rüthers, Bernd: Vom Sinn und Unsinn des geltenden Kündigungsschutzrechts, NJW 2002, S. 1601 ff.

Sachverständigenrat zur Begutachtung der gesamt-wirtschaftlichen Entwicklung: Verantwortung für Europa wahrnehmen, Jahresgutachten 2011/2012, Wiesbaden 2011.

Sachverständigenrat zur Begutachtung der gesamt-wirtschaftlichen Entwicklung: Die Finanzkrise meistern – Wachstumskräfte stärken –, Jahresgutachten 2008/2009, Wiesbaden 2008.

Sachverständigenrat zur Begutachtung der gesamt-wirtschaftlichen Entwicklung: Zwanzig Punkte für Beschäftigung und Wachstum –, Jahresgutachten 2002/2003, Wiesbaden 2002.

Säcker, Franz Jürgen/Rixecker, Roland/Oetker, Hartmut (Hrsg.): Münchener Kommentar zum Bürgerlichen Gesetzbuch, Band 4, 7. Aufl., München 2016.

Sáez Carlier, Felipe/Melis Valencia, Christian: Derecho del Trabajo – Tomo I, Santiago de Chile 2000.

Sandmaier, Matthias: Abfindungsorientierte Kündigungsschutzmodelle – Eine Alternative zum Bestandschutzsystem im Kündigungsschutzrecht, Frankfurt am Main 2007.

Schaub, Günter/Koch, Ulrich/Linck, Rüdiger/Treber, Jürgen/Vogelsang, Hinrich: Arbeitsrechts-Handbuch, 17. Aufl., München 2017.

Schiefer, Bernd: Kündigungsschutz und Unternehmerfreiheit – Auswirkungen des Kündigungsschutzes auf die betriebliche Praxis, NZA 2002, S. 770 ff.

Schleusener, Axel Aino: Zur Widerrufsmöglichkeit von arbeitsrechtlichen Aufhebungsverträgen nach § 312 BGB, NZA 2002, S. 949 ff.

Schneider, Julia/Ullmann, Karen: Abfindungszahlungen in der Praxis, BB 2006, Beilage zu Heft 20, S. 14 ff.

Schramm, Florian/Zachert, Ulrich (Hrsg.): Arbeitsrecht in der betrieblichen Anwendung – Mythen und Realität, München und Mering 2008.

Schulte, Wolf Dieter: Rechtsfragen der Ausgleichsquittung bei Beendigung des Arbeitsverhältnisses, DB 1981, S. 937 ff.

Schulze, Marc-Oliver/Kittel, Raphael/Pfeffer, Julia: Widerrufsrecht des Arbeitnehmers bei Auflösungsvereinbarungen, ArbRAktuell 2017, S. 105 ff.

Schwerdtner, Peter: Offene Probleme des Kündigungsschutzes bei betriebsbedingten Kündigungen, ZIP 1984, S. 10 ff.

Schwerdtner, Peter: Anmerkung zum Urteil des BAG v. 28.09.1972 – 2 AZR 469/71, JZ 1973, S. 377 ff.

Selenkewitsch, Ilja I.: Kündigungsschutz bei Arbeitnehmern in Spanien, ZiAS 2005, S. 23 ff.

Selenkewitsch, Ilja I.: Spanisches Arbeitsrecht, Frankfurt am Main 2004.

Sesselmeier, Werner/Funk, Lothar/Waas, Bernd: Arbeitsmarkttheorien, Eine ökonomisch-juristische Einführung, 3. Aufl., Heidelberg 2010.

Söhner, Frank: Der Verzicht des Arbeitnehmers und Auszubildenden auf Bestandsschutz, Baden-Baden 2008.

Stahlhacke, Eugen/Preis, Ulrich/Vossen, Reinhard: Kündigung und Kündigungsschutz im Arbeitsverhältnis, 11. Aufl., München 2015.

Statistisches Bundesamt: Erwerbstätigkeit älterer Menschen nimmt immer weiter zu, https://www.destatis.de/DE/ZahlenFakten/ImFokus/Arbeitsmarkt/ErwerbstaetigkeitAlter.html, Wiesbaden 2015.

Statistisches Bundesamt: Rechtspflege – Arbeitsgerichte 2011, Fachserie 10 Reihe 2.8, Wiesbaden 2012.

Statistisches Bundesamt: Erwerbsbeteiligung älterer Arbeitnehmer, https://www.destatis.de/DE/Publikationen/STATmagazin/Arbeitsmarkt/2009_01/2009_01PDF.pdf?__blob=publicationFile, Wiesbaden 2009.

Stein, Peter: Mindestkündigungsschutz außerhalb des Kündigungsschutzgesetzes – Praktische Fragen der Darlegungs- und Beweislast, DB 2005, S. 1218 ff.

Steinmetz, Alexander/Löber, Burckhardt/García, Rocío: Länderreport Spanien, RIW 2013, S. 237 ff.

Sünner, Dorothee Sabine: Zur Entwicklung des Arbeitsrechts zwischen Weimar, dem Dritten Reich und der Bundesrepublik – Kontinuität oder Diskontinuität, Lohmar/Köln 2001.

Tapia Guerrero, Francisco : „Cincuenta años de Derecho del Trabajo en América Latina – La experiencia chilena: derechos laborales, corrientes y contracorrientes“ in Cincuenta años de Derecho del Trabajo en América Latina, hrsg. v. Arturo Bronstein, S. 235 ff., Santa Fe 2007.

Tautphäus, Arno: „Die gerichtsinterne Mediation im arbeitsgerichtlichen Verfahren“ in Festschrift für Gerhard Etzel, hrsg. v. Peter Bader u.a., S. 397 ff., Köln 2011.

Tautphäus, Arno/Fritz, Roland/Krabbe, Heiner: Fristlose Kündigung wegen Vertrauensbruchs – neue Methoden der Konfliktbeilegung, NJW 2012, S. 364 ff.

Thayer Arteaga, William/Novoa Fuenzalida, Patricio: Manual de Derecho del Trabajo, Tomo II – Derecho Individual del Trabajo, Tomo III – Derecho Individual del Trabajo (Continuación) y Derecho Procesal del Trabajo, 3. Aufl., Santiago de Chile 1998.

Thibault Aranda, Javier: La Reforma laboral de 2012: Nuevas perspectivas para el Derecho del Trabajo, Madrid 2012.

Thiery, Peter: Transformation in Chile – Institutioneller Wandel, Entwicklung und Demokratie 1973–1996, Frankfurt am Main 2000.

Thüsing, Gregor: Arbeitsrechtlicher Diskriminierungsschutz, 2. Aufl., München 2013.

Thüsing, Gregor/Laux, Helga/Lembke, Mark (Hrsg.): Kündigungsschutzgesetz – Praxiskommentar, 3. Aufl., Freiburg 2014.

Tilse, Christian/Wolgast, Daniel: Beendigung des Arbeitsverhältnisses durch Kündigung oder Aufhebungsvertrag, 3. Aufl., Hagen 2015.

Toews, Arik: Die Entwicklung des Kündigungsschutzes von den Anfängen bis zur Gegenwart, Münster 2004.

Tschöpe, Ulrich: Der allgemeine Kündigungsschutz – Stiefkind europäischer Rechtsanpassung, NZA-RR 2003, S. 393 ff.

Ugarte Cataldo, José Luis: Tutela laboral de derechos fundamentales y carga de la prueba, Revista de Derecho (Valparaíso) 2009, S. 215 ff.

Ugarte Cataldo, José Luis: El nuevo Derecho del Trabajo, Santiago de Chile 2004.

Ulrich, Alexander: Das Arbeitnehmerstatut in Spanien – Vorbild für ein Arbeitsvertragsgesetz in Deutschland?, Heidelberg 1998.

Urban, Sandra: Kündigungsschutz außerhalb des Kündigungsschutzgesetzes, Berlin 2001.

Vivanco Cisternas, Manuel: El despido laboral, Santiago de Chile 1994.

Vogel, Jörg: Kündigungsschutz leitender Angestellter, NZA 2002, S. 313 ff.

von Bülow, Eckhard-Christian: Bestandsschutz und Beschäftigungskrise. Ein Beitrag zum Problem der Beschäftigungswirkung des institutionellen Bestandsschutzes, Frankfurt am Main 2003.

von Hoyningen-Huene, Gerrick: „Muss das Kündigungsschutzrecht reformiert werden?“ in Arbeitsrecht und Arbeitsgerichtsbarkeit, Festschrift zum 50-jährigen Bestehen der Arbeitsgerichtsbarkeit in Rheinland-Pfalz, hrsg. v. Klaus Schmidt, S. 215 ff., Neuwied 1999.

von Hoyningen-Huene, Gerrick/Linck, Rüdiger: Kündigungsschutzgesetz, Kommentar, 15. Aufl., München 2013.

von Klitzing, Henning: Ordnungsökonomische Analyse des arbeitsrechtlichen Bestandsschutzes, Berlin 2004.

von Potobsky, Geraldo: „Argentinien und Deutschland – Arbeitsrecht im Vergleich“ in Festschrift für Wolfgang Däubler, hrsg. v. Thomas Klebe u.a., S. 1001 ff., Frankfurt am Main 1999.

von Radziewski, Aylin Alexandra : Die Bagatellkündigung in Deutschland, England und Spanien, Berlin 2014.

Waas, Bernd: „Arbeitsrecht 4.0 – Versuch eines Blicks in die Zukunft des Arbeitsrechts“ in 100 Jahre Rechtswissenschaft in Frankfurt, hrsg. v. Fachbereich Rechtswissenschaft der Goethe-Universität Frankfurt am Main, S. 547 ff., Frankfurt am Main 2014.

Waas, Bernd: „Tenure track“ zum Kündigungsschutz – Vorschläge aus der Arbeitsmarktökonomik zu Reformen im Befristungs- und Kündigungsrecht –, AuR 2011, Sonderheft S. 407 ff.

Waas, Bernd: Das Grünbuch der Kommission zur Modernisierung des Arbeitsrechts, ZESAR 2007, S. 197 ff.

Waas, Bernd: Überlegungen zur Fortentwicklung des deutschen Arbeitsrechts – Diskussion im Inland, Anstöße aus dem Ausland –, RdA 2007, S. 76 ff.

Waas, Bernd: Rechtsfragen des Annahmeverzugs bei Kündigung durch den Arbeitgeber, NZA 1994, S. 151 ff.

Wachs, Friedrich-Carl: Das Verordnungswerk des Reichsdemobilmachungsamtes, Frankfurt am Main 1991.

Walker Errázuriz, Francisco: Derecho de las Relaciones Laborales, Santiago de Chile 2002.

Waltermann, Raimund: Arbeitsrecht, 18. Aufl., München 2016.

Waltermann, Raimund: Das Alter, die Demografie und das Arbeitsrecht im Europäischen Kontext, RdA 2015, S. 343 ff.

Waltermann, Raimund: „Abschied vom Normalarbeitsverhältnis?" in Verhandlungen des 68. Deutschen Juristentages 2010, hrsg. v. der Ständigen Deputation des Deutschen Juristentages, Bd. 1, Gutachten B, München 2010.

Wank, Rolf: Die Reform des Kündigungsrechts und der Entwurf eines Arbeitsvertragsgesetzes 1992, RdA 1992, S. 225 ff.

Weber, Ingrid: Zur Frage der Vereinbarkeit des § 23 Abs. 1 Sätze 2 und 3 KSchG mit Art. 3 Abs. 1 und 3 GG, AuR 1995, S. 113 ff.

Weigand, Horst: Kleinbetriebe und Kündigungsschutz, DB 1997, S. 2484 ff.

Weißflog, René: Abfindungsansprüche zur Ergänzung oder Ablösung des arbeitsrechtlichen Bestandsschutzes, Berlin 2007.

Welslau, Axel: Befristete Arbeitsverhältnisse und Kündigungsschutz vom Preußischen Allgemeinen Landrecht zur Weimarer Republik, Bielefeld 1998.

Wiesenecker, Philipp: Arbeitsrecht der Länder im Nachkriegsdeutschland, Baden-Baden 2005.

Willemsen, Heinz Josef: Kündigungsschutz – vom Ritual zur Rationalität, NJW 2000, S. 2779 ff.

Willemsen, Heinz Josef/Annuß, Georg: Kündigungsschutz nach der Reform, NJW 2004, S. 177 ff.

Wirmer, Anton: „Wege aus der Krise – der Beitrag des Gesetzgebers" in Arbeitsrecht und Beschäftigungskrise – Flexibilisierungsvorschläge zur Überwindung der Massenarbeitslosigkeit, hrsg. v. Wolfgang Hromadka, S. 139 ff., Stuttgart 1997.

Wölfl, Anita/Mora-Sanguinetti, Juan S.: Reforming the Labour Market in Spain, OECD Economics Department Working Papers Nr. 845, Paris 2011.

Wolter, Henner: Reformbedarf beim Kündigungsrecht aus Arbeitnehmersicht, NZA 2003, S. 1068 ff.

Wüllenweber, Joachim: Die Entwicklung des Kündigungsschutzrechts seit dem ersten Weltkrieg, Köln 1965.

Zachert, Ulrich: Der Arbeitsrechtsrechtsdiskurs und die Rechtsempirie – Ein schwieriges Verhältnis, WSI Mitteilungen, 2007, S. 421 ff.

Zachert, Ulrich: Beendigungstatbestände im internationalen Vergleich – Eine normative und empirische Bestandsaufnahme, Baden-Baden 2004.

Zachert, Ulrich: Arbeitsrechtskodifikationen in Europa – Eine rechtsvergleichende Skizze, AuR 1993, S. 193 ff.

Zöller, Richard/Geimer, Reinhold/Greger, Reinhard u.a.: Zivilprozessordnung, 31. Aufl., Köln 2016.

Zöllner, Wolfgang/Loritz, Karl-Georg/Hergenröder, Curt Wolfgang: Arbeitsrecht, 7. Aufl., München 2015.

Zweigert, Konrad/Kötz, Hein: Einführung in die Rechtsvergleichung, 3. Aufl., Tübingen 1996.

www.ingramcontent.com/pod-product-compliance
Ingram Content Group UK Ltd.
Pitfield, Milton Keynes, MK11 3LW, UK
UKHW021236031026
15588UKWH00001B/112

9 783631 749159